Dieter Petri / Jörg Thierfelder

Grundkurs Martin Luther und die Reformation

Materialien für Schule und Gemeinde

Bestandteil dieses Materialbandes sind zahlreiche Zusatzmedien zum Download:
Download unter:
http://www.calwer.com/cwv/download/GK_Martin_Luther
*Code: **bT4284LS72***

D1718424

calwer materialien

Die Luthertexte auf den Arbeitsblättern wurden zurückhaltend überarbeitet, so dass sie für heutige Leser verständlich sind. Die Autoren haben dabei neben den Originaltexten die Calwer Lutherausgabe (einschließlich Heinrich Fausel, D. Martin Luther) herangezogen.

Autoren und Verlag haben sich nach Kräften bemüht, alle Urheber von Text- und Bildquellen zu ermitteln. Leider war dies nicht in allen Fällen möglich. Betroffene Inhaber/innen von urheberrechtlichen Ansprüchen bitten wir sich beim Verlag zu melden.

Bibliografische Information der Deutschen Bibliothek

Die Deutsche Bibliothek verzeichnet diese Publikation in der Deutschen Nationalbiografie; detaillierte bibliografische Daten sind im Internet über *http://dnb.ddb.de* abrufbar.

ISBN 978-3-7668-4284-8

© 2015 by Calwer Verlag GmbH Bücher und Medien, Stuttgart
Alle Rechte vorbehalten.
Layout, Satz und Illustrationen: Büro für visuelle Kommunikation, Rainer E. Rühl, Alsheim
Umschlaggestaltung: Karin Sauerbier, Stuttgart
Druck und Verarbeitung: AZ Druck und Datentechnik, Kempten

Internet: www.calwer.com
E-mail: info@calwer.com

Inhalt

Vorwort 5

Einleitung 7

Fachwissenschaftliche Einführung 9

Bilder in der evangelischen Tradition 20

Zeittafel 25

1   Luthers Leben 30
2   Kindheit – Schule – Jugend 36
3   Um 1500: Eine neue Zeit 44
4   Das Mittelalter 52
5   Luthers Entdeckung: Die neue Gerechtigkeit 65
6   Der Ablassstreit 79
7   Reformatorische Hauptschriften 91
8   Die Kulisse: Europa im 16. Jahrhundert 94
9   Der Reichstag zu Worms 102
10   Die Reformation als Volksbewegung 112
11   Der Bauernkrieg 118
12   Katharina von Bora 126
13   Die Entwicklung bis zum Augsburger Religionsfrieden (1555) 133
14   Martin Luther und die Bibel 138
15   Lieder 160
16   Der Katechismus 166
17   Der Gottesdienst 170
18   Das Augsburger Bekenntnis 172
19   Die reformierte Tradition: Zwingli und Calvin 174
20   Landeskirchen entstehen 185
21   Das Lutherbild im Wandel der Zeiten 188
22   Das Papsttum aus evangelischer Sicht 204
23   Luther und die Juden 210

Die Bilder zum »Grundkurs Martin Luther und die Reformation« 229
Ausgewählte Literatur 234
Text- und Bildnachweis 238

Über den Zugangscode auf der Titelseite ist folgendes **Digitales Zusatzmaterial (DZ)** abrufbar:

- Alle **Bilder** aus dem Band, großenteils farbig
- **Zusätzliches Bildmaterial**
- **Bildinterpretationen** zu allen Bildern
- Wichtige **Luther-Texte**
- **Geschichten** zum Lesen, Erzählen und Spielen
- **Lösungsblätter** zu den Arbeitsblättern im Band

Verzeichnis der Abkürzungen

Allgemeine Abkürzungen

AB	Arbeitsblatt
AV	Audiovisuell
EA	Einzelarbeit
EG	Evangelisches Gesangbuch
GA	Gruppenarbeit
HA	Hausaufgabe
L.	Lehrerinnen und Lehrer/Seminarleiterinnen und Seminarleiter
PA	Partnerarbeit
RU	Religionsunterricht
S.	Schülerinnen und Schüler/Seminatreilnehmerinnen und Seminarteilnehmer
Sek I	Sekundarstufe I
Sek II	Sekundarstufe II
TA	Tafelanschrieb
UE	Unterrichtseinheit
UG	Unterrichtsgespräch

Abkürzungen der biblischen Bücher

ALTES TESTAMENT

1. Mose	Genesis (1. Buch Mose)
2. Mose	Exodus (2. Buch Mose)
3. Mose	Leviticus (3. Buch Mose)
4. Mose	Numeri (4. Buch Mose)
5. Mose	Deuteronomium (5. Buch Mose)
Jos	Josua
Ri	Richter
Ruth	Ruth
1. Sam	1. Samuel
2. Sam	2. Samuel
1. Kön	1. Könige
2. Kön	2. Könige
1. Chr	1. Chronik
2. Chr	2. Chronik
Esra	Esra
Neh	Nehemia
Esther	Esther
Hi	Hiob
Ps	Psalmen
Spr	Sprüche Salomos
Pred	Prediger Salomo

Hhld	Hoheslied
Jes	Jesaja
Jer	Jeremia
Ez	Ezechiel
Dan	Daniel
Hos	Hosea
Joel	Joel
Am	Amos
Ob	Obadja
Jon	Jona
Mi	Micha
Nah	Nahum
Hab	Habakuk
Zeph	Zephanja
Hag	Haggai
Sach	Sacharja
Mal	Maleachi

NEUES TESTAMENT

Mt	Matthäus
Mk	Markus
Lk	Lukas
Joh	Johannes
Apg	Apostelgeschichte
Röm	Römerbrief
1. Kor	1. Korintherbrief
2. Kor	2. Korintherbrief
Gal	Galaterbrief
Eph	Epheserbrief
Phil	Philipperbrief
Kol	Kolosserbrief
1. Thess	1. Thessalonicherbrief
2. Thess	2. Thessalonicherbrief
1. Tim	1. Timotheusbrief
2. Tim	2. Timotheusbrief
Tit	Titusbrief
Phlm	Philemonbrief
1. Petr	1. Petrusbrief
2. Petr	2. Petrusbrief
1. Joh	1. Johannesbrief
2. Joh	2. Johannesbrief
3. Joh	3. Johannesbrief
Hebr	Hebräerbrief
Jak	Jakobusbrief
Jud	Judasbrief
Offb	Johannesoffenbarung

Vorwort

„Gerade in einer Gesellschaft, die sehr auf Erfolg und Leistung fixiert ist, wird Luthers reformatorische Erkenntnis der religiösen Freiheit zu einer aktuellen Lebensermutigung. Auch wenn Du beruflich nicht mithalten kannst, nicht jung genug oder schön genug bist, nicht viel Geld verdienst: Dein Leben macht Sinn, weil Gott Dir Lebenssinn zusagt. Vielleicht lässt sich das in einer auf Ökonomie fixierten Welt so ausdrücken: Dein Lebenskonto ist bei Gott schon in den schwarzen Zahlen. Und nichts, was Du tust, kann es in die roten Zahlen bringen."
So Margot Käßmann, EKD-Botschafterin für das Reformationsjubiläum 2017, zur Bedeutung von Luthers reformatorischer Erkenntnis für heute.

Luthers Gedanken zur Freiheit eines Christenmenschen sind auch für die Bundestagsabgeordnete und frühere Präses der EKD-Synode, Katrin Göring-Eckart, „hochaktuell und auch eine Grundlage für das politische Handeln. … Als Christinnen und Christen sind wir frei in unseren Entscheidungen und nicht den Zwängen dieser Welt unterworfen." Andererseits ruft die Freiheitsbotschaft dazu auf, „das Leben und Zusammenleben in unserer Gesellschaft so zu gestalten, dass alle Menschen sich frei und ihren Gaben und Bedürfnissen entsprechend entfalten können."

In diesem Sinne will auch der *Grundkurs Martin Luther und die Reformation* aufzeigen, welche Relevanz Luthers Leben und seine Theologie für Menschen heute haben können. Er erschließt die Lebensgeschichte Luthers und die Geschichte der Reformation mit ihren politischen, sozial- und ideengeschichtlichen Hintergründen, wobei neben Luthers bahnbrechender Erkenntnis durchaus auch seine folgenschweren Fehleinschätzungen etwa im Umgang mit den Juden Beachtung finden.

Der Band bietet grundlegende Bausteine zur Erarbeitung der Geschichte Martin Luthers und der Reformation, darüber hinaus eine fachwissenschaftliche Einführung, die eine historische und theologische Einordnung der einzelnen Themen ermöglicht. Mit dem nebenstehenden Symbol „Doktorhut" wird im Text jeweils auf diese Einführung zurückverwiesen.

Die Bausteine sind schwerpunktmäßig für die Sekundarstufe I gedacht, darüber hinaus aber auch für die Sekundarstufe II und für die Erwachsenenbildung geeignet. Die Materialien zeigen, dass Luther und die Reformation nicht nur aus innerkirchlicher Sicht von Interesse sind, sondern viele Spuren in unserem kulturellen Leben hinterlassen haben – woran im Zuge der Luther-Dekade 2007-2017 bzw. im Lutherjahr 2017 in besonderer Weise zu erinnern ist.

Für die Arbeit mit dem *Grundkurs* bieten wir eine Fülle an Digitalem Zusatzmaterial (DZ). Unter dem Zugangscode, den Sie auf der Titelseite Ihres Buches finden, können Sie zu den einzelnen Kapiteln weiteres Text- und Bildmaterial abrufen, darunter zentrale und aufschlussreiche Luthertexte, die in verständliches Deutsch übertragen wurden. Online finden Sie darüber hinaus Lösungen zu den Arbeitsblättern, auf die im Band jeweils durch das Häkchen-Symbol (siehe rechts) verwiesen wird; außerdem Spielszenen und Geschichten zu Martin Luther.

Neben der Arbeit an geschichtlichen Quellen spielen Bilder eine herausragende Rolle. Wir haben eine Fülle von zeitgenössischen und anderen Bildern zusammengetragen, die den *Grundkurs* zu einer Fundgrube für alle machen, die das Thema Martin Luther und die Reformation in Schule und Erwachsenenbildung behandeln und vertiefen wollen.

Alle Bilder, die im Textband abgebildet sind, finden sich auch als DZ. Soweit es sich um Farbbilder handelt, sind sie als DZ farbig wiedergegeben. Eine Auflistung des gesamten Bildmaterials findet sich auf S. 229 ff.

Sämtlichen Bildern sind Bildintepretationen zugeordnet. Sie enthalten Angaben über die Entstehungszeit und die Künstler sowie Erschließungshilfen und Hinweise zu einem möglichen Einsatz der Bilder. Diese Interpretationen können u.a. für die Erarbeitung von Präsentationen oder Vorträgen hilfreich sein.

Die methodische Vielfalt, die der *Grundkurs* bietet, die vielfältigen Umsetzungs- und Transferideen für unterschiedliche Lerngruppen und Lernniveaus sowie Hinweise zur Arbeit mit Filmmaterial geben Impulse für eine lebendige, abwechslungsreiche Arbeit in der Schule, im Konfirmandenunterricht und in Seminaren mit Jugendlichen und Erwachsenen.

Wir hoffen daher, dass der *Grundkurs Martin Luther und die Reformation* dazu beitragen kann, das Bewusstsein für die besondere Bedeutung Martin Luthers und der Reformation für die abendländische Geschichte zu wecken bzw. zu stärken.

Viele Menschen haben in den *Grundkurs Martin Luther und die Reformation* ihre Unterrichts-und Lehrerfahrungen eingebracht, auch ihre Erfahrungen mit Religionsbüchern und anderen Medien. Ihnen gilt unser Dank (s. Seite 9). Dank gebührt auch dem Calwer Verlag und seinen Mitarbeiterinnen, insbesondere der Lektorin Britta Hübener und dem Layouter Rainer E. Rühl, die mit Fleiß und Sorgfalt dafür gesorgt haben, dass die Materialien veröffentlicht werden konnten.

Bietigheim-Bissingen und Denkendorf, im September 2014
Dieter Petri und Jörg Thierfelder

Einleitung

Der Vorgang der Reformation und die Person Luthers sind grundlegend für die Evangelische Kirche bis heute. Schließlich löste Luther die Reformation aus, die zur Ausbildung der evangelischen Kirchen führte. Luthers Theologie ist von großer Bedeutung für das Verständnis evangelischen Glaubens. Die Entfaltung der Rechtfertigungslehre, das Verständnis des Abendmahls, eine evangelische Begründung der Ethik nehmen immer wieder Bezug auf Luther und die Reformation. Luther brachte das biblische Freiheitsverständnis neu zum Leuchten. Der Christ, die Christin ist gleichzeitig frei und gebunden: frei im Glauben und gebunden in der Liebe. Für Martin Luther ist der Mensch mehr als die Summe seiner Taten: Nicht der ist Gott recht, der eine Fülle guter »Werke« tut, sondern der, der glaubt, d.h. Gott vertraut. Nicht zuletzt hat Martin Luther das evangelische Gemeindeleben, insbesondere den Gottesdienst, bis heute geprägt. Hingewiesen sei beispielhaft auf die Predigt, die das Zentrum des evangelischen Gottesdienstes darstellt, und auf den Gemeindegesang, für den Luther durch seine Kirchenlieder entscheidende Anstöße gegeben hat. Die Reformation beeinflusste auch die evangelische Kirchenarchitektur mit ihrer besonderen Ausrichtung auf die Kanzel als Ort der Predigt. Daneben behielten der Altar als Ort des Abendmahls und der Taufstein in den lutherischen Kirchen ihre Bedeutung.

Eine Beschäftigung mit Martin Luther und der Reformation ist jedoch nicht nur aus innerkirchlicher Sicht notwendig. Luther und die Reformation haben viele Spuren in unserem kulturellen Leben hinterlassen. Man kann äußere von inneren Spuren unterscheiden. Bei den äußeren Spuren ist an die unzähligen Martin-Luther-Straßen und -Plätze, Martin-Luther-Denkmäler innerhalb und außerhalb von Kirchen und an die Luther-Münzen und -Briefmarken zu denken. Die inneren Spuren sind uns oft gar nicht bewusst. Mit seiner genialen Bibelübersetzung hat Luther den entscheidenden Anstoß zur Entstehung der neuhochdeutschen Sprache gegeben. Ausdrücke und Sätze aus der lutherischen Bibelübersetzung haben den Weg in unsere Umgangssprache gefunden. Neben Redewendungen wie »die Spreu vom Weizen trennen« oder »etwas auf Herz und Nieren prüfen« gehen auch Sprichwörter wie »Hochmut kommt vor dem Fall« oder »Wer andern eine Grube gräbt, fällt selbst hinein« auf Luthers Bibelübersetzung zurück. Luthers Auftritt in Worms zeigt ihn als »modernen« Menschen, der allein seinem Gewissen verantwortlich ist, der Traditionen und Autoritäten in Frage stellt. Daneben gibt es aber auch problematische Spuren. Luthers Umgang mit den Juden zum Beispiel hat evangelische Christen eher daran gehindert, in der Zeit des Dritten Reiches mit verfolgten Juden Solidarität zu üben. Das Landesherrliche Kirchenregiment, zunächst ein Notbehelf und dann eine Dauereinrichtung bis 1918, hat »zur Obrigkeits- und Staatsergebenheit des deutschen Protestantismus« (Kottje/ Moeller 1983, 347) beigetragen.

Tiefe Spuren hat die konfessionelle Spaltung hinterlassen, die sich im 16. Jahrhundert vollzogen hat. Früher haben Evangelische und Katholiken sich gegenseitig beschuldigt, für die Kirchentrennung verantwortlich zu sein. Solche Schuldvorwürfe führen nicht weiter, vielmehr gilt für die Kirchentrennung: »Aus Verantwortung für die unverfälschte Heilsbotschaft meinte man, sich von den anderen trennen zu müssen. Solche Trennungen um der Wahrheit des Evangeliums willen waren tragische Notwendigkeiten. Sie lassen sich mit dem Begriff ‚Sünde' nicht voll erfassen und durch Buße und Schuldbekenntnis allein nicht überwinden. Hier kann nur das gemeinsame Bemühen um ein rechtes Verständnis des Evangeliums weiterführen« (EEK, 1975, 947f). Ein wichtiger Schritt in diese Richtung war die »Gemeinsame Erklärung zur Rechtfertigungslehre« (GER), die zum Reformationsfest 1999 in Augsburg vom Vatikan und vom Lutherischen Weltbund unterschrieben wurde. Lange Lehrgespräche gingen dieser Erklärung voraus. In der Erklärung heißt es am Anfang: »Sie enthält nicht alles, was in jeder der Kirchen über Rechtfertigung gelehrt wird; sie umfasst einen Konsens in den Grundwahrheiten der Rechtfertigungslehre und zeigt, dass die weiterhin unterschiedlichen Entfaltungen nicht länger Anlass zu Lehrverurteilungen sind.« (epd-Dokumentation 36/1999,31).

Von evangelischer Seite haben vor allem Theologieprofessoren Kritik an der GER geübt. Neben theologischen Positionen wurde insbesondere kritisiert, dass die Erklärung keinerlei »Verbesserungen des praktischen Miteinanders evangelischer und katholischer Christen in Familien und Gemeinden zur Folge« (epd-Dokumentation 43/1999, 67) habe. Die evangelische Michaelsbruderschaft stellte in ihrer insgesamt positiven Stellungnahme fest: »Der Übereinstimmung in der Rechtfertigungslehre müssen bald entsprechende Übereinstimmungen in der Lehre von der Eucharistie und vom kirchlichen Amt folgen, damit es endlich möglich wird, miteinander das Mahl des einen Herrn in einer Mahlgemeinschaft zu feiern.« (Wort der Ev. Michaelsbruderschaft 1998, 175)

Ort einer gründlichen Behandlung der Reformation ist zum einen die Gemeindearbeit, seien es Gemeindeabende oder Seminare, aber auch der Konfirmandenunterricht. Hier bieten sich je nach Zielgruppe neben der Darstellung von Luthers Leben eine Fülle von Themen an, wie z.B. Luthers Freiheitsverständnis, sein Mut, für die eigene Überzeugung einzutreten, oder seine Auffassung von Ehe und Familie. Diese Themen sind einerseits von Bedeutung für die persönliche Entwicklung junger Menschen. Sie besitzen aber auch Relevanz für das gesellschaftliche Miteinander, sowie die Teilhabe an Kirche und Gemeinde.

Im evangelischen Religionsunterricht ist u. E. die Sekundarstufe I der zentrale Ort für eine Unterrichtseinheit über Luther und die Reformation, möglichst auch in Zusammenarbeit mit dem Geschichtsunterricht. Indem der Religionsunterricht stärker die theologischen und kirchlichen Zusammenhänge thematisiert, der Geschichtsunterricht die politischen und sozialen, können sich beide Fächer ergänzen und gegenseitig befruchten. In Fragen der Bibelübersetzung ist eine Kooperation mit dem Deutschunterricht sinnvoll.

Wichtig ist, dass eine Reformationseinheit in der Sekundarstufe nicht auf ein Lebensbild Luthers reduziert wird; auf die Gefahren eines »personalisierenden Geschichtsbildes« wurde in der Vergangenheit immer wieder hingewiesen (vgl. Gutschera/Thierfelder 1978, 8). Luthers Biographie muss zusammen mit politischen, sozialen, kulturellen und kirchlich-theologischen Zusammenhängen aufgearbeitet werden. In der Grundschule wird die Reformation vor allem über ein Lebensbild zu Martin Luther vermittelt (vgl. besonders Feil-Götz/Petri/Thierfelder 2003). Und in der Sekundarstufe II sind es einzelne Schriften des Reformators, wie z.B. seine Freiheitsschrift, seine Schrift »Vom unfreien Willen« (vgl. Besier 1984, 232–283), die im Zusammenhang der Anthropologie behandelt werden können, sowie die Schrift »Von weltlicher Obrigkeit«, die beim Themenfeld »Kirche-Staat und Politik« (vgl. Röhm/Thierfelder 1979, 11–17) Verwendung finden kann.

Die Behandlung kirchengeschichtlicher Themen im RU der Sekundarstufe I und in der Erwachsenenbildung muss die historischen, sozialgeschichtlichen und theologischen Zusammenhänge eines Themas berücksichtigen. Wichtig ist dabei, Sachverhalte und Zusammenhänge herauszuarbeiten, an denen die Schüler/innen mit ihren Erfahrungen anknüpfen können. Kirchengeschichtsunterricht muss »nicht nur seinen Anknüpfungs-, sondern auch seinen Zielpunkt in den Lebenserfahrungen der Schüler haben. Nur im Anschluss an diesen Erfahrungshorizont wird ein Zugang zu Glaubenserfahrungen ermöglicht, die in der Geschichte gemacht wurden und mit heutigem Fragen, Denken und Fühlen zu tun haben.« (Ruppert/Thierfelder 1997, 304)

Ein Unterricht über Luther und die Reformation in der Sekundarstufe I sollte das ganze Repertoire modernen Geschichtsunterrichts in Anspruch nehmen. Neben der Arbeit an schriftlichen Quellen steht die Arbeit mit Bildquellen. Bilder nur als Illustrationsmittel einzusetzen, ist zu wenig. Sie sind selbst Quellen der Erkenntnis. Darum wird in diesem Band eine Fülle von zeitgenössischen und anderen Bildern angeboten, die sich im Unterricht einsetzen lassen. Zu den Bildern bieten wir Informationen an. Wichtig ist zu wissen, dass Bilder in der Reformationszeit ein wirksames Mittel in der jeweiligen Propaganda

sowohl der »Altgläubigen« wie der Luther-Anhänger waren.

Die Unterrichtsmaterialien zielen auf folgende **Kompetenzen**:

Schülerinnen und Schüler können

• Verlauf, Anliegen und Ergebnis der Reformation darstellen;
• die Person Luthers und die Ereignisse der Reformation in den politischen, sozialen und kirchlich-theologischen Kontext einordnen;
• mögliche Perspektiven des Themas für die heutige Kirche und das persönliche Christsein heute aufzeigen, begründen und beurteilen;
• die äußeren und inneren Spuren, die die Reformation in unserer Gesellschaft hinterlassen hat, aufzeigen und ihre Bedeutung erläutern.

Bei einer UE über Martin Luther und die Reformation sollten unbedingt auch audiovisuelle Medien zum Einsatz kommen. Zu Luther gibt es eine ganze Reihe von Filmen. Besonderes Aufsehen erregt hat der Luther-Spielfilm von Eric Till mit dem Titel: »Luther – er veränderte die Welt für immer«. Der Film kann als DVD bezogen werden. Speziell für die Bildungsarbeit in Schule und Gemeinde wurde eine DVD educativ (Petri/Thierfelder 2004) zu diesem Film geschaffen, die in den Evangelischen Medienzentralen preisgünstig für Unterricht und Erwachsenenbildung erworben werden kann. Auf der DVD-Ebene bringt die DVD educativ den Lutherfilm von Eric Till sowie Zitate aus weiteren Lutherfilmen; auf der ROM-Ebene findet sich eine Fülle von Arbeitsmaterial zum Thema Martin Luther und die Reformation.

Der vorliegende Band bietet in 23 Kapiteln Materialien, die vorwiegend im Unterricht der Sekundarstufe I, aber auch in der Sekundarstufe II sowie in der Gemeindearbeit als Bausteine eingesetzt werden können. Die einzelnen Materialien haben ein unterschiedliches Anspruchsniveau. Die Lehrkraft wird auswählen, welche Materialien für die jeweilige Lerngruppe geeignet sind. Materialien, die sich speziell für eine Zielgruppe eignen, sind gekennzeichnet.

Wir benutzen immer die Abkürzung S. für Schülerinnen und Schüler. Dieses Kürzel wird auch verwendet, wenn Seminarteilnehmerinnen und Seminarteilnehmer gemeint sind.

Die Materialien können den Schülerinnen und Schülern auch für selbstständiges Lernen zur Verfügung gestellt werden.

Darüber hinaus eignen sich viele dieser Materialien für die Freiarbeit.

Die Bilder sind in diesem Band alle schwarz-weiß abgedruckt. Wo entsprechende Farbversionen zur Verfügung stehen, sind diese als Digitales Zusatzmaterial (DZ) verfügbar. Sie können bei Bedarf in die Materialien eingefügt werden.

Eine Übersicht über alle Bilder gibt die Bildliste auf Seite 229ff. Erklärungen zu allen Bildern können ebenfalls als DZ online abgerufen werden.

Die hier vorgelegten Materialien und Ideen zu ihrer Umsetzung sind das Ergebnis einer sich über mehrere Jahre erstreckenden Zusammenarbeit mit Lehrkräften an unterschiedlichen Schularten. Insbesondere die Ideen und Vorschläge folgender Kolleginnen und Kollegen wurden in den Grundkurs Martin Luther und die Reformation eingearbeitet:
Karin Hopf, Eva Schmieder, Elvira Feil-Götz, Jürgen Heuschele und Friederun Rupp-Holmes, sowie Martin Tränkle, Ingeborg Walker-Kraft (gest.), Adelheid Jenner u.a.

Nur in besonderen Einzelfällen werden Co-Autoren bei den entsprechenden Materialien genannt.
Allen, die durch ihre Ideen und Vorschläge zum Gelingen des Vorhabens beigetragen haben – den Genannten und Ungenannten – sei an dieser Stelle gedankt.

Einige der Materialien wurden von uns bereits in anderen Publikationen vorab veröffentlicht, z.B. in der Zeitschrift entwurf, in den Unterrichtsmaterialien Religion 8 (2. Halbband S.125 ff), Stuttgart 2000, sowie auf der ROM-Ebene der DVD educativ. Bei den Zitatnachweisen im Text verwenden wir die Kurzreferenz in Klammern. Die vollständigen Angaben finden sich im Literaturverzeichnis.

Fachwissenschaftliche Einführung

1. Die Zeit um 1500 – eine Zeit des Umbruchs

Martin Luthers Wirken muss auf dem Hintergrund der Zeit um 1500 gesehen werden – in mehrfacher Hinsicht eine Zeit des Umbruchs, der teilweise Elemente einer Krise aufwies (vgl. dazu Moeller 1999, 11–47).
Im Folgenden sei kurz auf einige Momente hingewiesen, die diesen Umbruch kennzeichnen:

a. Entdeckungen und Erfindungen
Die Entdeckungen und Erfindungen des ausgehenden Mittelalters bewirkten ein neues Lebensgefühl. Man hatte den beglückenden Eindruck, in einer Zeit größter Umwälzungen zu leben. »O Jahrhundert! O Wissenschaften! Es ist eine Lust zu leben!«, ruft der Humanist Ulrich von Hutten aus. Die Reformation wurde von dieser Aufbruchstimmung in den Anfangsjahren stark getragen.
Der Domherr Nikolaus Kopernikus aus Thorn (1473–1543) stellte die These auf, dass die Erde nicht der Mittelpunkt der Welt sei, sondern ein Planet wie andere auch. Damit löste er das bisher maßgeblich geltende geozentrische Weltbild ab.
1492 stieß Christoph Kolumbus bei seinem Versuch, auf dem Seeweg Indien zu erreichen, auf einen völlig neuen Kontinent, der später Amerika genannt wurde.
Die Erfindung der Buchdruckerkunst durch Johannes Gänsfleisch (genannt Gutenberg) brachte einen revolutionären Wandel in der Informationsvermittlung und hatte so eine wichtige Bedeutung für die Reformation.

Eine Revolution der Militärtechnik bedeutete die Erfindung des Schießpulvers im Abendland. Aufgrund dieser neuen Militärtechnik verloren ummauerte Burgen und Städte immer mehr ihre Bedeutung als Orte der Sicherheit. Außerdem ging die Bedeutung des Rittertums zurück; es begann die Zeit der Söldnerheere.

b. Die politische Situation in Deutschland
Der Zustand des »Heiligen Römischen Reiches Deutscher Nation« war beklagenswert. Die eigentlichen Machthaber in Deutschland waren die unteren Gewalten wie die Fürsten und Magistrate, nicht aber die Zentralgewalt des deutschen Kaisers. Dieser hatte kein stehendes Heer und litt unter chronischem Geldmangel, weil er nicht mit nennenswerten festen Einkünften im Reich rechnen konnte.
Das deutsche Reich war in viele große und kleine Herrschaften aufgeteilt, in weltliche und geistliche Kurfürstentümer wie Sachsen bzw. Mainz, in Herzogtümer wie Württemberg und Braunschweig-Lüneburg und in eine Reihe von sehr bedeutenden Freien Reichsstädten wie z.B. Augsburg, Nürnberg und Ulm. Die starke Stellung der Territorien begünstigte ab 1521 die Ausbreitung der Reformation gegen den Kaiser, der am katholischen Glauben festhielt.
Die bedeutendsten Zentren Deutschlands um 1500 waren die Städte. Gewerbe und Handel, Wohlstand und Kultur, Kunst und Bildung hatten hier ihren Sitz. Vielfach versuchten gerade die Städte, sich vom Einfluss der Kirche frei zu machen. Darum hatte die Reformation dort häufig Erfolg (z.B. in Nürnberg, Lübeck, Ulm und Straßburg).

c. Die sozialen Verhältnisse in Deutschland

Die Sozialordnung des Mittelalters zeigte eine ständische Gliederung. Dem Adel, der an der Spitze der Ständeordnung stand, gehörten um 1500 ca. 50 Prozent des gesamten Grundbesitzes in Deutschland. Die Bedeutung des Rittertums nahm freilich eher ab. Neue Einrichtungen verdrängten die Adeligen aus traditionellen Aufgaben. An die Stelle der Ritterheere traten z.B. – u.a. aufgrund der neuen Waffentechnik – die Söldnerheere.

Deutschland war um 1500 ein Agrarland; mindestens 90 Prozent der Bevölkerung lebten auf dem Land. Die Bauern waren zum größten Teil Analphabeten und daher immer auf fremde Hilfe angewiesen, wenn sie irgendein Rechtsgeschäft zu erledigen hatten. Ihre soziale und wirtschaftliche Situation konnte je nach der Gegend, in der sie lebten, höchst unterschiedlich sein. Freie Bauern hatten eine starke Position etwa an der Nordseeküste und in Westfalen. Anderswo war die starke Abhängigkeit der Bauern von der Grundherrschaft bestimmend. In Süddeutschland gab es viele Leibeigene. Hohe Abgaben und Fronen waren verbreitet. Unmittelbar nach 1500 gab es vereinzelt lokale Aufstände von Bauern; erst 1524/1525 sollte es dann zum Bauernkrieg kommen, der sich über weite Landstriche vor allem in Süd- und Mitteldeutschland ausbreitete. Die Freiheitsbotschaft der Reformation – 1520 war Luthers Schrift »Von der Freiheit eines Christenmenschen« erschienen – beflügelte die unterdrückten Bauern in ihrem Kampf gegen die Grundherrschaft. Luther hatte zunächst durchaus Sympathien für die Anliegen der Bauern und ermahnte die Fürsten zum Einlenken. Allerdings wehrte er sich dagegen, dass man die Botschaft »Von der Freiheit eines Christenmenschen« zur Durchsetzung politischer Forderungen verwandte. Als Luther dann sah, dass die Bauern Gewalt zur Durchsetzung ihrer Forderungen anwandten, veröffentlichte er 1525 seine Schrift »Wider die räuberischen und mörderischen Rotten der Bauern«. Diese eindeutige Parteinahme für die Fürsten hatte zur Folge, dass er sein Ansehen bei vielen Bauern verlor; zugleich hatte er es sich aber mit vielen Fürsten verdorben.

Große Unterschiede zwischen Stadt und Land zeigten sich auf dem Gebiet der Bildung. Auf dem Land gab es kaum Schulen. In den um 1500 in den Städten verbreiteten »Lateinschulen« stand die Grammatik im Mittelpunkt. Der Unterricht wurde in Latein, der Sprache der Gelehrten, erteilt. Inhalte waren – beeinflusst von den Humanisten – antike Stoffe, aber auch kirchliche und religiöse Elemente. Nach Schätzungen gab es in Deutschland etwa 400 000 Leser, das sind drei bis vier Prozent der Bevölkerung, wobei die Bürger zu etwa einem Drittel alphabetisiert waren. Die Schulbildung und sein späteres Studium an der Universität Erfurt hatten in Luthers Werdegang einen hohen Stellenwert. Aber auch für die Verbreitung der Reformation mit ihrer Konzentration auf das Wort war Bildung ein wesentliches Element. Martin Luther gab für die Verbesserung des Schul- und Bildungswesens starke Impulse.

d. Die religiöse Lage

Auf der einen Seite zeigte sich ein reiches religiöses Leben, das auf ein intensives religiöses Engagement der Gläubigen schließen lässt. Auf der anderen Seite wurden in Theologie, Frömmigkeit und Kirche Zerfallserscheinungen sichtbar, die nicht mehr bewältigt werden konnten.

Das reiche religiöse Leben zeigte sich in vielen Phänomenen. Zahlreiche Kirchen wurden neu erbaut oder umgebaut. Bilder und Holzschnitzereien in den Kirchen waren von höchstem Niveau. Spitäler wurden gegründet, Bruderschaften zur Pflege frommer Stiftungen entstanden. Heiligenverehrung und Reliquienkult blühten. Neue Wallfahrten wurden eingerichtet. Der Ablasshandel war weit verbreitet, d.h. die Gläubigen machten eifrig Gebrauch von der Möglichkeit, durch entsprechende Bußleistungen den Nachlass zeitlicher Sündenstrafen zu erhalten. Solche Bußleistungen, wie z.B. eine Wallfahrt nach Rom, konnten im Spätmittelalter in eine Geldbuße umgewandelt werden. Die verheerenden Folgen dieser Praktiken für die Kirche ließen Martin Luther 1517 zur Tat schreiten.

Gerade in dieser Zeit des Umbruchs fiel das kirchliche Angebot der Vermittlung der göttlichen Gnade auf fruchtbaren Boden. Der junge Martin Luther teilte mit vielen seiner Zeitgenossen die Hoffnung, durch die Vermittlung der Kirche zum Heil zu gelangen. Seine mit großem Ernst betriebene Suche nach dem sichersten Weg zum Heil führte ihn schließlich ins Kloster.

Die Missstände im Spätmittelalter hatten einen lauten Ruf nach einer Reform der Kirche an Haupt und Gliedern zur Folge. Vereinzelt forderten Universitätstheologen, Bischöfe und Geistliche eine Besserung der unhaltbaren Zustände in der Kirche. Bekannt geworden sind einzelne Männer, die man als Vorreformatoren bezeichnet hat. Zu nennen sind hier John Wyclif (1328—1384), Theologieprofessor in Oxford, und der böhmische Universitätslehrer und Prediger von Prag, Johannes Hus (um 1370—1415), der von Wyclif beeinflusst war und 1415 auf dem Konstanzer Konzil als Ketzer verbrannt wurde.

Auf dem Lutherdenkmal in Worms (1868, geschaffen von Ernst Rietschel u.a.) sind auch Petrus Waldus und Girolamo Savanarola als »Vorreformatoren« dargestellt.

Petrus Waldus (gest. 1218), ein reicher Kaufmann aus Lyon, gab gemäß Mk 10,17—20 seinen Reichtum auf. Bettelnd und predigend zog er umher und gewann viele Anhänger. Mit Berufung auf die Bibel forderten die »Waldenser«, dass die Priester – wie die Apostel – in Armut leben sollten. Sie lehnten den Krieg ab und wandten sich gegen den Ablass, die Lehre vom Fegfeuer sowie die Heiligenverehrung. Der blutigen Verfolgung durch die römische Kirche entzogen sich (seit etwa 1330) viele französische Waldenser durch Flucht in die Alpentäler (Savoyen, Piemont), wo sie sich bis heute gehalten haben. In der Reformationszeit schlossen sich die Waldenser der Schweizer Reformation an.

Der Dominikaner Girolamo Savonarola (1452–1498) wandte sich scharf gegen die Verweltlichung des Papsttums und die gottlosen Zustände in Florenz. Drei Jahre lang beherrschte Savonarola die Stadt durch den Einfluss seiner Predigt. Es entstand dort eine Art Demokratie auf religiöser Grundlage. Jeder Bürger sollte ein streng enthaltsames Leben führen. Schließlich gelang es dem Papst und der alten Herrschaft, das Volk gegen Savonarola aufzuwiegeln. 1498 wurde er gehenkt, sein Leichnam verbrannt.

Weiter sind hier auch die Reformkonzilien wie das von Basel (1431–1449) zu nennen. Sie konnten sich jedoch mit ihrer Forderung nach der Überordnung des Konzils über den Papst nicht durchsetzen. Ein neues Reformkonzil war eine der ständigen Forderungen Luthers und seiner Anhänger. Man hoffte, ein solches Konzil könne die Kirche im Sinne Luthers an Haupt und Gliedern reformieren und so die Einheit der Kirche erhalten.

Zu den Reformern kann man auch die Humanisten zählen. Der Humanismus war eine große Bildungsbewegung im Zusammenhang der italienischen Renaissance. Er verbreitete sich im 15. Jahrhundert auch in Deutschland. Der bedeutendste Vertreter des Humanismus, Erasmus von Rotterdam, lehnte die mittelalterliche Kirche keineswegs ab; er setzte sich freilich für Reformen ein und fand dafür bei den Intellektuellen durchaus Rückhalt. Weniger Luther als andere Reformatoren wie der Zürcher Huldrych Zwingli und der Straßburger Martin Bucer standen unter dem Einfluss des Erasmus. Auch Luthers wichtigster Mitstreiter Philipp Melanchthon kam aus dem Humanismus.

Die hier genannten Zeitumstände, die vielfach Züge des Umbruchs, ja der Krise trugen, nahmen großen Einfluss auf den Gang der Reformationsgeschichte. In den 20er Jahren des 16. Jahrhunderts etwa war Kaiser Karl V. so sehr in Auseinandersetzungen mit Franzosen und dem Papst sowie den Türken verstrickt, dass er sich den deutschen Angelegenheiten nur ganz am Rande widmen konnte. Dies war zweifellos ein Vorteil für die sich rasch ausbreitende Reformation. Erasmus von Rotterdam stellte Martin Luther mit seiner griechischen Ausgabe des Neuen Testaments eine unschätzbare Grundlage für seine Bibelübersetzung zur Verfügung. Und die wachsende Kritik in Deutschland am Zustand der Kirche trug ihren Teil zur Unterstützung der Reformation bei.

Die Missstände in der Kirche bildeten zwar einen fruchtbaren Boden für Luthers Lehre und begünstigten den Fortgang der Reformation, man kann jedoch schwerlich aus den Zeitumständen mit ihren krisenhaften Erscheinungen den Erfolg der Reformation ableiten. Vielmehr kam es dadurch zur Reformation, dass Martin Luther persönlich am Heilsangebot der mittelalterlichen Kirche, das an religiöse Leistungen als Bedingung gebunden war, scheiterte und in der kritischen existenziellen Auseinandersetzung mit dem Römerbrief seine sogenannte reformatorische Entdeckung machte. Bezeichnenderweise setzte Lu-

thers Kritik nicht bei der äußeren Organisation der Kirche und ihren Missständen an; es ging ihm vielmehr um das Fundament der Kirche. Für ihn war die schriftgemäße Verkündigung des Evangeliums von Jesus Christus das, was Kirche zur Kirche macht.

2. Luthers Herkunft, Jugend und Ausbildung bis 1505

Martin Luther, 1483 in Eisleben als Sohn von Hans und Margarethe Luder geboren, stammte aus einer Bauernfamilie, die in Möhra ansässig war. Sein Vater war ein sozialer Aufsteiger. Mit eisernem Fleiß hatte er sich vom Bergmann zum (Mit-)Besitzer mehrerer Bergwerke emporgearbeitet. Sein ältester Sohn Martin sollte nach dem Willen des Vaters auf der sozialen Leiter noch weiter steigen. Er sollte Jura studieren und später einmal eine gute Stellung bei einem Fürsten oder in einer Stadt einnehmen.

Die Erziehung im Hause Luther wie auch in der Schule war sehr streng. Später sagte er: »Meine Eltern haben mich in strengster Ordnung gehalten, bis zur Verschüchterung« (Fausel 1996 I, 13). Und: »Es sind manche Präzeptoren [Lehrer] so grausam wie die Henker. So wurde ich einmal vor Mittag fünfzehnmal geschlagen, ohne jede Schuld, denn ich sollte deklinieren und konjugieren und hatte es [doch noch] nicht gelernt« (Fausel 1996 I, 15). Auch die Frömmigkeit im Hause Luther, die wohl eher konventionell war, war angstbesetzt. Die Angst vor dem Jüngsten Gericht, vor Hölle und Tod trieb viele Menschen um. Möglicherweise trug die Erfahrung eines strengen, leistungsbetonten Vaters dazu bei, dass Luther auch den himmlischen Vater als strengen Gott erlebte.

Luther besuchte die Grundschule in Mansfeld, die Domschule Magdeburg und die Pfarrschule St. Georg in Eisenach. 1501 begann er sein Studium an der Universität von Erfurt. Er absolvierte zunächst wie jeder Student ein Grundstudium oder Vorstudium, die artes liberales (»die sieben freien Künste«). Sie bestanden aus dem Trivium Grammatik, Dialektik und Rhetorik und dem Quadrivium Arithmethik, Astronomie, Geometrie und Musik. Dieses Schema ging auf die Spätantike zurück. 1502 wurde Luther Baccalaureus artium, 1505 Magister artium. 1505 begann er dann mit dem Studium der Rechtswissenschaft.

Doch verbrachte er nur wenige Wochen in der juristischen Fakultät; denn im Sommer 1505 gab ein tiefgehendes Ereignis Luthers Leben eine völlig neue Richtung.

3. Luther als Mönch

Im Juni 1505 gab Martin Luther sein Jurastudium auf und trat in den strengen Orden der Augustinereremiten ein. Der Anlass zu dieser Wende in seinem Leben war ein Erlebnis in der Nähe des Dorfes Stotternheim: Bei einem Gewitter am 2. Juni 1505 hatte Luther in seiner Todesangst gelobt: »Hilf du, heilige

Anna, ich will ein Mönch werden.« Dass er die heilige Anna, die Mutter der Maria, anrief, hängt damit zusammen, dass Anna u.a. die Schutzheilige der Bergleute war. Gegen den Willen der Freunde, gegen den Willen seines Vaters, ja gegen den eigenen Willen (»Ich bin nicht gerne ein Mönch geworden« (Fausel 1996 I, 30) blieb Luther bei seinem Entschluss, obwohl das nicht zwingend war. Denn ein in Todesangst gegebenes Gelübde hätte ohne Not gelöst werden können. Die Gründe für seine Entscheidung liegen tiefer. Erfahrungen mit dem Tod bei Freunden und mit durchlittener Todesgefahr bei sich selbst hatten ihn mit der brennenden Frage konfrontiert, wie er vor dem strengen Gott bestehen könne, wenn er selbst sterben müsste. Und als sicherster Weg zum Heil galt damals der Weg als Mönch oder Nonne.

Nach dem Eintritt ins Kloster absolvierte Luther zunächst die Probezeit des einjährigen Noviziats. Dieses endete mit der Profess, der Übernahme der drei Mönchsgelübde: Armut, Keuschheit und Gehorsam. Luther nahm es sehr ernst mit den Gelübden: »Denn ich habe das Gelübde getan nicht um des Bauches willen, sondern um meiner Seligkeit willen, und habe unsere Regeln unbeugsam streng gehalten« (Fausel 1996 I, 30).

Die meisten Mönche im Orden der Augustinereremiten waren damals Priester. Auch Luther wurde von seinem Orden zum Priesteramt bestimmt. Das eigentliche Theologiestudium absolvierte er, anders als heute üblich, erst nach der Weihe zum Priester. Ein großes Fest im Kloster war die Primiz, die erste Messe, zu der Luther auch seine Familie einlud. Sein Vater war gekommen. Noch immer hatte er sich nicht ganz mit dem in seinen Augen verhängnisvollen Schritt seines Sohnes abgefunden. Er warf Martin vor, sich nicht an das vierte Gebot zu halten. Immerhin aber machte der Vater dem Kloster ein stattliches (Geld-)Geschenk (vgl. Boehmer 1955, 46). In seiner ersten Messe fühlte Luther ganz tief die Heiligkeit Gottes und seine eigene Sündhaftigkeit. Das erfüllte ihn mit so großer Furcht, dass er den Wein verschüttete. Nur nach intensivem Zureden konnte er den Gottesdienst zu Ende führen.

Luther machte im Augustinerorden schnell Karriere. Er studierte Theologie, begann dann eine eigene Vorlesungstätigkeit. 1510/11 weilte er im Auftrag seines Ordens zusammen mit einem Ordensbruder in Rom. Dort nahm er Missstände wahr wie den Unernst vieler Kirchenmänner und die Verflachung des religiösen Lebens. Größere Zweifel an seiner Kirche bekam er aber damals (noch) nicht.

Nur wenige ahnten, wie »angefochten« Martin Luther in seiner Klosterzeit war. Theologisch war er von der in Erfurt vorherrschenden Theologie des Wilhelm von Ockham geprägt. Diese Theologie, auch via moderna (= moderner Weg) genannt, traute dem Menschen in Bezug auf sein Heil besonders viel zu. Wenn der Mensch tut, was in seinen Kräften steht, wenn er also gute Werke wie Beten, Fasten und Almosengeben vollbringt und ansonsten dem Gnadenangebot der Kirche vertraut, kann er das Heil erringen. Lu-

ther tat, was in seinen Kräften stand. Später schrieb er: »Wahr ist's, ein frommer Mönch bin ich gewesen, und ich habe meine Ordensregel so streng gehalten, dass ich sagen darf: Ist je ein Mönch in den Himmel gekommen durch Möncherei, so wollte ich auch hineingekommen sein. Das werden mir alle meine Klostergesellen bezeugen, die mich gekannt haben. Denn ich hätte mich (wenn es länger gedauert hätte) zu Tod gemartert mit Wachen, Beten, Lesen und anderer Arbeit« (Gutschera/Thierfelder 1976, 129). Doch Luther hatte nie den Eindruck, dass Gott mit ihm zufrieden war. Immer stärker fühlte er sich als ein von Gott getrennter Sünder, ja zeitweilig hielt er sich gar für einen von Gott Verworfenen. Eine erste Hilfe wurde ihm von seinem Ordensprior und Beichtvater Johannes von Staupitz zuteil. Staupitz traute dem menschlichen Willen erheblich weniger zu als Luthers bisherige theologischen Gewährsmänner. Nach Staupitz kann das menschliche Wollen entweder zu Überheblichkeit und Vermessenheit oder zu Verzweiflung führen, weil der Mensch das Gesetz Gottes nicht erfüllen kann. Vor allem wies Staupitz ihn auf den für uns gekreuzigten Christus hin.

4. Luther entdeckt den gnädigen Gott

1511 siedelte Luther nach Wittenberg über. Gefördert durch Staupitz, nahm er Ämter in seinem Kloster und seinem Orden wahr. 1512 wurde er Subprior. Ab 1515 musste er als Distriktvikar mehrere sächsische Klöster beaufsichtigen. Seit 1514 verwaltete Luther auch die Predigtstelle an der Stadtkirche in Wittenberg. Vor allem veranlasste Staupitz ihn zur Promotion. 1512 wurde Luther Doktor der Theologie. 1513 übernahm er die biblische Professur, die bisher Staupitz innehatte. Luther legte nacheinander die Psalmen, den Römer-, den Galater- und den Hebräerbrief und dann erneut die Psalmen aus. In der Bibel fand er schließlich die ihn befreiende Erkenntnis. Bisher hatte er die Gerechtigkeit Gottes, wie sie in den Psalmen und den paulinischen Briefen zur Sprache kommt, im Sinne des griechischen Philosophen Aristoteles als distributive (austeilende) Gerechtigkeit des Richters verstanden. Danach belohnt Gott die Guten und bestraft die Bösen; er teilt jedem das zu, was er sich verdient hat. Jetzt erkannte er, dass der biblische Begriff der Gerechtigkeit nicht den richtenden Gott im Blick hat, sondern den barmherzigen, der den Sünder aufgrund seines Glaubens annimmt und ihn gerecht spricht. Noch in einem Text von 1545 wurde der Jubel Luthers über diese Erkenntnis (das sogenannte Turmerlebnis) deutlich: »Hier fühlte ich mich völlig neugeboren und als wäre ich durch die geöffneten Pforten ins Paradies selbst eingetreten« (Fausel 1996 I, 57).

Die Botschaft von der Rechtfertigung des Menschen allein aus Gnade, allein durch den Glauben, wurde zum Zentrum reformatorischer Predigt. Die »guten Werke« verlieren dadurch nicht ihre Bedeutung - nur sind sie nicht mehr Voraussetzung der Rechtfertigung, sondern deren Folge. Wann genau Luther diese grundlegende Erkenntnis hatte, lässt sich nicht mehr feststellen. In der kirchengeschichtlichen Forschung werden eine Frühdatierung um 1514 und eine Spätdatierung um 1518 vertreten. Das hängt nicht zuletzt damit zusammen, dass Luthers Selbstzeugnis von 1545 keine eindeutige Datierung zulässt. Diejenigen Forscher, die für eine Frühdatierung eintreten, bestreiten allerdings nicht, dass sich Luthers Theologie weiterentwickelt hat. Man muss wohl die reformatorische Wende Luthers als einen Prozess ansehen, der sich über mehrere Jahre hinzog.

Als Universitätsprofessor hatte Luther mehrere Kollegen, die sich später zum großen Teil der reformatorischen Bewegung anschlossen. Zu nennen sind hier besonders Andreas Karlstadt, der Dekan der Theologischen Fakultät, und Philipp Melanchthon aus Bretten (heute Baden-Württemberg), der 1518 als 21-Jähriger zum Professor für Griechisch nach Wittenberg berufen wurde.

5. Luther und der Ablasshandel

Am 31.Oktober 1517 verschickte Martin Luther an Erzbischof Albrecht von Mainz einen Brief, in dem er sich über die Ablassprediger beklagte. Er legte 95 Thesen in lateinischer Sprache bei. Zur Klärung des Ablassproblems sollte in Wittenberg eine Disputation unter Beteiligung auswärtiger Theologen durchgeführt werden. Noch war der Ablass nicht feierlich dogmatisiert.

Dass Luther die Thesen am 31. Oktober 1517 an der Tür der Schlosskirche, dem Schwarzen Brett der Universität, angeschlagen habe, ist eine spätere Überlieferung, die heute vielfach angezweifelt wird. Möglicherweise wurden die Thesen Mitte November 1517 dort angeschlagen. Dass viele Wittenberger dieser Szene beigewohnt hätten, ist wenig wahrscheinlich, konnte doch nur eine geringe Zahl von Menschen damals lesen und noch weniger die lateinische Sprache verstehen.

Noch nach heutiger katholischer Lehre ist der Ablass »die von der kirchlichen Autorität aus dem Kirchenschatze, für Lebende durch Lossprechung (per modum absolutionis), für Verstorbene durch Fürbitte (per modum suffragii) gewährte Nachlassung (remissio) zeitlicher Strafe vor Gott, die geschuldet ist für Sünden, die der Schuld nach bereits getilgt sind« (Gutschera/Thierfelder 1978, 115). Dahinter steht die Anschauung, dass jede Sünde eine Schuld und eine zeitliche Strafe nach sich zieht. Die Schuld wird vom Priester in der Beichte durch die Absolution vergeben. Die Sündenstrafe muss hier in diesem Leben oder nach dem Tod im Fegfeuer abgegolten werden. Die Kirche kann hier aus dem »Kirchenschatz« der Verdienste Christi und der Heiligen Nachlass gewähren. Sie tut dies bei einer entsprechenden Bußleistung des Gläubigen, z.B. einer Wallfahrt nach Rom. Diese Bußleistung konnte im Spätmittelalter in eine Geldbuße umgewandelt werden. Wer einen Ablassbrief kaufte, erhielt den Nachlass. Man konnte auch Ablassbriefe für Tote erwerben und so deren Zeit im Fegfeuer verkürzen. Im Spätmittelalter wurde der Ablass immer stärker zu einer bequemen Geldquelle der Kurie.

1517 schrieb Papst Leo X. einen Ablass aus, weil er Geld zum Bau der (heutigen) Peterskirche in Rom brauchte. Die Hälfte der Einkünfte sollte der Papst erhalten, die andere Hälfte Erzbischof Kardinal Albrecht von Mainz, der mit dem Vertrieb der Ablassbriefe in Deutschland beauftragt wurde. Dieser hatte sich wegen Ämterkaufs bei den Fuggern in Augsburg hoch verschulden müssen. Albrecht von Mainz erließ eine Instruktion für die Ablassprediger. Kurfürst Friedrich der Weise verbot die Ablasspredigt in Sachsen. Ablass konnten seine Landeskinder bei der Besichtigung seiner reichhaltigen Reliquiensammlung in der Wittenberger Schlosskirche erhalten, und zwar umsonst. Luther bekam als Prediger der Stadtkirche und Beichtvater mit dem Ablass zu tun. Gläubige, die im benachbarten Jüterbog einen Ablassbrief gekauft hatten, meinten, dass wahrhaftige Buße, nämlich Umkehr zu Gott, nicht mehr nötig sei, wenn man einen Ablassbrief gekauft habe. Luther sah also die verheerenden pastoralen Folgen des Ablassverkaufs. Er wollte mit seinen Thesen keine neuen Lehren aufstellen. Freilich griff er damit nicht nur Missbräuche des Ablasswesens an, sondern stellte implizit den Ablass grundsätzlich in Frage.

Das Ergebnis von Luthers Aktion war überraschend. Zu einer Disputation meldete sich niemand. Die Dominikaner zeigten Luther in Rom wegen Verdachts auf Ketzerei an. Von Freunden Luthers übersetzt und gedruckt, durchliefen die 95 Thesen Deutschland in Windeseile und machten seinen Verfasser im ganzen Land bekannt.

Mit seinem Vorstoß hatte Luther offensichtlich vielen aus dem Herzen gesprochen. Er selbst sah sich aus der (stillen) Gelehrtenstube in die (laute) Öffentlichkeit gezogen. Da er nicht der bedenkenlose Kämpfer war, als den ihn Freund und Feind immer wieder darstellten, erfüllte ihn die neue Situation auch mit Ängsten. Die Beispiele von Jan Hus und Girolamo Savonarola zeigen, dass diese Ängste durchaus begründet waren.

Bis 1517 benutzte Luther seinen Familiennamen Luder. Zwischen 1517 und 1519 unterschrieb er Briefe an Freunde mit dem griechischen Wort „eleutheros" (= Freier, der Befreite). Das zentrale „th" übertrug er dann „in seinen Familiennamen" und nannte sich Martin Luther (Schilling 2013,171). Mit der Änderung seines Familiennamens signalisierte Luther seit 1517 auch äußerlich seine innere Verwandlung.

6. Pläne gegen Luther

Mit der Anzeige Luthers in Rom begann der Ketzerprozess, der am 3. Januar 1521 mit seiner Exkommunikation endete. Die »causa Lutheri« geriet nun in die Zusammenhänge der Politik. Zunächst wurde

Luther zum Verhör nach Rom zitiert. Die Kurie hatte großes Interesse, den sächsischen Kurfürsten Friedrich den Weisen nicht zu verärgern. Dieser gehörte zu dem Gremium, das 1519 den neuen Kaiser wählen sollte, nachdem der alte Kaiser, Maximilian, gestorben war. Papst Leo X. wollte unter allen Umständen verhindern, dass der Habsburger Karl gewählt würde, wäre dann doch sein Kirchenstaat total von habsburgischen Besitzungen eingekreist gewesen. So stimmte die Kurie – wenn auch widerwillig – dem Ansinnen Friedrichs des Weisen zu, Luther auf deutschem Boden, nämlich in Augsburg, zu verhören. Friedrich hatte mehrere Gründe, sich für sein Landeskind zu verwenden. Er bezweifelte, dass es in Rom zu einem gerechten Verfahren kommen könnte. Schließlich wollte er seine junge Wittenberger Universität (gegründet 1502) mit ihrem berühmten Professor schützen.

Im Oktober 1518 musste Luther vor dem päpstlichen Abgesandten Cajetan erscheinen. Dieser wollte zunächst nichts anderes als dass Luther seine Irrlehren widerrufe. Als Luther freilich wissen wollte, welches seine Irrlehren seien, ließ sich eine inhaltliche Diskussion nicht vermeiden. Da ging es u. a. um die Lehre vom Schatz der Kirche und um die Autorität des Papstes. In Bezug auf die Kritik am Ablass konnte Luther bei Cajetan durchaus auf Verständnis hoffen. Der Streit entzündete sich jedoch an der Lehre vom Schatz der Kirche. Cajetan zog die Bulle Unigenitus von Papst Clemens VI. von 1343 heran, wonach der Papst den durch Christi Verdienst erworbenen Kirchenschatz zum Erlass zeitlicher Sündenstrafen verwenden dürfe. Luther meinte, dass damit die Heilige Schrift auf den Kopf gestellt würde. Cajetan hingegen pochte darauf, dass der Papst in seiner Autorität über den Konzilien, über der Heiligen Schrift, ja über der Kirche stünde. Luther freilich konnte »als die Stimme des Petrus … nur solche Gesetze akzeptieren, die mit der Schrift und den Kirchenvätern übereinstimmen« (Brecht 1981 I, 245).

Das Verhör endete ohne Ergebnis. Luther floh aus Augsburg. Cajetans Ansuchen, Luther nun auszuliefern, lehnte Friedrich der Weise ab. Im Januar 1519 gab es noch einmal einen – freilich recht illusionären – Vermittlungsversuch. Im Auftrag des Papstes überreichte Karl v. Miltitz Kurfürst Friedrich dem Weisen eine hohe päpstliche Auszeichnung, die Goldene Rose. Der Papst wollte sich den Kurfürsten im Blick auf die kurz bevorstehende Kaiserwahl willfährig erhalten. Miltitz versuchte, den sächsischen Kurfürsten zur Auslieferung Luthers zu bewegen, um dann durch Verhandlungen mit Luther einen friedlichen Ausgleich zu erreichen. Das Einzige, was er jedoch erreichen konnte, war die Zusage Luthers zu schweigen, wenn auch seine Gegner schwiegen, und den Streit durch einen gelehrten Bischof schlichten zu lassen. Nach der Wahl des Habsburgers Karl zum Kaiser Karl V. gab es dann für die römische Kurie keinen Grund mehr, Luther zu schonen.

Ein weiterer Höhepunkt im Kampf zwischen Luther und Rom war die Leipziger Disputation zwischen dem Ingolstädter Theologen Johannes Eck und den Wittenberger Theologen Karlstadt und Luther. Brisant war vor allem die Disputation zwischen Eck und Luther. Eck, der »brillante Disputator« (Moeller 1999, 60), wollte nichts anderes denn Luther als Häretiker entlarven. Dies gelang ihm auch. Denn Luther bestritt in Leipzig die Unfehlbarkeit von Papst und Konzilien. Etliche der vom Konstanzer Konzil verurteilten Artikel des »Ketzers« Jan Hus waren nach seiner Einschätzung gut evangelisch. Nach Luther durften nur solche Lehren in der Kirche verbindlich sein, die sich auf die Schrift gründen. Für ihn war die entscheidende Norm in Bezug auf Lehre und Ordnung der Kirche jetzt nur noch die Schrift (»sola scriptura«).

Im Jahr 1520 legte Luther seine drei sogenannten reformatorischen Hauptschriften vor. In der Schrift »An den christlichen Adel deutscher Nation von des christlichen Standes Besserung« machte er viele Reformvorschläge. Gegen die althergebrachten Sonderrechte des Klerus setzte er die These vom allgemeinen Priestertum der Gläubigen. In der Schrift »Von der babylonischen Gefangenschaft der Kirche« entwickelte er ein neues Sakramentsverständnis. Ein Sakrament ist für Luther ein Zeichen, das Christus selbst eingesetzt hat und das mit der Zusage der Sündenvergebung verbunden ist. Von den sieben Sakramenten der mittelalterlichen Kirche blieben nur noch Taufe und Abendmahl (anfangs auch noch die Buße) übrig.

Eine tiefgehende Neuinterpretation erfuhr die Messe. Luther wandte sich gegen die Lehre von der Wandlung, den Kelchentzug für die Laien und den Opfercharakter der Messe. In der kleinen Schrift »Von der Freiheit eines Christenmenschen« entfaltete er Grundzüge einer reformatorischen Ethik. Sie beginnt mit den einprägsamen Sätzen: »Ein Christenmensch ist [im Glauben] ein freier Herr aller Dinge und niemand untertan. Ein Christenmensch ist [in der Liebe] ein dienstbarer Knecht aller Dinge und jedermann untertan.«

Den vorläufigen Abschluss in den Auseinandersetzungen zwischen Luther und Rom bildete dann die Bannandrohungsbulle vom 15.6.1520, in der 41 ziemlich willkürlich aus dem Zusammenhang gerissene Sätze Luthers als »der katholischen Lehre widersprechend« herausgestellt wurden. Nicht gerade zimperlich hieß es da: »Diesen Weinberg [die Kirche] will ein Wildschwein aus dem Wald zerwühlen« (Gutschera/Thierfelder 1976, 134). Binnen 60 Tagen sollte Luther Widerruf leisten. Ansonsten würde er exkommuniziert werden. Doch Luther widerrief nicht. Vielmehr verbrannte er am 10. Dezember 1520 in Wittenberg beim »Happening am Elstertor« (Oberman nach Moeller 1999, 61) die Bulle und – was noch erheblich gravierender war – kirchliche Rechtsbücher und scholastische Werke. Daraufhin wurde am 3. Januar 1521 der Bann über Luther ausgesprochen, d.h. er wurde endgültig exkommuniziert.

7. Luther vor dem Reichstag in Worms

Für den Kaiser war die Rechtslage nach dem endgültigen Bannstrahl gegen Luther klar: Er konnte das Ketzerurteil gegen Luther nicht einfach hinnehmen, sondern er musste selbst tätig werden. »Dem Bann der Kirche hatte die Acht des Reiches zu folgen« (Moeller 1999, 49). Luther stand das Beispiel von Jan Hus drohend vor Augen. Friedrich der Weise konnte beim jungen Kaiser erreichen, dass Luther vor dem Reichstag in Worms verhört wurde. Freies Geleit wurde zugesagt. Der kaiserliche Herold Kaspar Sturm holte Luther in Wittenberg ab. So groß die Zustimmung war, die Luther auf dem Weg nach Worms erfuhr, so stark die Unterstützung war, die ihm von vielen Seiten zuteil wurde, so ungeheuer lastete die Verantwortung auf ihm, als er am 17. April 1521 vor dem Reichstag zum Widerruf seiner Schriften aufgefordert wurde. Er erbat sich Bedenkzeit von einem Tag. Am 18. April 1521 lehnte er in einer zuerst auf Deutsch, dann auf Lateinisch gehaltenen Rede den Widerruf ab: »Es sei denn, dass ich mit Zeugnissen der Heiligen Schrift oder mit öffentlichen, klaren und hellen Gründen und Ursachen überwunden und überwiesen werde ... , so kann und will ich nichts widerrufen, weil es weder sicher noch geraten ist, etwas wider das Gewissen zu tun. Gott helfe mir. Amen« (Stupperich u.a. 1984, 205). Nach einem alten Bericht soll er hinzugefügt haben: »Hier stehe ich, ich kann nichts anders«. Mit dieser Erklärung brachte Luther »die neugewonnene Überzeugung zum Ausdruck, dass das Christsein im Kern eine individuelle Gegebenheit sei, ein Verhältnis von Person zu Person, zwischen dem einzelnen Menschen und Gott, und dass es daher schlechterdings keine irdische Instanz gebe, die das durch den Glauben an Gott freie Gewissen binden, irremachen oder umleiten könne« (Moeller 1999, 51f).

Schon am nächsten Tag ließ Karl V. eine wohl eigenhändig aufgesetzte Erklärung auf Französisch vortragen. Er begründete seine ablehnende Haltung gegenüber Luther. »Beide Erklärungen, die Luthers wie die des Kaisers, sind Bekenntnisse. Luther beruft sich auf die Heilige Schrift, er fühlt sich in Gottes Wort gefangen. Eigene Erkenntnis und eigenes Gewissen sind ausschlaggebend für sein Verhalten. Karl V. beruft sich auf die Tradition. Er gewinnt Sicherheit aus der Überzeugung, dass ein Einzelner irren muss, wenn er gegen die Meinung der Tradition steht« (Heinemann 1971, 2). Damit war für den Reichstag die »causa Lutheri« keineswegs zu Ende. Es gab Verhandlungen, die freilich zu keinem Ziel führten. Luther durfte unter »freiem Geleit« die Heimreise antreten. Am 26. April brach er mit seinen Begleitern ziemlich unbemerkt aus Worms auf. Später hielt Karl V. es für einen seiner großen Fehler, Luther nicht ausgeschaltet zu haben. Vier Wochen später, am 25./26. Mai – der Reichtag war bereits offiziell beendet –, wurde im Wormser Edikt die Reichsacht gegen Luther verhängt: »dass ihr nach Ablauf von zwanzig Tagen den Martin Luther nicht beherbergt, speist, tränkt noch schützt, noch ihm heimlich oder öffentlich Hilfe, Beistand oder Vorschub leistet, sondern wo ihr seiner habhaft werdet, ihn gefangen nehmt und Uns wohlbewahrt zusendet...« (Gutschera/Thierfelder 1976, 135).

8. Luther auf der Wartburg

Nach seinem Wormser Auftritt hatte Luther drei Wochen Zeit, um sich in Sicherheit zu bringen. Am 4. Mai 1521 wurde er mit seiner Reisegruppe in der Nähe der Burg Altenstein von Bewaffneten zum Schein überfallen und entführt. Schnell verbreitete sich die Kunde vom Verschwinden Luthers in ganz Deutschland. Lutheranhänger waren bestürzt. Albrecht Dürer schrieb in sein Tagebuch: »O Gott, Luther ist tot, wer wird uns hinfort das heilige Evangelium so klar vortragen?« (v. Loewenich 1983, 188). Doch Luther war nicht tot; er hatte schon vorher einen Wink bekommen, dass sein Landesherr ihn zu seinem Schutz zum Schein würde entführen lassen. Über ein Jahr lebte er nun auf der Wartburg, in ritterlichem Habit und Aussehen als Junker (= Ritter) Jörg, wobei er sich als äußerliches Merkmal einen Bart wachsen ließ. Die Zeit in der Einsamkeit ohne den Austausch mit Kollegen und Studenten war schwer für ihn, zudem plagten ihn gesundheitliche Probleme. Das reichliche Essen der Ritter war wohl für den Mönch, der eher leichtes Essen gewohnt war, zu schwer, so dass er unerträgliche Stuhlprobleme hatte. Am Ritterleben fand er keinen Gefallen. In einem Brief an Spalatin vom 15. August 1521 berichtete er, wie ihm die Jagd zum Symbol für seinen Kampf gegen das Papsttum wurde: »Durch meine Bemühung hatten wir ein Häschen am Leben erhalten. Als ich es in den Ärmel meines Rockes eingewickelt hatte und ein wenig davongegangen war, hatten unterdessen die Hunde den armen Hasen gefunden, durch den Rock sein rechtes Hinterbein gebrochen und ihm die Kehle durchgebissen. Nämlich so wütet der Papst und der Satan, dass er auch die geretteten Seelen umbringt, und meine Bemühungen kümmern ihn nicht« (nach Aland 1983, Die Briefe 99). Schwere Anfechtungen plagten ihn. Und doch ist die Wartburger Zeit eine Zeit höchster Kreativität. Zu nennen ist seine Schrift vom Herbst 1521 »De votis monasticis iudicium« (Urteil über die Mönchsgelübde). Nicht die Gelübde an sich, sondern die ewig verpflichtenden Gelübde verwarf er darin. In seinen Tischreden begründete er seine Kritik mit der Rechtfertigungsbotschaft: »Wer da gelobet ein Klosterleben zu führen, der vermeinet ein besseres zu führen denn ein ander Christenmensch und mit seinem Leben nicht allein ihm selbst, sondern auch anderen Leuten zu helfen. Derselbige thut nicht anders, denn dass er Christum verleugnet und tritt Christi Verdienst mit Füßen« (Gutschera/Thierfelder 1976, 67). Vielen Mönchen und Nonnen gab diese Schrift ein gutes Gewissen, das Klosterleben aufzugeben. Luther selbst hat erst am 9. Oktober 1524 öffentlich die Mönchskutte ausgezogen. Seither predigte er im Professorentalar. Mit seiner Kritik am Mönchtum wertete Luther die weltliche Arbeit erheblich auf: Mit der Reformation setzte sich die Bezeichnung der weltlichen Arbeit als Beruf, die schon in der Mystik vorbereitet wurde, durch. Im Mittelalter war Beruf vor allem die Bezeichnung für den geistlichen Beruf gewesen, z. B. als Mönch oder Nonne.

Untrennbar ist die Wartburg vor allem mit Luthers Übertragung des Neuen Testaments ins Deutsche verbunden. Gilt das allgemeine Priestertum aller Gläubigen, so muss jeder Gläubige über seinen Glauben Auskunft geben können. Nicht zuletzt muss er die Bibel lesen können.

Luther übersetzte das Neue Testament nicht wie frühere Bibelübersetzer aus dem lateinischen Bibeltext, der Vulgata. Er legte das griechische Neue Testament zugrunde. Fünf Jahre zuvor hatte Erasmus von Rotterdam eine kritische Ausgabe dieses Textes herausgebracht. Luther legte seiner Übersetzung das Deutsch, wie es in der kurfürstlichen Kanzlei in Wittenberg verwendet wurde, zugrunde. Und er holt sich bei seiner Übersetzung Rat von den »normalen« Menschen: »Man muss die Mutter im Hause, die Kinder auf den Gassen, den gemeinen Mann auf dem Markte darum fragen, und denselbigen auf das Maul sehen, wie sie reden, und danach dolmetschen, so verstehen sie es denn, und merken, dass man deutsch mit ihnen redet« (aus Luthers Sendbrief vom Dolmetschen, 1530, zitiert nach Gutschera/ Thierfelder 1978, 120). Luthers Bibelübersetzung ist die Grundlage der neuhochdeutschen Sprache geworden. Das Neue Testament auf Deutsch war ein unbeschreiblicher Bestseller, als es im September 1522 (»Septembertestament«) mit Holzschnitten von Lucas Cranach auf den Markt geworfen wurde. Die ersten 3000 Exemplare waren bald vergriffen. In den folgenden 15 Jahren wurden 200 000 Exemplare verkauft. Der Preis war mit 1½ Gulden für damalige Bibelausgaben unwahrscheinlich niedrig.

Dass Luther im März 1522 gegen den Willen seines Kurfürsten die Wartburg wieder verließ, lag nicht zuletzt daran, dass er – und nicht nur er – entdecken musste, wie sich die reformatorische Bewegung immer stärker differenzierte. Ab 1522 kam es zu schmerzhaften Trennungen. Während Luther auf der Wartburg war, ergriff sein Kollege Andreas Karlstadt in Wittenberg die Initiative zu Reformen. Er zog sein Priestergewand aus. Später ließ er sich gar »Bruder Andreas« nennen. Am Christfest 1521 teilte er das Abendmahl in beiderlei Gestalt aus, also Brot und Wein. Anfang 1522 ließ er die (Heiligen-)Bilder unter Hinweis auf das Bilderverbot aus den Kirchen entfernen. Es kam zu Unruhen in Wittenberg.

Im März 1522 kam Luther nach Wittenberg zurück. In den acht sogenannten Invokavitpredigten machte er seine Position deutlich. Zunächst gab es zwischen Luther und Karlstadt weniger inhaltliche Differenzen – auch Luther vertrat ja das Abendmahl in beiderlei Gestalt, auch Luther kritisierte den hinter den Bildern stehenden Heiligenkult – als vielmehr »methodische«. Karlstadt und Luther hatten eine unterschiedliche Reformstrategie (vgl. Bubenheimer 1976, 53). Luther setzte auf die Predigt. Damit sollte Einsicht geweckt werden, um anschließend mit Reformen zu beginnen. Luther sagte: »Predigen will ich's, sagen will ich's, schreiben will ich's, aber zwingen, dringen mit Gewalt will ich niemand, denn der Glaube will willig, ungenötigt angezogen werden« (Gutschera/Maier/Thierfelder 2006, 175).

Karlstadt hingegen wollte erst Reformen durchführen und hoffte auf nachträgliche Einsicht. Luther war für Reformen ohne Zwang, Karlstadt für Reformen mit Zwang von oben. Karlstadt: »Wenn du dem Kind das nimmst, was ihm Schaden bringt, so tust du ein väterliches oder brüderliches Werk ... Es ist unnötig, offenkundige Missstände zuerst mit Predigten anzugreifen, bevor man etwas tut. ... Ihr sollt in euren Toren die Rechte und Sitten Gottes halten (Bubenheimer 1976, 54). Zwischen Luther und Karlstadt kam es zum Bruch. Karlstadt verließ Wittenberg, wurde Pfarrer in Orlamünde. Dort suchte er sein »Modell einer von bürgerlichen Laien getragenen Gemeindereformation zu verwirklichen« (Kaufmann 1998, 59). Im beginnenden innerreformatorischen Abendmahlsstreit stand er näher bei Zwingli. Im Bauernkrieg geriet Karlstadt schließlich zwischen alle Fronten. Viele Jahre später wurde er Theologieprofessor in Basel.

9. Bauernunruhen und Heirat

Das Jahr 1525 brachte zwei für Luther äußerst bedeutsame Ereignisse. Zum einen brach der Bauernkrieg offen aus und endete mit einem furchtbaren Blutbad in Frankenhausen. Zum andern heiratete Luther die ehemalige Nonne Katharina von Bora.

Bauernunruhen hatte es schon vor Luthers Auftreten gegeben. Sie hatten nicht nur ökonomische Ursachen. Die erstarkenden Territorialstaaten schränkten die bäuerliche Selbstverwaltung immer stärker ein. Die alten Nutzungsrechte an Weide, Wasser und Wald wurden eingeengt, die Abgaben erhöht. Dabei war die Situation regional sehr unterschiedlich. Es gab Landstriche in Deutschland, in denen die Bauern frei und solche, wo sie leibeigen waren.

Die Reformation brachte in die Klagen der Bauern einen neuen Ton. Unter Berufung auf die »Freiheit eines Christenmenschen« erhoben sie nun soziale, politische und religiöse Forderungen. Bei den »Zwölf Artikeln der Bauernschaft in Schwaben« wurde beispielsweise unter Berufung auf die christliche Freiheit die freie Pfarrerwahl gefordert sowie die Abschaffung der Leibeigenschaft. Luther zeigte zunächst durchaus Verständnis für einzelne Forderungen der Bauern. Er forderte die Fürsten zu Reformen auf. Diese gingen jedoch auf die Forderungen der Bauern nicht ein. Jetzt kam es zu Radikalisierungen. Gewaltsame Aktionen begannen. In seiner Schrift »Wider die räuberischen und mörderischen Rotten der Bauern« warf daraufhin Luther den Bauern »dreierlei gräuliche Sünden wider Gott und Menschen« vor: dass sie den Gehorsam gegenüber der Obrigkeit verletzt, einen Aufruhr gemacht und sich dabei auf das Evangelium berufen hätten. Er ermutigte die Fürsten, den Bauernaufstand gewaltsam niederzuwerfen: »Deshalb soll nun die Obrigkeit mutig vorstoßen und mit gutem Gewissen dreinschlagen, solange sie ein Glied regen kann ... Darum, liebe Herren, erlöset hier, rettet hier, helft hier! ... Steche, schlage, würge hier, wer da kann. Bleibst du darüber tot – wohl dir! Einen seligeren Tod kannst du niemals erreichen ... Hier spreche ein jeder rechtschaffene Christ Amen. Denn dieses Gebet ist recht und gut und gefällt Gott wohl, das weiß ich. Dünkt das jemandem zu hart, der bedenke, dass Aufruhr untragbar ist und dass jede Stunde die Zerstörung der Welt zu erwarten sei« (Bornkamm/Ebeling 1982 IV, 139).

Als die Schrift unter die Leute kam, hatte der Bauernkrieg bereits sein furchtbares Ende genommen. Im April 1525 wurde ganz Thüringen vom Aufstand erfasst. Die Entscheidungsschlacht gegen die schlecht organisierten und ausgerüsteten Bauern fand in Frankenhausen/Thüringen statt. Die Bauern erlitten eine vernichtende Niederlage und mussten nach der Schlacht ein schreckliches Strafgericht über sich ergehen lassen.

In seinen Schriften zum Bauernkrieg argumentierte Luther von der Lehre von den beiden Regimenten her. Er sah in der Begründung der Freiheitsforderungen der Bauern mit dem Evangelium eine unerträgliche Vermischung der Freiheit des Evangeliums mit sozialer und politischer Freiheit. Freilich gab es zur Reformationszeit andere Theologen, die von der Zweiregimentenlehre her kommend erheblich zurückhaltender argumentierten als Luther. Hier ist sicher zu bedenken, dass Luther in besonderer Weise auf den Anführer des thüringischen Aufstands fixiert war: Thomas Müntzer. Dieser war ein eigenständiger Theologe der Reformationszeit. Er schuf schon vor Luther im Jahr 1523 die erste deutsche Gottesdienstordnung. Einerseits vertrat er einen mystischen Spiritualismus, andererseits lebte er in akuter Naherwartung des Weltendes. Müntzer wollte die verkommene Kirche angesichts des drohenden Weltendes reinigen. Dabei setzte er zunächst auf die Unterstützung durch die sächsischen Fürsten, die sich ihm freilich verweigerten. So waren für Müntzer dann die Bauern »die rechten Gottesstreiter«. Im Bauernkrieg sah er »den letzten Kampf der Frommen gegen die Gottlosen vor der Wiederkunft Christi«. Müntzer hatte also eine völlig andere Reformstrategie als Luther und Karlstadt. Er trat ein für sofortige Reformen durch einen gewaltsamen Aufstand, bei dem es kein Erbarmen mit den Reformgegnern wie den Fürsten und »Pfaffen« geben durfte (vgl. Bubenheimer 1976, 53). Für Luther war Müntzer ein gefährlicher falscher Prophet: »Wohlan, wer den Müntzer gesehen hat, der kann sagen, er habe den Teufel leibhaftig gesehen in seinem höchsten Grimm« (Fausel 1996 II, 87). Das schreckliche Ende des Bauernkriegs setzte Luther schwer zu. Seine Position umschrieb er damals so: »Prediger sind die allergrößten Totschläger. Denn

sie ermahnen die Obrigkeit, dass sie entschlossen ihres Amtes walte und die Schädlinge bestrafe. Ich habe im Aufruhr alle Bauern erschlagen; all ihr Blut ist auf meinem Hals. Aber ich schiebe es auf unsern Herrgott; der hat mir befohlen, solches zu reden« (Fausel 1996 II, 87).

Der Bauernkrieg bedeutete eine schwere, vielleicht die schwerste Erschütterung der Reformation. Luther büßte durch seine Stellungnahmen sein Ansehen bei den Bauern weitgehend ein. Aber auch mit vielen Fürsten hatte er es sich verdorben, zumal er in seinem letzten Sendschreiben die Unbarmherzigkeit der Fürsten scharf rügte.

1525 versöhnte Martin Luther sich endgültig mit seinem Vater. Etwa einen Monat nach der Schlacht von Frankenhausen heiratete er Katharina von Bora. Den Weg in die Ehe hatte er schon bisher vielen als Weg des Evangeliums empfohlen. Für Luther war die Ehelosigkeit eher ein Sonderfall, an dem er als – freiwillige! – Ausnahme durchaus festhalten wollte: »Diese sprechen so: ich vermöchte und könnte gewiss ehelich werden, aber es gelüstet mich nicht. Ich will lieber am Himmelreich, das ist am Evangelium schaffen und geistliche Kinder mehren. Diese sind selten; und unter tausend Menschen ist nicht einer, denn es sind Gottes besondere Wunderwerke« (Martin Luther, Vom ehelichen Leben, 1522. Zit. nach Bornkamm/Ebeling 1995 III, 171). Die Ehe ist und bleibt die Regel. Katharina (»Käthe«), aus einem verarmten Adelsgeschlecht stammend, war bis 1525 Nonne im Kloster Nimbschen gewesen. Sie hörte von Luther im Kloster. Mit seiner Hilfe konnte sie zusammen mit elf weiteren Nonnen auf abenteuerlichem Weg das Kloster verlassen. Neun Nonnen kamen nach Wittenberg und fanden bald Ehepartner. Am Schluss waren alle Nonnen verheiratet – außer Katharina. Deren Heiratspläne zerschlugen sich. Ein Katharina durchaus genehmer Patriziersohn aus Nürnberg wollte die Ehe mit einer entlaufenen Nonne dann doch nicht gegen den Willen seiner Eltern eingehen. Schließlich nahm Luther Katharina zur Frau. Die Häme der Gegner wie auch das Befremden von Freunden wie Philipp Melanchthon wegen des Zeitpunkts mitten in den Bauernunruhen focht Luther nicht an. Luther wählte den Zeitpunkt seiner Eheschließung nicht zufällig. Er wusste um das Unrecht und die Unterdrückung, die der »gemeine Mann« zu ertragen hatte. Für Luther war aber der Aufstand gegen die Obrigkeit Teufelswerk und nur im Chaos der letzten Tage denkbar. Er war überzeugt, dass das Ende nahe war. Gerade dem Teufel zum Trotz wollte Luther heiraten, sich von ihm nicht seinen Mut und seine Freude nehmen lassen. Am 27. Juni 1525 fand die öffentliche Hochzeitsfeier mit Kirchgang und Festtafel statt. Luthers Eltern und Freunde feierten mit. Das Paar nahm Wohnung in dem bisher von Luther bewohnten, stark verwahrlosten ehemaligen Augustinerkloster.

Katharina und Martin Luther bekamen sechs Kinder, zwei Söhne und vier Töchter. Zwei Töchter starben jung. Um eine, Magdalena (»Lenchen«), die mit 13 Jahren starb, trauerten die Eltern besonders tief.

10. Das Augsburger Bekenntnis

Das Wormser Edikt konnte den Fortgang der Reformation zunächst nicht hindern. Kaiser Karl V. war in Kämpfe mit Frankreich und den Türken verwickelt und hatte keine Zeit, sich um deutsche Angelegenheiten zu kümmern. Vor allem war er bei seinen militärischen Unternehmungen auf die Unterstützung durch die Reichsstände angewiesen. So musste er ihnen Zugeständnisse machen. Auf dem Reichstag zu Speyer 1526 wurde entschieden, dass jeder Reichsstand es mit Luthers Lehre so halten sollte, »wie ein jeder solches gegen Gott und Kaiserliche Majestät hoffet und vertrauet zu verantworten« (Stupperich 1972, 123). Einige große süddeutsche Reichsstädte führten alsbald von Luther empfohlene Reformen durch. Das erste deutsche Land, das evangelisch wurde, war das Ordensland Preußen (später Ostpreußen) unter Albrecht von Brandenburg. Es folgten Kursachsen und Hessen. Der Bauernkrieg und sein katastrophaler Ausgang ließen zwar Luthers Ansehen bei den Bauern gewaltig sinken, die Reformation breitete sich dennoch weiter aus.

In der Schweiz entstand eine eigenständige Ausprägung der Reformation, die reformierte Kirche. Der Zürcher Leutpriester Huldrych Zwingli, vom Humanisten Erasmus von Rotterdam beeinflusst, wurde nach der Leipziger Disputation von 1519 auf Martin Luther und seine Schriften aufmerksam. 1522 trat er öffentlich gegen bestimmte kirchliche Zustände auf, wie etwa die Fastengebote. 1523 ordnete der Rat von Zürich an, dass alle Prediger der Stadt das Evangelium zu predigen hätten. 1523 wurden die Heiligenbilder in den Kirchen beseitigt, allerdings auf geordnetem Weg. In Zürich kam es stärker als in Wittenberg zu einem radikalen Bruch mit der katholischen Kirchenordnung. Alles, was nicht aus der Heiligen Schrift zu begründen war, sollte abgeschafft werden (zu Calvin vgl. S. 174 ff).

Es gab viele Gemeinsamkeiten zwischen der Zürcher und der Wittenberger Reformation. Einig war man sich z.B. in der Rechtfertigungslehre. Zu einem verhängnisvollen Streit kam es jedoch um das Abendmahlsverständnis. Luther hielt an der wirklichen Gegenwart Christi im Abendmahl fest. Im Abendmahl ereignet sich die Vergebung der Sünden. Zwingli hingegen deutete die Abendmahlsworte »Das ist mein Leib« im Sinne von »Das bedeutet meinen Leib«. Christus ist im Abendmahl nicht real präsent, er sitzt zur Rechten des Vaters im Himmel. Die Gemeinde gedenkt im Abendmahl des Todes Christi. Wer zum Abendmahl geht, bekennt sich zur Gemeinde, verpflichtet sich zu einem christlichen Lebenswandel und wird im Glauben gestärkt. 1529 lud Landgraf Philipp von Hessen zu einem Religionsgespräch nach Marburg ein. Er hatte Sorge, dass der Zusammenhalt zwischen den evangelischen Reichsständen wegen der dogmatischen Gegensätze leiden könnte. Doch die theologischen Differenzen im Abendmahlsverständnis konnten nicht überbrückt werden. Erst seit 1973 (Leuenberger Konkordie) gibt es eine Kanzel- und Abendmahlsgemeinschaft zwischen Lutheranern und Reformierten.

In Zürich entstand auch die erste Täufergemeinde. Die Täufer forderten statt der Kindertaufe die Erwachsenentaufe. Sie wurden in den katholisch gebliebenen wie auch in den evangelischen Territorien grausam verfolgt.

1529, auf dem Zweiten Speyerer Reichstag, stimmte eine Mehrheit von Fürsten und Reichsstädten für die Durchführung des Wormser Edikts. Fünf Fürsten und 14 oberdeutsche Reichsstädte protestierten dagegen: »So protestieren und bezeugen wir ... dass wir in alle Handlung ..., so ... wider Gott, sein heiliges Wort, unser aller Seelenheil und gut Gewissen, auch wider den vorigen Speyerischen Reichstagsabschied vurgenommen, nit ...willigen, sondern ... für nichtig und unbundig [= unverbindlich] halten« (Plöse/Vogler 1989, 447). Dieser Protest gab den Evangelischen den Namen »Protestanten«, eine Bezeichnung, die noch heute für die evangelischen Christen gebräuchlich ist.

1529 konnte sich Kaiser Karl V. nach siegreicher Beendigung der Kämpfe mit Frankreich wieder den deutschen Verhältnissen zuwenden. Er berief einen Reichstag nach Augsburg ein. Auf dem Weg der Verhandlungen wollte er endlich die Querelen, die durch Luther entstanden waren, beenden. Freundlich wurden alle Reichsstände eingeladen. Der Kaiser wollte »eines jeglichen Gutbedenken, Opinion und Meinung ... in Liebe und Gütigkeit hören, verstehen und erwägen« (Brecht 1986 II, 356). Die Ausschreibung klang friedlich. Der Kaiser dachte freilich nicht daran, etwas anderes als die Überwindung der Spaltung ins Auge zu fassen. Der sächsische Kurfürst Johann der Beständige holte die Wittenberger Theologen in Torgau zusammen. Beschlossen wurde eine Sammlung von Artikeln, die deutlich machen sollten, aus welchen Ursachen im Kurfürstentum Sachsen Missbräuche abgeschafft und durch andere Ordnungen ersetzt worden waren (Torgauer Artikel).

Anschließend zog der Kurfürst mit Luther, Melanchthon und Justus Jonas Richtung Augsburg. Luther musste auf der Veste Coburg, dem südlichsten Außenposten von Kursachsen, zurückbleiben, da das Wormser Edikt nach wie vor in Kraft war und niemand es wagte, ihm freies Geleit zuzusichern. Auf der Coburg erfuhr die sächsische Gesandtschaft, dass Johannes Eck, mit dem Luther 1519 in Leipzig disputiert hatte, 404 Sätze gegen Luther und gegen die »Sakramentierer« (= Täufer) aufgesetzt hatte. Eck erhob den Vorwurf, dass die Evangelischen die christlichen Grundartikel ablehnten. Nun erkannten die Wittenberger die Notwendigkeit, ein Bekenntnis vorzulegen, in dem auf fast alle Glaubensartikel eingegangen werden sollte. Philipp Melanchthon, der brillanteste Formulierer der Wittenberger Theologen, schrieb einen Entwurf, dem Luther mit der Bemerkung seine Zustimmung gab, er habe »nichts daran zu verbessern oder zu ändern; es würde auch nicht passen, weil ich nicht so sanft und leise treten kann« (Fausel 1996 II, 161).

Am 15. Juni ritt der Kaiser in Augsburg ein, fünf Tage später wurde der Reichstag eröffnet. Was der Kaiser vorhatte, wurde gleich zu Beginn deutlich. Die evangelische Predigt in Augsburg wurde verboten. Die evangelischen Fürsten sollten genötigt werden, an der Fronleichnamsprozession teilzunehmen. Sie weigerten sich. Der Kaiser machte weiter deutlich, dass für ihn die Türkengefahr noch dringlicher war als die Religionsfrage. Darum sollte die Hilfe der Reichsstände für den Krieg gegen die Türken an erster Stelle verhandelt werden und die Religionsfrage erst im Anschluss. Die evangelischen Reichsstände konnten erreichen, dass mit der Religionsfrage begonnen wurde. Ebenso setzten sie durch, dass das Augsburger Bekenntnis (Confessio Augustana) auf dem Reichstag verlesen wurde, und zwar auf Deutsch. Erst kurz vor der Verlesung und Übergabe der Konfession entschied es sich, dass das sächsische Bekenntnis auch von anderen Fürsten und Reichsstädten unterschrieben werden sollte. Außer Johann von Sachsen unterschrieben u.a. Landgraf Philipp von Hessen, Markgraf Georg von Brandenburg-Ansbach, Fürst Wolfgang von Anhalt und die beiden Herzöge Ernst und Franz von Lüneburg. Außerdem gaben die Reichsstädte Nürnberg und Reutlingen ihre Unterschrift, im Fortgang des Reichstags auch noch Weißenburg in Franken, Heilbronn, Kempten und Windsheim.

Bei drückend heißem Wetter verlas der sächsische Vizekanzler Baier das Augsburger Bekenntnis mit so lauter Stimme, dass man auch im Hof noch der zweistündigen Verlesung folgen konnte. Die Augsburger Konfession machte großen Eindruck. In ihr führten die Evangelischen den Nachweis, dass sie nicht von der Kirche abgefallen seien. Schon aus Existenzgründen waren die evangelischen Stände um den Konsens mit der anderen Seite bemüht. Nichts sei in der Lehre enthalten, was von der katholischen Kirche abweiche. Die ganzen Meinungsverschiedenheiten bestünden in einigen wenigen Missbräuchen. Das war sicher untertrieben. Brisante Themen wie das Abendmahl wurden nicht weiter ausgeführt, das Papstamt wurde gar nicht erwähnt. Trotz allem aber war es Melanchthon gelungen, »für die Lehre der Reformation einen Ausdruck zu finden, der klassisch genannt werden muss« (Stupperich 1972, 94). Deutlich wurde die Heilige Schrift als Norm der Kirche herausgestellt.

Kaiser Karl V. ließ nach der Verlesung des Augsburger Bekenntnisses eine katholische Widerlegung (lat. Confutatio catholica) ausarbeiten. Diese Aufgabe übertrug er dem päpstlichen Legaten, der 20 katholische Theologen um sich scharte. Hauptverfasser war Johannes Eck. Es entstand eine scharfe Anklageschrift. Der Kaiser wollte aber die Protestanten freundlich zur alten Kirche zurückführen und erbat eine Überarbeitung. Diese wurde dann verlesen, Jetzt hielt der Kaiser die evangelische Lehre für widerlegt. Er forderte die Protestanten auf, zum Gehorsam gegenüber der Kirche zurückzukehren, anderenfalls müsste er gegen sie einschreiten. Die evangelischen Fürsten freilich blieben standhaft. Philipp von Hessen verließ den Reichstag. Er wollte lieber Leib und Leben als seinen Glauben lassen, bekannte er. Und Markgraf Georg von Brandenburg-Ansbach sagte dem Kaiser ins Gesicht, dieser könne ihm den Kopf abschlagen, nicht aber seinen Glauben nehmen. Im Schlussdokument des Reichstags, dem Reichstagsabschied vom 19. November 1530, wurde den Protestanten noch einmal eine Frist von einem halben Jahr eingeräumt, um zum alten Glauben zurückzukehren.

11. Die Entwicklung bis zum Augsburger Religionsfrieden (1555)

Am Ende des Augsburger Reichstags von 1530 erneuerte die »altgläubige« Mehrheit auf dem Reichstag das Wormser Edikt. Die evangelischen Fürsten und Räte der Reichsstädte sahen sich derart bedroht, dass sie 1531 ein politisches Bündnis schlossen, den Schmalkaldischen Bund. An der Spitze standen Luthers Landesherr, der Kurfürst von Sachsen, und der Landgraf von Hessen.

Dieser Bund, der darüber hinaus Kontakte zum französischen König pflegte, musste von Kaiser und Reich als Bedrohung angesehen werden. Gleichzeitig kam Kaiser Karl V. durch einen erneuten Türkeneinfall in Bedrängnis. So kam es zu Verhandlungen zwischen dem Kaiser und dem Schmalkaldischen Bund. Im sogenannten Nürnberger Anstand von 1532 einigte man sich auf einen Waffenstillstand bis zu einem vom Papst einzuberufenden Konzil. Bis dahin wurde der Religionsstand der Protestanten garantiert.

Auch nach dem Augsburger Reichstag breitete sich die Reformation weiter aus, z.B. 1534 im Herzogtum Württemberg. Für fast zehn Jahre verließ Karl V. nun wieder deutschen Boden. Erst Anfang der 40er Jahre konnte er sich wieder der Religionsfrage in Deutschland widmen. Nun versuchte er erneut, zu einem Ausgleich mit den evangelischen Ständen zu kommen, deren Unterstützung er bei seinen Auseinandersetzungen mit den Türken dringend benötigte. 1540/1541 ließ er in Hagenau, Worms und Regensburg Religionsgespräche abhalten. In strittigen Punkten, wie etwa der Lehre von der Rechtfertigung, konnte man sich auf Kompromissformeln einigen, die dann jedoch von beiden Seiten wieder verworfen wurden.

Zwei Vorgänge stärkten die Position des Kaisers. Zum einen schloss Landgraf Philipp von Hessen im Geheimen eine Doppelehe und verstieß damit gegen das geltende Reichsrecht. Philipp sah sich gezwungen, mit dem Kaiser einen Vertrag abzuschließen, um nicht als Landgraf abgesetzt zu werden. Er musste seine Opposition gegen den Kaiser aufgeben; damit war der Schmalkaldische Bund seines fähigsten politischen Kopfes beraubt. Zum anderen wechselte Herzog Moritz von Sachsen ins Lager des Kaisers über; der Herzog, ein außerordentlich fähiger Politiker, erhielt vom Kaiser Zusagen zur Erweiterung seines Besitzes. Außerdem wurde ihm die sächsische Kurwürde in Aussicht gestellt. 1545 berief der Papst das immer wieder geforderte Konzil ein, und zwar nach Trient im südlichsten Teil des Reiches. Das Trienter Konzil dauerte mit Unterbrechungen von 1545 bis 1563. Es war von vornherein antiprotestantisch orientiert, obwohl der Kaiser eigentlich einen echten Ausgleich zwischen den streitenden kirchlichen Parteien angestrebt hatte. Die Protestanten weigerten sich 1545, am Konzil teilzunehmen; sie bezeichneten es als unfrei.

In dieser angespannten Situation starb Luther am 17. Februar 1546. Im Juli des gleichen Jahres brach der Schmalkaldische Krieg aus. Der Papst rief die katholischen Fürsten zum Glaubenskrieg auf, der mit einer schweren Niederlage der Protestanten endete. In der Schlacht bei Mühlberg wurde am 24. April 1547 das Heer von Kurfürst Johann Friedrich von Sachsen geschlagen; der Kurfürst geriet in Gefangenschaft. Philipp von Hessen ergab sich im Juni auf Anraten seines Schwiegersohns Moritz von Sachsen in Halle dem Kaiser. Moritz von Sachsen erhielt die Kurwürde mit dem Kurkreis Wittenberg. Ihm, dem »Judas von Meißen«, gaben viele Protestanten die Schuld an ihrer Niederlage.

Jetzt ging der Kaiser daran, sein Ziel der Wiederherstellung der alten Kirche in die Tat umzusetzen. Auf dem Augsburger Reichstag von 1548 wurde das Augsburger Interim beschlossen. Alle »Neuerungen« sollten abgeschafft werden, bis auf den Laienkelch und die Priesterehe für bereits verheiratete Pfarrer, und zwar bis zum endgültigen Beschluss des Konzils. Nur in Norddeutschland konnten einige Städte, z.B. Magdeburg, sich der Durchführung des Interims widersetzen. Vor allem in Württemberg und den süddeutschen Reichsstädten wurde die Annahme des Interims erzwungen. Zahlreiche Prediger mussten weichen. Sie flohen oder hielten sich versteckt. Überall regte sich passiver Widerstand gegen die verordnete Rückkehr zum Katholizismus. Als dann 1551 das Konzil erneut in Trient tagte, schickten drei evangelische Stände (Württemberg, Sachsen und die Reichsstadt Straßburg) Abgesandte mit eigens angefertigten Bekenntnissen. Sie wurden auf dem Konzil überhaupt nicht angehört. Immer deutlicher wurde, dass das Konzil vielleicht eine Konsolidierung der katholischen Position, keinesfalls aber eine Lösung der Religionsfrage bringen würde.

Moritz von Sachsen war in der Folgezeit über die Politik des Kaisers verärgert. Denn entgegen seiner Zusage hielt der Kaiser seinen Schwiegervater Philipp von Hessen und Johann Friedrich von Sachsen unter unwürdigen Verhältnissen in Haft. Außerdem versuchte der Kaiser, ebenfalls entgegen seiner Zusage, das Augsburger Interim auch in Sachsen durchzuführen. 1552 wechselte Kurfürst Moritz von Sachsen darum erneut die Fronten. Zusammen mit anderen Fürsten und unterstützt von Frankreich gelang es ihm beinahe, den völlig ungerüsteten Kaiser in Innsbruck zu verhaften. Der Kaiser floh und musste im Passauer Vertrag die Duldung der Protestanten bis zum nächsten Reichstag zugestehen. Dieser fand 1555 in Augsburg statt. Der Kaiser hatte zuvor seinem Bruder Ferdinand die Verhandlungen übertragen. Er wollte den Zusammenbruch seiner Politik nicht auch noch bestätigen. Diese Politik hatte darin bestanden, »als Vogt der Kirche die Christenheit vor inneren und äußeren Feinden zu schirmen« (Fuchs 1959, 1152). Auch die Kurie war am Friedensschluss nicht beteiligt. Im Augsburger Religionsfrieden wurden die Lutheraner reichsrechtlich als gleichberechtigt neben den Katholiken anerkannt, nicht aber die Reformierten. Die Fürsten hatten das Recht, über die Konfession ihrer Untertanen zu bestimmen (lat.: cuius regio, eius religio). Die Andersgläubigen hatten die Möglichkeit auszuwandern, wollten sie ihren Glauben öffentlich bekennen. Für die geistlichen Gebiete wurde der Fortbestand des (katholischen) geistlichen Fürstentums (z.B. Mainz und Köln) festgelegt Damit war die konfessionelle Spaltung in Deutschland besiegelt.

Bilder in der evangelischen Tradition[1]

Die vorliegenden Materialien arbeiten in besonderer Weise mit zeitgenössischen Bildern der Reformationszeit. Im Folgenden sei daher auf die grundsätzliche Haltung des Protestantismus zur Bilderfrage und die Unterschiede in dieser Frage zwischen reformierter und lutherischer Tradition hingewiesen.[2]

Dass der Protestantismus bilderfeindlich sei, ist ein oft gehörter Vorwurf. Doch dieser Vorwurf ist nur teilweise berechtigt und muss darum differenziert betrachtet werden. Sicher ist, dass alle Reformatoren dem Bilderkult des Spätmittelalters kritisch gegenüberstanden. Das Stiften von Bildern für Kirchen, das als verdienstliches Werk galt, widersprach der Rechtfertigungslehre. »Denn wer würde ein hölzernes oder silbernes Bild in die Kirche hängen, wenn er nicht dächte, Gott einen Dienst damit zu tun?«[3]

Darüber hinaus kritisierten sie, dass die Bilder eben vielfach nicht nur verehrt wurden, sondern angebetet. Die von den mittelalterlichen Theologen theoretisch geforderte Unterscheidung von (legitimer) Verehrung der Bilder und (illegitimer) Anbetung wurde in der Praxis sicher nicht immer gewahrt. Luther maß aber diesem Punkt – anders als Zwingli – keine große Bedeutung bei. Er traute den Christen durchaus zu, dass sie zwischen dem Bild und dem Gemeinten unterscheiden können. »Denn ich meine, dass jeder Mensch oder fast alle dafür Verständnis haben, dass das Kruzifix, das da steht, nicht mein Gott ist, sondern nur ein Zeichen, denn mein Gott ist im Himmel.«[4]

Luther schätzte das Bild, auch das Kruzifix, als pädagogisches und didaktisches Medium. So dienten die Holzschnitte zur Bibel der Anschaulichkeit der Botschaft, um die sich Luther bei seiner Übersetzungsarbeit stets bemüht hat. »Wo aber Worte allein zur Verständigung nicht ausreichen, greift Luther zu anderem Anschauungsmaterial. Es sei erinnert an sein Vorhaben, dem Septembertestament eine Karte von Palästina beizugeben, sowie an seine vielen Randzeichnungen zur kultischen Gerätschaft und zum Tempelbau Salomons im Übersetzungsmanuskript zum Anderen Teil des Alten Testaments von 1523.«[5]

Doch Bilder wollen nicht nur schwierige Tatbestände veranschaulichen und Sacherklärungen liefern. Sie sind die Biblia Pauperum (Bibel der Armen) und machen Analphabeten mit der Bibel bekannt. Zu bedenken ist, dass es nach Schätzungen um 1500 in Deutschland nur 400 000 Leser gab, das sind etwa drei bis vier Prozent der Bevölkerung[6]. In dieser Einschätzung berührte sich Luther durchaus mit der mittelalterlichen Theologie. Papst Gregor I. schrieb im 7. Jahrhundert: »Was denen, die lesen können, die Bibel, das gewährt den Laien das Bild beim Anschauen, die als Unwissende in ihm sehen, was sie befolgen sollen, in ihm lesen, obwohl sie die Buchstaben nicht kennen; weshalb denn vorzüglich für das Volk das Bild als Lektion dient.«[7]

Darum sind die auf Luther zurückgehenden deutschen Bibeln stets mit Bildern versehen. Bereits das Septembertestament, die Übersetzung des NT, die Luther innerhalb von elf Wochen auf der Wartburg vollendete, ist mit Holzschnitten zur Johannesapokalypse illustriert. Diese Holzschnitte wurden wohl von Luther im Einvernehmen mit Melanchthon veranlasst.[8] »Maßgebend für seine [Luthers] Entscheidung waren nicht die allgemein verbreiteten apokalyptischen Vorstellungen der Zeit, nicht die Bildtradition der früheren Bibeln und auch nicht wirtschaftliche Interessen. Der hauptsächliche Beweggrund war die Schwerverständlichkeit des Textes selbst, der nur durch eine getreue Umsetzung ins Bild auch dem ungebildeten Leser zugänglich gemacht werden konnte. Erst in zweiter Linie war Luther die Verwertung der Illustration zur Bildpolemik gegen Rom wichtig.«[9] Im Blick auf die Illustration der ersten Vollbibel Luthers von 1534 durch den Monogrammisten MS gibt es einen klaren Beleg dafür, dass er Einfluss nahm bei der Entstehung der Holzschnitte. Christoph Walter, in Hans Luffts Druckerei zu Wittenberg tätiger Korrektor, berichtet:

»Der Ehrwirdige Herr Doctor Martinus Luther / hat die Figuren in der Wittembergischen Biblia zum teil selber angegeben / wie man sie hat sollen reissen oder malen / Und hat befohlen / das man auffs einfeltigst den Inhalt des Texts solt abmalen vnd reissen / Und wolt nicht leiden / das man vberley [= überflüssig] vnd vnnütz ding / das zum Text nicht dienet / solt dazu schmiren.«[10]

Das Septembertestament enthält 21 ganzseitige Holzschnitte zur Johannesapokalypse, von denen

Die offinbarung

1_Bilder

Septembertestament (1522), Bild 11:
Das Tier aus dem Abgrund

19 von Lucas Cranach selbst stammen. Die Bilder deuten die Visionen der Offenbarung auf die damalige Zeit. In Bild 11 und 17 trägt das Tier aus dem Abgrund bzw. die Hure Babylon die Papstkrone. Damit wird das Papsttum als der Antichrist gedeutet. In Bild 18 wird Babylon in deutlicher Anspielung auf Rom (Kapitol und Engelsburg sind zu erkennen) gezeichnet. Bei der zweiten Ausgabe der Übersetzung, dem Dezembertestament, musste auf Veranlassung von Herzog Georg dem Bärtigen von Sachsen die Papstkrone herausgeschnitten werden. Interessant an diesen Holzschnitten ist, dass sie Hieronymus Emser in seiner gegen Luthers Übersetzung gerichteten Übersetzung des NT (1527) verwendete. Die Anspielung Rom = Hure Babylon blieb aber erhalten, wohl weil die Anspielung nicht erkannt wurde, so dass auch in dem katholischen NT die Gleichsetzung Rom = Babylon zu betrachten war. Emser hatte Cranach die Holzstöcke für 40 Reichstaler abgekauft.

Die pädagogischen Gesichtspunkte verstärkten sich bei Luther immer mehr. Luther schätzte die Bilder auch bei seinen Katechismen und seinen Haus- und Volksbüchern, weil die einfachen Leute und die Kinder »durch Bildnis und Gleichnis besser bewegt werden, die göttlichen Geschichten zu behalten, denn durch bloße Worte oder Lehrer.«[11]

Pointiert schrieb er: »Das Volk sieht lieber ein gemaltes Bild als ein gut geschriebenes Buch.«[12] Und so spricht sich Luther dafür aus, dass überall die ge-

Septembertestament (1522), Bild 17:
Die Hure Babylon mit der Papstkrone

Septembertestament (1522), Bild 18:
Der Untergang Babels

malten Geschichten der Bibel zu sehen sein sollen: »Es ist ja besser, man male an die Wand, wie Gott die Welt schuf, Noah die Arca bauet und was mehr gute Historien sind, denn dass man sonst irgendwelche weltliche und unverschämte Dinge malet; ja wollte Gott, ich könnte die Herren und Reichen dahin bereden, dass sie die ganze Bibel inwendig und auswendig an den Häusern vor jedermanns Augen malen ließen – das wäre ein christlich Werk.«[13]

Zu einer ausdrücklichen Stellungnahme zur Frage der Bilder wurde Luther durch die sogenannten »Bilderstürmer« gezwungen. 1522 wollten Luthers Freunde, vor allem sein Kollege Andreas Karlstadt, Ernst machen mit dem Bilderverbot im Dekalog: »Du sollst dir kein Bildnis machen und es nicht anbeten.« Dass die Bilder die Bücher des nicht alphabetisierten Laien seien, ließ Karlstadt nicht als Verteidigung der Bilder gelten. Als der Rat der Stadt das Bilderverbot beschloss, wurden die Bilder in den Kirchen zerstört. Es kam zu schweren Tumulten. Als Luther auf der Wartburg von den Wittenberger Unruhen hörte, kehrte er zurück. In seinen Invokavitpredigten wandte er sich grundsätzlich gegen das gewaltsame Vorgehen, das das Gewissen der Menschen, die an den Bildern hingen, verletzten musste. »Predigen will ich's, sagen will ich's, schreiben will ich's, aber zwingen, dringen mit Gewalt will ich niemand, denn der Glaube will willig, ungenötigt angezogen werden.«[14] Die Bilder gehören für ihn zu den Dingen des

Glaubens, in denen sich der Christ frei entscheiden kann: »Wir können sie haben oder nicht haben, obwohl es besser wäre, wir hätten sie gar nicht. Ich bin ihnen auch nicht hold.«[15] Er sah durchaus die Gefahr, dass sie angebetet werden. Das jedoch darf nicht geschehen: »Das Herz darf nicht daran hängen, nicht darauf vertrauen.«[16]

Luther lehnte Bilder nicht grundsätzlich ab. Im Blick auf die Cherubim auf der Bundeslade (2. Mose 37,7) sagte er: »Hier müssen wir doch bekennen, dass man Bilder haben und machen darf, aber anbeten sollen wir sie nicht, und wenn man sie anbetet, dann sollte man sie zerreißen und abschaffen.« Den Einwand der Bilderstürmer, dass Bilder durch das zweite Gebot »Du sollst dir kein Bildnis machen« verboten seien, lässt Luther nicht gelten. Das Verbot des Bildermachens gehörte für Luther zu den zeitlichen Zeremonien des Alten Testaments, die zwar für die Juden gelten mögen, für die Christen aber nicht mehr gelten. Er vergleicht das mit der Beschneidung, die ebenfalls für Christen erledigt sei. Daneben argumentiert der Reformator auch, dass das Bilderverbot sich ausschließlich auf Gott bezieht, was man daran sehen könne, dass es im AT, wie etwa das Aufrichten der ehernen Schlange durch Moses zeigt, kein umfassendes Bilderverbot gebe.

In Luthers Einstellung zu den Bildern ist ein deutlicher Wandel hin zu einer positiven Beurteilung zu beobachten. An die Stelle der Kritik der Bilder und ihrer eher zögerlichen Duldung »tritt ihre Anerkennung und ihre Empfehlung für den kirchlichen Gebrauch.«[17] Nach v. Campenhausen ist Luthers spätere Wertschätzung der Bilder auf dem Hintergrund seiner »Aufgeschlossenheit und Freude an allen Erscheinungen des Schönen, auch im Bereich der bildenden Kunst«[18] zu sehen.

Grundsätzlich haben die Bilder für Luther Wortcharakter, sie können dem Wort zu Hilfe kommen. Ihr entscheidender Wert liegt darin, dass Bilder unmittelbar zu verstehen sind.[19] Der Betrachter »fühlt, was ihm der Christus, der mit ausgebreiteten Armen am Kreuz hängt, sagen möchte, als ob er wortlos rufen würde: Kommt alle her zu mir!«[20]

Am Bild von der Höllenfahrt Christi zeigt Luther, dass die Bibel ihrerseits sprachliche Bilder gebraucht, wobei es darauf ankommt, nachzuvollziehen, was mit diesen Bildern gemeint ist: »Denn eine solche bildhafte Darstellung zeigt in feiner Weise die Kraft und den Nutzen dieses Artikels (›niedergefahren zur Hölle‹), weswegen es geschehen ist und geglaubt wird; nämlich, wie Christus der Hölle Gewalt zerstört und dem Teufel alle seine Macht genommen hat. Wenn ich das habe, so habe ich den rechten Kern und den Sinn davon und soll nicht weiter fragen und klügeln, wie es zugegangen oder möglich sei.«[21]

In diesem Zusammenhang macht Luther grundsätzliche Aussagen zum Wert der Bilder. »Vielmehr weil wir uns ja unsere Gedanken und Vorstellungsbilder von dem machen müssen, was uns in Worten vorgetragen wird, und weil wir nichts ohne Bilder denken und verstehen können, so ist es fein und recht, dass man's ganz wörtlich auffasst, so wie man's malt: dass Christus mit der Fahne hinunterfährt und die Höllenpforten zerbricht und zerstört.«[22]

Dabei scheute Luther auch nicht davor zurück, selbst die Darstellung Gottes im Bild zu rechtfertigen. Er verweist auf Daniel, der Gott selbst (mit Worten) »gemalt« habe. »Gott hat weder Haare noch Bart ... dennoch malt Daniel so den wahren Gott im Bilde eines alten Mannes. So muss man von unserem Herrgott ein Bild malen wegen der Kinder – und auch wegen uns, auch wenn wir gelehrt sind. Denn er selbst hat sich uns in menschliche Gestalt gegeben, der doch unbegreiflich gewest ist. Christus spricht: wer mich siehet, siehet auch den Vater.«[23]

Damit nennt Luther als letzten Grund für die Darstellung der Heilsgeschichte durch Bilder die Inkarnation Gottes. Weil Gott sich in Christus selbst ins Menschliche hineinbegeben hat, darum kann der Mensch auch auf (Gottes-)Bilder nicht verzichten.

In der lutherischen Tradition gilt das Bilderverbot von 2. Mose 20,4f nicht als eigenständiges zweites Gebot. Es wird auch nur auf das Gottesbild bezogen. Die lutherischen Kirchen sind mit Bildern geschmückt, allerdings nicht mit Heiligenbildern. Nach dem Augsburger Bekenntnis, Artikel 21 kann »das Gedächtnis der Heiligen« ... »gepflegt werden, auf dass wir ihren Glauben nachahmen und ihre guten Werke und ihre Berufe« ... »Aber die Heilige Schrift lehrt nicht, die Heiligen anrufen und oder Hilfe von

den Heiligen erflehen, denn sie stellt uns Christus allein als Mittler, Versöhner, Hohenpriester und Fürbitter vor Augen.«

Vielfach sind in lutherischen Kirchen vor allem in Norddeutschland und Skandinavien neben den vorreformatorischen Altarbildern große, nach der Reformation entstandene Bildzyklen zu sehen. Hier wird z.B. die Heilsgeschichte von der Schöpfung bis zum Endgericht dargestellt oder das Leben des Erlösers von seiner Geburt bis zur Auferstehung.

Eine andere Sicht der Bilder findet sich in der auf Zwingli und Calvin zurückgehenden reformierten Kirche. Dort kam es 1523 in Zürich, 1535 in Genf und 1562–1598 in den Hugenottenkriegen zur Zerstörung von Bildern. Hier fanden die »unschuldigen« Bilder keinen Verteidiger. Nach Zwingli sind Bilder von Gott verboten, weil sie zur Anbetung verleiten. Anders als für Luther gehört für Zwingli das Bilderverbot nicht zu den alttestamentlichen Zeremonialgeboten, die für Christen abgetan sind. Es folgt vielmehr für Zwingli sinngemäß aus dem ersten Gebot. Einer pädagogischen Argumentation, wie sie Luther vertrat, war damit der Boden entzogen.[24]

Bilder, die auf den Altären verehrt werden, sollen aus den Kirchen entfernt werden. Die Bilder sollten freilich ohne Mutwillen und nur auf Beschluss des Stifters oder auf Mehrheitsbeschluss der Gemeinde entfernt werden. Die Bildgegner beriefen sich auf das Konzil von Konstantinopel von 787, das die Bilder verboten hatte, und lehnten das zweite Konzil von Nicaea ab, das dieses Verbot wieder beseitigt hatte. Zwingli kritisiert die Bilder auch aus ethischen Gründen. Es sei besser, Geld für die lebendigen Ebenbilder Gottes zu geben, d.h. den Armen und hilfsbedürftigen Nächsten beizustehen.[25]

Problematisch ist für ihn auch die anstößige Darstellung mancher Personen, Maria Magdalena sei oft »so hürisch gemalet«.[26] Auch würden die Bilder über den großen Abgrund zwischen der geschaffenen Natur und dem überirdisch-ewigen Gott hinwegtäuschen.[27]

Für Zwingli und Calvin ließ sich das Göttliche nur geistig vorstellen; nur die fremden Götter, die Götzen, ließen sich in Gestalt von Bildern und Statuen anbeten. Eine spiritualistische Tendenz, in der sich Bild und Wort, Heiliges und Sinnenhaftes gegenseitig ausschließen, ist nicht zu verkennen. Während die Bilderfrage in den lutherischen Bekenntnisschriften nur eine periphere Rolle spielt, gehen die reformierten Bekenntnisschriften immer wieder auf sie ein. Der reformierte Heidelberger Katechismus von 1563[28] geht in Frage 96 bis 98 auf die Bilder ein:

»FRAGE 96: Was will Gott im zweiten Gebot? – Dass wir Gott in keiner Weise abbilden (5. Mose 4,15–19; Jes 40,18–25; Röm 1,23.24; Apg 17,29) noch auf irgendeine andere Weise, als er in seinem Wort befohlen hat, verehren sollen (1. Sam 15,23; 5. Mose 12,30.31; Mt 15,9). – FRAGE 97: Soll man gar kein Bildnis machen? – Gott kann und soll in keiner Weise abgebildet werden; die Kreaturen dürfen zwar abgebildet werden, jedoch verbietet Gott, ihr Bildnis zu machen und zu haben, um sie zu verehren oder ihm damit zu dienen (2. Mose 23,24.25; 34,10–14.17; 4. Mose 33,52; 5. Mose 7,5; 12,3; 16,22; 2. Kön 18,3.4). – FRAGE 98: Dürfen aber nicht die Bilder ›der Laien Bücher‹ in den Kirchen geduldet werden? – Nein; denn wir sollen nicht weiser sein als Gott, der seine Christenheit nicht durch stumme Götzen (Jer 10,8; Hab 2,18.19), sondern durch die lebendige Predigt seines Worts unterwiesen haben will (2. Petr 1,19; 2. Tim 3,16.17).«

Der Heidelberger Katechismus duldet also keine Bilder, auch nicht zu pädagogischen Zwecken im Kirchenraum. Die reformierten Kirchen waren darum im Gegensatz zu lutherischen Kirchen bilderlos und wirkten sehr nüchtern. Trotz der grundsätzlichen Einwände Zwinglis gegen die Bilder in den Kirchen sind die reformierten Bibeln recht früh mit Bildern geschmückt. So erscheint die erste reformierte Vollbibel, die des Basler Druckers und Verlegers Christoph Froschauer, mit reichem Bilderschmuck.

In der wohl von Froschauer verfassten Vorrede, die offensichtlich die Billigung Zwinglis fand, finden sich folgende Sätze:

»Zu diesem werck hend wir einen schönen, lieblichen buchstaben gegossen/ der sich alten unnd jungen wol fügt/ unnd damit wir der gedächtnuß etwas hulffind/ und dem läser lustig machtind/ habend wir die figuren nach einer yetlichen geschicht gelägenheyt hinzu gedruckt/ verhoffend es werde lustig unnd angenäm sein.«

Dass Zwingli die Bilder in der Bibel zur Erläuterung des Textes akzeptierte, hat seinen Grund darin, dass sein vehementer Kampf gegen die Bilder den Bildern in den Kirchen und der damit verbundenen Verehrung der Bilder und dem Heiligenkult galt.[29] Allerdings ist bemerkenswert, dass es in dieser Bibel auch Darstellungen Gottes gibt, was gewiss nicht im Sinne Zwinglis war.[30]

[1] Der folgende Beitrag wurde von den beiden Autoren erstmals veröffentlicht in: Holzschnitte zur Bibel. Katalogheft zur Ausstellung in Bietigheim-Bissingen vom 15. Juni bis 20. Juli 2003 (hg. v. Galerie im Unteren Tor Bietigheim).

[2] Die Kurzreferenzen in den Anmerkungen 2–29 beziehen sich auf folgende Werke: W.v. Loewenich: Artikel Bilder V/2.U.VI, in: TRE Bd. VI, 540–557; H. Ohme, Artikel Bilderkult. • Christentum in: RGG⁴, Bd. 2, Sp. 1572–1574, hier Sp. 1574. 4. • P. Martin: Martin Luther und die Bilder zur Apokalypse, Hamburg 1983. • Chr. Weismann: Eine kleine biblia, Die Katechismen von Luther und Brenz, Stuttgart 1985. • G. Rombold: Der Streit um das Bild. Zum Verhältnis von moderner Kunst und Religion, Stuttgart 1988. • W. Hofmann (Hg.): Luther und die Folgen für die Kunst, München 1983. • H. Reinitzer: Biblia deutsch, Luthers Bibelübersetzung und ihre Tradition, Hamburg 1983. • H. Freiherr von Campenhausen: Zwingli und Luther zur Bildertrage, in: Das Gottesbild im Abendland, Witten und Berlin 1957. • P. Leemann-van Elck: Der Buchschmuck der Zürcher Bibeln bis 1800, Bern 1938. • Die Werke Luthers werden nach folgenden leicht zugänglichen Ausgaben zitiert: Calwer Lutherausgabe, Lizenzausgabe Hänssler Taschenbuch, Stuttgart 1996, Bd. 5 (abgek.: Hänssler). • Martin Luther; Ausgewählte Schriften, herausgegeben von K. Bornkamm und G. Ebeling, Erster Band: Aufbruch zur Reformation, Frankfurt a. M. 1982. In diesem Band sind die sogenannten Invokavitpredigten enthalten: Acht Sermone D. Martin Luthers, von ihm gepredigt zu Wittenberg in der Fastenzeit 1522.

[3] Bornkamm/Ebeling, a.a.O. (Anm. 2), 287.

[4] Bornkamm/Ebeling, a.a.O. (Anm. 2), 287.

[5] P. Martin, a.a.O. (Anm. 2), 108.

[6] Vgl. B. Moeller: Deutschland im Zeitalter der Reformation, Göttingen ⁴1999, 36.

[7] v. Loewenich, a.a.O. (Anm. 2), 544.

[8] So P. Martin, a.a.O.,114. Allerdings ist diese Auffassung nicht unumstritten.

[9] A.a.O. Dass gerade für die Apokalypse in späteren Bibelausgaben eine wahre Bilderflut zu beobachten ist, hängt u.E. auch damit zusammen, dass die vielfältigen sprachlichen Bilder der Johannesapokalypse geradezu eine bildliche Darstellung herausfordern.

[10] Zit. nach P. Martin, a.a.O.,177.

[11] Betbüchlein 1529, zit. nach Weismann, a.a.O. (Anm. 2), 27f.

[12] Vgl. Galaterkommentar, zit. nach v. Campenhausen, a.a.O. (Anm. 2), 156.

[13] Himmlische Propheten, zit. nach v. Campenhausen, a.a.O.,157.

[14] R. Stupperich: Die Reformation in Deutschland, München 1972, 59.

[15] Bornkamm/Ebeling, a.a.O.,184.

[16] Bornkamm/Ebeling, a.a.O., 286.

[17] v. Campenhausen, a.a.O.,156.

[18] A.a.O., 155.

[19] Vgl. a.a.O., 155.

[20] A.a.O.

[21] Hänssler, a.a.O. (Anm. 2), 157.

[22] Predigt Luthers zu zwei Sätzen des zweiten Glaubensartikels am 17.4.1533, Hänssler, a.a.O., 156f.

[23] Zit. nach v. Campenhausen, a.a.O., 161.

[24] Trotz dieser grundsätzlichen Einstellung gegen die Bilder sind auch die reformierten Bibeln mit illustrativen Holzschnitten versehen (s.u.).

[25] Vgl. v. Campenhausen, a.a.O., 146.

[26] A.a.O.

[27] A.a.O., 147.

[28] Der Heidelberger Katechismus erschien am 19. Januar 1563, herausgegeben vom reformierten Kurfürsten Friedrich III. (der »Fromme«) von der Pfalz, der versuchte, in Streitfragen zwischen lutherischen und reformierten Kirchen zu vermitteln.

[29] Vgl. dazu Leemann-van Elck, a.a.O. (Anm. 2), 35.

[30] Leemann-van Elck hierzu, 35: »Dies rührt wohl daher, weil die bildliche Vorstellung bei Künstlern und Volk so sehr verwurzelt war, dass sie nicht plötzlich ausgemerzt werden konnte. Die Beseitigung erfolgte erst nach und nach.«

Zeittafel

Die Zeittafel ist in erster Linie zur groben Orientierung für die Lehrkraft gedacht. Darüber hinaus kann sie aber auch in Schule und Gemeinde eingesetzt werden, um ein bebildertes Leporello zum Thema Martin Luther und die Reformation zu erstellen. Hierzu können die Bilder aus den einzelnen Materialien und die zusätzlich als DZ verfügbaren Bilder herangezogen werden.
Angaben, die sich auf die Schweizer Reformatoren beziehen, erscheinen kursiv.

1483
am 10. November wird Martin Luther als Sohn von Hans Luder und Margarete geb. Ziegler in Eisleben geboren. Die Familie Luder stammt aus dem kleinen Dorf Möhra in Thüringen. Hans Luder zieht als Bergmann nach Eisleben. Am Martinstag (11. November) wird Martin getauft.

1484
Die Familie Luthers zieht nach Mansfeld ins Zentrum des mansfeldischen Bergbaugebiets, wo Hans Luther zu Geld und Ansehen gelangt.
Am 1. Januar wird der spätere Schweizer Reformator Huldrych Zwingli in Wildhaus im Toggenburg (Schweiz) geboren.

1491
Luther besucht die Lateinschule in Mansfeld.

1497
Luther besucht für ein Jahr die Domschule in Magdeburg.

1498
Martin kommt nach Eisenach und besucht dort die Pfarrschule von St. Georg. Er lebt zunächst bei Verwandten und verdient sich einen Teil seines Lebensunterhalts durch Singen auf der Straße. Er findet schließlich durch Frau Cotta (geb. Schalbe) Aufnahme im Haus ihres Vaters Heinrich Schalbe, der von 1495 bis 1499 Bürgermeister war.

1501 – 1505
Luther absolviert in Erfurt zunächst das Grundstudium der sieben freien Künste (septem artes liberales), das er als Magister abschließt. Er beginnt mit dem Studium der Rechtswissenschaft.

1505
Am 2. Juli wird Luther auf der Rückreise nach Erfurt bei Stotternheim von einem schweren Gewitter überrascht und gelobt in Todesangst, Mönch zu werden. Am 17. Juli bittet er um Aufnahme im Kloster der Augustinereremiten in Erfurt.

1506
Nach einjährigem Noviziat legt Martin Luther die Mönchsgelübde Gehorsam, Armut und Keuschheit ab.

1507
Luther wird im Erfurter Dom zum Priester geweiht und feiert kurz darauf seine erste Messe (Primiz). Er beginnt mit dem Studium der Theologie.

1508
Luther wird auf Betreiben von Johann v. Staupitz ins Kloster nach Wittenberg versetzt, wo er für kurze Zeit Moralphilosophie lehrt. Daneben setzt er u.a. bei Johann v. Staupitz sein Theologiestudium fort.

1509
Luther erwirbt den akademischen Grad eines Baccalaureus der Theologie und wird nach Erfurt zurückberufen.
Am 10. Juli wird Johannes Calvin in Noyon (Frankreich) geboren.

1510/1511

Luther reist zusammen mit einem Ordensbruder in Ordensangelegenheiten nach Rom, wo er von der oberflächlichen Frömmigkeit, die er dort erlebt, abgestoßen wird.

1511

Luther wird in das Wittenberger Kloster seines Ordens versetzt.

1512

Luther wird Doktor der Theologie und Professor für Bibelauslegung (Lectura in Biblia) an der 1502 gegründeten Universität Wittenberg. Von 1513 bis zu seinem Lebensende hält Luther Vorlesungen über Bücher des Alten und Neuen Testaments. Außerdem ist er seit 1512 Subprior seines Klosters, seit 1515 auch Distriktsvikar in seinem Orden für Meißen und Thüringen.

1517

am 31. Oktober protestiert Luther mit seinen 95 Thesen bei seinen kirchlichen Oberen gegen die Ablasspraxis des Dominikanermönchs Johann Tetzel. Die 95 Thesen sollten Grundlage einer Disputation sein, mit der auf akademischer Ebene eine Klärung des Ablassproblems herbeigeführt werden sollte.

1518

Dominikaner zeigen Luther in Rom wegen Ketzerei an.

In seiner Schrift »Sermon von Ablass und Gnade« legt Luther in deutscher Sprache seine Sicht des Ablassproblems dar.

Im April findet im Heidelberger Augustinerkloster eine Disputation mit Luther über von ihm aufgestellten Thesen über die Gerechtigkeit aus Glauben statt.

Am 7. August erhält Luther eine Vorladung nach Rom, wo man gegen ihn ein Verfahren eröffnet hat. Auf Betreiben des Kurfürsten Friedrich des Weisen wird diese Vorladung rückgängig gemacht.

Am 25. August kommt Philipp Melanchthon (1497–1560) als Professor für Griechisch nach Wittenberg. Er wird zu Luthers wichtigstem Mitarbeiter.

Vom 12. bis 14. Oktober wird Luther in Augsburg durch Kardinal Cajetan verhört. Cajetan kann ihn jedoch nicht zum Widerruf bewegen. Luther kann Augsburg heimlich verlassen.

1519

Am 12. Januar stirbt Kaiser Maximilian. Um den Kurfürsten Friedrich den Weisen gegen die geplante Wahl des Habsburgers Karl von Spanien zum Kaiser einzustimmen, stellt Rom den Fall Luther zunächst zurück. Karl v. Miltitz überbringt dem Kurfürsten im Auftrag des Papstes die päpstliche goldene Rose.

Am 28. Juni wird Karl von Spanien einstimmig zum deutschen Kaiser gewählt.

Im Juni/Juli disputiert Luther mit Eck in Leipzig; Luther behauptet, dass Papst und Konzilien irren können.

Seit Anfang 1519 amtiert Huldrych Zwingli am Zürcher Großmünster als »Leutpriester« (Seelsorger und Prediger). In der Folgezeit betreibt er eine grundlegende Neugestaltung des kirchlichen Lebens in Zürich.

1520

Luther veröffentlicht die drei sog. reformatorischen Hauptschriften »An den christlichen Adel deutscher Nation von des christlichen Standes Besserung«, »Von der babylonischen Gefangenschaft der Kirche« und »Von der Freiheit eines Christenmenschen«.

Am 15. Juni wird die päpstliche Bannandrohungsbulle gegen Luther »Exsurge domine« ausgefertigt und am 24. Juni veröffentlicht. Johann Eck und Hieronymus Aleander erhalten den Auftrag, die Bulle in Deutschland zu verbreiten.

Nachdem zuvor in den Niederlanden und an verschiedenen Orten Deutschlands Schriften Luthers verbrannt wurden, verbrennt Luther am 10. Dezember das Kanonische Recht sowie die Bannandrohungsbulle des Papstes vor dem Elstertor in Wittenberg.

1521

am 3. Januar wird Luther durch den Papst gebannt.

Am 17. und 18. April wird er vor dem Reichstag zu Worms verhört. Luther lehnt den geforderten Widerruf ab. Nach seiner Abreise aus Worms unterzeichnet Kaiser Karl V. am 26. Mai das Mandat gegen Luther, durch das gegen ihn die Reichacht verhängt wird (»Wormser Edikt«).

1521/1522

vom Mai 1521 bis März 1522 ist Luther auf der Wartburg in Sicherheit. Er übersetzt dort in elf Wochen das Neue Testament aus seiner Ursprache, dem Griechischen, ins Deutsche (»Septembertestament«, das im September 1522 in Wittenberg erscheint).

1521/1522

Vor allem auf Grund von Reformen durch Professor Andreas Karlstadt kommt es in Wittenberg zu Unruhen: Gewaltsam werden u.a. die Heiligenbilder aus den Kirchen entfernt.

1522

im März kehrt Luther gegen den Willen des sächsischen Kurfürsten nach Wittenberg zurück. In seinen Invokavitpredigten wendet er sich gegen das gewaltsame Durchsetzen von Reformen. Karlstadt muss Wittenberg verlassen.

1523

Am 29. Januar beginnt in Zürich die Reformation durch Huldrych Zwingli, der ein umfassendes reformatorisches Programm vorlegt.

In seiner Schrift »Dass Jesus Christus ein geborener Jude sei« legt Luther seine Theologie dar, um auch Juden zum Glauben an Jesus zu bewegen.

In seiner Schrift »Von weltlicher Obrigkeit, wie weit man ihr Gehorsam schuldig sei« entwickelt er seine »Zwei-Reiche-Lehre«.

Am 7. April treffen neun auf Veranlassung Luthers aus dem Kloster Nimbschen befreite Nonnen in Wittenberg ein, darunter Katharina von Bora.

1525

In Süd- und Mitteldeutschland, vor allem auch in Thüringen kommt es zu blutigen Bauernunruhen.

In seiner Schrift »Ermahnung zum Frieden auf die Zwölf Artikel der Bauernschaft in Schwaben« (April 1525) ermahnt Luther die Fürsten und Bauern, sich ohne Gewalt zu beraten und zu einigen.

Im Mai erscheint erneut Luthers »Ermahnung zum Frieden« mit einem kurzen Anhang »Auch wider die räuberischen und mörderischen Rotten der Bauern«.

Nach der blutigen Niederschlagung des Bauernaufstands verteidigt Luther in seiner Schrift »Ein Sendbrief vom harten Büchlein wider die Bauern« seine Haltung gegenüber dem Vorwurf der »Fürstenschmeichlerei«. Er geißelt aber auch die Auswüchse der Gewalt auf Seiten der Fürsten.

Am 5. Mai stirbt Luthers Landesherr, der sächsische Kurfürst Friedrich der Weise; Nachfolger wird sein Bruder Johann der Beständige, der sich aktiv für die Durchführung der Reformation einsetzt.

Am 13. Juni wird Luther mit Katharina von Bora getraut, die öffentliche Hochzeitsfeier findet am 27. Juni statt.

Luther veröffentlicht seine Schrift »De servo arbitrio« (Vom unfreien Willen) gegen Erasmus.

1526

Auf dem 1. Reichstag in Speyer, auf dem die Altgläubigen die Mehrheit hatten, wird in Abwesenheit von Karl V. beschlossen, dass in Sachen des Wormser Edikts bis zur Entscheidung durch ein demnächst einzuberufendes Konzil jeder Reichsstand verfahren solle, wie er es gegenüber Gott und dem Kaiser verantworten könne.

1525–1529

Im sog. Abendmahlsstreit treten Differenzen zwischen Luther und Zwingli zutage. Beim »Marburger Religionsgespräch« kommt es zu keiner Einigung.

1526—1529

Luther wirkt bei der kursächsischen Kirchen- und Schulvisitation mit. 1529 veröffentlicht er seinen Kleinen und Großen Katechismus.

1529

Auf dem 2. Reichstag in Speyer beschließt in Abwesenheit des Kaisers die katholische Mehrheit die Aufhebung des Speyerer Reichstagsabschieds von 1526. Das Wormser Edikt sollte durchgeführt werden. Diesem Beschluss setzte die evangelische Minderheit von sechs Fürsten und 14 oberdeutschen Städten eine feierliche »Protestation« entgegen. Deshalb bürgerte sich der Name »Protestanten« ein.
Das Marburger Religionsgespräch zwischen Luther und Zwingli (1.—4. Oktober) über die Abendmahlsfrage endet ohne Ergebnis. Die lutherische und die Schweizer Reformation trennen sich.
Der Türkensultan Suleiman der Prächtige muss die Belagerung Wiens abbrechen.

1530

Kaiser Karl V. leitet persönlich den Reichstag von Augsburg, auf dem die von Melanchthon verfasste Confessio Augustana, das Augsburger Bekenntnis der Evangelischen, verlesen wird. Es kommt zu keiner Einigung.
Während des Reichstags zu Augsburg hält sich der immer noch geächtete und gebannte Luther auf der Veste Coburg auf. Dort verfasst er u.a. seinen »Sendbrief vom Dolmetschen«, in dem er Grundsätze seiner Übersetzungsarbeit darlegt.
Am 5. Juni erhält Luther auf der Coburg die Nachricht, dass sein Vater gestorben ist.

1531

Die evangelischen Stände schließen sich zum Schmalkaldischen Bund zum Schutz gegen die Durchführung des Wormser Edikts zusammen, um sich gegen die Kriegsabsichten des Kaisers zu schützen. – Am 30. Juni stirbt Luthers Mutter.
Am 11. Oktober 1531 fällt Huldrych Zwingli als Feldprediger in der Schlacht bei Kappeln.

1533

Calvin muss zusammen mit einer Gruppe Gleichgesinnter wegen Sympathien für Luthers Reformation Paris verlassen.

1534

Die erste Lutherbibel: Luther veröffentlicht seine Übersetzung des gesamten Alten und Neuen Testaments.

1535

Calvin findet Zuflucht in Basel. Hier veröffentlicht er 1536 sein Buch »Christianae Religionis Institutio« (»Unterweisung im christlichen Glauben«).

1536—1538

Erster Aufenthalt Calvins in Genf, das er nach kirchlichen Streitigkeiten wieder verlassen muss. Übersiedlung nach Straßburg.

1538

Im Blick auf das damals geplante Konzil veröffentlicht Luther seine »Schmalkaldischen Artikel«.

1541

In seiner Schrift »Wider Hans Worst« legt Luther dar, wie es zur Reformation gekommen ist.

1541—1546

Erneutes Wirken Calvins in Genf.

1541

Die Große Genfer Kirchenordnung regelt das kirchliche Leben in Genf neu. In der Folgezeit breitet sich die reformierte Kirche von Genf aus in ganz Europa aus.

1543

In seiner Schrift »Von den Juden und ihren Lügen« ruft Luther die Obrigkeit zu harten Maßnahmen gegen die Juden auf, die sich trotz Luthers Bemühungen nicht zu Christus bekehrt hatten.

1545

Eröffnung des Konzils von Trient, das mit Unterbrechungen bis 1563 dauert.

1546

Am 18. Februar stirbt Luther in Eisleben, wo er sich aufhielt, um in einem Streit zwischen den Grafen von Mansfeld zu vermitteln. Am 22. Februar wird er in der Schlosskirche zu Wittenberg beigesetzt.

1546/1547

Der Schmalkaldische Krieg zwischen Karl V. und den evangelischen Fürsten endet mit dem Sieg Karls V. (Schlacht bei Mühlberg).

1548

Das »Augsburger Interim«, nach dem die katholische Lehre in den evangelisch gewordenen Gebieten wieder eingeführt werden soll, wird auf dem Augsburger Reichstag beschlossen.

1551/1552

Nachdem Moritz von Sachsen, der zunächst auf der Seite Karls V. stand, sich gegen diesen wendet, muss der Kaiser nach Kärnten fliehen. Im Passauer Vertrag wird die evangelische Lehre bis zu einer Regelung beim nächsten Reichstag in den ursprünglich evangelischen Ländern wieder erlaubt.

1552

Am 20. Dezember stirbt Katharina von Bora in Torgau an den Folgen eines Unfalls mit dem Pferdefuhrwerk. In der Schlosskirche von Torgau findet sie ihre letzte Ruhestätte.

1555

Auf dem Augsburger Reichstag wird die evangelische Lehre in Deutschland als gleichberechtigt anerkannt. Diese Regelung gilt allerdings nicht für die Anhänger der Schweizer Reformation.

1564

Am 27. Mai stirbt Johannes Calvin im Alter von 54 Jahren in Genf.

1 Luthers Leben

> **Hinweis zu dem Bild:**
> Das Bild stellt einen Ausschnitt aus dem Entwurf zum Lutherdenkmal in Wittenberg dar, dem ältesten Lutherdenkmal (31.10.1821) überhaupt, zugleich dem ersten Denkmal für eine bürgerliche Persönlichkeit in Deutschland. Der Entwurf stammt von Johann Gottfried Schadow (* 20. Mai 1764 in Berlin; † 27. Januar 1850 in Berlin). Er war der bedeutendste Bildhauer des deutschen Klassizismus. Von ihm stammt u.a. die Quadriga auf dem Brandenburger Tor (1797).

Kapitel 1 hat die Aufgabe, den S. einen kurzen Überblick über Martin Luthers Leben und Wirken zu geben.
Das Kapitel enthält zwei Bausteine:

Kurzbiographie Luthers

Baustein A bietet eine Kurzbiographie Luthers und ein entsprechendes AB mit Bildern zu Luthers Leben. Auch S., die noch wenig Kenntnisse über Martin Luther haben, können sich hier einen ersten groben Überblick verschaffen.
Die Erfahrungen im Unterricht und bei Gemeindeseminaren haben gezeigt, dass die Bearbeitung dieser Aufgaben großen Spaß bereitet hat und daher mit Eifer erledigt wurde.

Überblick über Leben und Wirken Luthers

Baustein B vermittelt mit Hilfe von Bildern und Texten einen Überblick über Martin Luthers Leben und Wirken. Das Material ist vor allem für S. der unteren Klassen in Sek I geeignet. Es kann gut als Freiarbeitsmaterial eingesetzt werden.

Die S. erhalten das vorgegebene Raster der Texte, dem sie die jeweils passenden Bilder zuordnen.

Materialien zu Baustein A

M 1/1 **Martin Luther – Eine Kurzbiographie** (Textblatt) mit Ziffern, die in das Bildblatt (**M 1/2**) eingetragen werden

M 1/2 **Martin Luther – Sein Leben auf einen Blick** (Bildcollage). Zur leichteren Bearbeitung kann das Bildblatt auf DIN A3 hochkopiert werden.

Empfohlenes Vorgehen:
1. Schritt: Lesen des Textes in EA oder GA.
2. Schritt: Eintragen der Ziffern in das Bildblatt.
3. Schritt: Die S. testen sich gegenseitig, was sie von Schritt 1 und 2 noch wissen.

Materialien zu Baustein B

 Station 1 **M 1/3** AB **Martin Luthers Leben im Überblick:** Texte zu einzelnen Lebensstationen Luthers (Blatt 1 und 2)

M 1/4 **Martin Luthers Leben im Überblick: Bilder** zum Ausschneiden und Einkleben in **M 1/3**

M 1/1 Martin Luther – Eine Kurzbiographie

Martin Luther wird am 10. November 1483 in Eisleben als ältester Sohn des Bergmanns Hans Luder und seiner Frau Margarete geboren (1). Am nächsten Tag, dem Martinstag, wird er getauft. Der kleine Martin besucht von 1491 bis 1501 die Lateinschulen in Mansfeld, Magdeburg und Eisenach (2). Sein Vater, der es zu einigem Wohlstand gebracht hat, will, dass Martin später eine Karriere als Jurist machen kann.

Von 1501 bis 1505 studiert Martin in Erfurt und wird 1505 Mönch im Erfurter Augustinerkloster; wie alle Mönche lässt er sich eine Tonsur schneiden (3). 1510/1511 reist er im Auftrag seines Ordens nach Rom,

6. Kap1

wo ihn die oberflächliche Frömmigkeit sehr stört (4). Ab 1511 lebt Luther bis an sein Lebensende in Wittenberg, dort wird er Doktor der Theologie (5) und lehrt an der Universität als Theologieprofessor. Beim Studium der Bibel erkennt Luther, dass Christus kein Richter ist, der die Bösen bestraft und die Guten belohnt (6). Er erkennt: Gott ist wie ein guter Vater. Damals tritt der Ablassprediger Johann Tetzel auf (7); dieser predigt, man könne sich durch den Kauf von Ablassbriefen vom Fegfeuer loskaufen.

Luther schreibt daraufhin am 31. Oktober 1517 seine 95 Thesen (Sätze) gegen den Ablass und schlägt sie dann an die Tür der Schlosskirche in Wittenberg an (8). Nun wird gegen ihn von der Kirche ein Prozess eröffnet. Papst ist damals Leo X. aus dem Hause Medici (9). Aber sein Landesherr, Kurfürst Friedrich der Weise vo Sachsen, schützt Luther (10).

Der päpstliche Gesandte Kardinal Cajetan versucht 1519 vergeblich, Luther in Augsburg dazu zu bewegen, seine Aussagen zu widerrufen (11). Daraufhin wird Luther vom Papst mit dem kirchlichen Bann belegt. Kaiser Karl V. versucht auf dem Reichstag von Worms, ihn zum Widerruf seiner Schriften zu bewegen (12). Luther weigert sich. Daraufhin spricht der Kaiser gegen ihn die Reichsacht aus. Luther ist jetzt »vogelfrei«, er darf von jedermann gefangen genommen oder getötet werden; es ist verboten, seine Schriften zu lesen oder zu verbreiten.

Auf dem Rückweg von Worms lässt Friedrich der Weise Luther zum Schein überfallen und auf die Wartburg (13) in Sicherheit bringen. Dort lebt er unerkannt als Junker (Ritter) Jörg; zur Tarnung lässt er sich einen Bart wachsen (14). Auf der Wartburg übersetzt Luther in elf Wochen das Neue Testament aus der Ursprache Griechisch ins Deutsche (15). In Wittenberg wollen Anhänger Luthers während seiner Abwesenheit alle Bilder aus den Kirchen entfernen (Bilderstürmer). Luther kehrt nach Wittenberg zurück und sorgt durch seine Predigten für eine Beruhigung der Lage. 1525 kommt es zu Bauernaufständen, die von den Fürsten blutig niedergeschlagen werden (16). Im gleichen Jahr heiratet Luther die ehemalige Nonne Katharina von Bora (17).

In den folgenden Jahren veröffentlicht Luther den »Kleinen Katechismus«, eine allgemeinverständliche Zusammenfassung des christlichen Glaubens. Er verfasst viele Kirchenlieder (18).

Im Jahr 1530 beruft der Kaiser einen Reichstag nach Augsburg ein, um den Streit zwischen den Evangelischen und der römisch-katholischen Kirche zu beenden. Es kommt jedoch zu keiner Einigung. Die Evangelischen legen das »Augsburger Bekenntnis« vor, in dem sie ihr Verständnis des christlichen Glaubens formuliert haben. Philipp Melanchthon, der engste Mitarbeiter Luthers, hat es verfasst (19).

Die ganzen Jahre über arbeitet Luther zusammen mit Freunden an der Übersetzung der Bibel aus den Ursprachen Hebräisch und Griechisch in gutes Deutsch. 1534 erscheint dann die erste vollständige Lutherbibel (20).

Gegen Ende seines Lebens wird Luther immer stärker von der Furcht befallen, dass das Weltende kurz bevorsteht und die Feinde des Evangeliums sich zusammentun, um die Wahrheit des Evangeliums zu vernichten: Papst, Türken und Juden. Luther verfasst in dieser Zeit mehrere judenfeindliche Schriften. Die bekannteste trägt den Titel »Von den Juden und ihren Lügen«. Darin fordert er in schrecklicher Verblendung, die Synagogen zu zerstören und die jungen Juden zur Arbeit zu zwingen. (21)

Am 18. Februar 1546 stirbt Martin Luther (22) in seiner Geburtsstadt Eisleben. Dorthin ist er kurz zuvor gereist, um den Streit zwischen zwei Grafen zu schlichten. In der Schlosskirche in Wittenberg findet er seine letzte Ruhestätte (23).

Aufgabe:
Lest den Text mehrmals durch und schreibt die Ziffern zu den dazugehörenden Bildern (**M 1/2**).

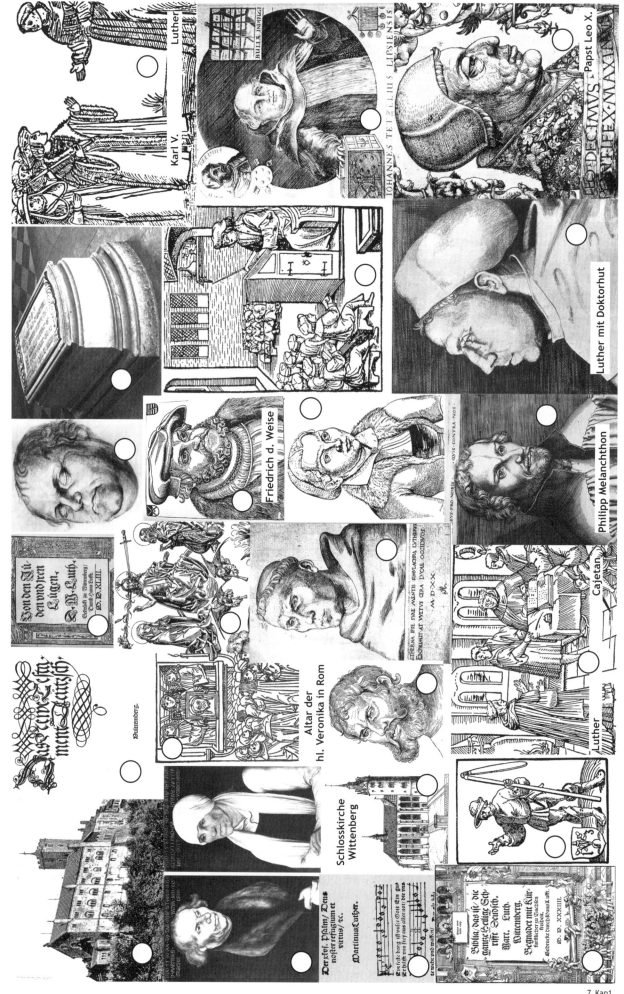

Luther

Karl V.

Papst Leo X.

IOHANNES TEIZELIVS LIPSIENSIS

Luther mit Doktorhut

Friedrich d. Weise

Philipp Melanchthon

Cajetan

Altar der
hl. Veronika in Rom

Luther

Schlosskirche
Wittenberg

7_Kap1

M 1/3 Martin Luthers Leben im Überblick (1)

Martin Luther wird am 10. November 1483 als Sohn des Bergmanns Hans Luder und seiner Frau Margarete in Eisleben geboren.

Von 1491 bis 1501 besucht Martin die Lateinschulen in Mansfeld, Magdeburg und Eisenach.
In Eisenach verdient er sich einen Teil seines Lebensunterhalts durch Singen auf der Straße. Er findet Aufnahme im Haus der Frau Cotta.

Von 1501 bis 1505 studiert Martin Luther an der Universität Erfurt. Das Grundstudium schließt er mit dem Magisterexamen ab: Er möchte jetzt Rechtswissenschaft studieren. 1505 tritt er, nachdem er bei Stotternheim beinahe vom Blitz erschlagen wurde, überraschend in das Augustinerkloster in Erfurt ein. Nach einem Jahr Probezeit legt er die Mönchsgelübde ab.

Im Auftrag seines Ordens reist Luther 1510/11 nach Rom. Er besucht dort voller Andacht die vielen heiligen Stätten. Er erschrickt über die in Rom herrschende oberflächliche Frömmigkeit.

Seit 1511 wohnt Luther im Augustinerkloster in Wittenberg. Er wird Doktor der Theologie und lehrt als Professor an der Universität. Außerdem predigt er regelmäßig. Am 31. Oktober 1517 veröffentlicht Luther 95 lateinische Sätze (Thesen) gegen Missbräuche in der Kirche, insbesondere gegen den Ablass. Diese Thesen werden ins Deutsche übersetzt und erregen in ganz Deutschland großes Aufsehen.

Auf der Leipziger »Disputation« (Diskussion) mit dem Theologieprofessor Johann Eck im Jahr 1519 sagt Luther: Papst und Konzilien (Kirchenversammlungen) können irren; allein die Heilige Schrift ist der gültige Maßstab in der Kirche. Das bedeutet den Bruch zwischen Luther und der mittelalterlichen Kirche.

1521 wird Luther mit dem kirchlichen Bann belegt, d.h. er wird aus der Kirche ausgeschlossen. Auf dem Reichstag zu Worms soll er vor Kaiser Karl V. seine Schriften widerrufen. Als er sich weigert, wird gegen ihn die Reichsacht verhängt. Das bedeutet: Er soll gefangen genommen und dem Kaiser tot oder lebendig übergeben werden. Er darf noch von Worms abreisen und bekommt 21 Tage Vorsprung.

Um Luther vor seinen Gegnern zu schützen, lässt ihn sein Landesherr, Friedrich der Weise, auf dem Rückweg von Worms zum Schein überfallen und auf die Wartburg bringen. Dort lebt Luther als Ritter (Junker) Jörg. In elf Wochen übersetzt er das Neue Testament aus der griechischen Ursprache ins Deutsche.

1522 kehrt Luther gegen den Willen Friedrichs des Weisen nach Wittenberg zurück, um dort den Streit mit den Bilderstürmern zu schlichten. 1525 – mitten in den Wirren des Bauernkriegs – heiratet Luther die ehemalige Nonne Katharina von Bora.

1530 findet der Reichstag zu Augsburg statt. Hier legen die Evangelischen das »Augsburger Bekenntnis« vor. Der Verfasser war Luthers Freund Philipp Melanchthon. Es legte dar, worin Katholiken und Evangelische übereinstimmen und worin sie sich unterscheiden.

Gegen Ende seines Lebens wird Luther immer stärker von der Furcht befallen, dass das Weltende kurz bevorsteht und die Feinde des Evangeliums sich zusammentun, um die Wahrheit des Evangeliums zu vernichten: Papst, Türken und Juden. Luther verfasst in dieser Zeit mehrere judenfeindliche Schriften. Die bekannteste trägt den Titel »Von den Juden und ihren Lügen«. Darin fordert er in schrecklicher Verblendung, die Synagogen zu zerstören und die jungen Juden zur Arbeit zu zwingen.

1546 stirbt Martin Luther in seiner Geburtsstadt Eisleben. Er war dorthin gerufen worden, um einen Streit zwischen zwei Fürsten zu schlichten. Auf einem Zettel fand man seine letzten Worte: »Wir sind Bettler, das ist wahr!«

M 1/4 Martin Luthers Leben im Überblick: Bilder

»Von den Juden und ihren Lügen« (Titelblatt)

Leipziger Disputation

Reichstag zu Worms

Luthers Eltern

Luther als Kurrendesänger

Petersdom in Rom

Hochzeit

Thesenanschlag

Luther als Mönch

Philipp Melanchthon

Luther auf dem Sterbebett

Die Wartburg

2 Kindheit – Schule – Jugend

In diesem Kapitel geht es um Luthers Kindheit und Jugend, seine Erfahrungen in der Familie und in der Schule. Luther hat offenbar eine – wie damals üblich – sehr harte Erziehung genossen. Diese Erfahrungen haben ihn stark geprägt. Erik H. Erikson, der sich in seinem Buch »Der junge Mann Luther« intensiv mit Luthers Kindheit und Jugend befasst hat, sieht in seiner harten Erziehung den Schlüssel zu Luthers Schwierigkeiten, das Gottesbild vom strafenden Gott zu überwinden und an Gottes Liebe und Vergebung zu glauben. Der jähzornige strafende Vater prägte nach Erikson das Gottesbild des jungen Luther, der sich vor den maßlosen Strafen des himmlischen Richters fürchtet.

Als Gegenbild erlebt der junge Mönch Luther seinen Beichtvater Staupitz, dem er »später sogar theologische Verdienste zu[schrieb] als ›seinem Vater im Evangelium‹« (Erikson 1970, 183).

Die Beschäftigung mit Luthers Kindheit und Jugend, insbesondere mit seiner Schulzeit, stößt vor allem bei S. der Sek I auf großes Interesse, können sie doch hier interessante Vergleiche mit dem eigenen Schulleben anstellen.

Luthers Herkunft, Jugend und Ausbildung bis 1505 (S. 11)

Materialien

M 2/1   **Luthers Eltern**

M 2/2   **Martin Luther über seine Kindheit und Jugend**
(Selbstzeugnisse und AB, drei Blätter)

M 2/3   **Martin Luther in der Schule**

M 2/4   **Puzzleteile: Schule zur Zeit Luthers**

Empfohlenes Vorgehen:

1. Schritt: Die Eltern
Die S. schauen sich das Bild von Hans und Margarete Luther **M 2/1** genau an und schreiben auf das Arbeitsblatt in Stichworten oder kurzen Sätzen, welchen Eindruck die Mutter und der Vater auf sie machen.
Lucas Cranach d.Ä. hat die Eltern Luthers im Jahre 1527 gemalt.
Der Vater ist als wohlhabender Unternehmer (Wams!) dargestellt. In seinen Gesichtszügen ist der mühsame Aufstieg von einem armen Bergmann zum wohlhabenden Bürger (Mitbesitzer...) abzulesen.
Die Mutter macht einen recht verhärmten Eindruck.
Hier ist es sinnvoll, das Schwarzweiß-Bild durch entsprechende farbige Bilder (DZ) zu ersetzen.

2. Schritt: Frühe Erfahrungen
Auf dem AB **M 2/2** finden sich Selbstzeugnisse Luthers über seine strenge Erziehung im Elternhaus und in der Schule.
Die – in modernes Deutsch übertragenen – Originaltexte sind für S. der Sek I sehr schwer zu verstehen. Daher wurden schwierige Wörter im Text unterstrichen.

Hinweis: Bitte beim Kopieren den rechten Rand des Blattes mit der Lösung abknicken!

Das AB bietet für die Begriffe jeweils drei Deutungen, von denen jeweils eine richtig ist. Die S. kreuzen die richtige Antwort an und übertragen die nummerierten Buchstaben in das AB. Es entsteht dann der Satz:
»Harte Strafen in Elternhaus und Schule machten Angst.«
Zur Verdeutlichung ist noch ein Satz von Erikson angefügt, der den Zusammenhang zwischen Luthers Erfahrung eines strengen Vaters und seiner Erfahrung eines strengen Gottes aufzeigt. Die S. übertragen den gefundenen Satz in ihr Heft.

3. Schritt: In der Schule

M 2/3 und **M 2/4** sind insbesondere für die unteren Klassen der Sek I geeignet.
Die S. lesen zunächst den Text über Luthers Erfahrungen in der Schule (**M 2/3**),
der ihnen die Abbildung erschließen kann.
Dann schneiden sie die Puzzleteile (**M 2/4**) aus, kleben diese zusammengefügt in
ihr Heft ein und beschriften die Sprechblasen. Unterrichtsversuche haben gezeigt, dass die S. beim Ausfüllen der Sprechblasen sehr kreativ sind und die
wesentlichen Aussagen des Bildes treffen (beim Ausschneiden der Sprechblasen
müssen die Umrandungen stehen bleiben, s.u.!).

4. Schritt: Bezug zur eigenen Situation

Um den Bezug zur eigenen Situation herzustellen, können die S. im Klassen-
unterricht oder in GA ihre eigene Kindheit und Jugend mit der von Martin Luther
vergleichen. Sie werden dabei interessante Übereinstimmungen und Unterschiede
feststellen. Als befruchtend für eine solche Diskussion hat es sich erwiesen, den
Satz von Erikson (vgl. **M 2/2**) heranzuziehen. Dieser Satz kann – als stummer
Impuls an die Tafel geschrieben – als Gesprächseinstig dienen.

Möglich ist auch folgender Impuls:
Zur Zeit Luthers herrschte in der Schule eine strenge Ordnung. Diskutiert in eurer
Religionsgruppe, wie streng die Ordnung in der Schule heute sein soll. Ihr könnt
dabei u.a. folgende Stichworte heranziehen: Schuluniform, Strafen usw.

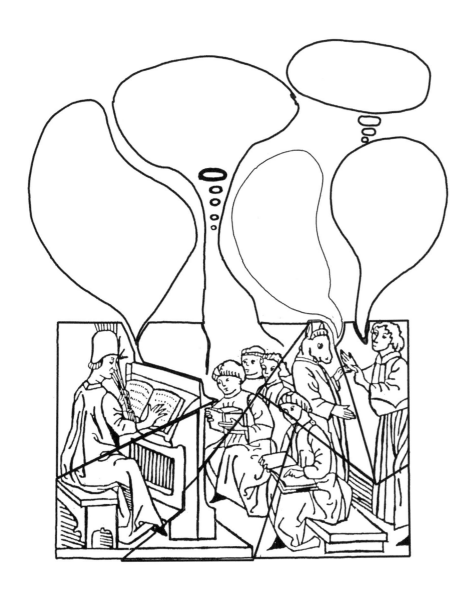

M 2/1 Luthers Eltern

Aufgaben:
Schau dir die Bilder von den Eltern Martin Luthers genau an.
Notiere unten auf dem Blatt in Stichworten oder kurzen Sätzen, welchen Eindruck Martins Mutter und sein Vater auf dich machen.

Luthers Vater Hans   Luthers Mutter Margarete

M 2/2 Martin Luther über seine Kindheit und Jugend (1)

Aufgabe:
Lest Luthers Aussagen über seine Kindheit und Jugend durch. Kreuzt auf dem Arbeitsblatt die richtige Bedeutung der fett gedruckten Wörter an.
Den Lösungssatz – eine Erfahrung Luthers aus seiner Kindheit und Schulzeit – findet ihr, wenn ihr die mit Ziffern bezeichneten Buchstaben der jeweils richtigen Lösungswörter der Reihe nach aufschreibt.
Schreibt den gefundenen Satz auf.

Die Eltern

*Mein Vater ist in seiner Jugend ein armer **Häuer** gewesen. Die Mutter hat all ihr Holz auf dem Rücken heimgetragen. So haben sie uns erzogen. Sie haben harte Mühsal ausgestanden, wie sie die Welt heute nicht mehr ertragen wollte.* Tischreden, Januar 1533

*Man soll die Kinder nicht zu hart **stäupen**. Mein Vater **stäupte** mich einmal so sehr, dass ich vor ihm floh und dass ihm bange war, bis er mich wieder zu sich gewöhnt hatte.* Tischreden, Mai 1532

*Meine Eltern haben mich in strengster Ordnung gehalten, bis zur Verschüchterung. Meine Mutter **stäupte** mich um einer einzigen Nuss willen, bis Blut floss. Und durch diese harte **Zucht** trieben sie mich schließlich ins Kloster; obwohl sie es herzlich gut meinten, wurde ich dadurch nur verschüchtert.* Tischreden, März/Mai 1537

In der Schule

*Es ist ein übel Ding, wenn Kinder und Schüler das Vertrauen zu Eltern und Lehrern verlieren. So gab es zum Beispiel **abgeschmackte** Schulmeister, die durch ihr **barsches** Wesen viele treffliche Anlagen verdarben.* Tischreden, März/Mai 1537

*Es sind manche **Präzeptoren** so grausam wie die Henker. So wurde ich einmal vor Mittag fünfzehnmal geschlagen, ohne jede Schuld, denn ich sollte **deklinieren** und **konjugieren** und hatte es [doch noch] nicht gelernt.* Tischreden, Frühjahr 1543

Christus als Richter

*Ich wurde von Kindheit auf so gewöhnt, dass ich erblassen und erschrecken musste, wenn ich den Namen Christus auch nur nennen hörte; denn ich war nicht anders unterrichtet als dass ich ihn für einen **gestrengen und zornigen Richter** hielt.* Aus dem Galaterkommentar 1535

Erste Begegnung mit der Bibel

*Vor dreißig Jahren las niemand die Bibel, und sie war allen unbekannt. Die **Propheten** waren unbekannt und unverständlich. Zum Beispiel, ich hatte, als ich zwanzig Jahre alt war, noch keine Bibel gesehen. Ich war der Ansicht, es gebe kein **Evangelium** bzw. keine **Epistel** außer den in den **Sonntagspostillen** geschriebenen. Endlich fand ich in der Bibliothek eine Bibel.* Tischreden, Februar 1538

Ich sah als Jüngling in Erfurt die Bibel in der Universitätsbibliothek und las eine Stelle im Samuel, doch der Glockenschlag rief mich in die Vorlesung. Ich hatte große Lust, das ganze Buch zu lesen. Zu jener Zeit gab es aber keine Gelegenheit. Tischreden, Sommer 1540

Der Blitzstrahl bei Stotternheim

*Am 16. Juli, dem Alexiustag, sprach er: Heute jährt es sich, dass ich in das Kloster zu Erfurt gegangen bin. – Und er begann die Geschichte zu erzählen, wie er ein **Gelübde** getan, als er nämlich kaum vierzehn Tage vorher unterwegs gewesen und durch einen Blitzstrahl bei Stotternheim nicht weit von Erfurt derart erschüttert worden sei, dass er im Schreck gerufen habe: Hilf du, **hl. Anna**, ich will ein Mönch werden! ... Nachher reute mich das **Gelübde**, und viele rieten mir ab. Ich aber beharrte dabei, und am Tage vor Alexius lud ich die besten Freunde zum Abschied ein, damit sie mich am morgigen Tag ins Kloster geleiteten. Als sie mich aber zurückhalten wollten, sprach ich: Heute seht ihr mich zum letzten Mal. Da gaben sie mir unter Tränen das Geleite. Auch mein Vater war sehr zornig über das Gelübde, doch ich beharrte bei meinem Entschluss. Niemals dachte ich das Kloster zu verlassen. Ich war der Welt ganz abgestorben.* Tischreden, Juli 1539

Häuer	B e r[19] g m a[2] n n	O	19 = R
	M a t[19] r o s e[2]	O	2 = A
	H o[19] l z f ä[2] l l e r	O	
stäupen	a u[35] s s c h i[25] m p f e n[20]	O	35 = A
	a[35] u[25] s p e i t s c h[1] e n[20]	O	25 = U
	e i[35] n s p[25] e r r[20] e n	O	1 = H
			20 = N
Zucht	B e l[24] o h[3] n u[41] n g[43]	O	24 = S
	B e s[24] t r[3] a[41] f u n g[43]	O	3 = R
	G[24] e f ä n[3] g n[41] i s[43]	O	41 = A
			43 = G
abgeschmackt	s c h l[21] e c h t g e w ü r z t	O	
	g[21] e s c h m a c k l o s	O	21 = H
	g e f ü h[21] l l o s	O	
barsch	u n[26] f r e u n[12] d[27] l i c h	O	26 = N
	d[26] u m[12] m[27]	O	12 = N
	s[26] c h w e r[12] h ö r i g[27]	O	27 = D
Präzeptor	H a[15] u s m e i s t[18] e r	O	15 = E
	L e[15] h r e[18] r	O	18 = E
	M ö[15] n c h[18]	O	
deklinieren	ein H a[22] u p t[45] w o r t[4] in seiner Form verändern	O	22 = A
	ein T ä[22] t i g k[45] e i t s w o r[4] t verändern	O	45 = T
	die R i[22] c h[45] t u n g[4] ändern	O	4 = T
konjugieren	ein H[38] a u p[6] t w o[17] r t in seiner Form verändern	O	38 = T
	ein T ä t[38] i g k e i t s[6] w o r t[17] verändern	O	6 = S
	die R[38] i c h t[6] u n g[17] ändern	O	17 = T
Christus war für Martin	ein g u[39] t e r[13] V a t e r[29]	O	39 = E
	ein g[39] u t e[13] r H i r t[29] e	O	13 = I
	ein s t r e[39] n g e r R i[13] c[29] h t e r	O	29 = C
Ein Prophet ist	ein W a[11] h r s a g[28] e r	O	11 = E
	ein B o t e[11] G o t t e s[28]	O	28 = S
	ein S t[11] e r n d e u t e r[28]	O	

Evangelium	Buch mit G[42]e s[31]c h[34]i c h[16]t e n[30]	O	42 = N
	n[42]e u[31]t e s t a m[34]e n t l[16]i c h[30]e s Buch	O	31=U
	a[42]l t t[31]e s t a[34]m e n[16]t l i c h e s[30] Buch	O	34=M
			16=L
			30=H
Epistel	immergrüne P f[33]l a n z[10]e	O	
	stechendes I n[33]s e k t[10]	O	33 = E
	B r i e[33]f[10]	O	10 = F
Postille	E r b a[9]u n[40]g s b u[23]c h mit biblischen Texten	O	9=A
	B r i[9]e f t[40]r ä g e r[23]	O	40=N
	S p[9]a z i[40]e r g a[23]n g	O	23=U
Gelübde	S[44]c h[8]w[36]u r[14] vor Gericht	O	44 = S
	V e r[44]f l u c h[8]u n[36]g[14] eines Feindes	O	8 = R 36=C
	V e r s[44]p r[8]e c[36]h[37]e n[14] gegenüber Gott	O	37 = H
			14 = N
heilige Anna	Schutzheilige der B[5]r[32]i e f t r ä g[7]e r	O	5 = E
	Schutzheilige der B e[5]r g l[32]e u t[7]e	O	32 = L
	alkoholisches G[5]e t[32]r ä n[7]k	O	7 = T

1 2 3 4 5   6 7 8 9 10 11 12   13 14

15 16 17 18 19 20 21 22 23 24   25 26 27

28 29 30 31 32 33   34 35 36 37 38 39 40

41 42 43 44 45

Der Psychoanalytiker Erik H. Erikson, der sich intensiv mit Luthers Kindheit und Jugend befasst hat, meinte:

Der jähzornig strafende Vater machte es seinem Sohn schwer, an Gottes Liebe und Vergebung zu glauben. Stattdessen fürchtete er die maßlose Strafe des himmlischen Richters, die in keinem Verhältnis zur eigenen Schuld stand. Als Student erlebte er in Staupitz einen hilfreichen, väterlichen Freund, den er später »seinen Vater im Evangelium« nannte.

M 2/3 Martin Luther in der Schule

21_Kap2

Martin Luthers Schulzeit (1491–1501)

Seit seinem 7. Lebensjahr besuchte Martin Luther zehn Jahre lang die Lateinschulen in Mansfeld, Magdeburg und Eisenach. Der Unterricht wurde in Latein, der Sprache der Gelehrten, erteilt.

Die Lehrer achteten streng darauf, dass die Schüler im Unterricht nicht Deutsch sprachen. Das Lateinische wurde den Kindern eingepaukt, nicht selten mit der Rute.

Luther berichtete später im Rückblick von schlechten Erfahrungen, die er während seiner Schulzeit machte:

»Es gibt jetzt nicht mehr die Hölle und das Fegefeuer unserer Schulen, in denen wir geplagt wurden mit Deklinations- und Konjugationsübungen, wo wir doch rein gar nichts gelernt haben durch so viel Prügel, Zittern, Angst und Jammern.«

Ältere Schüler mussten die jüngeren überwachen. Der »Wolf« führte einen »Wolfszettel«, auf den er aufschrieb, wenn ein Mitschüler ein deutsches Wort redete oder sich schlecht benahm und z.B. fluchte. Am Ende der Woche wurden die aufgeschriebenen Schüler bestraft. Dem schlechtesten Schüler wurde als Zeichen der Schande die Eselsmaske umgehängt. Er durfte sie an den nächsten Mitschüler weitergeben, den er seinerseits bei einem deutschen Wort ertappte.

Worterklärungen:

Deklination: Formenabwandlung eines Substantivs (Hauptwortes), z.B.: das Haus, des Hauses ...
Konjugation: Abwandlung eines Verbs (Zeitwortes), z.B. ich komme, du kommst ...

Magister: Lehrer = Titel für den Abschluss an der Universität, der zum Lehramt befähigte

(Die Zitate stammen aus: An die Ratsherrn aller Städte deutschen Landes, dass sie christliche Schulen aufrichten und halten sollen, 1524)

3 Um 1500: Eine neue Zeit

Kapitel 3 bietet mehrere Aspekte der Umbruchzeit um 1500.

Baustein A stellt wichtige Erfindungen und Entdeckungen vor, die zu einem Wandel der Lebensumstände und des Lebensgefühls der Menschen geführt und so die Welt damals verändert haben.

Materialien zu Baustein A

M 3/1   **Das 16. Jahrhundert – eine Zeit des Umbruchs** (Text zur Bedeutung der Entdeckungen und Erfindungen)

M 3/2   **Das 16. Jahrhundert** (Bilder und Erläuterungen)

Wichtige Erfindungen und Entdeckungen

Empfohlenes Vorgehen:

1. Schritt: Die S. lesen den Text **M 3/1** und heften eine Kopie in ihr Heft bzw. schreiben den Text ab.
2. Schritt: Anschließend schneiden sie die Bilder und Texte von **M 3/2** aus und kleben sie in ihr Heft.
3. Schritt: Die S. schreiben auf, wie die damaligen Entdeckungen und Erfindungen die Welt verändert haben.

Baustein B thematisiert den Wandel vom geozentrischen zum heliozentrischen Weltbild und den damit zusammenhängenden Wandel des Lebensgefühls der Menschen.

Materialien zu Baustein B

M 3/3   **Entdeckungen** (AB: zwei Text- und Bildblätter)

M 3/4   **Ein neues Lebensgefühl** (AB: positive und negative Gefühle)

Der Wandel des Weltbildes

Der Comic (**M 3/3**, Bild 1) zeigt einen Mann, der erkennt, dass die Erde nicht mehr der Mittelpunkt der Welt ist. Die S. tragen in die Sprechblase die Gefühle dieses Mannes ein. Bild 2 zeigt einen Holzschnitt von Camille Flamarion, 1842–1925. Hier durchbricht der Mensch das Himmelsgewölbe und greift hinaus in ein ihm bisher unbekanntes Universum. Auch hier tragen die S. die Gefühle des Mannes in die Denkblase ein.
Das abschließende AB **M 3/4** soll als Hefteintrag verwendet werden. In eine Tabelle tragen die S. ein, was die Menschen an dem Wandel des Weltbildes positiv (befreiend) bzw. als negativ (beängstigend) empfunden haben. Sie können den Holzschnitt so kolorieren, dass Beängstigendes und Befreiendes farblich zum Ausdruck kommt.

Baustein C zeigt am Beispiel verschiedener Künstler, die Zeitgenossen Luthers waren, wie sich das Bild des Menschen in der Kunst gewandelt hat.

Der Wandel des Menschenbildes

Während durch den Wandel des Weltbildes der Mensch aus seiner Mittelpunkt-stellung verdrängt wurde, was Ängste auslöste, rücken Mensch und Erde in der Kunst in den Mittelpunkt. Der Wandel der Kunst, der sich vor allem in der Renaissance im Italien des 14. Jahrhunderts anbahnte, zeigt sich insbesondere in der Darstellung des Menschen und des Hintergrunds der Bilder.
»Der wunderbare Goldgrund der Sieneser Heiligenbilder, der diese Gestalten aus dem irdischen Treiben herausgehoben und transzendent verklärt hatte, verschwindet, und an seine Stelle treten duftige blaue Landschaften mit weiten Ausblicken über Flüsse und Täler; die Gestalten lösen sich aus der sehr

hieratischen Haltung der liturgischen Bilder; der Faltenwurf regt sich, die Mienen werden lebendig; der wirkliche Mensch tritt hervor.

Und noch deutlicher bei den Skulpturen: Aus dem Schatten der Pfeiler und Tor-bögen der gotischen Dome lösen sie sich und treten heraus, wirkliche Menschen von Fleisch und Blut. Die überlangen Linien der gotischen Heiligenfiguren, die sich mit ihrer überirdischen Zartheit und ihren ekstatischen Betergebärden so großartig in das himmelstrebende Gewirr der Pfeiler und Schwibbögen gotischer Kathedralen einfügten, machen nun jenen plastischen Gestalten Platz, die mit vollen lebendigen Formen die neu erwachte Lebensnähe der Renaissance atmen, die sie im Anschauen der Antike wiedergewonnen hatte.« (Lilje 1982, 32)

Materialien zu Baustein C

M 3/5   **Eine neue Zeit**: Bildvorlagen mit folgenden Kunstwerken:
M 3/5
nur als DZ
1. Matthias Grünewald: Isenheimer Altar, 1512-1516 (Kreuzigung)
2. Hieronymus Bosch: Die Hölle, 1485–1490
3. Leonardo da Vinci: Mona Lisa, 1503–1506
4. Lucas Cranach d.Ä.: Katharina von Bora, 1526
5. Albrecht Dürer: Selbstbildnis, 1498
6. Michelangelo Buonarotti: Die Erschaffung Adams, 1508–1512.

Anhand dieser Bilder können die S. erkennen, wie sich die Darstellung des Menschen gewandelt hat. Zum Vergleich kann z.B. die Darstellung eines romanischen oder gotischen Christus oder einer Heiligengestalt herangezogen werden.

Mögliche Aufgabenstellung im Unterricht: Je zwei bis drei S. wählen ein Bild aus und stellen es in einer »Museumsführung« ihren Mitschülerinnen und Mitschülern vor. Die S. können auch andere Bilder aus der Zeit der Reformation präsentieren. Sie benutzen hierzu die Kurztexte von **M 3/6** und ggf. weitere Informationen aus dem Internet.

M 3/6   **Die Künstler und ihre Bilder** (Texte zu **M 3/5**)

M 3/7   **Ein gotisches Kruzifix**, das mit der Kreuzigung von Matthias Grünewald verglichen werden kann. Die S. halten ihre Beobachtungen dazu schrift-lich fest und lesen sie sich gegenseitig vor.
M 3/7
nur als DZ

M 3/1 Das 16. Jahrhundert – eine Zeit des Umbruchs

Entdeckungen und Erfindungen

Viele Erfindungen und Entdeckungen am Ausgang des Mittelalters ermöglichten es den Menschen, neue Wege einzuschlagen. Große Veränderungen prägten das Zeitalter der Reformation, daher wurde es auch das »Zeitalter der Erfindungen und Entdeckungen« genannt.

Lange Zeit glaubte man im Mittelalter, die Erde sei eine Scheibe, über der sich der Himmel wölbt. Im 15. Jahrhundert setzte sich die Erkenntnis von der Kugelgestalt der Erde durch. Außerdem erkannte Kopernikus, dass nicht die Erde der Mittelpunkt des Weltalls ist, sondern dass die Erde wie andere Planeten um die Sonne kreist.

Die Erfindung des Kompasses ermöglichte es, auf das offene Meer hinauszusegeln. So konnte sich auch Kolumbus auf seinen »Weg nach Indien« wagen, auf dem er dann Amerika entdeckte.

Der Bergbau und das Geldwesen (z.B. das Bankhaus Fugger in Augsburg) entwickelten sich rasch.

Die Erfindung des Buchdrucks durch Johann Gutenberg ebnete den Weg für eine schnelle Weitergabe von Wissen und neuen Erkenntnissen an eine große Zahl von Menschen.

Neue Feuerwaffen hatten das Kriegswesen revolutioniert und verbreiteten Angst und Schrecken unter der Bevölkerung.

Aufgabe:
Schreibt den Text ab oder heftet eine Kopie des Textes in euer Heft ein. Zu den angesprochenen Themen findet ihr auf dem Blatt **M 3/2** Bild- und Textmaterial. Gestaltet eine Doppelseite oder ein Plakat mit Hilfe der Bilder und Texte zum Thema „Entdeckungen und Erfindungen". Ihr könnt dazu auch eigene Texte schreiben.

M 3/2 Das 16. Jahrhundert

Auf den Bildern ist zu sehen:

Der von Martin Behaim angeregte älteste Globus der Welt in Nürnberg (1491/92). Dieser Globus zeigt, dass die Erde nicht – wie im Mittelalter lange Zeit angenommen – eine Scheibe ist.

24_Kap3

25_Kap3

Ein Seefahrer bestimmt mit dem **Kompass** den Kurs seines Schiffes (nach einer Buchmalerei aus dem 15. Jahrhundert).

26_Kap3

Die Druckwerkstatt Gutenbergs, Kupferstich, 1619

28_Kap3

Oceanica Classis

27_Kap3

Nikolaus Kopernikus entdeckte, dass nicht die Erde Mittelpunkt der Welt ist, sondern dass sich die Erde und die andern Planeten um die Sonne drehen. Kopernikus: zeitgenössischer Holzschnitt

Christoph Kolumbus entdeckte 1492 Amerika. Collage aus einem zeitgenössischen Gemälde und einem Holzschnitt

Geschütze im 16. Jahrhundert (Zeitgenössischer Holzschnitt)

29_Kap3

30_Kap3

Die Fugger sind ein Beispiel für die Anfänge der Geldwirtschaft (= »Kapitalismus«) in Europa. In dieser Zeit des ausgehenden Mittelalters wurde das Geld immer mehr zum Schlüssel der Macht. Das führte u.a. auch dazu, dass der Gegensatz zwischen Arm und Reich auf neue Weise sichtbar wurde.

31_Kap3

Bergbau im 16. Jahrhundert

M 3/3 Entdeckungen (1)

Die Reformationszeit war eine Zeit, in der umstürzende Entdeckungen und Erfindungen gemacht wurden. Diese haben das Lebensgefühl der Menschen verändert.

Im Mittelalter hatte das geozentrische Weltbild geherrscht (von geos = Genitiv des griechischen Wortes gä = Erde): Die Erde ist eine Scheibe und bildet das Zentrum des Universums. Über dieser flachen Scheibe wölbt sich wie eine Glocke das Firmament, an dem die Himmelskörper befestigt sind. Gott, der Schöpfer, thront über dem Firmament.

Im 15. Jahrhundert setzte sich mit Nikolaus Kopernikus (1473-1543) ein neues Weltbild durch, das übrigens schon in der Antike bei den Griechen bekannt war. Man nennt es das heliozentrische Weltbild (von griech. helios = Sonne): Nicht die Erde, sondern die Sonne ist Mittelpunkt des Kosmos. Die Erde ist keine Scheibe, sondern wie die anderen Himmelskörper kugelförmig und kreist wie die anderen Planeten um die Sonne.

Das heliozentrische Weltbild zwang die Menschen zu einem radikalen Umdenken und setzte sich deshalb nur langsam durch – es dauerte rund 150 Jahre, bis es allgemein anerkannt war. Die Menschen mussten erst lernen, »auf das ungeheure Vorrecht zu verzichten, der Mittelpunkt des Weltalls zu sein« (Goethe).

Aufgabe:
Der Mann auf dem Comic hat das neue Weltbild verstanden. Was fühlt er?
Schreibt seine Gefühle in die Sprechblase.

23_Kap3

Der Holzschnitt aus dem 19. Jahrhundert stellt den Übergang vom geozentrischen zum heliozentrischen Weltbild dar. Der Mensch durchbricht das Himmelsgewölbe und greift aus der bisher ihm vertrauten Welt hinaus in das unbekannte Universum. Er blickt auf die Räder, die – wie die Menschen damals glaubten – Sonne, Mond und Sterne antreiben. Dieses Hinausgreifen und Hinausblicken in eine unbekannte Welt kann Ängste auslösen und Verunsicherungen bewirken, weil vertraute Vorstellungen und Ordnungen ins Wanken geraten. Der Mensch kann es aber auch so sehen, dass sich neue Möglichkeiten eröffnen und er mit positiven Erwartungen in die Zukunft blicken kann.

Aufgabe:
Schreibe in die Denkblase, welche Gefühle den Menschen beim Hinausblicken bewegen.

M 3/4 Ein neues Lebensgefühl

Neue Erkenntnisse verändern das Lebensgefühl der Menschen um 1500.

23_Kap3

Aufgaben:

Mit der Entdeckung des neuen Weltbildes waren positive wie negative Gefühle verbunden.
Schreibt Beispiele auf:

positiv/befreiend	negativ/beängstigend

Koloriert den Holzschnitt in der Weise, dass das Befreiende und/oder das Beängstigende, das mit dem neuen Weltbild verbunden ist, deutlich wird.

M 3/6 Die Künstler und ihre Bilder

Matthias Grünewald (1470–1528)
Isenheimer Altar: Kreuzigung (1512–1516)
Er gilt als der Farbenmagier seiner Zeit, der sich ganz bewusst der Farben und unproportionaler Gestaltung (achtet einmal auf die großen Finger und Füße des Gekreuzigten!) bediente, um seinen Bildern eine besonders ausdrucksvolle, »expressive« Kraft zu verleihen. Der fast magische Glanz seiner Farbgebung rührt von Hell-Dunkel-Kontrasten her, die man damals beim Malen üblicherweise noch nicht bewusst einsetzte. Der Realismus und das Grausame der hier zu sehenden Kreuzigungsszene waren für die Zeit Grünewalds einmalig. Es ist kein Andachtsbild für Bischöfe oder Könige, sondern der Christus der Armen und Elenden. Kein Gott, kein Christus war bis dahin hässlicher und menschlicher dargestellt worden: als ein Folteropfer an rohem Holz.

Hieronymus Bosch (1450–1516):
Die Hölle (1485–1490)
Die meisten seiner Bilder erzählen richtige Geschichten. Diese Geschichten, die man lange anschauen und immer wieder neu entdecken kann, sind aber nicht religiös-andächtig, wie es damals üblich war, sondern fantastisch, gruselig – und manchmal auch komisch. Bosch benutzt oft biblische Geschichten und Symbole, um auf Missstände in der damaligen Gesellschaft hinzuweisen und menschliche Schwächen anzuprangern. Das, was bei Bosch in der Hölle zu sehen ist, ist nicht viel anders als das, was die Menschen jeden Tag sehen und erleben. So zeigt der Künstler in seinem Bild nur vordergründig die zukünftige Hölle, im Hintergrund aber steht die Erfahrung der Menschen, die die Gegenwart damals sehr oft als »Hölle« erlebten.

Leonardo da Vinci (1452–1519):
Mona Lisa (1503–1506)
Der in Italien geborene und in Frankreich gestorbene Künstler gilt als Universalgenie und die vielseitigste Persönlichkeit der Renaissance. Er hat sich umfassend mit Malerei, Bildhauerei, Architektur, Medizin, Sprachen, Physik, Botanik u.a. beschäftigt. Neben Gemälden, Fresken, Zeichnungen und Plastiken hat er Schlösser und Festungen erbaut, Gärten und Landschaften gestaltet, Waffen erfunden und Flugapparate konstruiert.
Sein berühmtestes (und unvollendetes) Bild trägt den Titel »Mona Lisa« nach dem vermutlichen Namen der dargestellten Frau. Ihr geheimnisvolles Lächeln und die wie »geträumt« wirkende Landschaft im Hintergrund ergänzen sich harmonisch. In der Landschaft ist die Schönheit der ganzen Welt abgebildet, die der Mensch der Renaissance zu entdecken und zu deuten versucht, die aber trotzdem voller Geheimnisse bleibt. Leonardo stellt in diesem Bild das gestärkte geistige Selbstbewusstsein einer ganzen Epoche dar.

Lucas Cranach der Ältere (1472–1533):
Katharina von Bora (1526)
Cranach wird auch als Maler der Reformation bezeichnet, er war einer der produktivsten Künstler im Deutschland seiner Zeit. Als Hofmaler der sächsischen Kurfürsten musste er viele Porträts anfertigen. Er besaß eine eigene Werkstatt und ließ dort andere Maler für sich arbeiten, damit er die große Nachfrage nach seinen Bildern befriedigen konnte. Er genoss aber nicht nur großes Ansehen als Künstler, sondern war auch erfolgreicher Bürgermeister der Stadt, in der auch Luther wirkte: Wittenberg. Cranach hat viele Persönlichkeiten der Reformation gemalt. Er war ein persönlicher Freund Luthers und Trauzeuge bei dessen Hochzeit mit Katharina von Bora. Luther wiederum war Pate von Cranachs ältester Tochter Anna. Cranach gehört zu den Malern, die es wagten, auch die hässlichen Seiten der dargestellten Menschen ohne Verschönerungen abzubilden. Durch seine Bilder kann man sich tatsächlich ein Bild von dem abgebildeten Menschen machen!
Hinweis: Man muss zwischen Lucas Cranach dem Älteren (1472–1553) und seinem Sohn Lucas Cranach dem Jüngeren (1515–1586), der ebenfalls ein bedeutender Maler und Porträtist der Renaissance war, unterscheiden.

Albrecht Dürer (1473–1528):
Selbstbildnis (1498)
Im Unterschied zu Grünewald ging der aus Nürnberg stammende und dort auch lebende Dürer mit Farben eher sparsam um. Er war ein Meister der Linie und Perspektive, besonders seine Holz- und Kupferstiche mit apokalyptischen Motiven waren in ganz in Europa verbreitet und stilbildend. Auch er gehört zu den vielseitig interessierten Künstlern, entwickelte eigene Theorien über Handwerk und künstlerische Gestaltung und galt zumindest unter den deutschen Künstlern seiner Zeit als Genie. Das Selbstbildnis zeigt ihn mit 26 Jahren in höfischer, farbenfroher Kleidung und weist auf das ausgeprägte Selbstbewusstsein dieses einflussreichen und erfolgreichen Künstlers hin, den Philipp Melanchthon mit dem Titel »der Große« bezeichnete. Das Bild gilt als das erste »autonome« Selbstbildnis, das also nicht zum Ruhme eines Königs oder anderen berühmten Porträtierten angefertigt wurde, sondern ausschließlich zur Selbstdarstellung des ungewöhnlich erfolgreichen Künstlers.

Michelangelo Buonarroti (1475–1564):
Die Erschaffung Adams (1508–1512)
Der vielseitig begabte italienische Künstler war als Bildhauer, Architekt, Dichter und Maler tätig. Von ihm stammt die berühmte Kuppel von St. Peter in Rom, die Luther bei seiner Romreise noch nicht gesehen hat. Sein größtes Denkmal hat er sich in der Sixtinischen Kapelle gesetzt. Von 1508 bis 1512 lag der Künstler auf dem Rücken eines Gerüsts und malte in dieser Position die Schöpfungsgeschichte. Papst Julius II. kam in dieser Zeit oft zu dem Künstler auf das wacklige Gerüst, ungeduldig über den Fortgang der Arbeit und um sich von den Fortschritten selbst zu überzeugen. Der hier zu sehende Ausschnitt zeigt die Erschaffung Adams durch Gottes Hand und repräsentiert in der plastischen Modellierung und feinen anatomischen Gestaltung den idealen Typus eines Renaissance-Menschen.

4 Das Mittelalter

In Kapitel 4 werden zwei miteinander zusammenhängende Aspekte des Mittelalters aufgezeigt, die für das Verständnis der Reformation wichtig sind: die Frömmigkeit (Baustein A) und die Ängste der Zeit (Baustein B). Baustein C stellt die wesentlichen vorlutherischen Reformbewegungen vor. An ihnen sieht man, dass es im ausgehenden Mittelalter immer wieder Menschen und Bewegungen gab, die mit der Kirche und ihren Heilsangeboten nicht zufrieden waren und die deshalb mit Ernst ihren eigenen Weg suchten.

Baustein A thematisiert die Frömmigkeit im Mittelalter. Bei den Materialien steht der Isenheimer Altar von Matthias Grünewald im Mittelpunkt. An ihm kann man die Frömmigkeit der damaligen Zeit besonders gut aufzeigen.

Die Menschen erhofften sich in ihrem täglichen Leben Hilfe von Gott, von Jesus und von den Heiligen. Die Kirche versprach, ihnen diese Hilfe zu vermitteln. Zum Leben gehörten der Kirchgang und die Teilnahme an Wallfahrten. Ein Ausdruck

Frömmigkeit im ausgehenden Mittelalter

der Frömmigkeit war es auch, anderen Menschen, die in Not waren, aufopferungsvoll zu helfen. So gab es viele Spitäler, in denen Schwerkranke Linderung und Trost erhielten; hierzu gehörte auch das Antoniusspital von Isenheim (Elsass), das vom Krankenpflegeorden der Antoniter betrieben wurde.

Die Antoniter pflegten die am »Antoniusfeuer« – einer durch das sogenannte Mutterkorn hervorgerufenen unheilbaren, schmerzhaften und todbringenden Krankheit – leidenden Menschen. In diesem Spital war der Altar von Matthias Grünewald aufgestellt. Die sehr ausdrucksstarken Bilder sollten den Kranken Trost spenden (vgl. Marquard 1996, bes. 35ff; Bejick u.a. 1998, 30ff).

S. haben eigene Erfahrungen mit Ängsten und Hoffnungen. Sie erleben, dass sie selbst oder ihnen bekannte Menschen in solchen Situationen Trost und Halt im Gebet suchen und finden.

Materialien zu Baustein A

M 4/1   **Frömmigkeit im Mittelalter** (Text und Bild aus dem Isenheimer Altar)

M 4/2 nur als DZ   M 4/2   **Bilder aus dem Isenheimer Altar** (Gekreuzigter und Auferstandener)

M 4/3   **Flügelaltar**

M 4/4   **Gott nahe sein**

Aufgabe der S. ist es, mit Hilfe von Bildern des Isenheimer Altars die Frömmigkeit der Zeit nachzuempfinden.

Empfohlenes Vorgehen:
1. Schritt: Anhand von **M 4/1** informieren sie sich über das Antoniusfeuer und den Antoniterorden.
2. Schritt: Sie betrachten die Bilder des Gekreuzigten und des Auferstandenen (**M 4/2**) und schreiben auf, wie sie auf kranke Menschen damals wohl gewirkt haben (Bilder als Farbausdrucke oder Projektion).
3. Schritt: Die S. gestalten eine Collage oder einen Altar mit dem Bild des Gekreuzigten und Bildern von heutigen Notsituationen, in denen Menschen auf Trost und Hilfe angewiesen sind. Zusätzlich oder alternativ dazu gestalten sie einen Flügelaltar mit dem Bild des Auferstandenen und heutigen Hoffnungsbildern (**M 4/3**).

Ergänzend findet sich ein Text von Heinz Zahrnt (**M 4/4**), der die Frömmigkeit des ausgehenden Mittelalters beschreibt; zu diesem Text ist Dürers Kupferstich »Hieronymus im Gehäuse« abgebildet, auf den der Zahrnt-Text Bezug nimmt.

Dieser Text eignet sich besonders für die Oberstufe des Gymnasiums und die Erwachsenenbildung.

Baustein B thematisiert die Ängste im Mittelalter.

Ängste im Mittelalter

Während bei Baustein A mit dem Isenheimer Altar von Matthias Grünewald die positiven Seiten der damaligen Frömmigkeit gezeigt werden, geht es nun um die Ängste der Zeit, die an Dürers Holzschnitt »Die apokalyptischen Reiter« aufgezeigt werden. Im Jahre 1498 schuf der Künstler einen Zyklus von 15 Holzschnitten zur Apokalypse (Offenbarung) des Johannes. Aus diesem Zyklus stammt der Holzschnitt »Die apokalyptischen Reiter«, der den Abschnitt Offb 6,1–8 ins Bild setzt. Dort wird die Öffnung des Buches mit den sieben Siegeln beschrieben. Dadurch kommen die endzeitlichen Ereignisse in Gang. Die vier apokalyptischen Reiter (die vier ersten Siegel) bilden den Auftakt der Katastrophen, den Beginn der Endzeit. In ihnen sind Leidenserfahrungen der Menschheit abgebildet. Die vier Reiter bilden den Sieg der Feinde, den Krieg, den Hunger und den Tod ab. Der erste Reiter wurde immer wieder auf den Siegeszug Christi gedeutet. Der Zusammenhang in Offb 6 spricht jedoch dafür, dass alle vier Reiter Unglücksboten sind. Ursprüngliches Ziel dieser Aussagen in der Offenbarung ist es, den unter Kaiser Domitian (81–96 n.Chr.) bedrängten Christen die Augen für die Zeichen der Zeit zu öffnen und ihnen im Blick auf das kommende Gottesreich Trost zu spenden.

Materialien zu Baustein B

M 4/5   Die Ängste der Zeit

M 4/6   Textpuzzle: Nöte und Bedrohungen um 1500

M 4/7   Bildpuzzle: Albrecht Dürer: Die apokalyptischen Reiter

M 4/8   Texte aus Offenbarung 6 (AB zum Einkleben)

Empfohlenes Vorgehen:

1. Schritt: Die S. ordnen die Texte, die von den Nöten und Bedrohungen der Zeit um 1500 berichten (**M 4/6**), den Bibeltexten aus Offb 6 auf dem AB **M 4/8** zu.

2. Schritt: Sie setzen die Puzzleteile des Dürer-Bildes (**M 4/7**) zusammen und kleben sie auf das AB (**M 4/8**). Das AB sollte am besten auf DIN-A-3-Größe hochkopiert werden.

3. Schritt: Die S. gestalten das Thema »Ängste unserer Zeit« als Collage; sie können dazu Texte über aktuelle Katastrophen und Bedrohungen aus Zeitungen, Illustrierten oder aus dem Internet heranziehen.

Baustein C informiert über mittelalterliche Reformbewegungen vor Luther.

Vgl. dazu S. 63f

Schon früh wurde Luther als Vollender mittelalterlicher Reformbemühungen gesehen. Er selbst sah sich z.B. bei der Leipziger Disputation 1519 in einigen Fragen in der Tradition des tschechischen Reformators Johannes (Jan) Hus, der im Jahre 1415 in Konstanz auf dem Scheiterhaufen verbrannt wurde.

Das Reformationsdenkmal in Worms (geschaffen von Ernst Rietschel und seinen Schülern Donndorf, Kietz und Schilling; enthüllt 1868) stellt bewusst den Zusammenhang zwischen den sogenannten Vorreformatoren und Luther her. Als Vorreformatoren bildet es Petrus Waldus, John Wyclif, Johannes Hus und Girolamo Savonarola ab.

Mittelalterliche Reformbewegungen vor Luther

In der Darstellung werden den Personen Attribute zugeordnet, die auf Luther hinweisen sollen bzw. auf ihn Bezug nehmen: John Wyclif und Petrus Waldus sind mit der Bibel dargestellt. Johannes Hus hält in der Hand ein Kruzifix. Girolamo Savonarola ist in Dominikanertracht predigend (prophetisch) abgebildet.

Das Bild von Martin Luther mit dem Schwan ist ein Kupferstich des 18. Jahrhunderts.

Die sogenannten »Vorreformatoren« Waldus, Wyclif, Hus und Savonarola stehen hier exemplarisch für die spätmittelalterlichen Reformbewegungen. An ihnen lässt sich zeigen, dass die Reformation nicht plötzlich – wie aus heiterem Himmel – über Europa hereinbrach. In diesen Zusammenhang gehören auch die mönchischen Reformbewegungen, die Reformkonzilien und der Humanismus.

Materialien zu Baustein C

M 4/9 Luther war nicht allein (Bildblatt: Das Lutherdenkmal von Worms, Einzelporträts von Waldus, Wyclif, Hus und Savanarola sowie ein Kupferstich »Martin Luther und der Schwan«)

M 4/10 Die »Vorreformatoren« (zwei Textblätter)

Empfohlenes Vorgehen:
1. Schritt: Die S. erhalten das Bildblatt **M 4/9** und das Textblatt **M 4/10**.
2. Schritt: In Kleingruppenarbeit beschäftigen sie sich mit je einem der Vorreformatoren sowie mit dem Motiv »Luther und der Schwan« und formulieren dazu jeweils einen Kurztext.
3. Schritt: Mit Hilfe der Abbildung des Lutherdenkmals und der vier Einzelansichten gestalten sie zusammen mit den anderen Gruppen ein Plakat.
4. Schritt: Eine Gruppe recherchiert im Internet/ in Lexika zur Entstehung und Bedeutung des Lutherdenkmals. Sie referiert ihre Ergebnisse vor der Klasse, z.B. in Form in einer Powerpoint-Präsentation.

Die Kurztexte zu den vier Figuren des Lutherdenkmals können etwa lauten:

PETRUS WALDUS,	gest. 1218:	Wanderprediger: arm leben nach der Bibel
JOHN WYCLIF,	1328–1384:	gegen das Papsttum, gegen den Reichtum der Kirche, Bibel in englischer Sprache
JOHANNES HUS,	um 1370–1415:	Erneuerung der Kirche, Laienkelch, Bibel in Tschechisch
GIROLAMO SAVANAROLA,	1452–1498:	Prophet gegen die Verweltlichung der Kirche

An die Gestaltung des Plakats und die Präsentation zum Wormser Lutherdenkmal schließt sich ein Rundgespräch an. Mögliches Thema: Was ist bei allen vier »Vorreformatoren« gleich? Was verbindet Luther mit ihnen? Welche der vier Personen steht Luther am nächsten, welche am fernsten?

M 4/1 Frömmigkeit im Mittelalter

Um 1500 waren viele Menschen von einer tiefen Frömmigkeit erfüllt. In ihren Nöten suchten sie Trost und Hilfe bei Christus und den Heiligen. Für Patienten, deren Krankheiten oft unheilbar waren, gab es kirchliche Spitäler, in denen sie Pflege und Trost erhielten. In Isenheim (Elsass) gab es z.B. ein Antoniusspital, das von dem Krankenpflegeorden der Antoniter betrieben wurde.

Der Einsiedler Antonius (gest. 356 n.Chr.) galt als Beschützer und Helfer der am »Antoniusfeuer« erkrankten Menschen. Urheber dieser Krankheit, die meist zu einem schrecklichen Tod führte, war der Mutterkornpilz.

Die Kranken wurden von entstellenden Pusteln befallen, sie litten unter schweren Schmerzen, die wie ein inneres Feuer brannten. Nach einiger Zeit fielen Hände und Füße ab. Die meisten Kranken starben unter schrecklichen Qualen.

Der berühmte Maler Matthias Grünewald gestaltete zwischen 1510 und 1515 für das Antoniusspital in Isenheim einen Altar, der heute in Colmar besichtigt werden kann.

Im Zentrum des Altars steht der gekreuzigte Christus, der als Schmerzensmann – entstellt von Beulen und Wunden durch die Geißelhiebe – dargestellt ist. Das Bild des Gekreuzigten soll zeigen, dass Gott den Leidenden nahe ist. Das Wissen um Christi Auferstehung gibt den hoffnungslos Kranken neue Hoffnung.

Auf einem Flügel des Altars wird der Einsiedler Antonius dargestellt, wie er in der Wüste von Dämonen (bösen Mächten) geplagt wird. Einer dieser Dämonen zeigt die Symptome des Antoniusfeuers, der Krankheit, zu deren Heilung Antonius als Schutzheiliger angerufen wurde.

Das Bild zeigt böse Geister, die den heiligen Antonius plagen. Der Dämon links unten trägt die Symptome des Antoniusfeuers. Deutlich zu sehen sind die typischen Pusteln.

Aufgabe:
Lest den Text aufmerksam durch und betrachtet das Bild des Dämons unten links.

M 4/3 Flügelaltar

Aufgaben:

Gestaltet mit Hilfe der Vorlage einen Altar, in dessen Mitte sich das Bild des Gekreuzigten vom Isenheimer Alter (oder ein anderes Kreuzigungsbild) befindet.

Die Flügel des Altars könnt ihr mit Bildern von heutigen Notsituationen gestalten, in denen Menschen auf Trost und Hilfe angewiesen sind.

Alternativ oder zusätzlich könnt ihr einen Altar mit dem Auferstehungsbild in der Mitte gestalten.
Welche Hoffnungsbilder können dabei auf den Altarflügeln abgebildet sein? Ihr könnt auch die Rückseite der Altarflügel mit Bildern ausgestalten.

M 4/4 **Gott nahe sein**

Hieronymus im Gehäuse. Kupferstich von Albrecht Dürer

43_Kap4

Fast ein ganzes Jahrtausend kirchlich-religiöser Erziehung lag damals hinter dem Abendland und mehr als ein halbes Jahrtausend hinter dem deutschen Volk – eine großartige Leistung der mittelalterlichen Kirche. Wie großartig diese Leistung war, zeigt die Tatsache, dass die Erziehung ihr Ziel erreicht hatte: Die Menschen begannen sich mündig zu fühlen. Eben dieser Übergang von der Unmündigkeit zur Reife war es, der sich am Ausgang des Mittelalters anbahnte. Was sich in ihm zu Wort meldete, war nicht mehr nur die Kritik an einzelnen Erscheinungen des bestehenden kirchlichen Systems, sondern eine neue Erfassung des Verhältnisses des Menschen zu Gott und zur Welt. Es ging um nicht mehr und nicht weniger als um ein neues Gesamtverständnis des Christentums. Dabei lag das Neue mehr in einer subjektiven Haltung als in einem objektiven Gehalt. Aber eben dass diese Frömmigkeit sich trotz eines unveränderten Glaubensinhalts als neu empfand, war bezeichnend für sie. Darin sprach sich das Bewusstsein der beginnenden religiösen Mündigkeit aus. Ihre praktische Verwirklichung fand die »neue Frömmigkeit«, wie sie sich bezeichnenderweise nannte, in den Kreisen der »Brüder vom gemeinsamen Leben«, aber sie reichte weit über diese hinaus.

Das entscheidende Kennzeichen war der Wunsch nach persönlicher Aneignung des Heils. Man wollte Gott im eigenen Herzen erfahren, wollte ihm persönlich begegnen, wollte seiner Nähe und Gnade unmittelbar gewiss werden, nicht nur im Rahmen der Kirche als Heilsanstalt, sondern auch ohne fremde priesterliche Vermittlung, jenseits des sakramentalen Gnadenapparates der Kirche. Die Kirche wurde nicht abgelehnt oder gar bekämpft, sondern übersprungen. Die Konzentration auf die Gesinnung hatte wie von selbst eine Gleichgültigkeit gegenüber der kirchlichen Institution zur Folge. Im doppelten Sinne des Wortes »ließ man sie stehen«.

Einen bildhaften Ausdruck hat der Wunsch der Laien nach religiöser Mündigkeit und privater Vertiefung in Dürers Stich des »Hieronymus im Gehäus« gefunden. Da sehen wir den Heiligen in einem bürgerlichen Wohnraum sitzen und still für sich die Bibel lesen: Hier verkehrt der Mensch unmittelbar mit Gott, ohne die äußere Institution der Kirche und ohne Bindung an die priesterliche Vermittlung und den Vollzug bestimmter kultisch-sakraler Handlungen (wie z.B. der Sakramente).

Aus dem Wunsch nach persönlicher Aneignung des Heils ergab sich von selbst das Verlangen nach ursprünglicher, unmittelbar einleuchtender Erkenntnis der Wahrheit Gottes und nach einem praktisch-werktätigen, der Welt zugewandten Christenglauben. Und dies wiederum hatte eine Verwischung des Gegensatzes zwischen Theologen und Laien zur Folge. In den Kreisen der mystisch-erbaulichen Laienfrömmigkeit betonte man gern, dass gerade der schlichte Mann und die einfältige Frau Gott näher seien und mehr von ihm vernähmen als der Priester oder der gelehrte Theologe.

Heinz Zahrnt

M 4/5 **Die Ängste der Zeit**

Albrecht Dürer, Die apokalyptischen Reiter

Auf den Arbeitsblättern **M 4/5**, **M 4/6**, **M 4/7** und **M 4/8** erfahrt ihr, dass die Menschen im Zeitalter der Reformation von vielen Ängsten umgetrieben waren.

Eine Information zu dem Bild:
Der Nürnberger Künstler Albrecht Dürer, ein Zeitgenosse Luthers, schuf im Jahr 1498 fünfzehn Holzschnitte zur »Apokalypse« (Offenbarung des Johannes). Dieses letzte Buch der Bibel schildert in bestürzenden und geheimnisvoll verschlüsselten Bildern das schreckliche Geschehen am Ende aller Zeiten; es erzählt von der Hoffnung auf die Ankunft eines gerechten Gottesreiches, in dem alle Ängste verschwunden sein werden.
Im fünften Holzschnitt stellte Dürer mit den »vier apokalyptischen Reitern« die Ängste seiner Zeit dar.

Aufgaben:
Schneidet die Puzzleteile (Texte **M 4/6** und Bilder **M 4/7**) aus und klebt sie in das Arbeitsblatt (**M 4/8**).

Stellt auf einem Poster Ängste unserer Zeit dar. Dazu könnt ihr aus Fotos, Bilder, Karikaturen, Schlagzeilen, Geschichten und anderes z.B. aus Zeitschriften oder aus dem Internet verwenden.

M 4/6 Textpuzzle: Nöte und Bedrohungen um 1500

Deutschland um 1500: Ein Land voller Wälder und Felder, ein Agrarland. 80 bis 90 Prozent der Bevölkerung ernähren sich von der Landwirtschaft. Grund und Boden gehören nicht den Bauern, sondern den weltlichen und geistlichen Herren. In der Regel mussten die Bauern die Hälfte der gesamten Erträge und Einkünfte an die Grundbesitzer abgeben. Die Bauern mussten Schwerstarbeit leisten und hatten dabei oft selbst nicht genug zu essen. Hunger kannten viele Menschen damals.

Die neuen Feuerwaffen: Vor den neuen Handfeuerwaffen schützten Ritterrüstungen, Stadtmauern, Wehrtürme und Burgen fast nicht mehr. Die Menschen fühlten sich dem Kriegsgeschehen hilflos ausgeliefert.

Bericht von der Schlacht bei Pavia 1525:
»Nun schickten sie ungefähr 800 Büchsenmänner. Ihre Bleikugeln durchschlugen oft zwei Soldaten oder Pferde, so dass das Schlachtfeld mit einer bejammernswerten Masse vornehmer Reiter und ganzen Haufen sterbender Pferde bedeckt war ...«

Die Menschen des Mittelalters hatten keine hohe Lebenserwartung. Kindersterblichkeit, Krankheiten und Seuchen forderten mehr Opfer als Kriege. Im 14. Jahrhundert kam die schlimmste Seuche: die Pest. Die meisten Menschen starben wenige Tage, nachdem sie sich angesteckt hatten. An der Pest starb damals mehr als ein Drittel der Bevölkerung.

Zur Zeit der Reformation beherrschten die Türken ein Weltreich. Sie hatten Griechenland, Serbien und Bulgarien unterworfen und standen 1529 vor Wien, dem Sitz des deutschen Kaisers.

M 4/8 Texte aus Offenbarung 6

1. Sieg
(der feindlichen Truppen)

Dann sah ich, wie das Lamm das erste von den sieben Siegeln aufbrach, und ich hörte, wie eine der vier mächtigen Gestalten mit Donnerstimme sagte: »Komm!« Ich blickte um mich und sah ein weißes Pferd. Sein Reiter hatte einen Bogen und erhielt eine Krone. Als Sieger zog er aus, um abermals zu siegen. (Offb 6,1.2)

2. Krieg
(noch verheerender durch die neuen Feuerwaffen)

Dann brach das Lamm das zweite Siegel auf. Ich hörte, wie die zweite der mächtigen Gestalten sagte: »Komm!« Diesmal kam ein rotes Pferd. Sein Reiter erhielt ein großes Schwert und wurde ermächtigt, Krieg in die Welt zu bringen, damit sich die Menschen gegenseitig töten sollten. (Offb 6,3.4)

3. Hungersnot
(und bittere Armut)

Dann brach das Lamm das dritte Siegel auf. Ich hörte, wie die dritte der mächtigen Gestalten sagte: »Komm!« Ich blickte um mich und sah ein schwarzes Pferd. Sein Reiter hielt eine Waage in der Hand. Da hörte ich eine Stimme aus dem Kreis der vier mächtigen Gestalten rufen: »Zwei Pfund Weizen oder sechs Pfund Gerste für den Lohn eines ganzen Tages. Nur Öl und Wein zum alten Preis!« Offb 6,5.6)

4. Seuchen und Tod

Dann brach das Lamm das vierte Siegel auf. Ich hörte, wie die vierte der mächtigen Gestalten sagte: »Komm!« Da sah ich ein leichenfarbiges Pferd. Sein Reiter hieß Tod, und die Totenwelt folgte ihm auf den Fersen. Ein Viertel der Erde wurde in ihre Hand gegeben. Durch das Schwert, durch Hunger, Seuchen und wilde Tiere sollten sie die Menschen töten. (Offb 6,7.8)

Johannes Hus

John Wyclif

Petrus Waldus

Girolamo Savonarola

Luther und der Schwan

M 4/10 Die »Vorreformatoren« (1)

Schon früh wurde Luther als Vollender mittelalterlicher Reformbemühungen gesehen. Er selbst sah sich z.B. bei der Leipziger Disputation 1519 in einigen Fragen in der Tradition des tschechischen Reformators Johannes (Jan) Hus, der im Jahre 1415 in Konstanz auf dem Scheiterhaufen verbrannt wurde.

Petrus Waldus (auch Valdes, gest. 1218) war ein reicher Textilkaufmann aus Lyon (Südfrankreich). 1176 vollzog er die große Wende seines Lebens: Gemäß der Forderung Jesu (Mk 10,17–27) gab er seinen Reichtum auf und gab einen Teil davon den Armen. Bettelnd und predigend zog er umher. Viele Menschen aus allen Gesellschaftsschichten schlossen sich ihm an. Wie die Jünger Jesu wollten die Waldenser leben (vgl. Mk 6,7–9). Ein Glaubensverhör der Waldenser durch die Kirche ergab, dass sie durchaus rechtgläubig waren. Anders als die von Franz von Assisi ausgehende Bewegung, die in dieselbe Zeit gehört, fand die Laienbewegung des Petrus Waldus jedoch keine kirchliche Anerkennung. Zwar hatte die Kirche nichts gegen deren Armut, aber sie verbot Waldus und seinen Anhängern das Predigen. Dazu hätten sie keine Vollmacht von der Kirche. 1182/1183 beendete der Erzbischof von Lyon ihre Aktivitäten. Er ließ sie exkommunizieren und aus seiner Diözese ausweisen. In der Folgezeit wurden die Waldenser zu einer Art Untergrundkirche, die sich in Frankreich. Spanien, Italien und Deutschland verbreitete. Seit 1330 siedelten sich Angehörige der Waldenser in den unzugänglichen Alpentälern Savoyens und des Piemont an, um der Verfolgung durch die Inquisition* zu entgehen. Heute gibt es in Italien etwa 30 000 Waldenser.

Im Mittelpunkt ihrer Tätigkeit stand die freie Laienpredigt. Sie vertraten einen strengen Biblizismus, d.h. dass für ihre Lebensführung ausschließlich die Regeln der wörtlich verstandenen Bibel galten. So lehnten sie unter Berufung auf die Bergpredigt das Schwören und den Kriegsdienst ab. Die Waldenser wurden von der Kirche wie auch von den Obrigkeiten blutig verfolgt. In der Reformationszeit schlossen sie sich der Schweizer Reformation an.

Als das Edikt von Nantes, das den französischen Protestanten 1598 die Ausübung ihrer Religion erlaubt hatte, 1685 aufgehoben wurde, flüchteten viele französische Protestanten ins Ausland. Blutige Verfolgungen wegen ihres Glaubens veranlassten auch Waldenser in Savoyen zur Auswanderung. Sie wurden in süddeutschen Ländern wie Württemberg aufgenommen und durften in sprachlich und konfessionell eigenständigen Gemeinden leben. Sie schlossen sich nach 1820 den evangelischen Landeskirchen an.

John Wyclif (1328–1384) war Theologieprofessor an der englischen Universität Oxford. Er legte an den einzelnen Menschen und an die kirchlichen Zustände den Maßstab der Heiligen Schrift an. Die Heilige Schrift ist für ihn das »Gesetz Gottes«. Beschlüsse der Päpste und der Konzilien galten nichts, wenn sie nicht in der Bibel enthalten sind. Nach Wyclifs Auffassung entsprach es nicht der Heiligen Schrift, dass die Kirche großen Besitz hatte und weltliche Herrschaft ausübte. Er forderte, dass die Priester gemäß Mt 10 leben sollten: Es sei ihre Aufgabe, zu predigen und für die Seelen der Menschen da zu sein; deshalb müssten sie auf Ehe und Besitz verzichten. Wyclif selbst sandte Wanderprediger aus, die seine Ideen unters Volk brachten und noch lange nach seinem Tod weiterwirkten. Er wandte sich gegen das Papsttum, gegen die Verehrung der Heiligen, gegen den Ablass und gegen die unzähligen kirchlichen Feste.

Da die englischen Könige sich aus politischen Gründen ebenfalls gegen die Macht des Papstes wehrten, konnte Wyclif trotz des Widerstands der Kirche seine Ansichten in England verbreiten. Er wurde zwar aus der Universität Oxford ausgeschlossen, konnte aber bis zu seinem Tod unbehelligt auf seiner Pfarrei in Lutterworth wirken. Wyclif regte die Übersetzung der lateinischen Bibel (Vulgata) ins Englische an.

M 4/10 Die »Vorreformatoren« (2)

Johannes (Jan) Hus (um 1370–1415) war Universitätslehrer und Prediger in Prag (Böhmen). Er hatte sich mit den Schriften Wyclifs beschäftigt und verbreitete dessen Gedanken in Prag. Hus forderte eine Erneuerung der Kirche nach dem Vorbild der Urkirche. Wie Wyclif wandte er sich gegen das Papsttum, gegen den Klerus, gegen Ablass und Heiligenverehrung; er überarbeitete die tschechische Bibelübersetzung aus dem 14. Jahrhundert.

Seine Anschauungen wirkten zunächst an der Universität, dann unter der Prager Bevölkerung. Diese hielt auch dann noch zu Hus, als der Papst den Bann über ihn verhängte. 1414 trat das Konstanzer Konzil zusammen, das eine dreifache Aufgabe hatte: 1. Überwindung des kirchlichen Schismas (Spaltung), 2. Beilegung der wyclifitischen Unruhen, 3. Vorantreiben der kirchlichen Reform. König Sigismund, auf dessen Veranlassung das Konzil zustande gekommen war, forderte Hus auf, sich auf dem Konzil mit der Kirche auszusöhnen; er sicherte ihm freies Geleit zu.

Trotzdem wurde Hus in Konstanz gefangen gesetzt und auf Beschluss des Konzils auf dem Scheiterhaufen verbrannt. Die Folge davon war, dass sich seine Anhänger in Böhmen gegen König Sigismund und die katholische Kirche erhoben. Man kämpfte vor allem für die Rückkehr der Priester zur Armut der Apostel und für den »Laienkelch«. Die Hussitenkriege dauerten bis 1485. Die Anhänger Hus' erreichten schließlich, dass ihnen der Laienkelch zugestanden wurde.

Die Reformation Luthers wurde immer wieder mit Hus in Verbindung gebracht (vgl. den Vorwurf Ecks gegen Luther bei der Leipziger Disputation, er wiederhole die Irrtümer des Hus).
Dass man schon früh eine Verbindung Luthers zu Hus gesehen hat, belegt die Darstellung Luthers mit einem Schwan. Dahinter steht die Legende, Hus (tschechisch = Gans) habe auf dem Scheiterhaufen gesagt: »Jetzt bratet ihr eine Gans (Hus); aber in hundert Jahren wird ein Schwan kommen, den werdet ihr nicht überwinden können.«

Girolamo Savonarola (1452–1498) war Dominikanermönch in Florenz. Er berief sich immer wieder auf die alttestamentlichen Propheten und verstand sich selbst als Prophet seiner Zeit. Scharf wandte er sich gegen die Verweltlichung der Kirche und des Papsttums sowie gegen die nach seiner Meinung gottlosen Zustände im Florenz der Renaissance. Er erreichte, dass die Herrscherfamilie Medici, von der nach seiner Meinung alles Übel kam, aus der Stadt vertrieben wurde. Drei Jahre lang beherrschte Savonarola durch den Einfluss seiner Predigt Florenz; es entstand eine Art Demokratie auf religiöser Grundlage. Man achtete darauf, dass jeder Bürger ein streng enthaltsames Leben führte. Dem Einfluss des Papstes und der vertriebenen Regierung gelang es jedoch, das Volk gegen Savonarola aufzubringen. 1498 wurde er gefoltert, gehenkt und dann verbrannt. Martin Luther veröffentlichte 1531 Savonarolas Auslegung des 51. und 31. Psalms, die dieser in der Gefangenschaft verfasst hatte.

Allen vier »Vorreformatoren« ist die Berufung auf die Bibel und von da aus der Kampf gegen Missstände der Kirche gemeinsam. Luther setzt bei seinem Reformprogramm insofern tiefer an, als er von seinem neuen Verständnis der Gerechtigkeit Gottes eine neue Sicht der Bibel vorlegt.

* Inquisition: der lat. Begriff bedeutet »Untersuchung«. Gemeint sind die kirchlichen Gerichtsverfahren gegen Ketzer und Häretiker
(= Christen, die die Spaltung der Kirche betreiben).

5 Luthers Entdeckung: Die neue Gerechtigkeit

Thema dieses Kapitels ist das neue Verständnis von Gottes Gerechtigkeit, das Martin Luther beim Studium des Römerbriefes gefunden hat. Mit Blick auf die Bedeutung dieser Erkenntnis für den Beginn und den Fortgang der Reformation enthält dieses Kapitel eine Fülle von Materialien, aus der die Lehrkraft entsprechend der Zielgruppe auswählen kann.

Im Lutherfilm wird Luthers Entdeckung in Kapitel 2 »Luther entdeckt den gnädigen Gott« thematisiert (Kapiteleinteilung nach der Luther-DVD edukativ). Insbesondere die Szene, in der Luther den Selbstmörder Thomas entgegen dem damaligen Kirchenrecht kirchlich beerdigt, und die anschließende Predigt Luthers eignen sich, um das Thema »Rechtfertigung« zu vertiefen.

S. 12f

Baustein A befasst sich mit der Frage, wie Luther zur Neuentdeckung des Evangeliums gefunden hat.

Luther entdeckt das Evangelium neu

Materialien zu Baustein A

M 5/1 **Martin Luthers Entdeckung: Die neue Gerechtigkeit.** Das Textpuzzle bietet einen überarbeiteten Auszug aus Luthers Vorrede zu seinen Lateinischen Werken von 1545. Die S. fügen den Text aus den Textteilen zusammen.

M 5/2 **»Dieses Wort hat mir schwer zu schaffen gemacht«.** Das fiktive Gespräch zwischen Luther und seinem Studenten im Jahr 1541 nimmt die Schrift Luthers »Wider Hans Worst« aus dem gleichen Jahr zum Ausgangspunkt. Hier schildert Luther u.a., wie es zur Abfassung der 95 Thesen kam.
Das Textblatt vermittelt in narrativer Form Luthers reformatorische Erkenntnis und eignet sich daher insbesondere für jüngere S.

M 5/3 **Die neue Gerechtigkeit** (AB zur Erschließung von **M 5/1** und **M 5/2**)

Hinweise zu den Bildern auf dem AB M 5/3
Abgebildet ist links ein zeitgenössischer Holzschnitt »Christus als Weltenrichter«. Aus seinem Mund geht zum einen die Lilie hervor als Zeichen dafür, dass er die Guten belohnt, zum anderen das Schwert als Zeichen dafür, dass er die Bösen bestraft. Christus ist umgeben von vier Gerichtsengeln. Dieses Motiv begegnete Luther auf einem Grabstein, der ursprünglich auf dem Friedhof bei der Wittenberger Stadtkirche stand. Heute befindet er sich in der Sakristei.
Das Bild steht hier für Luthers altes Verständnis von Gottes Gerechtigkeit: Christus als unerbittlicher Richter.
Rechts ist Rembrandts Radierung »Heimkehr des verlorenen Sohnes« abgebildet. Dieses Bild steht für Luthers neue Erkenntnis: Gott nimmt den Menschen ohne Vorbedingungen an.

Baustein B bietet die Möglichkeit, sich in Luthers Rechtfertigungslehre auf unterschiedliche Weise zu vertiefen bzw. sie sich zu vergegenwärtigen.

Vertiefung von Luthers Rechtfertigungslehre

Materialien zu Baustein B

M 5/4 **Hände:** Mit Hilfe von drohenden und einladenden Gesten, die Erfahrungen mit Gott veranschaulichen sollen, können sich die S. noch einmal den Inhalt von Luthers Rechtfertigungslehre verdeutlichen: Die S.

Beispiellösung als DZ

schneiden die Hände (**M 5/4a**) aus und kleben sie in das zweispaltige AB **M 5/4b (Wie Gott sich gegenüber dem Menschen verhält)** ein. Zu jeder Geste schreiben sie einen kurzen Satz.

Die S. können eigene Gesten darstellen und fotografieren.

M 5/5 **Martin Luthers Wappen:** Die Lutherrose. Mit Hilfe dieses Wappens können sich vor allem jüngere S. Luthers Erkenntnis der neuen Gerechtigkeit klarmachen.
(**M 5/5a** Textblatt, **M 5/5b** Umrisszeichnung Lutherose zum Ausschneiden und/oder Anmalen)

Hinweise zu Luthers Wappen:

Dieses Wappen begegnet schon 1524: Als Luther den zweiten Teil des Alten Testaments in seiner Übersetzung drucken lässt, findet sich das Wappen neben einem Christuslamm mit Kreuz. Luther schreibt darunter »Dis zeichen sey zeuge, das solche bucher durch meine hand gangen sind«, also eine Art Schutzzeichen, eine Art Copyright. Als dann Luther die Zeit des Augsburger Reichstags (1530) auf der Veste Coburg verbrachte, gab der sächsische Kurprinz Prinz Johann Friedrich in Nürnberg (wohl mit Vermittlung des Nürnberger Ratsherren Lazarus Spengler) einen Siegelring mit Luthers Wappen in Auftrag. Diesen Ring schenkte er Luther am 14. September 1530.

In diesem Zusammenhang richtet Luther – wohl auf dessen Anfrage hin – am 8. Juli 1530 einen Brief an Lazarus Spengler, in dem er auf die theologische Bedeutung seines Wappens hinweist:

An Lazarus Spengler. Veste Coburg, 8. Juli 1530.

Gnade und Frieden vom Herrn. Als Ihr begehrt zu wissen, ob mein Wappen oder Petschaft* im Gemälde, das Ihr mir zugeschickt habt, recht getroffen sei, will ich Euch mein erste Gedanken und Ursachen solchs meins Petschafts zu guter Gesellschaft anzeigen, die ich darauf fassen wollt als in ein Merkzeichen meiner Theologia.

Das erste soll ein schwarz Kreuz sein im Herzen, welches Herz seine natürliche Farbe hat, damit ich mir selbst Erinnerung gebe, dass der Glaube an den Gekreuzigten uns selig macht. »Denn so man herzlich glaubt, wird man gerecht.« (Röm.10,10) Ob's nun wohl ein schwarz Kreuz ist, mortifiziert [tötet] und soll auch weh tun, dennoch lässt es das Herz in seiner Farbe, verderbt die Natur nicht, das ist, es tötet nicht, sondern es erhält lebendig. »Iustus enim ex fide vivet« (Röm. 1,17) sed fide crucifixi. [Denn der Gerechte wird aus Glauben leben, aber aus dem Glauben an den Gekreuzigten.]

Solch Herz aber soll mitten in einer weißen Rose stehen, anzuzeigen, dass der Glaube Freude, Trost und Friede gibt und sogleich in eine weiße, fröhliche Rose setzt, nicht wie die Welt Friede und Freude gibt (Joh.14,27), darum soll die Rose weiß und nicht rot sein, denn weiß ist der Geister und aller Engel Farbe.

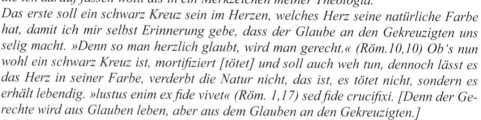

Solche Rose stehet im himmelfarbenen Felde, dass solche Freude im Geist und Glauben ein Anfang ist der himmlischen, zukünftigen Freude, jetzt wohl schon darinnen begriffen und durch Hoffnung gefasset, aber noch nicht offenbar. Und um solch Feld einen güldenen Ring, dass solche Seligkeit im Himmel ewig währet und kein Ende hat, auch köstlich und über alle Freude und Güter, wie das Gold das höchst, edelst und best Erz ist.

Dieses mein Compendium Theologiae hab ich Euch in guter Freundschaft wollen anzeigen, wollet mir's zugut halten. Christus, unser lieber Herr, sei mit Eurem Geist bis in jenes Leben, Amen. Aus der Wüste Grubok [Koburg], am 8. Juli 1530.

* Petschaft: Stempel aus einem harten Material, der geeignet ist, ein Siegel in eine Siegelmasse einzudrücken

Empfohlenes Vorgehen:

1. Schritt: Die S. lesen den Text »Woran einer sein Herz hängt ...« (**M 5/5a**) und unterstreichen die Symbole, die in Luthers Wappen vorkommen.

2. Schritt: Die S. malen Luthers Wappen (**M 5/5b**) mit den entsprechenden Farben an oder zeichnen die Lutherrose. Dadurch machen sie sich bewusst, was die Farben bedeuten.
Alternativ dazu können sie die Lutherrose auch als Fenstertransparent basteln. Dazu verwenden sie schwarzes Tonpapier und verschiedenfarbige Transparentpapiere, die von der Lehrkraft zur Verfügung gestellt werden.

3. Schritt: Als Abschluss können die S. ein eigenes Wappen als ihr Markenzeichen
gestalten.

M 5/6 **Gesetz und Evangelium:** AB mit dem Holzschnitt von Lucas Cranach d. Ä.
Dieses AB ist für den Einsatz in Sek II und in der Erwachsenenbildung
geeignet.

Zum Arbeitsauftrag: Die Teilnehmer/innen betrachten zunächst den Holzschnitt
oder das entsprechende Gemälde und tauschen ihre Beobachtungen aus. Sie
achten dabei besonders auf die Entsprechungen, die auf den beiden Bildhälften
zu entdecken sind, und geben dem Bild einen Titel. Denkbar sind »Gesetz und
Gnade«, »Gesetz und Evangelium«, »Altes und Neues Testament«, »Tod und
Leben«, »alte und neue Gerechtigkeit« o.Ä. Anschließend bearbeiten sie das AB
und setzen die Ergebnisse in Beziehung zu Luthers Selbstzeugnis von 1545. Die
auf dem AB verwendeten Bibelstellen sind ausnahmslos die von Cranach dem
Holzschnitt beigegebenen Stellen. Weggelassen wurde Röm 3,28.
Baustein C dient der Vergegenwärtigung: Hier finden sich zwei Texte, die helfen,
Luthers Rechtfertigungslehre auf heute zu beziehen.

Baustein C dient der Vergegenwärtigung: Hier finden sich zwei Texte, die helfen, *Rechtfertigungslehre heute*
Luthers Rechtfertigungslehre auf heute zu beziehen.

Materialien zu Baustein C

M 5/7 Reinhard Mey, »**Zeugnistag**« (Textblatt mit Impulsen)

M 5/8 »**Ich bin gut. Ich bin ganz. Ich bin schön**« (Textblatt mit Impulsen). Der
Text von Elisabeth Moltmann-Wendel zeigt, wie Luthers Rechtfertigungslehre in die Situation einer Frau von heute übersetzt werden kann.

Hinweise zum Bild:
Der Holzschnitt von Lucas Cranach (um 1529) setzt als Lehrbild den Unterschied
von »Gesetz und Evangelium« ins Bild. Das hier verwendete Motiv gibt es in
mehreren Varianten (vgl. dazu : Ringshausen 1990, 13 ff). Hingewiesen sei auf
das Tafelbild von 1535 im Germanischen Nationalmuseum Nürnberg (siehe Bild
Nr. 474 im Nürnberger Katalog: Bott 1983, 87), der Holzschnitt eignet sich aber
besser als AB. Hier abgebildet ist zum einen der Holzschnitt, zum andern der
Holzschnitt mit eingefügten Textfeldern, die ausgefüllt werden sollen.

Bildbeschreibung und Interpretation: Das Bild lebt von den zwei gegensätzlichen Hälften, die durch einen Baum voneinander getrennt werden. Die linke Seite bildet den Todesbaum ab, die Zweige des Baumes sind hier verdorrt.

Es zeigt den verlorenen Menschen, der durch das unerbittliche Urteil des Weltenrichters verurteilt wird. Er kann vor dem Gesetz des Mose nicht bestehen. Oben ist Christus der Weltenrichter mit Lilie und Schwert zu erkennen. Links oben ist der Sündenfall dargestellt, rechts unten Mose und die Propheten; Mose zeigt auf die Gesetzestafeln und hält diese dem verlorenen Menschen drohend entgegen. Teufel und Tod treiben mit dem »Spieß der Sünde« (1. Kor 15,56) den Menschen ins Höllenfeuer. Die rechte Seite stellt Luthers Entdeckung der neuen Gerechtigkeit bildlich dar. Gott schenkt uns seinen Sohn und gibt uns so Anteil an seiner Gerechtigkeit. Oben rechts ist der gekreuzigte Christus, das Lamm Gottes, abgebildet. Aus seiner Wunde fließt Blut, das den sündigen Menschen reinwäscht. Auf den Gekreuzigten weist Johannes der Täufer hin (Joh 1,29). Rechts unten ist die Auferstehung Jesu ins Bild gesetzt. Er hat Tod und Teufel besiegt. Links oben wird auf die eherne Schlange im AT (4. Mose 21,4b-9) hingewiesen, daneben wird die Verkündigung der frohen Botschaft an die Engel dargestellt. Dem Originalholzschnitt von Lucas Cranach sind Bibelverse beigegeben, die er auf dem Holzschnitt ins Bild gesetzt hat. Die Bibelstellen sind: *1. Kor 15,56 Der Stachel (Spieß) des Todes aber ist die Sünde. – Röm 3,20: Denn durch das Gesetz kommt Erkenntnis der Sünde. – Joh 1,29 : Johannes: Siehe, das ist Gottes Lamm, das der Welt Sünde trägt! – Mt 11,13 Denn das Gesetz und die Propheten gehen bis auf die Zeit des Johannes. – Röm 1,18: Denn Gottes Zorn wird vom Himmel her offenbart über alles gottlose Wesen und alle Ungerechtigkeit der Menschen. – Jes 7,14: Siehe, eine Jungfrau ist schwanger und wird einen Sohn gebären. – 1. Kor 15,54.55: Der Tod ist verschlungen vom Sieg. Tod, wo ist dein Stachel? Hölle, wo ist dein Sieg? – 1. Petr 1,2: Ausersehen durch die Heiligung des Geistes zum Gehorsam und zur Besprengung mit dem Blut Jesu Christi. – Röm 3,23: Sie sind allesamt Sünder und ermangeln des Ruhmes, den sie bei Gott haben sollten. – Röm 1,17: Der Gerechte wird aus Glauben leben. – Röm 3,28 So halten wir nun dafür, dass der Mensch gerecht wird ohne des Gesetzes Werke, allein durch den Glauben.*

Auf dem Bild gibt es formale und inhaltliche Entsprechungen der beiden Bildhälften: Der nackte Mensch (er steht nackt vor Gott!) ist jeweils derselbe. Er ist Gerechter und Sünder zugleich. Dem Spieß entspricht der Gnadenstrahl (Blutstrahl) Christi. Der Hölle mit den Verdammten entspricht die Höhle des Grabes mit dem Auferstandenen. Dem Hinweis des Mose auf das Gesetz entspricht der Verweis des Johannes auf das Lamm Gottes. Die beiden Hälften können leicht dazu verleiten, Gesetz und Evangelium als sich ablösende Gegensätze zu sehen. Demgegenüber betont Luther die Gleichzeitigkeit von Gesetz und Evangelium, der Mensch ist Sünder und Gerechter zugleich. Das Gesetz hat »nicht nur eine vernichtende Aufgabe, sondern weist über sich hinaus auf die Rettung. Weil der Mensch durch das Gesetz als Sünder überführt wird, wird er befreit vom Vertrauen auf seine eigene Gerechtigkeit.« (Ringshausen 1990, 13). Auch vom Gerechtfertigten wird erwartet, dass er die Gebote als Maßstab seines Lebens gelten lässt.

Der Wittenberger Maler Lucas Cranach d.Ä. (1472–1553) hat in seinen Werken mehrfach Anregungen Luthers aufgenommen, so auch bei diesem Bild. Dies zeigt u.a. die Wertschätzung, die Luther den Bildern als pädagogisches Instrument entgegenbrachte, worin er sich von den Bilderstürmern unterschied. Diese lehnten Bilder mit Berufung auf das zweite Gebot grundsätzlich ab, weil sie die Gefahr der Götzenverehrung fürchteten.

M 5/1 Martin Luthers Entdeckung: Die neue Gerechtigkeit

Barmherzig ist also Gott: Er stellt sich auf die Seite des Menschen und schafft dem Menschen so Lebensraum. Dieses »Urteil« Gottes annehmen heißt glauben. Es heißt also richtig im Alten Testament: Der Glaubende ist Gott recht; er ist so, wie Gott ihn haben will.

Das neue Verständnis von Gottes Gerechtigkeit

Als Mönch konnte mir allerdings keiner etwas vorwerfen. Vor Gott aber stand ich als Sünder da und spürte sehr mein unruhiges Gewissen. Ich konnte mich nie ganz darauf verlassen, dass Gottes Ansprüche abgegolten seien, auch wenn ich mir noch so sehr Mühe gab, ihn zufrieden zu stellen. Ich konnte Gott nicht lieben; ich hasste ihn. Ich hasste den Gott, der gerecht handelt und die straft, die sich gegen ihn vergehen. So marterte mich mein wütendes und verwirrtes Gewissen. Dennoch bohrte ich weiterhin ungestüm an jener Stelle bei Paulus, denn mich verlangte brennend zu wissen, auf was es Paulus ankam.

1545, ein Jahr vor seinem Tod, schreibt Luther im Rückblick auf seine entscheidende Entdeckung, die er beim Studium des Römerbriefes im Jahr 1515 gemacht hat:

Gottes Gerechtigkeit – wie habe ich dieses Wort gehasst! Lehrte man uns doch von alters her, der gerechte Gott sei ein Richter, der die Sünder bestraft und die verurteilt, die das Recht missachten.

Das alte Verständnis von Gottes Gerechtigkeit

Da fühlte ich mich neu geboren; ich war durch die geöffneten Tore ins Paradies eingetreten. Jetzt zeigte mir plötzlich die ganze Bibel ein neues Gesicht.
Vorher hatte ich jenen Satz von der Gerechtigkeit Gottes gehasst. Jetzt gewann ich ihn umso lieber und stellte ihn über alles.

Schließlich erbarmte sich Gott meiner, als ich Tag und Nacht an diesem Text arbeitete.
Da begann ich zu begreifen, dass dies der Sinn des Satzes sei: Gott verschenkt seine Gerechtigkeit, und von diesem Geschenk kann der Mensch leben; Gott spricht den Menschen gerecht.

Mit erstaunlichem Feuereifer suchte ich dem auf die Spur zu kommen, worauf Paulus im Römerbrief hinauswollte. Ich war mit ganzem Herzen bei der Sache, aber ein einziges Wörtchen in Kapitel l Vers 17 versperrte mir den Zugang zu Paulus: »Gottes Gerechtigkeit wird im Evangelium offenbar.«

Römer 1,17
Im Evangelium wird offenbart die Gerechtigkeit, die vor Gott gilt (wörtlich: »Gottes Gerechtigkeit«), welche kommt aus Glauben in Glauben; wie denn geschrieben steht (Hab 2,4): »Der Gerechte wird aus Glauben leben.«
(Die Bibel, nach der Übersetzung Martin Luthers, revidierter Text 1984).

Römer 1,17
Durch die Gute Nachricht zeigt Gott allen, wie er selbst dafür sorgt, dass sie vor ihm bestehen können. Der Weg dazu ist von Anfang bis zum Ende bedingungsloses Vertrauen auf Gott. Denn es heißt ja: »Wer Gott vertraut, kann vor ihm bestehen und wird leben.«
(Die Gute Nachricht, das Neue Testament in heutigem Deutsch, 1971).

1,16 [...] Durch seine Rettende Botschaft zeigt Gott, wie er ist:
17 Er sorgt dafür, dass unsere Schuld gesühnt wird und wir mit ihm Gemeinschaft haben können. Dies geschieht, wenn wir uns allein auf das verlassen, was Gott für uns getan hat. So heißt es schon in der Heiligen Schrift: »Nur der wird Gottes Anerkennung finden und leben, der ihm vertraut.«
(Aus der Bibel »Hoffnung für alle«)

1,16 Die neue Nachricht von Gott ist das Powervollste, was geht, [...]
17 Sie macht ganz deutlich, wie man mit Gott wieder klarkommen kann. Und zwar nur dadurch, dass man sein Vertrauen auf Gott setzt. Es steht ja schon in dem alten Buch: »Wer sein Vertrauen auf Gott setzt, wird leben.«
(Aus der »Volx Bibel«)

Aufgaben:
1. Schneidet die Textbausteine aus und setzt sie in der richtigen Reihenfolge zusammen.
2. Ihr findet hier vier verschiedene Übersetzungen von Röm 1,17. Vergleicht sie und versucht eine eigene Übersetzung. Wörtlich übersetzt lautet der Text:

> *(1,16) Nicht nämlich schäme ich mich des Evangeliums. Eine Kraft nämlich Gottes ist es zur Rettung für einen jeden Glaubenden, für einen Juden zuerst, und für einen Griechen. (1,17) Gerechtigkeit nämlich Gottes in ihm wird offenbart aus Glauben zum Glauben, wie geschrieben ist: der Gerechte wird aus Glauben leben.*

M 5/2 »Dieses Wort hat mir schwer zu schaffen gemacht«

Gespräch zwischen Luther und einem Studenten im Jahr 1541

Student: *Herr Doktor, habt Ihr schon das neue Buch gelesen, das wider Euch und den Kurfürsten erschienen ist?*

Luther: Nein! Wer hat es denn geschrieben?

Student: *Der Herzog von Braunschweig zu Wolfenbüttel.*

Luther: Ach der! Den kenn ich schon. Was schreibt er denn?

Student: *Er nennt Euch und den Kurfürsten Ketzer, die von der wahren Kirche abgefallen sind. Er schreibt, Ihr hättet die Reformation aus politischen Gründen angefangen, im Auftrag des Kurfürsten, der mit dem Papst und den Bischöfen nicht mehr einverstanden war.*

Luther: Das ist alles Lüge! Der wahre Grund, warum ich mich gegen die römische Kirche gewandt habe, ist ein ganz anderer.

Student: *Hängt das mit Eurer Entdeckung zusammen, die Ihr als junger Professor in der Bibel gemacht habt?*

Luther: Ja, Ihr wisst doch, dass ich seit 1512 den Auftrag hatte, in Wittenberg Vorlesungen über die Bibel zu halten. Ihr glaubt nicht, mit was für einer Freude ich mich in diese neue Aufgabe hineingekniet habe. Ich habe die lateinische Bibel und später auch die Bibel im Urtext herangezogen und auch alle Auslegungen studiert. Ich habe dann über mehrere biblische Bücher Vorlesungen gehalten, z.B. über die Psalmen und den Römerbrief des Apostels Paulus.

Student: *Aber was hat das mit Eurer Entdeckung zu tun?*

Luther: Das hängt mit dem Wort »Gerechtigkeit« zusammen. Dieses Wort hat mir schwer zu schaffen gemacht. Es kommt ja in der Bibel immer wieder vor. Im Alten Testament in den Psalmen heißt es: »Errette mich in deiner Gerechtigkeit«, und im Neuen Testament steht bei Paulus im Römerbrief: »Die Gerechtigkeit Gottes wird durch das Evangelium offenbar.« Aber »Gerechtigkeit Gottes« verstand ich damals ganz anders als heute. Gerechtigkeit war für mich das, was einen guten Richter auszeichnet, dass er nämlich die Guten belohnt und die Bösen bestraft. Für mich war Gott wie ein Richter, und Christus auch. Jeden Tag kam ich damals auf meinem Weg zur Universität auf dem Wittenberger Friedhof an einem aus Stein gehauenen Bild vorbei. Da ist Christus als Weltenrichter dargestellt. Aus seinem Mund kommt eine Lilie als Zeichen der Freude für die Guten und ein Schwert als Zeichen der Strafe für die Bösen. Was habe ich mich angestrengt, damit ich zu den Guten gehöre! Ich habe gebetet, gefastet, gute Werke getan. Aber alles half nichts. Ich kam mir immer nur als schlechter Mensch vor. So war für mich das Evangelium keine »frohe Botschaft«.

Student: *Und wer hat Euch dann eigentlich geholfen?*

Luther: So richtig helfen konnte mir niemand. Eines Tages – ich weiß gar nicht mehr ganz genau, wann das war – habe ich mir wieder diesen Vers des Paulus im Römerbrief Kapitel 1, Vers 17 vorgenommen. Und mit einem Mal half mir Gott, den Sinn dieses Verses zu begreifen: Gott schenkt seine Gerechtigkeit. Gott spricht den Menschen gerecht, obwohl der Mensch gar nicht gerecht ist, sondern ein ungerechter Sünder. Seine Gerechtigkeit ist seine Liebe. Und Glauben heißt, dieses Geschenk der Liebe annehmen. Gottes Liebe kann man sich nicht verdienen, man bekommt sie geschenkt. Ich weiß es noch wie heute. Ich fühlte mich wie neu geboren. Ich kam mir ganz befreit vor. Es war für mich wie ein Vorgeschmack auf das Paradies. Zuvor hatte ich das Wort Gerechtigkeit gehasst. Jetzt konnte ich mich darüber freuen. Später habe ich ein Lied gedichtet, in dem ein wenig von dieser großen Freude anklingt: »Nun freut euch, lieben Christen g'mein, und lasst uns fröhlich springen!«

Aufgabe:
1. Sucht euch einen Partner/eine Partnerin und lest den Text mit verteilten Rollen.
2. Füllt das Arbeitsblatt **M 5/3** »Die neue Gerechtigkeit« aus.

M 5/3 Die neue Gerechtigkeit

Das alte Verständnis von Gottes Gerechtigkeit:

_____

_____

_____

_____

_____

_____

Was muss der Mensch dabei tun?

_____

_____

_____

_____

Das neue Verständnis von Gottes Gerechtigkeit:

_____

_____

_____

_____

_____

_____

Was muss der Mensch dabei tun?

_____

_____

_____

_____

Christus als Weltenrichter

Die Rückkehr des verlorenen Sohnes

Schreibe auf, was die beiden Bilder mit Luthers Entdeckung zu tun haben:

_____

_____

M 5/4a Hände

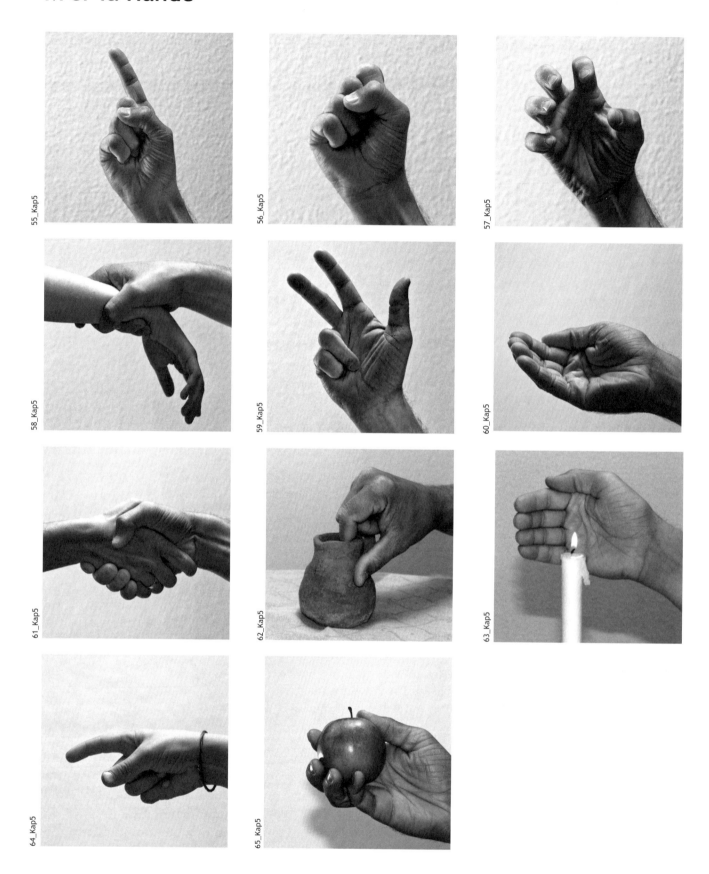

Aufgabe:
- Schneidet die Hände aus und klebt sie in das Arbeitsblatt **M 5/4b** ein: Welche Gesten passen zu Luthers altem Verständnis, welche zu seinem neuen Verständnis von Gottes Gerechtigkeit? Ihr könnt zu jeder Hand auch einen passenden kurzen Satz schreiben.
- Ihr könnt eigene Gesten darstellen und fotografieren.

M 5/4b Wie Gott sich gegenüber dem Menschen verhält

Nach Luthers altem Verständnis	Nach Luthers neuem Verständnis

Woran einer sein Herz hängt, das ist sein Gott

Als Luther eine angesehene Persönlichkeit geworden war, erwartete man von ihm, dass er sich ein Familienwappen zulegen sollte. Da dachte er sich die sogenannte Lutherrose aus. Mit ihr wollte er zeigen, was ihm im Leben wichtig war.

Die Lutherrose enthält in ihrem Innern ein schwarzes Kreuz in einem roten Herzen. Das Herz ist für ihn der Mittelpunkt seines Lebens und seiner Gefühle. Luther sagt einmal: »Woran einer sein Herz hängt, das ist sein Gott.«

In dieses Herz hat er das Kreuz hineingemalt. Damit zeigt er, dass das Kreuz Jesu für ihn das Wichtigste in seinem Leben war. Das Kreuz ist für ihn nicht Zeichen der Schwäche und der Niederlage, sondern es soll deutlich machen: Jesus starb, weil er die Menschen liebte. Er starb, damit wir leben können.

Herz und Kreuz bilden das Innere einer weißen Rose. Weiß ist die Farbe des Geistes. Das menschliche Herz aus Fleisch ist also umgeben vom Geist Jesu, von dem sich Luther in seinem Leben bestimmen ließ. Weiß ist auch die Farbe der Engel. Vielleicht wollte Luther mit den weißen Blütenblättern zum Ausdruck bringen, dass er sich von Gottes guten Boten begleitet wusste.

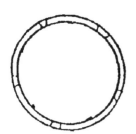

Herz, Kreuz und Rosenblätter sind in ein himmelblaues Feld eingebettet. Vielleicht hat Luther dabei an das Psalmwort gedacht: »Herr, deine Güte reicht, so weit der Himmel ist.« Luther wusste: Wohin er auch kommt, nach Worms oder Augsburg, er ist immer unter dem gleichen Himmel unterwegs; dieser Himmel erinnert den Glaubenden daran, dass Gott ihn von allen Seiten umgibt.

Die gesamte Lutherrose ist umschlossen von einem goldenen Ring. Gold ist die Farbe für das Göttliche. Ein Ring hat keinen Anfang und kein Ende, genau wie die Liebe Gottes. Diese Liebe Gottes legt sich um das Ganze herum, um zusammenzuhalten, was ohne sie auseinanderfallen würde.

Luther wollte also mit seinem Wappen nicht darstellen, was er und seine Familie Großes geleistet haben. Er wollte vielmehr auf Gott hinweisen, den er als die Kraft seines Lebens erlebt hat.

Aufgabe:
Lest den Text »Woran einer sein Herz hängt ...« und unterstreicht die Symbole, die in Luthers Wappen vorkommen.

M 5/5b Martin Luthers Wappen: Die Lutherrose

51_Kap5

66_Kap5

Aufgaben:
1. Malt Luthers Wappen mit den entsprechenden Farben an oder zeichnet die Lutherrose. Macht euch bewusst, was die Farben bedeuten.
2. Ihr könnt die Lutherrose auch als Fenstertransparent basteln. Verwendet dazu schwarzes Tonpapier und verschiedenfarbige Transparentpapiere.
3. Vielleicht möchtest du dir auch ein Wappen zulegen. Überlege: Was möchtest du darstellen, weil es dir in deinem Leben besonders wichtig und erstrebenswert erscheint? Wähle Form, Inhalt und Farben deines Wappens und male es.
4. Präsentiert euer Wappen vor der Gruppe und sprecht darüber.

M 5/6 Gesetz und Evangelium

und

Christus ist:	Baum des I	Christus ist:

Der Mensch – Römer 3,23:	Der Mensch – Römer 1,17

52_Kap5

Bild nach einer Idee von Martin Tränkle, Ludwigsburg

Aufgaben:

1. Gebt dem Bild eine Überschrift.
2. Ergänzt die Textkästchen.
3. Ordnet die folgenden Bibelstellen dem Bild zu, indem ihr sie mit den Nummern auf dem Bild kennzeichnet.

☐ 1. Korinther 15,56: Der Stachel (Spieß) des Todes aber ist die Sünde.

☐ Römer 3,20: Denn durch das Gesetz kommt Erkenntnis der Sünde.

☐ Johannes 1,29: Siehe, das ist Gottes Lamm, das der Welt Sünde trägt!

☐ Matthäus 11,13: Denn das Gesetz und die Propheten gehen bis auf die Zeit des Johannes.

☐ Römer 1,18: Denn Gottes Zorn wird vom Himmel her offenbart über alles gottlose Wesen und alle Ungerechtigkeit der Menschen.

☐ Jesaja 7,14: Siehe, eine Jungfrau ist schwanger und wird einen Sohn gebären.

☐ 1. Korinther 15,54–55: Der Tod ist verschlungen vom Sieg. Tod, wo ist dein Stachel? Hölle, wo ist dein Sieg?

☐ 1. Petrus 1,2: ausersehen durch die Heiligung des Geistes zum Gehorsam und zur Besprengung mit dem Blut Jesu Christi

M 5/7 Zeugnistag

Ich denke, ich muss so zwölf Jahre alt gewesen sein,
und wieder einmal war es Zeugnistag.
Nur diesmal, dacht' ich, bricht das Schulhaus samt Dachgestühl ein,
als meines weiß und hässlich vor mir lag.
Dabei war'n meine Hoffnungen keineswegs hoch geschraubt,
ich war ein fauler Hund und obendrein
höchst eigenwillig, doch trotzdem hätte ich nie geglaubt,
so ein totaler Versager zu sein.

So, jetzt ist es passiert, dacht' ich mir, jetzt ist alles aus,
nicht einmal eine Vier in Religion.
Oh Mann, mit diesem Zeugnis kommst du besser nicht nach Haus,
sondern allenfalls zur Fremdenlegion.
Ich zeigt' es meinen Eltern nicht und unterschrieb für sie,
schön bunt, sah nicht schlecht aus, ohne zu prahl'n.
Ich war vielleicht ‚ne Niete in Deutsch und Biologie,
dafür konnt' ich schon immer ganz gut mal'n!

Der Zauber kam natürlich schon am nächsten Morgen raus,
die Fälschung war wohl doch nicht so geschickt.
Der Rektor kam, holte mich schnaubend aus der Klasse raus,
so stand ich da, allein, stumm und geknickt.
Dann ließ er meine Eltern kommen, lehnte sich zurück,
voll Selbstgerechtigkeit genoss er schon
die Maulschellen für den Betrüger, das missrat'ne Stück,
diesen Urkundenfälscher, ihren Sohn.

Mein Vater nahm das Zeugnis in die Hand und sah mich an
und sagte ruhig: »Was mich anbetrifft,
so gibt es nicht die kleinste Spur eines Zweifels daran,
das ist tatsächlich meine Unterschrift.«
Auch meine Mutter sagte, ja, das sei ihr Namenszug.
Gekritzelt zwar, doch müsse man versteh'n,
dass sie vorher zwei große, schwere Einkaufstaschen trug.
Dann sagte sie: »Komm, Junge, lass uns geh'n.«

Ich hab noch manches lange Jahr auf Schulbänken verlor'n
und lernte widerspruchslos vor mich hin,
Namen, Tabellen, Theorien von hinten und von vorn,
dass ich dabei nicht ganz verblödet bin!
Nur eine Lektion hat sich in den Jahr'n herausgesiebt,
die eine nur aus dem Haufen Ballast:
Wie gut es tut zu wissen, dass dir jemand Zuflucht gibt,
ganz gleich, was du auch ausgefressen hast!

Ich weiß nicht, ob es rechtens war, dass meine Eltern mich
da rausholten und – wo bleibt die Moral?
Die Schlauen diskutier'n, die Besserwisser streiten sich,
ich weiß es nicht, es ist mir auch egal.
Ich weiß nur eins, ich wünsche allen Kindern auf der Welt,
und nicht zuletzt natürlich dir, mein Kind,
wenn's brenzlig wird, wenn's schief geht, wenn die Welt zusammenfällt,
Eltern, die aus diesem Holze sind, Eltern, die aus diesem Holze sind.

Reinhard Mey

Aufgaben:
1. Wählt aus dem Liedtext den Satz aus, der euch am besten gefällt, und unterstreicht ihn. Tragt euer Ergebnis im Plenum vor.
2. Bildet mehrere Gruppen. Spielt euch gegenseitig ein Gespräch zwischen Vater, Mutter und Sohn vor. Bedenkt dabei: Wahrscheinlich sind die Eltern mit dem Verhalten des Sohnes nicht einverstanden.
3. Lest die biblische Geschichte vom verlorenen Sohn. Überlegt: Welche der gespielten Varianten vom »Zeugnistag« passt am besten zum Gleichnis vom verlorenen Sohn? Ergänzt folgenden Satz »Gott ist wie ein liebender Vater: ...« Haltet eure Ergebnisse schriftlich fest.
4. Im welchem Verhältnis steht dieses Lied zu Luther? Formuliert den Zusammenhang in wenigen Sätzen.

M 5/8 Ich bin gut. Ich bin ganz. Ich bin schön.

*Frauen haben in der Bibel viele Entdeckungen gemacht, die für Frauen und Männer gleicher-
maßen befreiend sein können. Eine Theologin schreibt:*

Ich bin gut

In diesem Satz steckt Befreiung; mit diesem Satz begann die Reformation. Dieser Satz heißt
ganz schlicht gesagt: Ich bin das, was ich bin, nicht durch das, was ich leiste. Ich bin gut,
weil ich bin, weil Gott mich akzeptiert, mich liebt, mich geschaffen hat, mich frei gemacht
hat. Ich bin nicht gut, weil ich Gutes tue. Ich tue Gutes, weil ich gut bin.

Ich bin ganz

Weil Gott Vater und Mutter ist, ganz ist, kann ich ganz sein. Wenn ich ganz bin, kann ich die
Natur und die Erde wieder neu entdecken. So kann aus Herrschaft über sie Freundschaft mit
ihr werden. Wenn ich ganz bin, leide ich an der Nicht-Ganzheit der Schöpfung, und ich habe
das Recht zu protestieren, dass diese Schöpfung nicht mehr ganz ist.

Ich bin schön

Was Frauen heute brauchen, um wirklich befreit zu sein, ist das faszinierende, verwandeln-
de, schöpferische Selbstgefühl, schön zu sein. Sich schön finden, das sollte die alte These von
sich-annehmen ersetzen, das sollte die feministische Auslegung der Rechtfertigung allein aus
Gnaden sein. Bei Luther kommt allerdings auch schon etwas ähnliches vor: »Die Sünder sind
schön, weil sie geliebt werden ...« Weil Christus mein Bruder ist, darf ich mich annehmen.
Weil Christus auch meine Schwester ist, darf ich mich schön finden.
Wenn ich schön bin, kann ich auch andere und anderes reizvoll, individuell schön finden.
Kann ich Aggressionen verlieren; kann aus Ängsten Staunen werden, kann ich Dunkles, Frem-
des, Negatives liebenswert finden, kann ich neu lieben.

Elisabeth Moltmann-Wendel

Aufgaben:
1. Inwiefern überträgt Elisabeth Moltmann-Wendel Martin Luthers Rechtfertigungslehre auf heutige Frauen?
2. Bezieht die Aussagen des Textes auf euer Leben und tauscht euch darüber aus, ob und gegebenenfalls inwiefern diese Ausführungen heute für männliche bzw. weibliche Jugendliche hilfreich sein können.

6 Der Ablassstreit

In diesem Kapitel geht es um die mittelalterliche Lehre vom Ablass, um das Auftreten des Ablasspredigers Johann Tetzel sowie um die Wirkung von dessen Ablasspredigt auf Gemeindeglieder Luthers.

Erzbischof Albrecht von Mainz war der päpstliche Ablasskommissar für Deutschland. Für acht Jahre war ihm vom Papst der Vertrieb der Ablassbriefe zugunsten der Peterskirche in Rom übertragen worden. 1517 fasste Albrecht in einer umfangreichen Instruktion an seine Kommissare die Lehre vom Ablass zusammen und legte die Höhe der zu zahlenden Gebühren fest:

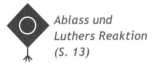

Ablass und Luthers Reaktion (S. 13)

> »Um die Gnade der vollkommenen Sündenvergebung zu erlangen, soll jeder, der gebeichtet hat oder zum mindesten die Intention hat, zu gehöriger Zeit zu beichten, in jeder der 7 Kathedralkirchen in Rom je 5 Pater Noster und 5 Ave Maria beten.
> Wenn er aber aus gewisser Ursache verlangt, dass ihm die Romreise erlassen wird, kann das geschehen, jedoch muss dafür eine Kompensation in einem größeren Betrag erfolgen:
>
> **Taxen je nach Stand und Vermögen:**
> Könige, Fürsten, Bischöfe   25 rhein. Gulden
> Grafen, Prälaten, Adel   10 rhein. Gulden
> Adel mit geringerem Einkommen   6 rhein. Gulden
> Bürger und Kaufleute   3 rhein. Gulden
> Handwerker   1 rhein. Gulden
>
> Der Ablassbrief … kann auch für Verstorbene gekauft werden, die im Fegefeuer sind.« (Stupperich 1972, 167)

Anmerkung: Zum Wert eines rheinischen Guldens:
1465   *Ein Schreiber verdiente 10 Gulden im Jahr.*
1490   *Das Jahresgehalt eines fürstlichen Leibarztes betrug 48 Gulden.*
           Ein Paar Ochsen kostete 7,5 Gulden, ein Pferd etwa 20 bis 25 Gulden.
1522   *Der Jahreslohn eines Zimmergesellen betrug etwa 23 Gulden,*
           der eines Wundarztes im Spital 16 Gulden.

Baustein A

Materialien zu Baustein A

M 6/1   **Der Ablassprediger Tetzel** (AB, zwei Blätter: Textblatt/Auszug aus dem Lutherfilm von Eric Till, 2003)
Drei Szenen aus dem Lutherfilm (40: Jüterbog; 41: Jüterbog, Kirche; 42: Wittenberg, Elstertor) werden gelesen. Wird dieser Text in EA bearbeitet, so dienen die beiden Bilder mit Sprechblasen dazu, die Texte zu erschließen.
Die beiden Szenen können auch von mehreren S. erarbeitet werden.
Das Ganze kann als Hörspiel gestaltet und/oder als Szene vor der Klasse vorgespielt werden.
Alternativ kann diese sehr eindrückliche Szene auch aus dem Lutherfilm vorgeführt werden (»Der Ablassprediger Tetzel«).

Luthers Kampf gegen den Ablass

M 6/2   **Was ist eigentlich Ablass?**
Anhand des Textes und des AB erarbeiten sich die S. die Grundlagen der mittelalterlichen Lehre vom Ablass.

Lösung:

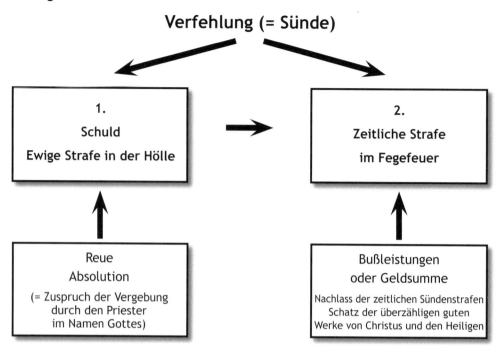

Verfehlung (= Sünde)

1.
Schuld
Ewige Strafe in der Hölle

2.
Zeitliche Strafe
im Fegefeuer

Reue
Absolution
(= Zuspruch der Vergebung
durch den Priester
im Namen Gottes)

Bußleistungen
oder Geldsumme
Nachlass der zeitlichen Sündenstrafen
Schatz der überzähligen guten
Werke von Christus und den Heiligen

Baustein B

Die 95 Thesen

Im Zentrum dieses Bausteins steht eine Erzählung von Heiko Jürgens »Die Reformation beginnt«. Hier wird der Thesenanschlag rückblickend von seiner Wirkung her betrachtet: Innerhalb kürzester Zeit wurden Luthers ursprünglich lateinisch verfasste Thesen ins Deutsche übersetzt und in Windeseile in ganz Deutschland verbreitet. Sie machten Luther weithin bekannt. Die Folge: Er wurde in Rom wegen Ketzerei angezeigt.

Materialien zu Baustein B

M 6/3   **Die Reformation beginnt.** Erzählung von Heiko Jürgens (mit einer Einleitung, zwei Blätter). Hier wird deutlich, aus welchem Anlass und zu welchem Zweck Martin Luther seine 95 Thesen (Sätze) veröffentlicht hat.
Die S. lesen die Geschichte und bearbeiten die Aufgaben dazu.

M 6/4   **Die 95 Thesen** (Auswahl). Aufgabe der S. ist es, Luthers Stellung zum Ablass differenziert herauszuarbeiten. Die erste Abbildung ist eine Lithografie aus dem Buch von Johann Gottfried Schadow, Wittenbergs Denkmäler der Bildnerei, Baukunst und Malerei, Wittenberg 1825. Das Besondere dieses Bildes vom Thesenanschlag besteht darin, dass Luther nicht selbst die Thesen anschlägt. Vielmehr nagelt ein Pedell der Universität, auf einer Leiter stehend, die Thesen an die Tür der Schlosskirche in Wittenberg an. Luther steht daneben und weist mit seiner Linken auf das Thesenpapier. Interessant ist auch, dass hier keine Personen abgebildet sind, die neugierig das Geschehen beobachten, wie das bei den Abbildungen des 19. Jahrhunderts häufig der Fall ist. Damit dürfte diese Abbildung dem historischen Geschehen – falls der Thesenanschlag wirklich stattgefunden hat – am ehesten entsprechen. Das zweite Bild gibt das Titelblatt der »Illustrierten Zeitung« von 1917 wieder. Auf diesem Blatt wird der Mythos von den in ganz Deutschland hörbaren Hammerschlägen, mit denen Luther die 95 Thesen an die Tür der Schlosskirche in Wittenberg anschlägt, ins Bild gesetzt.

M 6/5   **Alarm in Wittenberg!**

M 6/6   Quiz: Alarm in Wittenberg! (AB zu **M 6/5**)
M 6/5 und M 6/6 eignen sich insbesondere für jüngere S. und für die Freiarbeit.

M 6/7   **Was geschah wirklich?** Dieses AB eignet sich eher für die gymnasiale Oberstufe und für die Erwachsenenbildung. Angeboten werden drei zeitgenössische Texte, die in unterschiedlicher Weise zu dieser Frage Stellung nehmen:
Text 1 ist ein Auszug aus den »Historien« des Johan Mathesius, der als Erster über Luther und die Reformation schreibt (1567). Nach diesem Text hat Luther die 95 Thesen am 31. Oktober an die Tür der Wittenberger Schlosskirche angeschlagen.
Text 2 bringt einen Auszug aus Luthers Brief an den Ablasskommissar für Deutschland, den Mainzer Erzbischof Albrecht; diesem Brief waren die 95 Thesen in lateinischer Sprache beigefügt. Luther beklagt sich darin über den Missbrauch des Ablasses durch Prediger (wie Tetzel). Er bittet darum, die Ablassprediger entsprechend zu instruieren. Aus dem Satz »Sonst könnte es so weit kommen, dass einer aufsteht, der durch seine Bücher die Ablassprediger sowohl als auch die Instruktionen öffentlich widerlegt ...«
kann man schließen, dass Luther die Thesen zum Datum des Briefes (31. Oktober 1517) noch nicht veröffentlicht hat.
Text 3 bringt einen Auszug aus Luthers polemischer Schrift »Wider Hans Worst«. Luther nimmt dabei Bezug auf seine Briefe an den Bischof von Magdeburg und den Bischof von Brandenburg.
Ein Thesenanschlag wird darin nicht erwähnt.
Aus den drei Texten kann man schließen, dass Luther wahrscheinlich die Thesen nicht am 31. Oktober an die Tür der Schlosskirche in Wittenberg angeschlagen hat. Das schließt nicht aus, dass diese Aktion später, etwa Mitte November, stattgefunden hat.

M 6/8   **Text der 95 Thesen** (alle 95 Thesen in deutscher Sprache)   *M 6/8 nur als DZ*

M 6/1 Der Ablassprediger Tetzel (1)

Zum Streit zwischen Luther und der mittelalterlichen Kirche kam es, als in der Nachbarschaft von Wittenberg der Ablassprediger Johann Tetzel auftauchte. Kurfürst Friedrich der Weise erlaubte es nicht, dass Tetzel in seinem Land Kursachsen auftrat. Deshalb predigte Tetzel 1517 in Jüterbog, das in der Nähe von Wittenberg im Land Brandenburg lag. Einer seiner bekanntesten Sätze war: »Wenn das Geld im Kasten klingt, die Seele aus dem Fegefeuer springt.« Im Beichtstuhl erfuhr Luther davon durch Gemeindeglieder, die ihm ihre gekauften Ablasszettel zeigten. Dies ließ ihm keine Ruhe.

Der folgende Text ist ein Auszug aus dem Drehbuch zu dem Film »Martin Luther – Er veränderte die Welt für immer« (2003, Regie: Eric Till). Der Dominikanermönch Tetzel erscheint mit großem Gefolge auf dem Platz vor der Kirche in Jüterborg, wo ein großer Scheiterhaufen aus Stroh und Holz vorbereitet ist. In seinem Gefolge befindet sich auch ein Junge mit einer Trommel, der ein eingerolltes Banner bereit hält.

JÜTERBOG (außen, Tag)
MARKTPLATZ
Tetzels Wagen hält bei einem noch nicht entzündeten Scheiterhaufen, der anlässlich dieses Ereignisses errichtet wurde. Der Junge holt eingerollte Banner vom Wagen und baut sie hinter dem Scheiterhaufen auf. Tetzel stellt sich auf den Kutschbock. Er wirft seinen Umhang am Arm zurück und hebt eine brennende Fackel hoch. Noch ehe er ein einziges Wort äußert, hat er die volle Aufmerksamkeit der Menge.

TETZEL Ihr braven Bürger von Jüterbog! Habt ihr euch schon einmal die Hand im Feuer verbrannt?
Tetzel blickt fragend ins Publikum. Allein sein energischer Blick bewirkt Nicken und Gemurmel.

TETZEL Von einer Brandblase am Finger kann man schon die ganze Nacht kein Auge zutun. Ist es nicht so?
Unvermittelt stößt er seine Hand, mit der Handfläche nach unten, direkt über die Fackel. Die Menge hält kollektiv den Atem an. Tetzels zitternde Hand. Das Gesicht des Dominikaners – mit Schweißperlen bedeckt, verkniffen vor Anstrengung. Endlich reißt er die mit Brandblasen bedeckte Hand weg und hält sie der sprachlosen Menge hin.

TETZEL Stellt euch vor, euer ganzer Körper brennt, nicht nur eine schlaflose Nacht lang, nicht nur eine Woche, sondern ewiglich.
Er setzt das Stroh in Brand, indem er die Fackel auf den Scheiterhaufen wirft.

TETZEL Wie aber können wir verhindern, dass wir am Tag des Jüngsten Gerichts ins Fegefeuer kommen?
Als das Feuer auflodert, zieht der Knabe an einer Schnur, wodurch die Banner mit dramatischer Wirkung entrollt werden. Enthüllt werden Bilder von einem Mann, einer Frau und einem kleinen Jungen – mit hochgereckten Armen und qualvoll verzerrten Gesichtern –, die in den Flammen der Hölle lodern.
SCHRECKENSLAUTE *aus der Menge.*
IN DER MENGE starren Hanna und Grete wie versteinert in die Flammen.

TETZEL Heute sendet euch der Heilige Vater, Statthalter Christi auf Erden, ein Geschenk!... Ein Geschenk, das euch vor diesem Feuer rettet! Ein Sonderablass zum Zwecke der Rettung des Petersdoms in Rom, in dem die Gebeine der Apostel heute, Wind und Wetter ausgesetzt, von wilden Tieren entweiht, vermodern...
Der Junge hebt an zu trommeln. Tetzel weist in die Menge.

TETZEL Du Kleriker, du Edelmann, du Händler, du Jungfrau, du Eheweib, du Knabe, du Alter... Hört auf Euren Heiligen Vater, der spricht: *Mit einem Stein für Sankt Peter legt ihr den Grundstein zu eurer Heimat im Himmel! Wie?*
Er hält eine Pergamentrolle hoch.

TETZEL Mit diesem Ablassbrief. *Wann?* Heute, und zwar nur heute. Suchet den Herrn, wenn Er nahe ist!
Tetzel reckt langsam beide Arme hoch, um absolute Stille zu erlangen.

TETZEL Aber... aber... Höre ich euch sagen. *Welches himmlische Glück kann mir zuteil werden, wenn meine geliebten Verwandten im Fegefeuer Qualen leiden?*
Er greift sich die zweite Fackel, springt vom Wagen und nähert sich der Menge. Er spricht diejenigen Personen an, auf die ihn der Ausrufer aufmerksam gemacht hatte.
Angefangen beim Edelmann.

TETZEL Was ist mit meiner herzlieben dahingeschiedenen Mutter?
(zum Bäcker): Oder mit meinem süßen Kinde?
(zu der Witwe): Oder meinem geliebten Manne? Wie können sie den rettenden Hafen der Erlösung erreichen?
Er schwingt den Ablassbrief.

TETZEL Dies ist euer Floß! Haltet euch fest! Haltet euch fest und folgt mir!
Mit der Fackel in der einen und dem Ablassbrief in der anderen Hand führt Tetzel die Leute zur Kirche.

JÜTERBOG, KIRCHE (innen, Abend)
Dominikanermönche haben den Raum hergerichtet: Brennende Kerzen umrahmen eine Messingtruhe beim Altar. Tetzel weist auf ein Gemälde, das über den Kerzen hängt ... Jesus, Maria und die Heiligen drängen sich um eine schimmernde Schatztruhe.

TETZEL Im Himmel gibt es eine Schatztruhe voller Verdienste ... Verdienste Jesu Christi, der Jungfrau Maria und der Heiligen, die sie sich mit ihrem makellosen Leben erworben haben, um uns bedürftigen Sündern davon abzugeben. Heute steht euch diese Schatztruhe offen.
Tetzel entrollt den Ablassbrief. Alle Augen sind auf das bedruckte Papier gerichtet, das im Kerzenlicht durchsichtig erscheint.

TETZEL *(wendet sich um)* Diese gelehrten Mönche helfen euch dabei, euren Namen oder den Namen eurer Lieben, der lebenden wie der toten, einzutragen ... Hier, auf diesem Passierschein zu den himmlischen Freuden des Paradieses ...
Die Leute drängen sich nach vorn, begierig zu kaufen. Sie öffnen ihre Geldbörsen... Aber Tetzel scheint abgelenkt. Er lauscht.

TETZEL Hört ihr nicht die Stimmen? Die rufenden Stimmen? Eure verstorbenen Eltern? Großeltern? Muhmen, Oheime ... Sie rufen: Geliebtes Kind, geliebtes Kind! Denn mit einem kleinen Almosen könntet ihr sie von ihrer Strafe, ihrem Schmerz erlösen. Hört her! ... Sperrt die Ohren auf! Der Vater ruft den Sohn, die Mutter die Tochter!
Stille. Als er wieder zu sprechen anhebt, ist seine Stimme sanft, als spräche er zu Kindern.

TETZEL Wenn das Geld im Kasten klingt, die Seele aus dem Fegefeuer springt!
Er weist auf den Bäcker.

TETZEL Frommer Mann, habt Ihr ein Geldstück für Christus?
Während der Bäcker nickt, dreht sich Tetzel zu Hanna und Grete, seine Augen feucht vor Tränen.

TETZEL Liebe Mutter, sorge dafür, dass dein verkrüppeltes Kind zu Jesus laufen kann, wenn die Zeit gekommen ist!

WITTENBERG, ELSTERTOR (außen, Tag)
Atemlos läuft Hanna auf Martin zu. Ein Gruppe Studenten umringt Martin.

HANNA Doktor Martin, Doktor Martin ...
Strahlend drückt sie Martin einen Ablassbrief in die Hand.

HANNA Das habe ich für Grete gekauft.

MARTIN *(liest)* Ausgestellt vom Erzbischof von Mainz...
Martin liest schweigend weiter. Sein Gesichtsausdruck wird ernst. Er spannt die Kinnmuskeln an.

MARTIN Wo hast du das her?

HANNA Aus Jüterbog. Ich hab's in der Kirche gekauft.
MARTIN Das ist nur ein Stück Papier, Hanna. Diese Worte sind ...
Er zögert, als er ihre Verwirrung bemerkt. Hanna betrachtet das Schreiben nun voller Zweifel. Ist es göttliches Gold? Oder Falschgeld? Die Tränen steigen ihr in die Augen.

HANNA Taugt es nichts?

MARTIN Du musst auf Gottes Liebe vertrauen. Spar dir dein Geld für Grete, damit sie etwas zu essen bekommt.
Angewidert leert Martin seine Taschen und gibt Hanna sein Münzgeld. Er stürmt mit wehendem Umhang davon. ...

Aufgaben:
- Lest euch die Szenen vom Ablassprediger Tetzel und von der Begegnung Luthers mit Hanna, die einen Ablasszettel gekauft hat, durch und beschriftet die Sprechblasen.
- Ihr könnt euch auch mit anderen zusammentun: Spielt die Szenen nach oder gestaltet sie als Hörspiel.
- Ihr könnt die entsprechenden Szenen aus dem Lutherfilm anschauen und besprechen.

M 6/2 Was ist eigentlich Ablass?

Zur Zeit Luthers dachte man über den Ablass etwa so: Jeder Mensch, der sündigt, lädt Schuld auf sich und verdient ewige und zeitliche Strafen.

Die Schuld wird ihm durch den Priester im Namen Gottes bei der Beichte vergeben (Absolution); damit ist ihm auch die ewige Höllenstrafe erlassen. Voraussetzung dafür ist, dass er seine Sünde aufrichtig bereut und Besserung verspricht. Die zeitliche Strafe aber muss nach dem Tod im Fegfeuer abgebüßt werden, sofern sie nicht in diesem Leben von der Kirche nachgelassen wurde.

Um diese zeitliche Strafe geht es im Ablass.

Die Kirche kann einen Nachlass dieser Strafe gewähren; Voraussetzung dafür ist allerdings die Absolution durch einen Priester. Die Kirche verwaltet den Schatz der überschüssigen guten Werke, die Jesus und die Heiligen erworben haben; sie haben nämlich in ihrem Leben mehr gute Werke getan, als sie zu ihrer eigenen Seligkeit bräuchten. Die Kirche ist be-

reit, aus diesem Schatz auszuteilen und Nachlass der Strafen zu gewähren, wenn der Gläubige als Buße gute Werke tut.

Als ein gutes Werk galt z. B. eine Wallfahrt nach Rom. Wenn der Gläubige diese Buße nicht leisten konnte oder wollte, konnte er ersatzweise eine bestimmte Geldsumme zahlen, er konnte einen Ablassbrief kaufen. Strafen, die während des Lebens nicht nachgelassen wurden, mussten nach dem Tod im Fegfeuer abgebüßt werden. Ein »Vorteil« der Ablassbriefe bestand darin, dass man sie auch für Verstorbene kaufen konnte.

Mit dem Ablass, der heute in der katholischen Kirche nur noch eine untergeordnete Rolle spielt, wurde zu Luthers Zeiten häufig Missbrauch getrieben. Die Ablassprediger predigten manchmal, dass man durch Geld Vergebung der Sünden erwerben könne; von Reue redeten sie häufig überhaupt nicht.

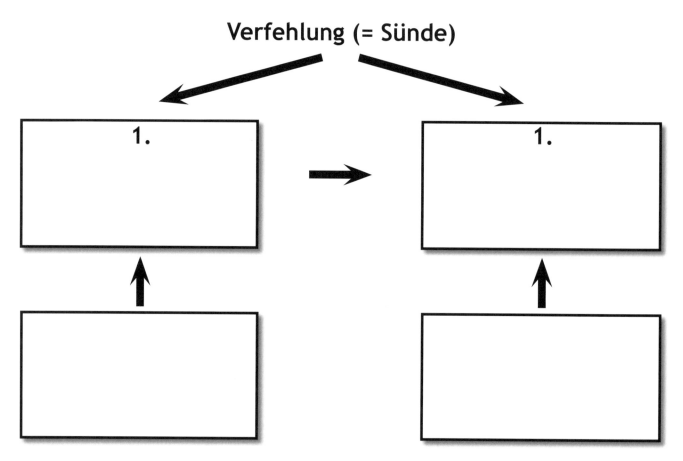

Verfehlung (= Sünde)

1.

1.

Aufgabe:
Lest den Text durch und ordne die unten angegebenen Begriffe in das Schema ein:

Einzusetzende Begriffe:
Zeitliche Strafe im Fegefeuer
Schuld Ewige Strafe in der Hölle

Nachlass der zeitlichen Sündenstrafen – Absolution (Zuspruch der Vergebung durch den Priester im Namen Gottes) – Schatz der überzähligen guten Werke von Christus und den Heiligen – Reue – Gute Werke oder Geldsumme

M 6/3 Die Reformation beginnt (1)

Wie kam es zum Streit?
Zum Streit zwischen Luther und der mittelalterlichen Kirche kam es, als in der Nachbarschaft von Wittenberg der Ablassprediger Johann Tetzel auftrat.
Kurfürst Friedrich der Weise erlaubte es nicht, dass Tetzel in seinem Land Kursachsen auftrat. Deshalb predigte Tetzel 1517 in Jüterbog, das in der Nähe von Wittenberg im Land Brandenburg lag. Einer seiner bekanntesten Sätze war: »Wenn das Geld im Kasten klingt, die Seele aus dem Fegefeuer springt.«
Im Beichtstuhl erfuhr Luther vom Ablassprediger Tetzel. Gemeindeglieder zeigten ihre gekauften Ablasszettel. Dies ließ ihm keine Ruhe.

Ein Zeitgenosse berichtet:
»In demselben Jahr kamen etliche mit den eingelösten Ablassbriefen zu Doktor Martin nach Wittenberg und beichteten im Vertrauen auf ihre durch den Ablassbrief erworbene Gnade. Und als sie große Klumpen vorgaben und sich hören ließen, dass sie ... nicht von Sünde und Bosheit ablassen wollten, da wollte sie der Doktor nicht absolvieren, weil keine rechte Buße noch Besserung angegeben wurde. Da beriefen sich die Beichtkinder auf ihre Papstbriefe und auf die Gnade und den Ablass des Tetzel. Daran wollte sich Martinus nicht kehren. Er berief sich auf den Spruch: Wenn ihr nicht Buße tut, werdet ihr alle auch so umkommen (Lk 13,5).«

Daraufhin schickte Luther am 31. Oktober 1517 95 Thesen gegen den Ablass an Erzbischof Albrecht von Mainz, unter dessen Namen der Petersablass in Deutschland vertrieben wurde. Diese Thesen waren in lateinischer Sprache abgefasst. Das bedeutet: Sie waren nicht für die breite Öffentlichkeit bestimmt, sondern nur für die Theologen. Sie wurden jedoch rasch ins Deutsche übersetzt und waren bald in ganz Deutschland bekannt.

Erzählung: Die Reformation beginnt

An der Tür der Klosterzelle klopfte es; aber Professor Dr. Luther sah kaum von seinen Büchern auf. »Herein!« – Durch die Tür kam ein Augustinermönch im dunklen Reisemantel. »Wenzeslaus!« »Martin!« Die beiden Freunde lagen sich in den Armen. »Ich bereite gerade meine Vorlesung vor. Willst du dich nicht setzen? Was gibt's Neues in Nürnberg?« Der Besucher runzelte die Stirn. »Deine Thesen gibt es jetzt in Nürnberg!« »Meine Thesen? Die 95 zum Ablass?« »Ja! Sag mal Martin, musstest du solch einen Aufruhr machen? Du als Mönch ...«

Der Gast hörte mitten im Satz auf zu reden; denn er sah auf einmal, wie Luther ganz bleich wurde. »Oder ist das alles gegen deinen Willen geschehen?«, fuhr er leise fort. »Erzähl doch mal, wenn du magst.«

Luther hatte sich von seinem Schrecken immer noch nicht erholt. »Eigentlich weiß ich selbst nicht, wie alles gekommen ist«, begann er zögernd. »Du weißt ja, dass ich als Priester auch Beichten hören muss. Und es ist meine Pflicht, darauf zu achten, ob die Leute ihre Sünden auch wirklich bereuen und sich ernsthaft bessern wollen. Nun kann man ja oft im Leben nicht wieder gutmachen, was man einmal falsch gemacht hat. Manche glauben, dass man das dann nach dem Tode nachholen muss. Sie nennen das »Fegefeuer«, ein Feuer, das einen brennt, bis man so rein ist wie Gold, das aus dem Schmelzofen kommt ... Aber das weißt du ja alles.«

Der Besucher hatte sein Gesicht spöttisch verzogen. »Ja, und weil die Leute Angst haben vor dem Fegefeuer, möchten sie, dass ihnen die Fegefeuerzeit abgelassen wird. Sie sind sogar bereit, für solch einen Ablass ihr letztes Geld herzugeben.«
Luther nickte. »Genauso war es! Unser Erzbischof Albrecht hatte einen Prediger losgeschickt, Tetzel hieß der. Der sollte Bescheinigungen verkaufen, dass den Leuten ihre Fegefeuerzeit abgelassen ist. Na ja, nach Sachsen durfte der nicht kommen. Bei uns kann man Ablass auch ohne Geld kriegen, wenn man die Heiligtümer des Kurfürsten besichtigt. Ich mag das eigentlich auch nicht; aber der Kurfürst zieht den Leuten wenigstens nicht das Geld aus der Tasche. Aber was meinst du, was unsere Wittenberger machten?«

M 6/3 Die Reformation beginnt (2)

Der andere hörte gespannt zu. »Wittenberg liegt ja nahe der Grenze; und als Tetzel im Nachbarland auftauchte, lief alles dahin und kaufte Ablassbriefe. Es dauerte nur ein paar Tage, und ich hatte die Bescherung!«

Luther merkte, wie er sich in Wut geredet hatte. Er machte eine kleine Pause; dann fuhr er leise fort: »Ein reicher Bürger unserer Stadt kam zum ersten Mal zu mir in die Beichte. Ich freute mich; denn ich hatte schon gehört, dass er zu seinem Geld durch Betrug und Wucher gekommen war. Aber er wollte gar nicht lange über seine Geschäfte reden. Er zeigte mir einfach einen Ablasszettel, den er von Tetzel gekauft hatte, und verlangte, dass ich ihn von seinen Sünden losspreche. Da habe ich ihn aus der Kirche geworfen.«

»Aus der Kirche geworfen?« Der Besucher war begeistert und erschrocken zugleich. »Nun ja, nicht wörtlich. Ich habe ihm gesagt, dass ihm seine Betrügereien nicht vergeben werden, wenn er sich nicht bessern will. Aber er muss es so aufgefasst haben; denn er ist gleich wieder zu Tetzel und hat sich beschwert.«

»Und dann?«

»Dann habe ich mir vorgenommen, die Sache grundsätzlich zu klären. Ich habe an Erzbischof Albrecht und an andere Bischöfe einen Brief geschickt und habe zu einer Diskussion an der Universität eingeladen. Für die Diskussion habe ich die 95 Thesen geschrieben und an der Tür der Schlosskirche ausgehängt. Das war natürlich nicht meine endgültige Meinung! Im Gegenteil: Ich hatte gehofft, bei der Diskussion auch dazuzulernen. Aber es hat sich überhaupt keiner gemeldet, der daran teilnehmen wollte.«

Luther sah seinen Freund nachdenklich an. »Dass die Thesen woanders bekannt werden könnten, zum Beispiel bei euch in Nürnberg, damit hatte ich nicht gerechnet. Glaubst du, dass es jetzt Probleme geben wird?«

Der Gast zuckte mit den Schultern. »Du hast ja eigentlich nicht nur gegen die Geldgier der Kirche geschrieben. Du hast überhaupt bestritten, dass die Kirche über die Menschen Macht hat, jedenfalls nach ihrem Tode. Ob sich der Papst das gefallen lässt?«

Heiko Jürgens

Aufgaben:
Lest die Geschichte durch und beantwortet folgende Fragen:
1. Warum hat Luther den reichen Bürger nicht von seinen Sünden losgesprochen?
2. Aus welchem Anlass hat Luther seine 95 Thesen (Sätze) geschrieben?
3. Was wollte er mit seinen 95 Thesen erreichen?

M 6/4 Die 95 Thesen

Aus den 95 Thesen

1. Unser Herr und Meister Jesus Christus hat mit seinem Wort »tut Buße« gewollt, dass das ganze Leben der Gläubigen nichts als Buße sein solle.

27. Die predigen Menschenlehre, die da vorgeben, dass, sobald das Geld in den Kasten geworfen klingt, die Seele aus dem Fegefeuer auffahre.

35. Unchristlich predigen die, welche lehren, wer Seelen aus dem Fegefeuer loskaufe oder Beichtbriefe löse, habe die Reue nicht nötig.

36. Jeder Christ ohne Ausnahme, der wahrhaft Reue empfindet und dem seine Sünde leid ist, hat völligen Erlass von Strafe und Schuld, der ihm auch ohne Ablassbrief zuteil wird.

37. Jeder wahre Christ, gleichviel ob lebendig oder tot, hat an allen Gütern Christi und der Kirche teil; Gott hat sie ihm auch ohne Ablassbrief gegeben.

42. Man soll die Christen lehren, dass es die Meinung des Papstes nicht ist, dass der Erwerb von Ablass den Werken der Barmherzigkeit irgendwie vergleichbar sei.

43. Man soll die Christen lehren, dass, wer den Armen gibt oder dem Dürftigen leiht, besser tut, als wenn er Ablass löst.

50. Man soll die Christen lehren: wenn der Papst wüsste, wie die Ablassprediger das Geld erpressen, würde er die Peterskirche lieber zu Asche verbrennen, als sie mit Haus, Fleisch und Knochen seiner Schafe aufzubauen.

62. Der wahre Schatz der Kirche ist das allerheiligste Evangelium von der Herrlichkeit und Gnade Gottes.

Aufgaben:
- Gegen welche Missbräuche des Ablasses wendet sich Luther in seinen Thesen?
- Welchen Stellenwert hatte der Ablass für Luther?
- Wie beurteilte Luther die Haltung des Papstes?

Alarm in Wittenberg!

16_Kap1

31. Oktober 1517 kurz vor 12 Uhr: Ein Mönch geht durch die Straßen von Wittenberg. An einem Seitentor der Schlosskirche schlägt er ein Plakat mit 95 lateinischen Sätzen an. Es ist eine Aufforderung zu einem wissenschaftlichen Streitgespräch über den Ablass.

Dr. Martin Luther hat diese Thesen verfasst. Er kennt den Ablass: Zur Zeit der Kreuzzüge erließ die Kirche den Rittern die Bußstrafen, um mehr Kämpfer zu gewinnen. Später lehrte die Kirche, dass nach dem Tod Menschen ins Fegefeuer kommen. Je größer die Sünde, desto länger die Zeit, die eine Seele die Reinigungsqualen ertragen muss. Doch die Kirche kann die Seelen von dieser Strafe befreien. Sie verwaltet einen Schatz guter Werke, den Christus und die Heiligen erworben haben. Daraus teilt die Kirche aus, auch für Tote, die bereits im Fegefeuer schmachten.

Jetzt zieht der Dominikanermönch Johannes Tetzel durchs Land. Sein Auftraggeber ist der Erzbischof Albrecht von Mainz. Albrecht, 26 Jahre alt, hat sein Bischofsamt vom Papst kaufen müssen. Die Fugger in Augsburg haben ihm dazu fünfzigtausend Gulden geliehen. Der Papst hat ihm deshalb erlaubt, Ablassbriefe zu verkaufen, um diese Schulden bei den Fuggern bezahlen zu können.

Tetzel macht den Leuten in seinen Predigten die Hölle heiß. »Sobald das Geld im Kasten klingt, die Seele aus dem Fegefeuer in den Himmel springt.« Er bietet Ablassbriefe an, von denen die einfachen Menschen glauben, dass sie durch ihren Erwerb in den Himmel kommen können.

Im Beichtstuhl zeigt man Luther die Ablasszettel. Die Leute meinen, dass sie ihr Leben nun nicht ändern müssen: »Wir haben uns die Aufnahme in den Himmel doch schon erkauft!«

Über diesen Irrtum will Luther mit Studenten und Professoren diskutieren. Er hat seine Überzeugung in 95 Sätzen (Thesen) zusammengefasst. Studenten übersetzen die Thesen ins Deutsche. Auf Flugblättern verbreiten sie sich mit unglaublicher Geschwindigkeit im ganzen Land. Der Ablasshandel gerät ins Stocken. »Hat nicht ein Wittenberger Mönch gesagt, dass der ganze Ablass nutzlos ist für die Seligkeit?« Die Einnahmen gehen zurück. Dies versetzt die Berater des Mainzer Erzbischofs in Sorge. Die Fugger wollen ihr Geld zurück, und die Hälfte der Einnahmen muss nach Rom abgeführt werden. Offiziell sind sie für den Bau des Petersdoms bestimmt, doch der Papst braucht auch Geld für seine prunkvolle Hofhaltung.

Luther schickt Albrecht als Erstem die Thesen zusammen mit einem Brief. Die Antwort kommt aus Rom: Der Papst droht ihm in einer Bulle den Bann an.

Friederun Rupp-Holmes

M 6/6 Quiz: Alarm in Wittenberg!

Kreuze die richtigen Sätze an. Es sind jeweils mehrere Antworten möglich (die Antwort-Buchstaben ergeben ein Lösungswort mit 16 Buchstaben). Auch die falschen Antwort-Buchstaben ergeben ein Wort:

1 Thesen sind

☐ bedeutende Fragen (B)

☐ Flugblätter (L)

☐ Sätze (B)

☐ komische Bemerkungen (Ö)

2 Martin Luther möchte mit seinen 95 Thesen

☐ die ganze Welt aufrütteln (D)

☐ mit Fachleuten über den richtigen Glauben diskutieren (I)

☐ erreichen, dass die Armen ihr Geld nicht umsonst
ausgeben (B)

☐ erklären, dass für Jesus Gott nicht ein strenger
Richter sondern ein Vater ist, der verzeiht (E)

3 M. Luther verärgert mit seinen Thesen

☐ den Papst, weil der freche Mönche nicht leiden
kann (S)

☐ den Erzbischof von Mainz, weil seine Einnahmen
zurückgehen (L)

☐ die Armen, weil sie jetzt nicht wissen, ob sie die
Ablassbriefe kaufen sollen oder nicht (I)

☐ den Mönch Johannes Tetzel, weil die Leute ihm
nicht mehr zuhören (Ü)

4 Ablass

☐ wird schon in der Bibel verboten (N)

☐ gibt es seit der Zeit der Kreuzzüge (B)

☐ bedeutet: Abkürzung der Zeit, die die Seele im
Fegefeuer verbringen muss, bevor sie in den
Himmel kommt (E)

☐ daran verdienen viele: der Papst, der Erzbischof
und die Fugger (R)

5 Die Menschen fürchten sich damals vor

☐ dem Zorn Gottes (S)

☐ dem Papst und den Bischöfen (N)

☐ der Hölle und dem Fegefeuer (E)

☐ der Pest und den Türken (T)

6 Eine Folge des Thesenanschlags ist

☐ Luther wird vom Papst gebannt (Z)

☐ Luther bekommt eine Vorladung zum Reichstag in
Worms (U)

☐ Luther wird in Deutschland bekannt (N)

☐ Luther wird für den Kaiser gefährlich, weil er die
Einheit des Reiches bedroht (G)

Lösungswort:

___ ___ ___ ___ ___ ___ ___ ___ ___ ___ ___ ___ ___ ___ ___ ___

Das falsche Lösungswort:

___ ___ ___ ___ ___ ___ ___ ___

M 6/7 Was geschah wirklich?

Immer wieder streiten sich die Wissenschaftler darüber, ob Martin Luther wirklich am 31. Oktober 1517 – dem Tag, den die lutherischen Kirchen in aller Welt bis heute als Reformationstag feiern – seine Thesen an die Tür der Wittenberger Schlosskirche angeschlagen hat. Drei Quellentexte können helfen, sich eine eigene Meinung zu bilden.

Text 1: Einer der ersten evangelischen Geschichtsschreiber, J. Mathesius, schrieb 1567:
Da aber Tetzel und sein Anhang mit römischer und bischöflicher Vollmacht und mit Berufung auf das Petrusamt ihr Tandwerk verteidigen wollten, stellt Dr. Luther mit Berufung auf seinen Eid und sein Doktorat Thesen und Begründungen gegen Johann Tetzel und alle, die mit ihm unter derselben Decke steckten, zu und schlägt sie an die Schlosskirche zu Wittenberg an ihrem Kirchweihtag an und lässt sie in Druck ausgehen; dies geschah am letzten Tag des Oktobers 1517. Und die Thesen beginnen so: Unser Herr und Meister Jesus Christus spricht: Tut Buße, denn das Himmelreich ist nahe herbeigekommen ... .
J. Mathesius, Historien von des ehrwirdigen ... Doctoris Martini Luthers anfang, lehr, leben und sterben, Nürnberg 1567

Text 2: Martin Luther am 31.10.1517 in einem Brief an den Mainzer Erzbischof Albrecht:
Gnade und Barmherzigkeit Gottes zuvor!
Hochwürdigster Vater in Christus, durchlauchtigster Kurfürst! ... Es wird im Land unter dem Schutz Eures erlauchten Titels der päpstliche Ablass zum Bau von Sankt Peter feilgeboten. Ich klage dabei nicht so sehr über das Geschrei der Ablassprediger, das ich persönlich nicht gehört habe. Wohl aber bin ich schmerzlich erzürnt über die grundfalsche Auffassung, die das Volk daraus gewinnt und mit der man sich öffentlich überall brüstet. Offenbar glauben die unglücklichen Seelen, ihrer Seligkeit sicher zu sein, sobald sie nur einen Ablassbrief gelöst haben ...
Nirgends hat Christus geboten, den Ablass zu predigen, wohl aber hat er mit großem Nachdruck befohlen, das Evangelium zu predigen. Welch große Schande und welch große Gefahr ist es also für einen Bischof, wenn er das Evangelium schweigen lässt, dafür aber den Ablasslärm unter seinem Volk erlaubt und dafür mehr übrig hat als für das Evangelium! ...
Was kann ich anderes tun, hochedler Bischof und erlauchtester Fürst, als dass ich Euch, hochwürdiger Vater, bei unsrem Herrn Jesus Christus bitte, den Ablasspredigern eine andere Predigtweise zu befehlen. Sonst könnte es so weit kommen, dass einer aufsteht, der durch seine Bücher die Ablassprediger sowohl als auch Instruktionen öffentlich widerlegt – zur höchsten Schande Eurer erlauchten Hoheit. Davor graut mir in tiefster Seele, und doch fürchte ich dies für die nächste Zukunft, wenn nicht schnell Abhilfe geschaffen wird. ...
Wenn es Euch, hochwürdiger Vater, beliebt, möget Ihr meine beiliegenden Streitsätze ansehen, damit Ihr erkennet, was für eine unsichere Sache die Auffassung vom Ablass ist, wenn auch die Ablassprediger ihre Sache für unbedingt gewiss halten.
Euer unwürdiger Sohn Martin Luther, Augustiner, berufener Doktor der hl. Theologie.

Text 3: Martin Luther in seiner Schrift Wider Hans Worst von 1541
Da schrieb ich einen Brief mit den Thesen an den Bischof zu Magdeburg, ermahnte ihn und bat, er wolle dem Tetzel Einhalt gebieten und ihm wehren, solche ungeschickten Dinge zu predigen. Es möchte sonst eine Unlust daraus entstehen. Das gebühre ihm als Erzbischof. Diesen Brief kann ich heute noch vorweisen. Aber ich erhielt keine Antwort.
Ebenso schrieb ich auch an den Bischof von Brandenburg, der mir ein sehr gnädiger Bischof war. Er antwortete mir, ich würde die Gewalt der Kirche angreifen und mir damit großen Ärger einhandeln. Er riet mir, sich solle davon lassen. Ich kann mir wohl denken, dass sie alle beide gedacht haben: Der Papst würde mir elendem Bettler viel zu mächtig sein.
Also kamen meine Thesen gegen des Tetzels Artikel in Umlauf, wie man an den Drucken sehen kann. Dieselbigen liefen schier in vierzehn Tagen durch ganz Deutschland. Denn alle Welt klagte über den Ablass, sonderlich über Tetzels Artikel.
Aus: Martin Luther, Wider Hans Worst, 1541

Aufgaben:
- Notiert, wie in den drei Texten die Veröffentlichung von Luthers Thesen dargestellt wird. Welche Übereinstimmungen, welche Unterschiede sind festzustellen?
- Haltet den historischen Ablauf schriftlich fest.
- Diskutiert: Welche Absicht verfolgte Luther mit seinem Schreiben an Erzbischof Albrecht?

7 Reformatorische Hauptschriften

Als endgültigen Durchbruch der reformatorischen Erkenntnis Luthers und den Bruch mit der römischen Kirche kann man die Leipziger Disputation zwischen Luther und dem Ingolstädter Theologieprofessor Johannes Eck im Jahr 1519 bezeichnen. Es zeigte sich, dass es Luther nicht nur um die Abschaffung einiger Missstände in der Kirche ging, sondern um eine grundlegende Neuorientierung der Kirche. Durch Eck ließ sich Luther dazu bringen, dass er die »Irrtümer« des Jan Hus verteidigte. Luther bestreitet die Heilsnotwendigkeit des päpstlichen Primats sowie die Irrtumslosigkeit der Konzilien. Allein die Heilige Schrift (sola scriptura) ist für ihn der Maßstab für Lehre und Leben der Kirche. Damit stellt Luther das mittelalterliche Kirchenverständnis in Frage.

Das Jahr 1520 ist dann insofern für Luther ein entscheidendes Jahr, als er hier in drei großen Schriften seine reformatorische Erkenntnis und ihre Konsequenzen für Kirche und Gesellschaft darlegt und sein Reformprogramm entwickelt:

In seiner Schrift **An den christlichen Adel deutscher Nation von des christlichen Standes Besserung** zeigt Luther Missstände der Kirche und Maßnahmen zu deren Beseitigung auf. Der Vorrangstellung der Geistlichen stellt er seine These vom Priestertum aller Gläubigen gegenüber.

In der Schrift **Von der babylonischen Gefangenschaft der Kirche** entwickelt Luther ein neues Sakramentsverständnis. »Ein Sakrament ist für ihn ein mit der Zusage der Sündenvergebung verbundenes Zeichen, das Christus selbst gestiftet hat.« (Gutschera/Maier/Thierfelder 2006, 169) Für ihn gibt es daher nicht sieben, sondern nur drei (später zwei) Sakramente.

In seiner Schrift **Von der Freiheit eines Christenmenschen** (Herbst 1520) entwickelt Luther eine erste kurz gefasste evangelische Glaubenslehre. Die Schrift entstand auf Anregung des päpstlichen Gesandten Karl von Miltitz, der zwischen Luther und Rom vermitteln wollte.

Materialien

M 7/1 **Kerngedanken der reformatorischen Hauptschriften von 1520** (zwei Blätter). Mit Hilfe der beigefügten Impulse können die S. die wesentlichen Gedanken Luthers herausarbeiten. Dieses Kapitel ist besonders für S. der Sekundarstufe II und für die Erwachsenenbildung geeignet.

Auszüge aus den reformatorischen Hauptschriften von 1520

M 7/1 Kerngedanken der reformatorischen Hauptschriften von 1520 (1)

Im Jahr 1520 verfasste Luther drei große Schriften, die wesentliche Aussagen seines Reformprogramms enthielten.

An den christlichen Adel deutscher Nation von des christlichen Standes Besserung

Diese Schrift mit detaillierten Vorschlägen zur Reform von Kirche und Gesellschaft entstand im Juni 1520. Luther wandte sich darin an Kaiser Karl V. und den deutschen Adel. In der ersten Jahreshälfte hatte Luther zustimmende Briefe vonseiten der Ritterschaft erhalten, so dass er zumindest teiweise auf ihre Unterstützung bei der Beseitigung der äußeren Missstände hoffen konnte. Brisant war vor allem die Einleitung, in der Luther die Frage beantwortete, warum der die Anhänger des Papsttums (die »Romanisten«) an ihrer althergebrachten Sonderstellung festhalten wollen.

Die Romanisten haben drei Mauern mit großer Geschicklichkeit um sich herum gezogen. Damit haben sie sich bisher beschützt, so dass sie niemand reformieren konnte. Dadurch ist die ganze Christenheit grauenvoll zu Fall gekommen.
Zum Ersten: Wenn man mit weltlicher Gewalt ihnen zugesetzt hat, haben sie behauptet und gesagt, weltliche Gewalt habe kein Recht über sie, sondern umgekehrt, geistliche Gewalt stehe über der weltlichen.
Zum Zweiten: Hat man sie mit der Heiligen Schrift wollen strafen, so setzen sie dem entgegen, es gebühre niemandem, die Schrift auszulegen, als dem Papst.
Zum Dritten: Droht man ihnen mit einem Konzil, so erdichten sie, es könne niemand ein Konzil berufen als der Papst. ...
Wir wollen die erste Mauer zum Ersten angreifen:
Man hat erfunden, dass Papst, Bischof, Priester und Klostervolk der geistliche Stand genannt wird, Fürsten, Herren, Handwerks- und Ackerleute dagegen der weltliche Stand. Das ist eine gar feine, gleisnerische [betrügerische] Auslegung.
Doch soll darüber niemand schüchtern werden, und zwar aus folgendem Grund: Alle Christen sind wahrhaftig geistlichen Standes; es ist unter ihnen kein Unterschied als allein hinsichtlich des Amtes; wie Paulus 1. Kor 12,12 sagt, dass wir allesamt ein Körper sind, doch ein jegliches Glied sein eigen Werk hat, womit es den andern dient. Das kommt daher, dass wir alle eine Taufe, ein Evangelium und einen Glauben haben und sind alle gleiche Christen, denn die Taufe, das Evangelium und der Glaube, die machen allein geistlich und Christenvolk. ... Demnach werden wir allesamt durch die Taufe zu Priestern geweiht, wie St. Peter sagt: „Ihr seid ein königlich Priestertum und ein priesterlich Königreich" (1. Petr 2, 9) ...
Daraus folgt, dass Laien, Priester, Fürsten, Bischöfe und, wie sie sagen, „Geistliche" und „Weltliche" wahrlich im Grunde keinen andern Unterschied haben als denjenigen des Amts oder Werks und nicht den des Standes, denn sie sind alle geistlichen Standes, wahrhaftige Priester, Bischöfe und Päpste ...

Von der babylonischen Gefangenschaft der Kirche

In dieser Schrift vom Oktober 1520 mahnte Luther die innere Reform der Kirche an, vor allem die Reform der Sakramentslehre. Dementsprechend wandte er sich diesmal an die Theologen. Ein Maßstab dafür, dass eine kirchliche Handlung den Charakter eines Sakraments hat, ist der Sachverhalt, dass sie in der Heiligen Schrift eingesetzt wurde. Den »Mauern« der Adelsschrift entsprechen hier die »Gefangenschaften« der Kirche:

Vor allem andern muss ich die Siebenzahl der Sakramente ablehnen und unter gegenwärtigen Umständen nur eine Dreizahl setzen: die Taufe, die Buße, das Brotbrechen. Diese sind uns alle durch die römische Kurie in eine klägliche Gefangenschaft geführt worden, und die Kirche ist ihrer ganzen Freiheit beraubt. ...

Wie die ganze Taufe und die ganze Absolution, so ist auch das ganze Sakrament des Brotes allen Laien zu reichen, wenn sie es begehren ... Kann die Kirche den Laien die Gestalt des Weines nehmen, so kann sie ihnen auch die Gestalt des Brotes nehmen; also wird sie den Laien auch das ganze Sakrament des Altars nehmen und Christi Stiftung bei ihnen ganz entleeren können. Aber, bitte, aus welcher Vollmacht?! ...

Übrigens sollte man Sakramente im engeren Sinne nur diejenigen (biblischen) Verheißungen nennen, die mit Zeichen verbunden sind. Die übrigen, da sie nicht mit Zeichen verbunden sind, sind einfache Verheißungen. Daraus folgt, dass es – wenn wir es mit dem Sprachgebrauch genau nehmen – in der Kirche Gottes nur zwei Sakramente gibt, die Taufe und das Brotbrechen, da wir bei diesen allein das von Gott gestiftete Zeichen und die Verheißung der Sündenvergebung finden. Denn das Bußsakrament, das ich diesen beiden zugezählt habe, entbehrt des sichtbaren und von Gott gestifteten Zeichens und ist, wie ich sagte, nichts anderes als der Weg und die Rückkehr zur Taufe.

Von der Freiheit eines Christenmenschen

Diese Schrift entstand im Herbst 1520 auf Anregung des päpstlichen Gesandten Karl von Miltitz, der zwischen Luther und Rom vermitteln wollte. Die Schrift bietet die erste kurz gefasste evangelische Glaubenslehre.

Zum Ersten. Damit wir von Grund aus erkennen mögen, was ein Christenmensch ist und wie es mit der Freiheit bestellt ist, die ihm Christus erworben und gegeben hat, wovon S. Paulus so viel schreibt, will ich folgende zwei Sätze aufstellen:

Ein Christenmensch ist [im Glauben] ein freier Herr über alle Dinge und niemandem untertan.

Ein Christenmensch ist [in der Liebe] ein dienstbarer Knecht aller Dinge und jedermann untertan.

Diese zwei Sätze sind klar der Standpunkt von S. Paulus 1. Kor 9, 19: „Ich bin frei in allen Dingen und habe mich zu jedermanns Knecht gemacht.« Ferner Röm 13, 8: »Ihr sollt niemandem gegenüber zu etwas verpflichtet sein, als dazu, dass ihr euch untereinander liebet.« Liebe aber – die ist dem dienstbar und untertan, was sie lieb hat ...

Zum Dreißigsten. Aus dem allem folgt der Schluss, dass ein Christenmensch nicht in sich selbst lebt, sondern in Christus und in seinem Nächsten: in Christus durch den Glauben, im Nächsten durch die Liebe. Durch den Glauben fährt er aufwärts zu Gott, von Gott fährt er wieder abwärts durch die Liebe und bleibt doch immer in Gott und der göttlichen Liebe. Es ist, wie Christus Joh 1, 51 sagt: »Ihr werdet noch den Himmel offen stehen sehen und die Engel auf- und absteigen über des Menschen Sohn.«

Sieh, das ist die rechte, geistliche, christliche Freiheit, die das Herz von allen Sünden, Gesetzen und Geboten frei macht. Sie überragt alle andere Freiheit wie der Himmel die Erde. Gott gebe uns, dass wir sie recht verstehen und festhalten. Amen.

Aufgaben:
- Der abgedruckte Text aus der Schrift an den Adel wird oft zitiert. Warum? Diskutiert die zentralen Aussagen.
- In der Schrift von der babylonischen Gefangenschaft der Kirche entwickelte Martin Luther ein neues Sakramentsverständnis. Wodurch zeichnet es sich aus? Welche Aussagen sind auch heute noch kontrovers zwischen evangelischer und katholischer Kirche?
- Freiheit kann sehr verschieden interpretiert werden. Welches Verständnis von Freiheit bringt Luther zur Sprache?
- Luther beklagte sich später, viele Menschen hätten sein Verständnis von Freiheit falsch verstanden. Was meinte er wohl damit?

8 Die Kulisse: Europa im 16. Jahrhundert

In diesem Kapitel werden die politischen Verhältnisse in Europa im 16. Jahrhundert dargestellt, die sich entscheidend auf den Fortgang der Reformation ausgewirkt haben. Wegen der politischen Verwicklungen konnte Kaiser Karl V. seine Absicht, die Einheit des katholischen Glaubens notfalls mit Waffengewalt zu erzwingen, nicht in die Tat umsetzten.

Politische Verhältnisse im 16. Jahrhundert: S. 9

Materialien zu diesem Kapitel

M 8/1 **Der Kampf um die Vorherrschaft in Europa**

M 8/2 **Karte: Der Kampf um die Vorherrschaft in Europa.** Das Textblatt (**M 8/1**) bietet Informationen über die politische Lage in Europa zur Zeit der Reformation. Die Karte (**M 8/2**) zeigt die Herrschaftsgebiete der Habsburger, von Franz I. von Frankreich, von Papst Leo X. sowie das türkische Reich, das Europa bedrohte. Diese Karte hilft, das politische Kräftespiel um die Vorherrschaft in Europa nachzuvollziehen. Durch Kolorieren der verschiedenen Herrschaftsgebiete können sich die S. ein Bild von den damaligen Machtverhältnissen machen.

M 8/3 **Politische Köpfe im 16. Jahrhundert.** Hier sind die vier Herrscher Karl V., Franz I., Leo X. und Suleiman der Prächtige dargestellt. Die S. können ihnen kurze Statements zu ihren Absichten in den Mund legen.

M 8/4 **Die Kriege des Kaisers.** Durch Ausfüllen dieses Lückentextes vertiefen die S. die Erkenntnisse, die sie aus **M 8/1 — M 8/3** gewonnen haben.

M 8/5a **Karte zum Eintragen und Puzzle: Der Kampf um die Vorherrschaft im**
M 8/5b **Europa**
(alternativ zu **M 8/2**)
Die S. erhalten eine kopierte Grundkarte (**M 8/5a**). Sie zeigt das Gebiet, in dem sich die politischen Kämpfe Karls V. mit Türken und Franzosen abgespielt haben. Außerdem die Puzzleteile auf farbiges Papier kopiert (**M 8/5b**). Sie kleben die farbigen Kartenteile auf die Grundkarte. Dieser Vorgang, der allerdings relativ zeitaufwendig ist, ermöglicht ein noch intensiveres Verständnis der damaligen politischen Lage. Anschließend können die S. **M 8/4** bearbeiten.

M 8/1 Der Kampf um die Vorherrschaft in Europa

Gegen Luther wurde 1521 im „Wormser Edikt" die Reichsacht erklärt. Das bedeutete, dass er von jedermann gefangen zu nehmen und dem Kaiser auszuliefern sei. Niemand durfte ihn bei sich aufnehmen. Seine Bücher durften nicht gedruckt, nicht gekauft und nicht gelesen werden. Dass die Reformation sich dennoch rasch ausbreiten konnte, hat mit den politischen Verhältnissen in dieser Zeit zu tun.

Kaiser Karl V. hatte die Absicht, die Spaltung der Kirche wenn nötig mit Waffengewalt zu verhindern. Er wurde jedoch durch außenpolitische Gegner daran gehindert, seine Pläne in die Tat umzusetzen. Seine Kriege gegen Frankreich hinderten Karl V. daran, für die Durchführung des Wormser Edikts zu sorgen. Auf dem zweiten Reichstag von Speyer (1529) war eine Mehrheit der Fürsten und Städte für die Durchführung des Wormser Edikts. Daraufhin protestierten fünf Fürsten und 14 Städte dagegen, dass man in Fragen des Glaubens Entscheidungen durch Mehrheitsbeschlüsse herbeiführen wollte. Dieser Protest gab den Evangelischen den Namen „Protestanten". Für das Jahr 1530 berief der Kaiser einen Reichstag nach Augsburg ein; es war der erste Reichstag nach Worms, an dem er nach neunjähriger Abwesenheit von Deutschland wieder persönlich teilnahm. Nach außenpolitischen Erfolgen gegen Frankreich und in Oberitalien musste er nun gegen die drohende Türkengefahr vorgehen. Dafür war er aber auf die Unterstützung der evangelischen Fürsten angewiesen.

Der französische König Franz I., der Karl 1519 bei der Wahl zum deutschen Kaiser unterlegen war, fühlte sich nun durch ihn bedroht. Er führte daher gegen Karl V. Krieg, wobei es vor allem um den Besitz Norditaliens ging. Zeitweilig wurde der französische König in seinem Kampf vom Papst unterstützt.

Leo X. (Giovanni de Medici) war von 1513 bis 1521 Papst. Als Papst war er nicht nur das geistliche Oberhaupt der gesamten abendländischen Kirche; er war auch der „weltliche" Herrscher des Kirchenstaates. Als solcher fühlte er sich von der Übermacht der Habsburger bedroht; er hatte daher bei der Kaiserwahl 1519 den französischen König unterstützt.

Die Türken bedrohten unter **Suleiman dem Prächtigen** Europa von zwei Seiten. Nach der Eroberung Ungarns durch die Türken war im Osten Österreich, das Stammland der Habsburger, als erstes Land in Gefahr. 1529 belagerten die Türken sogar Wien, mussten aber wieder abziehen. Von Nordafrika aus bedrohten die Türken den spanischen Seehandel.

Aufgabe:
Lest euch den Text aufmerksam durch und bearbeitet dann die Landkarte **M 8/2**.

M 8/2 Karte: Der Kampf um die Vorherrschaft in Europa

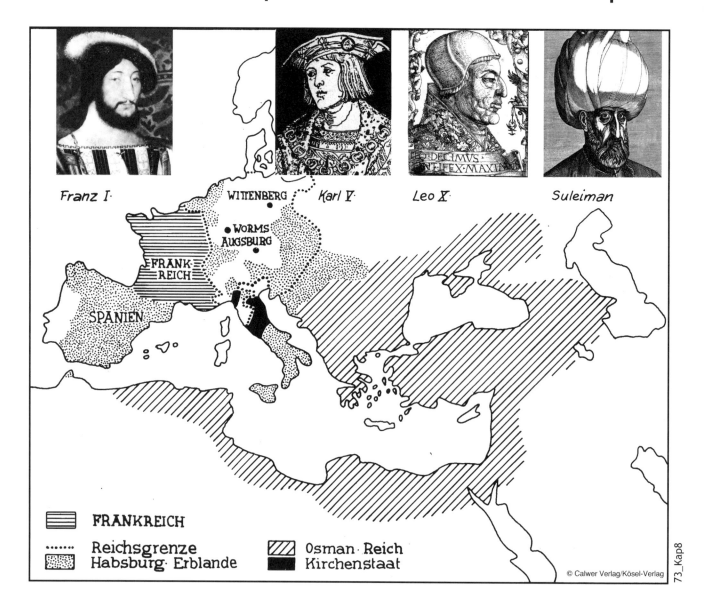

Franz I.   WITTENBERG   Karl V.   Leo X.   Suleiman

WORMS
AUGSBURG

FRANK-
REICH

SPANIEN

▤ FRANKREICH

⋯⋯ Reichsgrenze
▦ Habsburg·Erblande

▨ Osman·Reich
■ Kirchenstaat

© Calwer Verlag/Kösel-Verlag

73_Kap8

Aufgabe:
Die Karte zeigt die Herrschaftsgebiete der Habsburger, des französischen Königs Franz I., von Papst Leo X. und das türkische Reich, das Europa bedrohte. Kennzeichnet die Herrschaftsgebiete mit unterschiedlichen Farben und bearbeitet anschließend **M 8/3**.

Ihr müsst dazu Folgendes wissen:
• Kaiser Karl V., aus der Familie der Habsburger, strebt die Vorherrschaft über Europa an.

• Der französische König Franz I. möchte, dass Frankreich eine starke und unabhängige Macht bleibt.

• Der Papst möchte, dass der Kirchenstaat unabhängig bleibt.

• Die Türken möchten ihr Reich ausdehnen.

Franz I. von Frankreich

Karl V.

Papst Leo X.

Suleiman der Prächtige

Aufgabe:
Schaut euch die kolorierte Karte (**M 8/2**) noch einmal genau an. Schreibt nun in die Sprechblasen, wie sich die einzelnen Herrscher fühlen und was sie tun können, um ihre politischen Ziele zu erreichen. Welche Bündnisse können sie eingehen?

M 8/4 Die Kriege des Kaisers

Kaiser Karl V. (1519-1566) aus der Fürstenfamilie der Habsburger war einer der mächtigsten Männer Europas. Er war Herrscher über Österreich, das Stammland der Habsburger, und über andere habsburgische Gebiete wie _____; er war deutscher Kaiser und König von Spanien.

Außenpolitisch hatte Kaiser Karl V. mit vielen Problemen zu kämpfen.

Der Papst in **Rom** war Oberhaupt der katholischen Kirche und zugleich auch weltlicher Herrscher. Als Herr des _____ war er in die Streitigkeiten der europäischen Politik verflochten wie alle übrigen Fürsten.

In Frankreich herrschte König Franz I. Er fühlte sich durch die habsburgische _____ aufs Stärkste bedroht. Vier Mal führte Karl V. lange Kriege mit seinem Gegner Franz I. Zeitweilig wurde der französische König vom Papst unterstützt.

Im Südosten des Habsburger Reiches gefährdeten die _____ _____ unter **Sultan Suleiman** das Reich Karls V.. Nach der Eroberung Ungarns durch die Türken war auch das _____ _____ in Gefahr. 1529 stand Suleiman mit seinen Truppen sogar vor Wien, musste aber wieder abziehen.

So geriet Karl V. über lange Zeit in einen Kampf mit zwei Fronten, gegen die _____ und gegen die _____.

Hätten damals andere politische Verhältnisse geherrscht, so wären _____ ____ _____ verloren gewesen. Denn Kaiser Karl V. hatte die Absicht, die Spaltung der Kirche wenn nötig mit Waffengewalt zu verhindern. Doch aufgrund seiner vielschichtigen Probleme konnte er seine Pläne nicht _____.

Aufgaben:
Setze folgende Wörter richtig in die Lücken ein:

in die Tat umsetzen — Stammland Österreich — Türken — Franzosen — die Niederlande — Luther und die Reformation — Umklammerung — vordringenden Türken — Kirchenstaates

Vergleicht das Ergebnis des Lückentextes mit eurem Ergebnis **M 8/3**.

Der Kampf um die Vorherrschaft in Europa

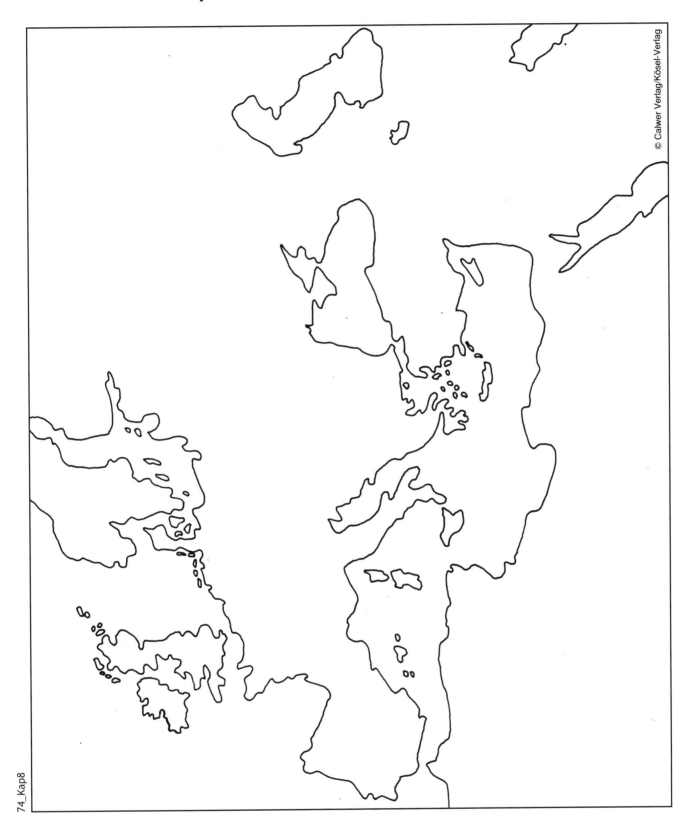

74_Kap8

Aufgabe:
Klebt die Puzzleteile von **M 8/5b** auf dieser Karte an den richtigen Stellen ein.

M 8/5b Puzzleteile:
Der Kampf um die Vorherrschaft in Europa (1)

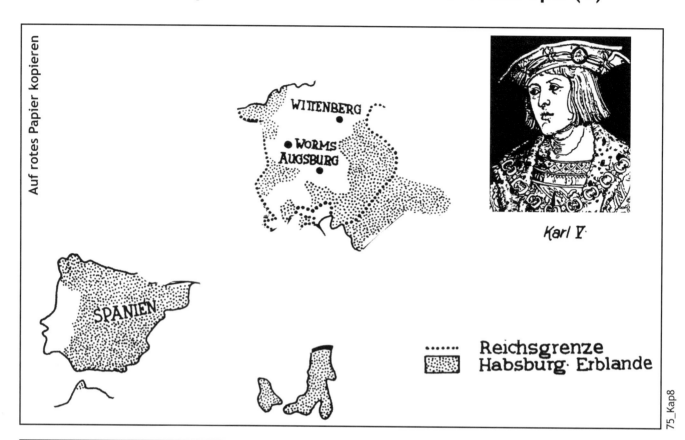

Auf rotes Papier kopieren

WITTENBERG

WORMS
AUGSBURG

SPANIEN

Karl V.

······· Reichsgrenze

Habsburg· Erblande

75_Kap8

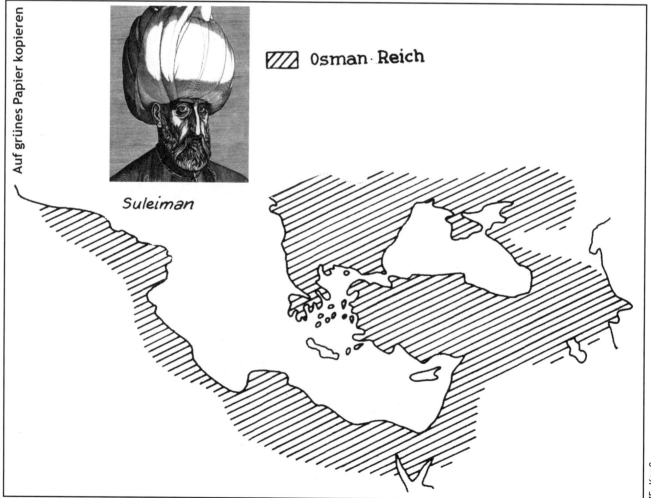

Auf grünes Papier kopieren

Osman· Reich

Suleiman

75_Kap8

M 8/5b Puzzleteile:
Der Kampf um die Vorherrschaft in Europa (2)

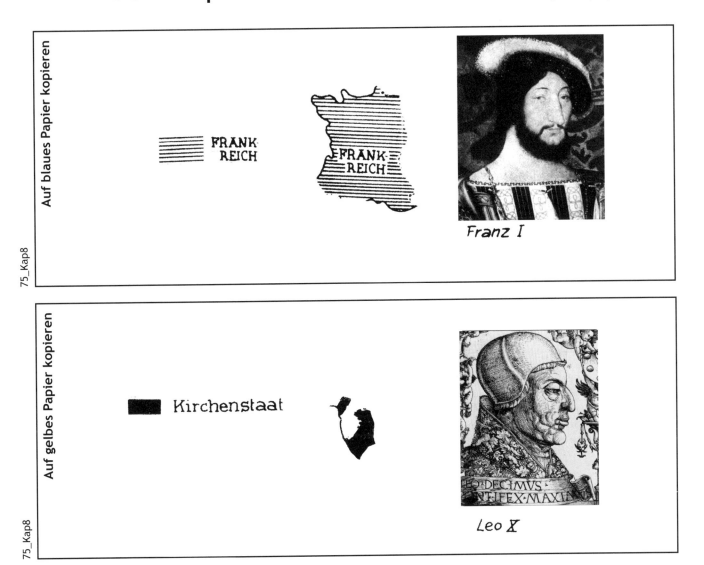

Auf blaues Papier kopieren

FRANK-REICH

FRANK-REICH

Franz I

Auf gelbes Papier kopieren

Kirchenstaat

Leo X

75_Kap8

9 Der Reichstag zu Worms

In diesem Kapitel wird Luthers standhafte Haltung auf dem Wormser Reichstag von 1521 thematisiert. Dies spricht nicht nur S. der Sekundarstufe I an. Luther kann Vorbild dafür sein, an einer Überzeugung auch gegen Widerstände festzuhalten.

Luthers Mut kann den Ausgangspunkt für eine Diskussion über eigenes Verhalten bilden. Diese Frage kann im Unterricht vor die Behandlung der historischen Sachverhalte gestellt werden.

Leitmedium für das Kapitel ist der zeitgenössische anonyme Holzschnitt »Luther auf dem Reichstag zu Worms 1521«. Dieser vermittelt keine objektive Darstellung des Geschehens. Andere Bilder, die den Mönch inmitten des Reichstags zeigen, sind sicher »objektiver«. Der Holzschnitt gibt aber eine Sicht des Wormser Ereignisses wieder, die das Revolutionäre von Luthers Auftreten »adäquater« zum Ausdruck bringt. Kaiser Karl V. hat dies aus seiner Sicht in seiner Rede vor dem Reichstag so formuliert: »Denn es ist sicher, dass ein einzelner Bruder irrt, wenn er gegen die Meinung der gesamten Christenheit steht, da sonst die Christenheit tausend Jahre oder mehr geirrt haben müsste.«

Luther bleibt standhaft

Materialien zu diesem Kapitel

M 9/1 **Was hat sich in Worms abgespielt?** (Textpuzzle und AB, zwei Blätter). Mit diesem Material können sich die S. den äußeren Ablauf des Geschehens vergegenwärtigen (Reihenfolge der Textteile: 3 – 1 – 4 – 2).

M 9/2 **»Mein Gewissen ist im Wort Gottes gefangen ...«**
M 9/3 **Stimmen zum Reichstag.** Mit Hilfe von **M 9/2** (Textblatt) und **M 9/3** (Statements für die Tagesschau) können sich die S. das Geschehen in Worms vor Augen führen.

M 9/4 Erzählung **»Vor Kaiser und Reich«** (zwei Blätter)

M 9/5 **Zwei Bekenntnisse.** Dem Bekenntnis Luthers »Widerrufen kann und will ich nichts ...« »mein Gewissen ist im Wort Gottes gefangen ...« wird das Bekenntnis von Kaiser Karl V. zur Tradition der Kirche gegenübergestellt. Die S. arbeiten die wesentlichen Punkte heraus. Dieses AB kann alternativ oder zusätzlich zu **M 9/1** eingesetzt werden.

M 9/6 Mit Hilfe der Szene **»Die Mutprobe«** (zwei Blätter) können die S. einen Bezug zu ihrer eigenen Situation herstellen. Der Text wird entsprechend den unter dem Text aufgeführten Impulsen behandelt: (1) Lesen mit verteilten Rollen. (2) Erörtern der Frage, an welchen Stellen in der Geschichte sich das Gewissen Georgs bemerkbar macht. (3) Diskussion über die Frage, ob Georg die Mutprobe bestanden hat oder nicht. (4) Bezug zu Luthers Haltung auf dem Reichstag zu Worms herstellen.
Zu Punkt 3 hat ein S. (Sek I) formuliert:
»Es kommt drauf an, welcher Mut getestet werden sollte. Sollte der Mut, nach seinem Gewissen zu handeln, getestet werden, dann hat er seine Mutprobe bestanden. Wenn nur der Mut, etwas Verbotenes zu tun, getestet werden sollte, dann ist er durchgefallen.«

M 9/1 Was hat sich in Worms abgespielt? (1)

Aufgabe.:
- Schneide die folgenden Texte aus und klebe sie in der richtigen Reihenfolge auf das folgende Arbeitsblatt.
- Finde eine Überschrift zu den einzelnen Teilen.
- Schau dir Bilder auf dem Arbeitsblatt an und überlege, zu welchem Textteil sie jeweils passen.

Bereits am Tag nach seiner Ankunft muss Luther vor dem Reichstag* erscheinen. Eine Verhandlung über seine Sache gibt es nicht. Lediglich zwei Fragen werden ihm gestellt: »Willst du dich zu deinen Büchern bekennen? Sie sind dort auf der Bank aufgestapelt.«
Luther bejaht, nachdem die Titel der Bücher verlesen worden sind. »Bist du bereit, diese Bücher oder etwas daraus zu widerrufen?« Luther zögert, dann antwortet er mit leiser Stimme: »Ich bitte um Bedenkzeit, denn bei dieser Frage geht es um den Glauben, um das Heil der Seelen und das höchste Gut auf Erden, nämlich Gottes Wort!« Nach kurzer Beratung wird ihm eine Bedenkzeit von 24 Stunden eingeräumt.
*Reichstag: Versammlung der geistlichen und weltlichen deutschen Fürsten und der Vertreter der freien Reichsstädte.

Luther bleibt dabei: »Weil Eure Majestät und Eure Gnaden eine schlichte Antwort begehren, so will ich eine solche ohne Hörner und Zähne geben: Werde ich nicht durch Zeugnisse der Schrift oder durch klare Vernunftgründe überzeugt — denn ich glaube weder dem Papst noch den Konzilien* allein, da es am Tage ist, dass sie des Öfteren geirrt und sich selbst widersprochen haben —, so bleibe ich überwunden durch die von mir angeführten Stellen der Schrift und mein Gewissen gefangen durch Gottes Wort. Widerrufen kann und will ich nichts, denn es ist weder sicher noch heilsam, gegen das Gewissen zu handeln. Gott helfe mir, Amen.«
*Konzil: Versammlung hoher Vertreter der Kirche

16. April 1521: Vom Turm des Wormser Domes ertönt ein Hornsignal. Ein Wagen nähert sich der Stadt. Ihm voraus reitet der Reichsherold* Kaspar Sturm mit der kaiserlichen Standarte. Im Wagen sitzt der Augustinermönch Martin Luther. Kaiser Karl V. hat Luther vor den Reichstag von Worms bestellt und ihm freies Geleit für die Hin- und Rückreise zugesichert.
Eine große Zahl von Reitern folgen dem Wagen. Viele strömen aus den Häusern auf die Straße, um den berühmten Mann zu sehen.
*Reichsherold: vom Kaiser beauftragter Bote

Am Abend besuchen ihn mehrere Adelige in seiner Herberge und sprechen ihm Mut zu. Am nächsten Tag gegen Abend wird Luther erneut vor den Reichstag geladen. Der Ritter Georg von Frundsberg soll zu ihm beim Betreten des Saals freundlich gesagt haben: »Mönchlein, Mönchlein, du gehst einen schweren Gang!« Zur Frage, ob er bereit sei, seine Schriften zu widerrufen, macht Luther zunächst längere Ausführungen. Der Kerngedanke ist: Wenn mir jemand aus der Heiligen Schrift beweist, dass ich geirrt habe, dann bin ich sofort zum Widerruf bereit und werde der Erste sein, der die Bücher ins Feuer wirft. Der Sprecher des Kaisers fordert ihn auf, eine unzweideutige Antwort darauf zu geben, ob er die in seinen Büchern enthaltenen Irrtümer widerrufen wolle oder nicht ...

M 9/2 »Mein Gewissen ist im Wort Gottes gefangen ...«

16. April 1521: Luther zieht in Worms ein. »Dieser Luther, als er aus dem Wagen stieg, blickte mit seinen dämonischen Augen im Kreise umher und sagte: Gott wird mit mir sein. Dann trat er in eine Stube, wo viele Herren ihn aufsuchten. Alle Welt lief hin, ihn zu sehen.« Verärgert berichtet es der päpstliche Gesandte nach Rom.

Tags darauf sind die Straßen von neugierigen Menschen verstopft. Der Herold muss Luther auf Nebenwegen zur bischöflichen Pfalz führen. Dort sitzen im großen Saal die Mitglieder des Reichstags. Vertreter der Städte, Grafen, Fürsten, Bischöfe und der Kaiser. Alle, die in Deutschland Macht und Einfluss haben! Unbefangen betritt der Mönch den Saal und sieht die hohen Herrschaften an.

Ein Beamter gibt ihm Anweisungen: Luther soll nur reden, wenn er gefragt ist. Dann zeigt man auf eine Bank. Dort liegt eine Reihe von Büchern. »Habt Ihr diese Bücher verfasst?« Luthers Rechtsbeistand Dr. Schurf fährt dazwischen: »Man verlese die Titel!« Es sind viele Titel. Luther erkennt sie als die seinen an. Jetzt kommt die entscheidende Frage: »Wollt Ihr sie widerrufen?« Luthers Antwort ist für den Reichstag überraschend: »Ich bitte um Bedenkzeit.« Seine Bitte wird gewährt. Der päpstliche Gesandte ärgert sich zwar. Die Bedenkzeit währt 24 Stunden.

Am 18. April ist es spät geworden, als man Luther hereinruft. Im Saal sind schon Fackeln entzündet. Wieder steht der Wittenberger Mönch vor Kaiser und Reich. Es geht um die Entscheidung. Noch einmal die alte Frage: »Wollt Ihr widerrufen?« Luther antwortet in einer ausführlichen Rede, erst deutsch, dann lateinisch. Gespannt hören alle die Verteidigung des »Ketzers«. Luthers Rede macht einen unterschiedlichen Eindruck. Kurfürst Friedrich ist sehr zufrieden. Er hat seinen Professor zum ersten Mal persönlich gesehen und gehört. »Gut hat er geredet — er ist mir viel zu kühn!« Für die Kaiserlichen hat Luther viel zu ausführlich gesprochen. Sie fordern eine kurze, unzweideutige Antwort.

Luther bleibt dabei: »weil Eure Majestät und Eure Gnaden eine schlichte Antwort begehren, so will ich eine solche ohne Hörner und Zähne geben: Werde ich nicht durch Zeugnisse der Schrift oder durch klare Vernunftgründe überzeugt – denn ich glaube weder dem Papst noch den Konzilien allein, da es am Tage ist, dass sie des Öfteren geirrt und sich selbst widersprochen haben –, so bleibe ich überwunden durch die von mir angeführten Stellen der Schrift und mein Gewissen gefangen durch Gottes Wort. Widerrufen kann und will ich nichts, denn es ist weder sicher noch heilsam, gegen das Gewissen zu handeln. Gott helfe mir. Amen.« Die Worte »Hier stehe ich. Ich kann nicht anders« sind vermutlich ein späterer Zusatz. Die Spanier aus der Umgebung des Kaisers zischen. Luther verlässt den Saal.

Er kommt in seine Herberge, wo die Freunde auf ihn warten. Luther reißt die Hände hoch und ruft: »Ich bin hindurch. Ich bin hindurch!« Wie die deutschen Landsknechte, wenn sie gesiegt haben!

In den nächsten Tagen zeigt, sich, welchen Eindruck Luther auf die Herren des Reichstags gemacht hat. Ein sächsischer Bericht meldet: »Er wird besucht von vielen Fürsten, Grafen, Rittern, Priestern, Mönchen und Laien. Sie umlagern stets das Haus und können sich seines Anblicks nicht sättigen.« Die kirchliche Seite versucht ein letztes Mal, Luther von seinem Willen abzubringen. Vergeblich. Am 26. April reist er aus Worms ab.

Einen Monat später erlässt der Kaiser das Wormser Edikt. Damit wird über Luther die Reichsacht verhängt. Seine Bücher sind zu verbrennen. Er selbst sollte von jedermann, der seiner habhaft werden konnte, an Rom ausgeliefert werden, und es war verboten, ihn zu beherbergen.

M 9/3 **Stimmen zum Reichstag**

Aleander, päpstlicher Gesandter in Worms	Kurfürst Friedrich der Weise

Carlos, ein Spanier aus der Umgebung des Kaisers	Luthers Freunde

Martin Luther

76_Kap9

Kardinal   Karl V.   Luther

Wenn ihr den folgenden Text durcharbeitet, lernt ihr die Beweggründe Luthers und des Kaisers für ihr Verhalten kennen.

In dem großen Saal des Wormser Bischofshofs wurde es bereits dunkel; einige Diener steckten brennende Fackeln an die Wände. Der Platz um den Thron des Kaisers war immer noch leer, während sich im hinteren Teil des Saales eine große Menschenmenge drängte. Alle warteten auf den Reichstag, den Kaiser, die Fürsten und Ritter des Reiches und die Vertreter der Freien Städte. Die Sitzung sollte um vier Uhr beginnen; jetzt war es fast sechs.

Wer es konnte, warf immer wieder einen Blick auf den, um dessen Schicksal es in dieser Sitzung gehen sollte: Dr. Martin Luther, der Mönch aus Wittenberg. Luther stand am Rand der Menge, ruhig, fast in sich versunken. Ob er sich Hoffnungen machte? Ob er heute widerrufen würde? Wer es noch nicht wusste, konnte es von anderen hören: Luther hatte schon gestern vor dem Reichstag gestanden und war gefragt worden, ob er seine Bücher widerrufen wolle. Aber er hatte um Bedenkzeit gebeten und sie auch erhalten: einen Tag.

Aus dem allgemeinen Gemurmel wurden immer wieder Rufe laut, die an Luther gerichtet waren: »Hast du Angst, verbrannt zu werden?« »Wir werden für dich kämpfen!« »Man muss Gott mehr gehorchen als den Menschen!« Der Angesprochene schien dies nicht zu hören.

Plötzlich erscholl ein Trompetensignal. Das Gemurmel verstummte; die Mitglieder des Reichstags zogen ein. Man konnte den Fürsten und Gesandten ansehen, dass sie schon anstrengende Verhandlungen hinter sich hatten. Luthers Schicksal war ja nicht das einzige Problem, weshalb der Reichstag zusammengekommen war: Die Wirtschaft war gefährdet durch den Geldmangel der Adligen und den Wucher einiger Bürger. Das Deutsche Reich war bedroht von den Türken im Osten und den Franzosen im Westen. Und dass die vom Papst regierte Kirche nicht so bleiben konnte wie sie war, darüber waren sich auch alle einig. Nur so deutlich, so grob wie der Luther gewesen war, durfte man es nicht machen. Aber vielleicht würde er ja heute einiges widerrufen.

Der Sprecher des Kaisers forderte Luther auf vorzutreten. »Willst du aus deinen Büchern etwas widerrufen?« Alle hielten den Atem an, während Luther anfing, eine Rede zu halten, die er offenbar vorbereitet hatte:
»Ich habe eigentlich drei Arten von Büchern geschrieben. Da sind einmal die Bücher, in denen ich

die Bibel erkläre oder sage, wie man als Christ leben soll. Diese Bücher gefallen ja allen, und deshalb wäre es dumm, wenn ich sie widerrufen würde. Aber es geht natürlich um die zweite Gruppe. Das sind die Bücher, in denen ich gegen die Machtgier und die Geldsucht des Papstes geschrieben habe. Es ist doch so, dass der Papst mächtiger sein will als der Kaiser und es am liebsten hätte, wenn wir unser gutes deutsches Geld alles nach Rom bringen würden ...«

Luther wollte noch weiter reden; aber die Zuhörer wurden immer unruhiger. »Lass das unsere Sorge sein!«, rief der Sprecher des Kaisers. »Du sollst hier nicht den Papst angreifen, sondern dich und deine Bücher verteidigen!«

»Ja, und dann ist da noch eine dritte Gruppe von Büchern« – der Zwischenruf des kaiserlichen Sprechers schien Luther nicht aus der Fassung gebracht zu haben. »Diese habe ich gegen einzelne Gegner geschrieben, und das manchmal – ich gebe es zu – recht hart. Aber am Ende geht es auch in diesen Büchern um die Lehre Christi, und deshalb kann ich sie nicht widerrufen.«

Luther war mit seiner Rede zu Ende. Er schien recht zufrieden zu sein – aber was würde der Kaiser sagen? Auch die Hitze und die schlechte Luft

im Saal konnten jetzt niemanden dazu bringen, den Saal zu verlassen.

Auf einen Wink des Kaisers trat noch einmal sein Sprecher vor. Seine Antwort war lang; aber am Ende kam eine klare Frage: »Willst du widerrufen oder nicht?«

Luthers Antwort war diesmal kurz: »Weder dem Papst noch einer Kirchenversammlung glaube ich. Mein Gewissen ist im Wort Gottes gefangen. Ich kann nicht anders, hier stehe ich. Gott helfe mir. Amen.«

Es war schon spät: Alle brachen schnell auf, auch der Kaiser. Aber Kaiser Karl V. ging noch nicht ins Bett. Er setzte sich an einen Tisch und schrieb eine Rede, die er am nächsten Tag vor dem Reichstag halten wollte:

»Ich stamme von den allerchristlichsten Kaisern der Welt ab. Ich werde es nicht zulassen, dass der christliche Glaube durch Luther verdorben wird. Denn es ist sicher, dass er als Einzelner irrt, wenn er alle Christen von über 1000 Jahren gegen sich hat.«

Heiko Jürgens

Aufgabe:
- Lest die Erzählung durch und schreibt in die Sprechblasen die Argumente, die Luther und der Kaiser vorbringen. Was könnten die Kardinäle (ihr erkennt sie an ihren Hüten) denken?
- Ihr könnt die Szene nachstellen und formulieren, wie sich die einzelnen Personen fühlen.
- Gebt dem Bild einen Titel!

M 9/5 Zwei Bekenntnisse

Luther und der Kaiser vertraten gegensätzliche Positionen. Diese Positionen könnt ihr hier kennenlernen.

Am 18. April wurde Luther vor dem Reichstag gefragt, ob er bereit sei, seine Schriften zu widerrufen. Darauf sagte er:

»Weil denn Eure kaiserliche Majestät und Eure Fürstlichkeiten eine einfache Antwort fordern, so will ich eine geben, die weder Hörner noch Zähne hat, nämlich: Wenn ich nicht überwunden werde durch die Zeugnisse der Schrift oder mit klaren Vernunftgründen, so bleibe ich von den Schriftstellen besiegt, die ich angeführt habe, und mein Gewissen ist im Wort Gottes gefangen. Denn ich glaube weder dem Papst noch den Konzilien allein, weil feststeht, dass sie oft geirrt und sich selbst widersprochen haben. Widerrufen kann und will ich nichts, weil es weder gefahrlos noch heilsam ist, gegen das Gewissen zu handeln. Gott helfe mir. Amen.«

Kaiser Karl V. ließ am nächsten Tag eine wohl von ihm selbst auf Französisch verfasste Erklärung verlesen, in der es hieß:

»Ihr wisst, dass ich abstamme von den allerchristlichsten Kaisern der edlen deutschen Nation, von den katholischen Königinnen von Spanien, den Erzherzögen von Österreich, den Herzögen von Burgund, die alle bis zum Tode getreue Söhne der römischen Kirche gewesen sind, Verteidiger des katholischen Glaubens, der geheiligten Bräuche und Gewohnheiten des Gottesdienstes, die das alles mir nach ihrem Tode als Vermächtnis hinterlassen haben und nach deren Beispiel ich bislang auch gelebt habe. So bin ich entschlossen, festzuhalten an allem, was seit dem Konstanzer Konzil geschehen ist. Denn es ist sicher, dass ein einzelner Bruder irrt, wenn er gegen die Meinung der ganzen Christenheit steht, da sonst die Christenheit tausend Jahre oder mehr geirrt haben müsste.«

Aufgabe:
Luther und Karl V. haben jeweils ein Bekenntnis abgelegt. Schreibt auf, welches die wesentlichen Inhalte der beiden Bekenntnisse sind.

_____

_____

_____

_____

_____

_____

_____

M 9/6 Die Mutprobe (1)

Erzähler: »Die Adler« nennen sie sich. Georg bewundert sie alle, und er möchte zu ihnen gehören.

Jochen: Wer zu uns gehören will, muss seinen Mut erst beweisen! Und du, Georg, kennst die Spielregeln?

Georg: Ich kenne sie.

Jochen: Und du bist bereit?

Georg: Ich bin bereit.

Erzähler: Zettel werden verteilt. Ein jeder von den Adlern darf eine Aufgabe stellen. Diese wird auf einen Zettel geschrieben. Wer aufgenommen werden möchte, muss mit verbundenen Augen eine der Aufgaben wählen und sie erfüllen.

Jochen: Du hast Glück! Die Aufgabe ist nicht allzu schwer. Die Kasse der alten Frau am Kiosk neben dem Bahnhof.

Rolf: Die Alte schläft, wenn sie nicht gerade isst oder strickt oder eine Zeitung verkauft. Wer geht mit ihm mit?

Jochen: Ich!

Erzähler: Sie gehen zur Anlage neben dem Bahnhof. Von dort aus beobachten sie den Kiosk.

Georg: Ich geh mal los zum Kiosk und erkunde die Lage. Du wartest hier.

Erzähler: Die Frau sitzt hinter ihrem Fenster und strickt. Sie Frau sieht erst hoch, als Georg vor ihr steht.

Alte Frau: Willst du etwas?

Georg: Das neue Bravo-Heft! Ich muss mir die Zeit vertreiben, bis mein Zug fährt.

Erzähler: Die Frau sucht und wühlt in den Heften. Georg entdeckt die Kasse in der Kioskbude rechts in der Ecke. Nach langem Suchen findet sie das Heft. Sie gibt Georg noch ein Heft als Geschenk: »Probenummer – eine Zeitschrift für Jugendliche« steht drauf.

Alte Frau: Das kannst du haben. Fährst du mit dem Zwei-Uhr-zwanzig-Zug?

Georg: Ja.

Alte Frau: Es ist kalt. Du kannst doch drüben in der Gaststätte warten. Dort ist es warm. Meine Schwester ist dort am kalten Büffet. Sag ihr, du kommst von mir, dann kannst du dort warten, auch wenn du nichts isst.

Georg: Ist gut! Und was macht die Bravo?

Alte Frau: 1,60 Euro.

Erzähler: Georg beginnt in seinen Taschen zu suchen. Er tut so, als ob er seinen Geldbeutel suchen würde.

Georg: Zu dumm, ich kann meinen Geldbeutel nicht finden. Drüben, in der Anlage, auf der Bank hab' ich ihn noch gehabt. Weit kann er nicht sein, ich geh gleich suchen. Das Heft lasse ich solange da.

Alte Frau: Hoffentlich findest du deinen Geldbeutel!

Erzähler: Georg läuft über die Straße, dann ein Stück in die Anlage hinein zu Jochen, der gut versteckt im Gebüsch auf ihn wartet.

Jochen: Was ist? Hast du die Kasse?

Georg: So schnell geht das nicht. Ich habe mir alles genau überlegt; die Frau hat eine Schwester, die in der Gaststätte da drüben arbeitet. Du gehst jetzt zu der Alten und sagst ihr, dass sie mal rasch zu ihrer Schwester kommen soll. Sag einfach, ihr sei nicht gut.

M 9/6 Die Mutprobe (2)

Im gleichen Augenblick komm ich auch an die Bude, um mein Bravo-Heft zu bezahlen und tue so, als ob ich dich nicht kennen würde. Dann gibt es zwei Möglichkeiten: Entweder sie schließt die Bude ab, bevor sie geht, oder sie bittet einen von uns, auf ihre Sachen zu achten – aber wie dem auch sei: Das Schiebefenster vorne ist leicht zu durchschlagen.

Jochen: Und wenn die Frau dich bittet, sie zu vertreten, was machen wir dann?

Georg: Dann nimmst du die Kasse. Bevor du verschwindest, schlägst du mich zum Schein ein bisschen zusammen. Dann kann ich sagen, man hat mich überfallen und die Kasse geraubt.

Jochen: Geht in Ordnung!

Erzähler: Jochen geht los. Es verläuft alles genau nach Georgs Plan: Nachdem Jochen einige Worte mit der Frau gewechselt hat, tritt Georg hinzu. Er hört gerade noch, wie Jochen sagt:

Jochen: Es muss ganz plötzlich gekommen sein.

Georg: Ich hab' ihn gefunden. Hier ist das Geld.

Alte Frau: Du könntest mir einen Gefallen tun: Geh einen Augenblick hier herein, ich bin gleich wieder da – ich muss nur mal rasch zu meiner Schwester, es geht ihr nicht gut.

Georg: Mach ich. Wenn jemand kommt und was will, leg' ich das Geld in die Schale. Sie können sich auf mich verlassen.

Erzähler: Georg sieht der Frau nach. Ihm fällt erst jetzt ihr graues Haar auf, ihr müder, schleppender Schritt und erst jetzt wird ihm ihr Gesicht bewusst. Einen Augenblick denkt er: Wie meine Oma, und dann hört er noch einmal seine eigenen Worte: »Sie können sich auf mich verlassen!« Er sieht ihr noch lange nach, auch dann noch, als sie längst nicht mehr zu sehen ist. Jochen steht wieder vor ihm.

Jochen: Na, was ist? Worauf wartest du? Besser konnte es gar nicht klappen!

Georg: Du wirst dich wundern! Ich tu' es nicht!

Jochen: Bist du verrückt geworden? Willst du kneifen? Was ist in dich gefahren! Los, gib die Kasse her! ...

Erzähler: Als Jochen versucht, selbst die Kasse zu holen, versperrt Georg ihm den Weg. Er hält ihn mit seinen Fäusten zurück, doch Jochen denkt an die Abmachung und beginnt sich mit Georg zu schlagen.

Jochen: Ist das nun echt oder Theater?

Erzähler: Schließlich kann Jochen den Georg am Boden festhalten.

Georg: Lass mich los und verschwinde! Ich will nicht mehr!

Jochen: Aber warum? Es wäre doch jetzt so einfach!

Georg: Weil ich nicht will.

Erzähler: Jochen kehrt zurück zu den Adlern.

Jochen: Es wäre alles so einfach gewesen! Aber ihn hat wohl plötzlich der Mut verlassen!

Rolf: Er hat die Mutprobe nicht bestanden!

Nach Ingeborg Karasek

Aufgaben:
- Lest den Text mit verteilten Rollen: Erzähler, Jochen, Georg, alte Frau, Rolf (einer der Adler).
- An welchen Stellen in der Geschichte macht sich das Gewissen Georgs bemerkbar?
- Diskutiert die Frage, ob Georg die Mutprobe bestanden hat oder nicht.
- Stellt eine Beziehung zu Martin Luthers Verhalten vor dem Reichstag zu Worms her.

10 Die Reformation als Volksbewegung

In diesem Kapitel werden verschiedene gesellschaftliche Gruppen vorgestellt, die unterschiedliche Hoffnungen bzw. Befürchtungen mit der Reformation verbanden.

Materialien zu diesem Kapitel

M 10/1 Gesellschaftliche Gruppen zur Zeit der Reformation (Texte und Bilder, drei Blätter). Die Texte bieten Kurzinformationen zu den verschiedenen Gruppen. Jeder Gruppe ist eine zeitgenössische Abbildung zugeordnet; diese Bilder finden sich wieder auf **M 10/2**.

M 10/2 Bilder und Buttons: Die Reformation als Volksbewegung (zwei Blätter). Hier findet sich zu jeder Gruppe ein Button mit einem Bild und einer Ampel. In diese Buttons schreiben die S. Stichworte zur »Lage« und zur »Stellung zu Luther«. In die Ampeln tragen sie grün, rot oder gelb ein, ob die jeweilige Gruppe für (grün) oder gegen (rot) Martin Luther war. Gelb bedeutet: sowohl als auch.

Die S. bearbeiten **M 10/1** und **M 10/2** am besten in Vierergruppen. Jede/r bearbeitet dann zwei gesellschaftliche Gruppen. Die Gruppenmitglieder stellen sich ihre Ergebnisse gegenseitig vor.
Es ist sinnvoll, die Buttons auf DIN A3 hochzukopieren und zu folieren, Einträge können mit Folienstift gemacht werden. Nach der Gruppenarbeit werden sie an die Tafel geheftet. Alternative: Gestalten eines Plakats.

M 10/1 Gesellschaftliche Gruppen zur Zeit der Reformation (1)

Mit der Verbreitung der 95 Thesen Luthers gegen den Ablass wurde die Reformation zu einer echten Volksbewegung. Viele Gruppen sahen in Luther ihren Mann, der die lang ersehnte Verbesserung der Verhältnisse in Deutschland brachte. Viele Christen, die ernsthaft nach der Wahrheit suchten, fanden in den Aussagen der Reformation die Antwort auf ihre Fragen.

Im Jahr 1525 – vor allem als Folge der Bauernkriege – wendeten sich jedoch viele enttäuscht von Luther ab. Manchen ging er zu weit, manchen war er nicht radikal genug. Von allen Seiten kommt der Vorwurf, der Reformator sei doppelzüngig und hänge sein Mäntelchen nach dem Wind.

Luther schlägt die 95 Thesen an

Die Gebildeten (Humanisten)

Viele Gebildete zur Zeit Luthers – man nannte sie Humanisten – waren mit dem Zustand der Kirche nicht zufrieden. Sie wollten das Christentum zu seiner ursprünglichen Form zurückführen. Sie pflegten die alten Sprachen Griechisch und Hebräisch, forderten daneben aber, die Gottesdienste in der Landessprache und nicht in Latein abzuhalten und die Bibel ins Deutsche zu übersetzen. Dem Ablasshandel und der Heiligenverehrung standen die Humanisten kritisch gegenüber.

Der damals bekannteste Humanist war Erasmus von Rotterdam, dessen Griechisches Neues Testament Luther für seine eigene Übersetzung benutzte. Erasmus blieb allerdings dem Papsttum treu, andere Humanisten, wie Philipp Melanchthon aus Bretten, schlossen sich Luther an.

Erasmus von Rotterdam

Die Bauern

Im Jahr 1520 veröffentlichte Luther seine Schrift »Von der Freiheit eines Christenmenschen«. Das Stichwort »Freiheit« fand vor allem bei den Bauern großen Anklang. Ihre Lage hatte sich in den letzten 150 Jahren vor Luther in vielen Gegenden Deutschland zusehends verschlechtert.

Vor allem wurden ihre sogenannten »Freiheiten«, die Nutzung von Wald und Weide, von Jagd und Fischerei, durch die weltlichen und geistlichen Herren immer mehr eingeschränkt und teilweise verboten. Seit etwa 1450 kam bei den Adligen die Jägerei groß in Mode. Deshalb sorgten sie für einen möglichst großen Wildbestand. Darunter litten die Felder der Bauern. Wenn diese aber das Wild erlegten, um die Felder vor Zerstörungen zu schützen, wurde sie von den Adligen wegen Jagdfrevels bestraft. Die Abgaben wurden ständig erhöht, so dass viele Bauern in echte Not gerieten. In Süd- und Mitteldeutschland waren die Bauern vielfach zu Leibeigenen geworden. Die Unzufriedenheit hatte auch politische Gründe, weil die Fürsten und andere Obrigkeiten unter Hinweis auf das römische Recht die althergebrachte Selbstverwaltung der Bauern einschränkten.

Immer wieder erhoben sich Bauern, um für ihre Freiheit zu kämpfen. Sie hatten jedoch letztlich gegen die militärische Übermacht der Fürsten keine Chance.

Viele evangelische Prediger unterstützten die Bauern. Sie sagten: Christliche Freiheit bedeutet auch, dass der Mensch äußerlich frei sein muss. Niemand darf der Knecht eines anderen Menschen sein.

Luther hatte Sorge, dass die »christliche Freiheit« durch die Bauern zu einem politischen Programm gemacht würde. Deshalb sagte er: Innerlich kann der Mensch frei sein, auch wenn er äußerlich unfrei ist. Luther ermahnte Fürsten und Bauern vergeblich, sich friedlich zu einigen.

Bauer

Philipp von Hessen

Die deutschen Fürsten

Die deutschen Fürsten strebten schon lange die Herrschaft über die Kirche ihres Gebietes an; sie wollten die politische Macht der Kirche eindämmen. Luthers Kampf gegen das Papsttum kam diesen Bestrebungen entgegen. Von der Einführung der Reformation versprachen sie sich viele Vorteile: Die Besitzungen der Kirchen und Klöster stellten einen großen Wert dar. Außerdem erhofften sich manche Fürsten eine unabhängigere Stellung gegenüber Kaiser Karl V., zumal der ein klarer Gegner der Reformation war.

Der Landesherr Luthers, Kurfürst Friedrich der Weise von Sachsen, schützte diesen gegenüber dem Kaiser und dem Papst. Ein weiterer wichtiger Befürworter Luthers war Landgraf Philipp von Hessen.

Franz von Sickingen

Die Ritter

Infolge der Entwicklung der Schusswaffen und der Einführung der Söldnerheere verloren die Ritter gegen Ende des Mittelalters an Bedeutung und gerieten in wirtschaftliche Not.

Diese Ritter hielten von allem, was »deutsch« war, sehr viel, alles »Römische«, insbesondere das Papsttum und die katholische Kirche, verachteten sie.

Viele Ritter sahen in Luther »ihren Mann«. Von seiner Reformation und seinem Kampf gegen das Papsttum versprachen sie sich eine Rückkehr zu früheren Zeiten. Der Ritter Franz von Sickingen bot Luther seine Ebernburg als Zufluchtsort an. 1523 erhoben sich viele Reichsritter gegen den Erzbischof von Trier. Franz von Sickingen fiel im Kampf.

Das sinkende Schiff der Kirche

Die Geistlichen und die Mönche

Auch viele Priester, Mönche und Nonnen waren mit dem Zustand der Kirche nicht zufrieden.

Viele von ihnen sahen in Luther den längst ersehnten Reformator, der das »sinkende Schiff der Kirche« vor dem Untergang retten konnte.

Die Geistlichen waren im Mittelalter gegenüber anderen Christen hervorgehoben. Nur sie übten einen »Beruf« aus, denn sie waren von Gott zu ihrem Stand » berufen« worden. Die Tätigkeiten der übrigen Menschen konnte man nicht »Beruf« nennen. Mönche, Nonnen und Priester übten ihren Beruf zur Ehre Gottes aus. Man war der Meinung, dass sie aufgrund ihrer Gelübde das wahre christliche, gottgefällige Leben führten.

Vor allem die Ehelosigkeit galt als besonders gutes Werk gegenüber Gott. Luther hatte demgegenüber erkannt: Kein Mensch kann durch ein noch so frommes Leben Gott zufriedenstellen. Der Mensch lebt davon, dass Gott ihn ohne Vorleistungen annimmt. Kein Mensch hat dem anderen gegenüber einen Vorteil dadurch, dass er als Mönch lebt.

Luther bezeichnet alle Tätigkeiten als »Beruf«. Wer glaubt, der weiß, dass er von Gott zu der Tätigkeit berufen ist, die er ausübt. Dadurch, dass ein Mensch glaubt, tut er alles, was er tut, zur Ehre Gottes. Deshalb führen auch Unverheiratete kein besseres Leben als Verheiratete. Diese Ansichten Luthers führten dazu, dass viele Mönche und Nonnen erkannten: Wir haben einen Fehler gemacht, als wir ins Kloster gingen; wir haben einen Fehler gemacht, als wir gelobten, lebenslang unverheiratet zu bleiben.

Die Ansichten Luthers über den Beruf und über Ehe und Familie führten dazu, dass viele Mönche und Nonnen die Klöster verließen.

Auch Luthers Frau, Katharina von Bora, war eine ehemalige Nonne.

Bewohner der Städte: Patrizier

Innerhalb der freien Reichsstädte hatten meist einige reiche Kaufmanns-
familien (Patrizier) das Sagen. Sie saßen auch im »Rat« der Stadt und
wählten aus ihrer Mitte den Bürgermeister. Der bekannteste Patrizier in
Augsburg war Jakob Fugger (1459–1525), der das Familienunternehmen
zu einem weltweiten Handelsunternehmen ausbaute. 1521 stiftete er die
Fuggerei, eine Armensiedlung für Augsburger Handwerker und Tagelöh-
ner. Sie ist die älteste bis heute noch bestehende Sozialstiftung der Welt.
 Der größte Teil der Stadtbevölkerung bestand aus Handwerkern, die in
»Zünften« zusammengeschlossen waren.
Viele Angehörige der Zünfte erhofften sich von der Reformation Luthers
Unterstützung in ihrem Kampf gegen die Vormachtstellung der Patrizier.
Viele Patrizier hingegen begegneten der neuen Lehre mit Misstrauen,
weil sie eine Beschneidung ihrer Macht fürchteten. Manche Städte schlu-
gen sich aber auch auf die Seite der Reformation, weil ihnen die Stellung
der katholischen Kirche in ihrer Stadt zu stark geworden war.
Der Rat kassierte die Zölle, erhob die notwendigen Steuern und bestimmte ihre Verwendung. Von den Steuern wurden Brücken und Straßen gebaut. Über den kleinen und zum Teil dürftigen Häusern der Bürger erhoben sich stolze Gemeinschaftsbauten: die Kirchen, das Rathaus und
die Lagerhäuser für die verschiedensten Waren. Trutzige Befestigungen
schützten mit Toren, Türmen, Mauern und Gräben die Stadt.
Alles städtische Leben war durch Vorschriften des Rates aufs Genaueste
geregelt: Markt und Handel, Löhne und Preise, Feste und Feiern, Mode
und Kleidung, ja sogar Essen und Trinken der Bürger.

Jakob Fugger

Bewohner der Städte: Handwerker und Zünfte

Die Handwerksmeister stellten einen starken Anteil an der Stadtbevölkerung. Sie arbeiteten allein oder zusammen mit Gesellen und Lehrlingen
in ihren Werkstätten. Werkstatt und Wohnung waren unter einem Dach.
Die Meister eines Berufs schlossen sich in »Zünften« zusammen. Sie
wohnten häufig in der gleichen Straße, z.B. in der »Weberstraße« oder
der »Töpfergasse«. Sie feierten ihre Feste miteinander. Aber die Zünfte
engten den einzelnen Meister auch ein. So erlaubten sie ihm nicht, mit
den anderen Meistern seiner Zunft in Wettbewerb zu treten.
Als die Zünfte stark geworden waren, wollten auch sie in der Stadtre-
gierung mitwirken. In vielen Städten kam es zu Aufständen, und meist
erreichten es die Zünfte, dass auch ihre Vertreter in den Rat der Stadt
aufgenommen wurden.
Viele Angehörige der Zünfte hofften, dass durch die Einführung der Reformation die Vormachtstellung der Patrizier gebrochen würde.

Goldschmied

Bewohner der Städte: Knechte, Mägde und Tagelöhner

Neben den Kaufleuten und Handwerkern gab es in den Städten noch andere Bewohner: Tagelöhner, Knechte und Mägde, Lastenträger und See-
leute. Sie lebten meist in ärmlichen Verhältnissen ohne eigenen Besitz
und waren auf ihren Arbeitsherrn angewiesen. An der Stadtverwaltung
der Stadt waren sie nicht beteiligt. Sie erhofften sich von Luther eine
Verbesserung ihrer Lage.

Aufgabe:

Lest die Texte aufmerksam durch und haltet die Inhalte mit Hilfe von
M 10/2 stichwortartig fest.

Tagelöhner

16_Kap1

DIE
GEISTLICHEN
UND DIE
MÖNCHE

Lage: _____
_____
Stellung zu Luther: _____
_____

88_Kap10

PATRIZIER
UND RAT

Lage: _____
_____
Stellung zu Luther: _____
_____

89_Kap10

M 10/2 Bilder und Buttons:
Die Reformation als Volksbewegung (2)

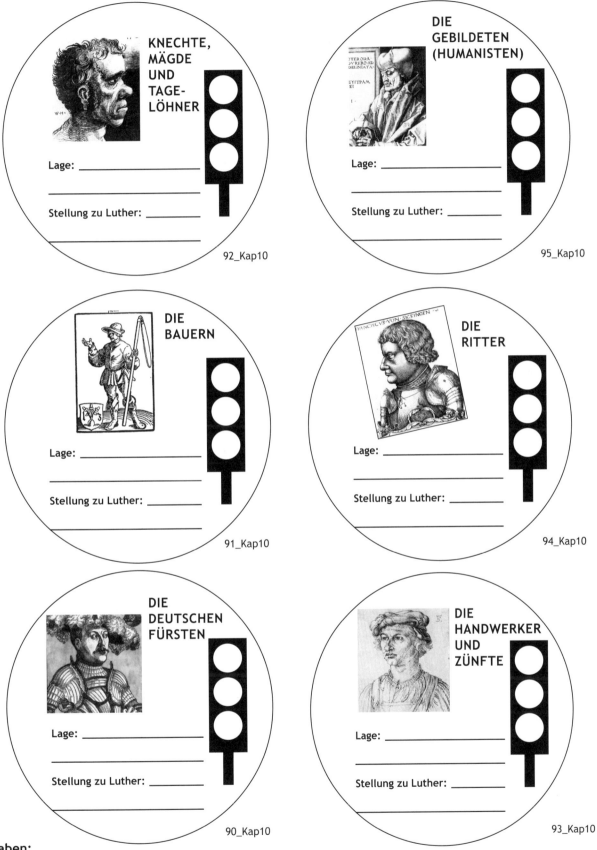

KNECHTE, MÄGDE UND TAGE-LÖHNER

Lage: _____

_____

Stellung zu Luther: _____

_____

92_Kap10

DIE GEBILDETEN (HUMANISTEN)

Lage: _____

_____

Stellung zu Luther: _____

_____

95_Kap10

DIE BAUERN

Lage: _____

_____

Stellung zu Luther: _____

_____

91_Kap10

DIE RITTER

Lage: _____

_____

Stellung zu Luther: _____

_____

94_Kap10

DIE DEUTSCHEN FÜRSTEN

Lage: _____

_____

Stellung zu Luther: _____

_____

90_Kap10

DIE HANDWERKER UND ZÜNFTE

Lage: _____

_____

Stellung zu Luther: _____

_____

93_Kap10

Aufgaben:

1. Lest die Texte (**M 10/1**) durch. Die Reihenfolge ist beliebig.
2. Schreibt in die Buttons (**M 10/2**) Stichworte zur »Lage« der jeweiligen Gruppe und zu ihrer »Stellung zu Luther«.
3. Zeichnet in die Ampeln grün, rot oder gelb ein, ob die jeweilige Gruppe für (grün) oder gegen (rot) Martin Luther war. Gelb bedeutet: sowohl als auch.
4. Stellt euch gegenseitig eure Ergebnisse vor.
5. Schneidet die Buttons und das Lutherbild aus und gestaltet in eurem Heft eine Doppelseite und/oder ein Plakat.

11 Der Bauernkrieg

Thema dieses Kapitels ist zum einen die Lage der Bauern in der Reformationszeit, zum andern Luthers von vielen als doppelzüngig empfundene Haltung zu
den Forderungen der Bauern: Der Reformator hält zwar einige Forderungen
der Bauern für berechtigt, andererseits jedoch wehrt er sich strikt dagegen,
diese Forderungen mit Gewalt gegen die Obrigkeit durchzusetzen. Außerdem
weist er die Vermengung der von ihm gepredigten christlichen Freiheit mit
der weltlichen Freiheit zurück.

*Zwei-Reiche-
Lehre: S. 17*

Zum Verständnis von Luthers Position muss man seine Zwei-Reiche-Lehre
heranziehen. In seinen Schriften unterscheidet Luther immer wieder zwei
Reiche oder besser gesagt: zwei Regimente (Herrschaftsweisen), mit denen
Gott die Welt regiert. Durch das geistliche Regiment schenkt Gott den
Glauben, durch den der Mensch Gott recht ist. Das geschieht durch die
Verkündigung des Evangeliums. Durch das weltliche Regiment hilft Gott dazu,
dass äußerlich Frieden herrscht.

Im weltlichen Regiment gibt es Obrigkeiten, die das Land regieren, und
Untertanen, die der Obrigkeit gehorchen sollen (vgl. Röm 13,1).

Luther liegt alles daran, dass Gott in beiden Regimenten regiert. Vor allem
fordert er stets dazu auf, die beiden Regimente nicht zu vermischen.

Die vertiefende Behandlung der Zwei-Reiche-Lehre kann erst in Sek II und
in der Erwachsenenbildung geleistet werden. Hierzu findet sich unter **M 11/5**
entsprechendes Material mit Hinweisen zur heutigen Bedeutung der Zwei-
Reiche-Lehre. Aber auch in Sek I sollte Luthers Verhalten im Bauernkrieg
nicht ausgeblendet werden. Deshalb wird in **M 11/2** anhand der »Bauernoper«
auf die zwölf Artikel der Bauernschaft zu Schwaben und Luthers Haltung dazu
eingegangen. Die Lehrkraft sollte je nach der Klassensituation den Hintergrund der Zwei-Reiche-Lehre einbringen und erklären.

Die Materialien zu Luthers Zwei-Reiche-Lehre können in GA bearbeitet werden.
Dem Material **M 11/5** sind ein Impuls mit Skizze zur Bearbeitung des Textes
sowie Fragen zur heutigen Bedeutung der Zwei-Reiche-Lehre beigegeben.

*Luthers Haltung
im Bauernkrieg*

Baustein A

Materialien zu Baustein A

M 11/1 Martin Luther und der Bauernkrieg. Die S. lesen diesen einführenden Text
als Basisinformation durch und bearbeiten ihn mit Hilfe der Impulse.

M 11/2 Aus der Bauernoper. Um diesen Text zu erschließen, können die S.
ihn (z.B. als Rap) singen. Die Lehrkraft kann diesen Liedtext aus der
Bauernoper auch vorspielen.

M 11/3 Die zwölf Artikel der Bauernschaft in Schwaben, 1525 (Auszug).
Um das AB (zwei Blätter) ausfüllen zu können, müssen die S.
zunächst Luthers Stellungnahme lesen (**M 11/4**).

M 11/4 Luthers Ermahnung an die Bauernschaft: Stellungnahme zu den
zwölf Artikeln

Luthers Zwei-Reiche-Lehre

Baustein B

Materialien zu Baustein B

M 11/5 Luthers Zwei-Reiche-Lehre (zwei Blätter): Textblatt mit einem
einleitenden Sachtext und einem Originaltext aus Luthers Schrift
»Von weltlicher Obrigkeit« (1523) mit entsprechenden Impulsen für
den Einsatz in Sek II und Erwachsenenbildung.
Dazu ein Auszug aus Luthers Schrift »Ob Kriegsleute auch in seligem
Stande sein können«.

M 11/1 Martin Luther und der Bauernkrieg

Schon vor der Reformation gab es Bauernunruhen. Ihre Ursachen waren nicht nur materielle Nöte. Die Bauern klagten auch darüber, dass die bäuerliche Selbstverwaltung immer stärker eingeschränkt wurde. Die alten Nutzungsrechte an Weide, Wasser und Wald wurden ihnen beschnitten, die Abgaben erhöht. In manchen Gegenden Deutschlands waren die Bauern Leibeigene.

1520 erschien Luthers Schrift »Von der Freiheit eines Christenmenschen«. Viele Bauern verstanden sie so, dass sie keine Leibeigenen mehr sein sollten, sondern Freie.

Bewaffneter Bauer.
Zeitgenössischer Holzschnitt

Im Mai 1525 wurden die »Zwölf Artikel der Bauernschaft in Schwaben« veröffentlicht. Sie enthielten ein gemäßigtes Reformprogramm. Luther wurde um eine Stellungnahme gebeten. Folgendermaßen hat er sich geäußert:

Den Fürsten hält er vor: Die Bauern haben das Recht, das Evangelium zu hören und ihre Pfarrer zu wählen. Ihr habt mit eurer Schinderei und Abgabenlast den Aufstand der Bauern selbst verschuldet.

Den Bauern hält er vor: Ihr dürft eure Forderungen, auch wenn sie berechtigt sind, nicht mit Gewalt durchsetzen. Aufruhr ist immer Unrecht. Ihr dürft eure politischen Forderungen nach Freiheit nicht mit der Bibel begründen. Ein Christ kann frei sein, auch wenn er äußerlich unfrei ist.

Beide Seiten mahnte er, miteinander zu verhandeln. Er warnte vor Gewalt, die nur ein schreckliches Blutvergießen bewirke. Als die Fürsten nicht verhandeln wollten, griffen die Bauern zur Gewalt.

Nun schrieb Luther seine Schrift »Wider die mörderischen und räuberischen Rotten der Bauern«. Drei schreckliche Sünden warf er den Bauern vor: Sie hätten den Gehorsam gegen die Obrigkeit verletzt, einen Aufruhr angezettelt und sich dabei auf das Evangelium berufen.

Die Fürsten gingen nun mit aller Härte gegen die Bauern vor. Bei Frankenhausen in Thüringen kam es zur Entscheidungsschlacht, in der die Bauern eine vernichtende Niederlage erlitten. Einer der Führer der Bauern, der Prediger Thomas Müntzer, wurde gefangen genommen und enthauptet.

Die Fürsten nahmen unbarmherzig Rache. Zwischen 70 000 und 80 000 Bauern kamen im Bauernkrieg um.

In seiner Schrift »Ein Sendbrief vom harten Büchlein wider die Bauern« verteidigt Luther seine harte Haltung gegenüber den aufständischen Bauern, wendet sich aber auch gegen jene Vertreter der Obrigkeit, die auch nach dem Sieg über die Bauern mit brutaler Grausamkeit gegen die Besiegten vorgehen. Sie sollten »nachher, wenn sie gewonnen haben ... Gnade erzeigen nicht nur den Unschuldigen, wie sie es halten, sondern auch den Schuldigen«. Er spricht in diesem Zusammenhang von »wütenden, rasenden und wahnsinnigen Tyrannen, die auch nach der Schlacht nicht können von Blut satt werden und in ihrem ganzen Leben nicht viel nach Christus fragen.« Im Blick auf besondere Grausamkeiten, z.B. gegenüber der schwangeren Witwe des Thomas Müntzer, schreibt er: »Was sollt ich solchen Rangen (Schuften) und Säuen schreiben? Die Schrift nennt solche Leute Bestien, das ist wilde Tiere, als da sind Wölfe, Säue, Bären und Löwen...«

Viele Bauern waren enttäuscht von Luther und wandten sich von ihm ab. Auch manche Fürsten waren verärgert, weil sie in Luther einen Brandstifter sahen. Jahrhundertelang spielte das Bauerntum in Deutschland nun politisch keine Rolle mehr.

Luthers Haltung im Bauernkrieg ist nur auf dem Hintergrund seiner sogenannten Zwei-Reiche-Lehre zu verstehen. Darin unterscheidet er zwei Regierungsweisen Gottes: Im geistlichen Regiment, das den Glauben vermittelt, wirkt er durch das Wort der Verkündigung. Hier gelten als Grundregeln Liebe und Vergebung. Im weltlichen Regiment, das die äußere Ordnung bewahrt, geht es nicht ohne Gewalt und Zwang, ohne die der äußere Friede nicht gewahrt werden kann. Im weltlichen Regiment gibt es Obrigkeiten, die regieren, und Untertanen, die gehorchen. Gewalt anwenden dürfen nur die Obrigkeiten.

Aufgaben:
- Lest den Text aufmerksam durch.
- Nach der Niederlage bei Frankenhausen haben manche Zeitgenossen Luther als einen Fürstenknecht bezeichnet. Nehmt Stellung zu dieser Anschuldigung.

M 11/2 Aus der Bauernoper

PRÄDIKANT:

Wir drängten zum Losschlagen, aber die gemäßigten Führer — oft Handwerker oder städtische Bürger — setzten sich mit dem Vorschlag durch, erst einmal friedlich zu verhandeln. Die Forderungen der Bauern werden in Artikeln zusammengefasst: Die »zwölf Artikel« der oberschwäbischen Bauern werden im März 1525 in ganz Deutschland verbreitet.

ENSEMBLE: (Artikellied):

Wir wollen den Pfarrer selber uns wählen
Er soll uns Gottes Wort rein erzählen
Und keinen menschlichen Zusatz reinmengen.
Man soll uns nicht mit Lasten bedrängen
Von denen nirgends handelt die Schrift
(Was vor allem den kleinen Zehnten betrifft).
Fisch, Vogel, Wild und Gottes Natur
Sind nicht geschaffen für Herren nur
Zumal wir alle vor Gott sind gleich
Seit Christ uns erworben das Himmelreich:
Weswegen wir fordern ganz allgemein
Wir wollen nicht mehr leibeigen sein.
Auch wollen wir keine Zinsen mehr geben
Sondern brüderlich und wie Menschen leben.
Nach Gottes Wort soll jeder sich richten
Gerne erfüllen all seine Pflichten
Abtun aber, was neu und schlecht
Und folgen nur altem und göttlichem Recht.

KLEINER BAUER (spricht den zwölften Artikel):

Beschluss und endliche Meinung: Wenn einer oder mehrere der hier gestellten Artikel dem Worte Gottes nicht gemäß sind, so wollen wir, wenn uns die betreffenden Artikel mit Gottes Wort als unziemlich nachgewiesen werden, darauf verzichten, sobald man es uns aus der Bibel erklärt. Und falls man uns einige Artikel jetzt zugesteht, und es stellt sich später heraus, dass sie unrecht sind, so sollen sie sofort tot und ab sein und nichts mehr gelten. Der Friede Christi sei mit uns allen.

Aufgaben:
- Denkt euch eine Melodie zu dem Artikellied aus und singt das Lied anschließend gemeinsam. Ihr könnt es auch als Rap improvisieren.
- Stellt fest, ob das Lied die Forderungen der Bauern richtig wiedergibt. Was wird im Lied weggelassen? **M 11/3** kann euch dabei helfen, das herauszufinden.
- Welche Forderungen der Bauern hält Luther für gerechtfertigt, welche lehnt er ab?
- Lest die Stellungnahme Luthers zu den zwölf Artikeln (**M 11/4**) und vergleicht sie mit eurer Meinung.

M 11/3 Die zwölf Artikel der Bauernschaft in Schwaben, 1525 (Auszug) (1)

DER ERSTE ARTIKEL.
Zum Ersten ist unsere demütige Bitte und Begehr, auch unser aller Wille und Meinung, dass wir nun fürderhin Gewalt und Macht wollen haben, dass eine ganze Gemeinde soll einen Pfarrer selbst erwählen. Auch soll sie Gewalt haben, denselbigen wieder zu entsetzen, wenn er sich ungebührlich verhält. Derselbige gewählte Pfarrer soll uns das heilige Evangelium lauter und klar predigen, ohne allen menschlichen Zusatz. ...

Bauernoper

Luthers Meinung

Meine Meinung

DER ANDER ARTIKEL.
Zum andern, nachdem der Zehnte im Alten Testament festgesetzt und im Neuen erfüllt ist, so wollen wir nichtsdestoweniger den rechten Kornzehnten gern geben, doch wie es sich gebührt. Wir wollen hinfort von diesen Zehnten den Unterhalt für den Pfarrer bezahlen, wenn er das Wort Gottes klar verkündigt, und was übrig bleibt, das soll man den armen Bedürftigen, die im Dorf wohnen, geben. ... Den kleinen Zehnten (vom Vieh) wollen wir gar nicht geben. Denn Gott der Herr hat das Vieh frei zum Nutzen des Menschen erschaffen. Deshalb halten wir diesen Zehnten für unziemlich, den die Menschen erdichtet haben. ...

Bauernoper

Luthers Meinung

Meine Meinung

DER DRITTE ARTIKEL.
Zum Dritten ist es bisher Brauch gewesen, dass man uns für Leibeigene gehalten hat, was zum Erbarmen ist angesichts dessen, dass uns Christus alle mit seinem kostbaren Blutvergießen erlöst und erkauft hat, den Hirten sowohl wie den Höchsten, alle ohne Ausnahme. Darum ergibt sich aus der Schrift, dass wir frei sind und frei sein wollen. Nicht dass wir ganz frei sein und keine Obrigkeit haben wollen. .. Wir wollen vielmehr gern der von Gott eingesetzten Obrigkeit in allen ziemlichen und christlichen Angelegenheiten gehorsam sein. Wir haben aber auch keinen Zweifel, ihr werdet als wahre und rechte Christen uns aus der Leibeigenschaft entlassen oder uns im Evangelium nachweisen, dass wir leibeigen sein sollen.

Bauernoper

Luthers Meinung

Meine Meinung

M 11/3 Die zwölf Artikel der Bauernschaft in Schwaben, 1525 (Auszug) (2)

DER VIERTE ARTIKEL.
Zum Vierten ist es bisher Brauch gewesen, dass kein armer Mann das Recht gehabt hat, Wild, Vögel oder Fische in fließendem Wasser zu fangen, welches uns ganz unziemlich und unbrüderlich dünkt, sondern eigennützig ist und dem Wort Gottes nicht gemäß ist. Auch hält an etlichen Orten die Obrigkeit das Wild uns zum Trotz und mächtigen Schaden. Denn wir müssen es erleiden und dazu stillschweigen, dass die unvernünftigen Tiere uns das Unsere, das Gott zum Nutzen des Menschen hat wachsen lassen, mutwillig abfressen, was gegen Gott und den Nächsten ist. Denn als Gott der Herr den Menschen schuf, hat er ihm Gewalt gegeben über alle Tiere, über die Vögel in der Luft und über den Fisch im Wasser. ...

Bauernoper

Luthers Meinung

Meine Meinung

BESCHLUSS.
Zum Zwölften ist unser Beschluss und abschließende Meinung: Wenn einer oder mehr Artikel, wie sie hier aufgestellt sind, dem Wort Gottes nicht gemäß wären, und man sie uns mit dem Wort Gottes als unziemlich nachweist, so meinen wir nicht, dieselbigen Artikel aufrechtzuerhalten. Wir wollen dann davon abstehen und uns in aller christlichen Lehre üben und brauchen. Darum wir Gott den Herrn bitten wollen, der uns dasselbige geben kann, und sonst niemand. Der Friede Christi sei mit uns allen.

Bauernoper

Luthers Meinung

Meine Meinung

M 11/4 Luthers Ermahnung an die Bauernschaft

Martin Luther nimmt 1525 in seiner Schrift *Ermahnung zum Frieden auf die zwölf Artikel der Bauernschaft in Schwaben* zu den Forderungen der Bauern Stellung:

AUF DEN ERSTEN ARTIKEL
Eine ganze Gemeinde solle Vollmacht haben, einen Pfarrherrn zu wählen und zu entlassen. Dieser Artikel ist recht ... .

AUF DEN ZWEITEN ARTIKEL
Die Zehnten sollen dem Pfarrherrn und armen Leuten ausgeteilt werden, das Übrige behalten werden, wenn das Land in Not ist usw. — Dieser Artikel ist nichts als Raub und öffentliche Strauchdieberei. Denn da wollen sie den Zehnten, der nicht ihnen, sondern der Obrigkeit gehört, an sich reißen und damit machen, was sie wollen. ...

AUF DEN DRITTEN ARTIKEL
Es sollen keine Leibeigene sein, weil uns Christus hat alle befreiet. — Was ist das? Das heißt christliche Freiheit ganz fleischlich machen. Haben nicht Abraham und andere Patriarchen und Propheten auch Leibeigene gehabt? Leset S. Paulum, was er von den Knechten, welche zu der Zeit alle leibeigen waren, lehrt. Darum ist dieser Artikel stracks wider das Evangelium und räuberisch, womit ein jeglicher seinen Leib wenn er eigen worden ist, seinem Herren nimmt. Denn ein Leibeigener kann wohl Christ sein und christliche Freiheit haben, gleichwie ein Gefangener oder Kranker Christ ist und doch nicht frei ist. Es will dieser Artikel alle Menschen gleich machen, welches unmöglich ist. ...

AUF DIE ANDEREN ACHT ARTIKEL
Die anderen Artikel von Freiheit des Wildbrets, der Vogeljagd, des Fischfangs, von Holz, Wäldern und von Diensten, Zinsen, Auflagen, Abgaben, Todfall usw. überlasse ich den Rechtsgelehrten. Denn mir, als einem Evangelisten, gebühret es nicht, darüber zu urteilen und zu richten. ...
So habe ich oben gesagt, dass solche Stücke einen Christen nichts angehen; er fragt auch nicht danach; er lässt rauben, nehmen, drücken, schinden, schaben, fressen und toben, wer da will, denn er ist ein Märtyrer auf Erden. Deshalb sollte die Bauernschaft hierin billigerweise den christlichen Namen in Frieden lassen und unter dem Namen derer handeln, die gerne menschliches und natürliches Recht wollten haben, nicht aber derer, die christliches Recht suchten, welches sie heißt in allen diesen Stücken still stehen, leiden und alleine Gott klagen.

Aufgabe:
Lest diesen Text durch und füllt dann das Arbeitsblatt **M 11/3** aus.

M 11/5 Luthers Zwei-Reiche-Lehre (1)

In seinen Schriften unterscheidet Luther immer wieder zwei Reiche oder besser gesagt: zwei Regimente (Herrschaftsweisen), mit denen Gott die Welt regiert. Durch das geistliche Regiment schenkt Gott den Glauben, durch den der Mensch Gott recht ist. Das geschieht durch die Verkündigung des Evangeliums. Durch das weltliche Regiment hilft Gott dazu, dass äußerlich Frieden herrscht. Dazu dient das Recht, das für alle gilt. Der Fürst, der das weltliche Regiment ausübt, muss zuweilen auch zur Gewalt greifen, um dem Unrecht zu wehren. Im weltlichen Regiment gibt es Obrigkeit, die das Land regiert, und Untertanen, die der Obrigkeit gehorchen sollen (vgl. Röm 13,1).

Luther liegt alles daran, dass Gott in beiden Regimenten regiert. Vor allem fordert er stets dazu auf, dass die beiden Regimente nicht vermischt werden. Vermischt werden die Regimente z.B., wenn man mit dem Evangelium die Welt regieren will. Vermischt werden sie ebenfalls, wenn man versucht, das Evangelium mit Gewalt auszubreiten (etwa durch Kreuzzüge). Vermischt werden sie schließlich auch, wenn der Fürst die Untertanen zum Glauben zwingt.

Darum hat Gott die zwei Regimente verordnet: das geistliche, welches Christen und fromme (rechtschaffene) Leute schafft durch den Heiligen Geist unter Christus, und das weltliche, welches den Unchristen und Bösen wehrt, dass sie äußerlich Frieden halten und still sein müssen auch gegen ihren Willen. ...

Wenn nun jemand die Welt wollte nach dem Evangelium regieren und alles weltliche Recht und Schwert aufheben; und er würde sich darauf berufen, dass sie alle getauft und Christen seien, unter denen das Evangelium will kein Recht und Schwert haben, unter denen es auch nicht nötig ist. Mein Lieber, rate mal: was würde derselbe damit anstellen? Er würde den wilden bösen Tieren die Bande und Ketten auflösen, dass sie jedermann zerrissen und zerbissen, und würde dabei geltend machen, es seien ja feine, zahme, kirre (friedliche) Tierlein; ich würde das aber an meinen Wunden wohl fühlen.

So würden die Bösen unter dem Namen des Christennamens die evangelische Freiheit missbrauchen, ihre Bubenstücke treiben und behaupten, sie seien Christen und darum keinem Gesetz und Schwert unterworfen; so toll und närrisch sind jetzt schon einige.

Demselben müsste man sagen: Ja, freilich ist's wahr, dass Christen um ihrer selbst willen keinem Recht und Schwert untertan sind und das nicht brauchen. Aber sieh zu und mach die Welt zuerst voll von rechten Christen, ehe du sie christlich und evangelisch regierst! Das wirst du aber niemals fertigbringen. Denn die Welt und die Menge ist und bleibt unchristlich, auch wenn sie alle getauft sind und Christen heißen; die Christen dagegen wohnen, wie man zu sagen pflegt, fern voneinander. Darum ist es in der Welt nicht möglich, dass ein christliches Regiment allgemein über die ganze Welt, ja auch nur über ein Land oder eine größere Schar von Menschen aufgerichtet werde. Denn die Bösen sind immer in der Überzahl gegenüber den Frommen. Darum wollte man es wagen. ein ganzes Land oder die Welt mit dem Evangelium zu regieren, so wäre das ebenso, wie wenn ein Hirte Wölfe, Löwen, Adler und Schafe in einem Stall zusammentäte und jedes frei unter den andern gehen ließe und spräche: »Da weidet euch und seid fromm und friedlich untereinander; der Stall steht offen, Weide habt ihr genug, Hunde und Prügel braucht ihr nicht zu fürchten.« Da würden wohl die Schafe Frieden halten und sich in dieser Weise friedlich weiden und regieren lassen; aber sie würden nicht lange leben, und kein Tier würde vor dem andern erhalten bleiben.

Nach Luthers Schritt »Von weltlicher Obrigkeit« (1523), teilweise modernisiert und erläutert

M 11/5 Luthers Zwei-Reiche-Lehre (2)

**Gott regiert
in seiner Liebe
die Welt auf zweierlei Weise**

Weltliches Regiment	Geistliches Regiment

Ordnen Sie folgende Begriffe einer der beiden Herrschaftsweisen Gottes zu:

Gewalt (Schwert) — weltliche Rechtsprechung — Strafe — Vernunft — Vergebung — Liebe — Glaube — Frieden — Nachsicht

Zur Diskussion:

- Die Zwei-Reiche-Lehre Luthers ist der Versuch, die radikalen Forderungen der Bergpredigt, z.B. Gewaltverzicht, so auszulegen, dass man innerhalb der realen Welt mit ihnen als Christ leben kann. Diskutieren Sie die Frage, ob die Zwei-Reiche-Lehre für einen christlichen Politiker heute hilfreich sein kann.
- Luther hat im Jahr 1526 eine Schrift mit dem Titel »Ob Kriegsleute auch in seligem Stande sein können« veröffentlicht (siehe Textausschnitt unten). Erörtern Sie folgende Fragen:
  — Welche Antwort gibt wohl Luther und wie begründet er sie?
  — Ist Krieg heute für Christen verantwortbar? Kann ein Christ heute Soldat sein?
  Sie können Ihre Überlegungen mit den Aussagen Luthers vergleichen.

Aus Luthers Schrift »Ob Kriegsleute auch in seligem Stande sein können«:

Denn wenn das Schwert von Gott eingesetzt ist, um die Bösen zu strafen, die Rechtschaffenen zu schützen und den Frieden zu erhalten (Röm 13,1ff; 1. Petr 2, 13ff), so ist damit auch stark genug bewiesen, dass Krieg führen und Würgen und was des Krieges Lauf und Recht mit sich bringt, von Gott eingesetzt ist. Was ist Krieg anderes als Strafen von Unrecht und Bösem? Warum führt man Krieg, wenn nicht dafür, dass man Frieden und Gehorsam haben will?

...

Wenn ich das Kriegsamt ansehe, wie es die Bösen straft, die Ungerechten erwürgt und so großen Jammer anrichtet; da scheint es ein ganz und gar unchristliches Werk und in jeder Hinsicht ein Gegensatz zur christlichen Liebe zu sein. Sehe ich aber darauf, wie es die Rechtschaffenen schützt, Weib und Kind, Haus und Hof, Gut und Ehre und Frieden damit erhält und bewahrt, so stellt sich's heraus, wie köstlich und göttlich das Werk ist, und ich merke, dass es auch ein Bein oder eine Hand abhaut, damit nicht der ganze Leib zugrunde gehe. Denn wenn das Schwert nicht wehren und Frieden halten würde, so müsste alles, was in der Welt ist, durch Unfrieden zugrunde gehen. Deshalb ist ein solcher Krieg nichts anderes als ein kleiner, kurzer Unfriede, der einem ewigen, unermesslichen Unfrieden wehrt, ein kleines Unglück, das einem großen Unglück wehrt.

12 Katharina von Bora

Luthers Ehe mit der ehemaligen Nonne Katharina von Bora ist für sein Leben und Werk von herausragender Bedeutung.

Luthers Heirat
vgl. S. 16f

Katharinas Rolle muss dabei auf dem Hintergrund des mittelalterlichen Frauenbildes gesehen werden. Diesem war sie einerseits verhaftet, andererseits spielte sie ihre Rolle mit erstaunlichem Selbstbewusstsein.

Materialien zu diesem Kapitel

M 12/1 Frauen im Mittelalter: Die S. haben die Aufgabe, sich in den Text zu vertiefen und ihn im Vergleich mit dem heutigen Rollenverständnis zu erörtern.

M 12/2 Katharina von Bora: Lebensstationen
M 12/3 Mit Hilfe von Bildern (**M 12/3**) und dem Lebenslauf der Katharina von Bora (**M 12/2**, zwei Blätter) können die S. ein Plakat oder eine Heftseite gestalten.

M 12/4 Martin und Katharina: Briefe (zwei Blätter)
Folgende Briefe Luthers und seiner Ehefrau sind hier wiedergegeben:

(1) Brief Luthers an Spalatin, in dem er seine Haltung zum Zölibat und zu den Klostergelübden erläutert. Der Brief ist zwar fiktiv, der Inhalt orientiert sich jedoch an Originalschriften Luthers zum Thema Mönchsgelübde und bringt daraus teilweise wörtliche Zitate.

(2) Brief Luthers von der Coburg (1530) an seine Frau

(3) Brief Katharinas an ihre Schwägerin Christina von Bora nach dem Tod Luthers. Es ist dies der einzige erhaltene Brief von Katharina. Aus Luthers Briefen an seine Ehefrau kann man erschließen, dass auch Katharina an ihren Ehemann fleißig Briefe geschrieben hat. Interessanterweise sind diese jedoch nicht erhalten. Die S. können Überlegungen anstellen, warum das so ist.

Als DZ findet sich ein ausführlicher (teilweise fiktiver) Briefwechsel zwischen Martin Luther und seiner Ehefrau. Dieser kann als Grundlage für eine szenische Lesung dienen.

M 12/1 Frauen im Mittelalter

Frauen — mitten im Leben

Wenn aus der Zeit des Mittelalters berichtet wird, ist meist nur am Rande von den Frauen die Rede. Das hängt nicht zuletzt mit den überlieferten Texten und Bildern zusammen: In den meisten Fällen haben Männer aufgeschrieben und abgebildet, wie das Leben in ihrer Zeit aus ihrer Sicht aussah. Frauen aber haben in der mittelalterlichen Gesellschaft eine wichtige Rolle gespielt als Ehefrauen, Mütter, Töchter, Klosterfrauen, Adlige, Geschäftsfrauen, Bäuerinnen, Handwerkerinnen... — jedoch: Sie hatten deutlich weniger Rechte als Männer. Viele Vorschriften von Vätern, Ehemännern, Stadtvätern, Beichtvätern regelten ihr Leben.

In öffentlichen Angelegenheiten, zum Beispiel vor Gericht, durften Frauen nicht für sich sprechen. Sie mussten sich durch Ehemann, Vater oder einen anderen Verwandten vertreten lassen. Dieser »Muntwalt« war praktisch der Vormund der Frau; er konnte auch über ihr Vermögen verfügen. Im späteren Mittelalter wurden ledigen und verwitweten Frauen mehr Rechte zugestanden. Ehefrauen aber standen weiterhin in der »Ehevogtei« ihres Mannes. Vielen Frauen erschien in dieser Situation das Leben im Kloster als eine verlockende Alternative. Die meisten Klöster erwarteten freilich eine ansehnliche »Mitgift« von denen, die aufgenommen werden wollten.

»Stadtluft macht frei« — das stolze Motto der aufstrebenden Städte des Hochmittelalters galt für die Städterinnen nur mit Einschränkungen. Zwar konnten sie die Bürgerrechte erwerben, aber längst nicht in vollem Umfang genießen. Handel durften sie treiben; aber auch als selbstständige Kauffrauen konnten sie nicht unmittelbar über ihr Vermögen verfügen. In den Stadtrat konnten sie nicht gewählt werden, ja nicht einmal an der Wahl teilnehmen. Studieren durften sie ebenfalls nicht.

Gut im Geschäft

Zahlreiche Berufe standen Frauen offen. Sie konnten Kleinhändlerin (Krämerin) oder selbstständige Kauffrau werden, Hebamme, Apothekerin. Im Hochmittelalter — etwa ab 1200 — fanden nicht wenige einen eigenen Platz im Wirtschaftsleben der aufblühenden Städte. Viele Mädchen lernten ein Handwerk, wurden Gesellin, Meisterin. Manche Zünfte nahmen in dieser Zeit Frauen als nahezu gleichberechtigte Mitglieder auf. Im späteren Mittelalter war es vorbei mit dieser Freizügigkeit. Doch das war nicht überall so. Köln zum Beispiel war sehr frauenfreundlich. In anderen Städten durften nur Witwen das Geschäft ihres Mannes weiterführen.

Britta Hübener

Aufgaben:
- Lest euch den Text aufmerksam durch.
- Schreibt für eine Frauenzeitschrift einen kleinen Artikel über die Möglichkeiten einer Frau damals und heute. Ihr könnt den Artikel bebildern. Berücksichtigt dabei folgende Themenbereiche: Lebensgestaltung, Ausbildung, Rechte, berufliche Möglichkeiten.

KINDHEIT

Katharina von Bora wurde am 29. Januar 1499 auf dem kleinen Landsitz zu Lippendorf im Sächsisch-Thüringischen geboren (etwa 30 Kilometer südöstlich von Leipzig). Die Familie von Bora war ursprünglich ein sehr angesehenes Adelsgeschlecht, verarmte mit der Zeit jedoch. Durch den Schwund der Bevölkerung war die wirtschaftliche Basis des Adels gefährdet. Der Vater Katharinas, Hans von Bora, war nicht sehr reich. Die wenigen Bauern auf seinem Land weigerten sich oft, den Zehnten abzuliefern. Sie wehrten sich dagegen, Frondienste zu leisten. Katharina war das jüngste von sechs Kindern. Ihre Mutter starb sehr früh, der Vater heiratete wieder.

JUGEND

Katharina wuchs relativ arm auf. Sie erhielt jedoch in den Wintermonaten in der nahe gelegenen Klosterschule eine gute Schulbildung. Mädchen aus ritterlichen Familien lernten in der »äußeren Schule« eines Klosters Lesen, Schreiben, Musizieren, die Herstellung von Handarbeiten, den Haushalt zu besorgen und Krankenpflege. Katharina von Bora entwickelte sich zu einer klugen und hilfsbereiten jungen Frau. Sie war kein Edelfräulein mit Standesdünkel, sondern hat immer auch mit den Ärmsten mitgefühlt und oft heimliche Hilfe geleistet. Die Familie bemühte sich darum, die junge Katharina ganz im Kloster unterzubringen. Dafür setzte sich auch ihre Tante Magdalena ein; sie war Nonne im Kloster Marienthron in Nimbschen bei Grimma.

KLOSTERZEIT

Im Oktober 1515 wurde Katharina als Nonne im Kloster Marienthron eingesegnet. Es waren hauptsächlich adlige junge Frauen, die dort üblicherweise mit reicher Mitgift einzogen. Das Zisterzienserinnenkloster Marienthron hatte einen guten Ruf. Die Ordensregeln des Klosters waren streng. Das Kloster wurde von einer Äbtissin geleitet. Der Zisterzienserorden war um das Jahr 1100 aus Protest gegen das verweltlichte Klosterleben entstanden. Man wollte wieder ganz genau die Regeln Benedikts von Nursia befolgen: Bete und arbeite! In Marienthron wurden die Regeln streng eingehalten. Freundschaften unter den Nonnen waren verboten. Besucher durften nur in Gegenwart der Äbtissin durch ein Gitterfenster mit einer Klosterfrau reden.

FLUCHTPLÄNE

Trotz aller Abgeschlossenheit drangen die neuen Gedanken Luthers auch ins Innere des Klosters Marienthron ein. Luther sagte: Vor Gott gilt allein der Glaube; Mönche und Nonnen sind keine besseren Christen. Wie Luther wandten sich damals viele Christen gegen Missstände in der Kirche, vor allem gegen den Ablasshandel und den Luxus mancher Päpste. Vor allem Luthers Kritik an den Klostergelübden führte dazu, dass unter den jungen Nonnen diskutiert wurde, ob man das Kloster verlassen solle. Zwölf junge Nonnen des Klosters Marienthron, unter ihnen auch Katharina von Bora, begannen Fluchtpläne zu schmieden. Die Sache war nicht einfach und sehr gefährlich.

FLUCHT

Drei Bürger aus Torgau, gute Freunde Luthers, halfen bei der Flucht. Einer der Männer war der Ratsherr und Fuhrmann Koppe. Er hatte geschäftlich mit dem Kloster zu tun und kannte sich dort gut aus. Die Flucht geschah in der Nacht zum Ostersonntag 1523. Ein erster Zwischenhalt war im »evangelischen« Torgau möglich, das Ziel war jedoch Wittenberg. Versteckt zwischen Heringsfässern in einem Planwagen, erreichten die Nonnen nach einer abenteuerlichen Reise Wittenberg. Jetzt erst waren die flüchtigen Nonnen und ihre Helfer außer Gefahr. Es war sehr schwierig, für die geflohenen Nonnen eine Tätigkeit zu finden. Für unverheiratete Frauen gab es so gut wie keine Berufe. Deshalb war es ganz natürlich, dass die meisten bald heiraten wollten. Katharina konnte nicht in ihr Elternhaus zurückkehren; ihr Vater lebte auf seinem Familiensitz Zülsdorf, das im Herrschaftsgebiet von Georg von Sachsen lag. Dieser war ein erbitterter Luthergegner und hatte die Aufnahme von entlaufenen Nonnen mit der Todesstrafe bedroht. So musste Katharina in Wittenberg — zunächst im Hause des Malers Lucas Cranach — unterkommen. Katharina verliebte sich in einen jungen Kaufmannssohn aus Nürnberg, der ihre Liebe erwiderte. Allerdings verhinderten dessen Eltern die Verbindung ihres Sohnes mit einer entlaufenen Nonne.

HEIRAT

Luther zeigte zunächst kein Interesse daran, eine der geflohenen Nonnen zu heiraten. Die Versuche, Katharina mit einem anderen Mann zu verheiraten, blieben erfolglos. Im Jahr 1525 änderte Luther offensichtlich seine Meinung, nachdem Katharina die letzte noch unversorgte Nonne aus dem Kloster Nimbschen war, und sie hatte durchblicken lassen, dass ihr Luther als Ehemann durchaus recht wäre. Nun setzte er sich über seine und Katharinas klösterliche Vergangenheit hinweg und bat sie, seine Frau zu werden. Sie stimmte zu. Überraschend auch für viele seiner Freunde gab er bekannt, dass er Katharina heiraten wolle. Am 13. Juni 1525 fand die Trauung statt, die öffentliche Hochzeitsfeier am 27. Juni. Bei der Heirat war Luther 42 Jahre alt, Katharina 26. Mit dieser Heirat wurde die Tradition des evangelischen Pfarrhauses begründet. Das Ehepaar zog in das alte Augustinerkloster am Stadtgraben von Wittenberg ein. Kurfürst Johann von Sachsen schenkte Luther das heruntergekommene Gebäude.

HAUS UND FAMILIE

Katharina war eine vielseitige und tüchtige Frau, fortschrittlich und eigenständig im Denken. Sie brachte Ordnung und Behagen in das Leben Luthers und war ihm eine ebenbürtige Partnerin. Katharina war mit einem wirtschaftlichen Sinn begabt. Sie ordnete den großen Haushalt Luthers — neben der Familie wohnten immer wieder zahlreiche Verwandte, Studenten und Gäste im Augustinerkloster. Katharina sorgte für eine Renovierung des Hauses, legte einen Garten an und erwarb die Rechte, Bier zu brauen. Durch Landkäufe schaffte sie es, dass die Familie Luther wirtschaftlich einigermaßen unabhängig leben konnte. Sie machte aus dem Haus einen großen Wirtschaftsbetrieb mit Vieh und Äckern.

Auch für Schönes hatte sie viel übrig. Oft waren Freunde und Besucher zu Gast. Liebevoll nannte Luther seine Ehefrau manchmal »Liebchen, Predigerin, Bäuerin, Gärtnerin und was sie noch mehr sein kann«. Er schätzte ihre Vielseitigkeit und nannte sie manchmal »mein Herr Käthe«. Auf Anregung von Katharina wurde zu Luthers 57. Geburtstag als Eingang zum früheren Augustinerkloster das sogenannte Katharinenportal gebaut. Katharina Luther brachte sechs Kinder zur Welt und nahm noch weitere auf.

DAS LUTHERHAUS

Im Haus der Familie Luther wurden Hausandachten abgehalten, es wurde eifrig gebetet, die Bibel gelesen und viel musiziert und gesungen. 1542 traf die Familie Luther ein schwerer Schicksalsschlag. Luthers Liebling, Tochter Magdalena, starb 13-jährig. Verzweifelt rief er aus: »Lieb hab ich sie so sehr! Wenn sie mir der Herr doch lassen wollte!« Luther war viel unterwegs. Er predigte in Ortschaften und besuchte Pfarrer und Gemeinden. Katharina sorgte sich viel um ihn, weil er an Nierensteinen und schmerzhaften Koliken litt. Nach Luthers Tod 1546 hatte Katharina viele Schwierigkeiten. Weil es noch keine formelle Witwen- und Waisenversorgung gab, hatte Katharina zunächst materielle Sorgen. Der Kurfürst befreite sie durch eine freiwillige Sonderzuwendung von 20 Gulden aus ihrer Notlage. Sie starb am 20. Dezember 1552 an den Folgen eines Unfalls — sie war einige Wochen zuvor auf dem Weg nach Torgau vom Wagen gestürzt; in den letzten Wochen ihres Lebens wurde sie von ihrer Tochter Margarethe gepflegt. Beide hatten sich auf der Flucht vor der Pest in Wittenberg nach Torgau begeben. Ihre letzte Ruhestätte fand Katharina in der Pfarrkirche in Torgau. Die Trauerrede hielt Philipp Melanchthon.

Adelheid Jenner

Aufgaben:
- Lest Katharinas Lebenslauf.
- Gestaltet für euer Heft Lebensstationen mit Bildern (M 12/3) und kurzen eignen Texten.
- Katharina war einerseits »fortschrittlich und eingeständig im Denken« und Luther eine »ebenbürtige Partnerin«, andererseits entsprach sie mit ihrem Denken und Tun dem mittelalterlichen Frauenbild. Macht euch dazu Gedanken und notiert sie in euer Heft.
- Eine heutige Künstlerin hat eine doppelköpfige Katharina als Bronzeplastik gestaltet. Die eine Seite zeigt Katharina »fortschrittlich«, die andere zeigt sie, wie sei dem Mittelalter verhaftet ist. Ihr könnt selbst eine solche Plastik oder eine Zeichnung gestalten.

Plastik: doppelgesichtige Katharina

Flucht

Nonnen beim Essen

Hochzeit

Familienbild

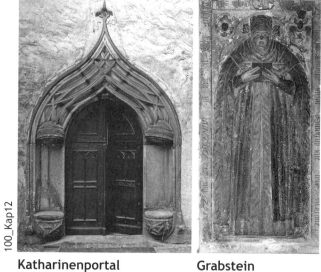

Katharinenportal   Grabstein

Klosterruine Marienthron, Nimbschen

M 12/4 Martin und Katharina: Briefe (1)

Hier findet ihr Briefe Luthers und seiner Frau, in denen ihr einiges über ihre Ehe erfahrt.
Den Brief an seinen Freund Georg Spalatin, in dem er seine Haltung zum Zölibat und zu den Klostergelübden erläutert **(1)**, hat Luther so nie geschrieben. Der Text ist erfunden, er enthält aber Originalzitate von ihm. Dazu einen Brief Luthers von der Coburg (1530) an seine Frau **(2)** und den einzig erhaltenen Brief von Luthers Ehefrau, den sie nach dem Tod Luthers an ihre Schwägerin Christina von Bora geschrieben hat **(3)**.

(1) Martin Luther an Spalatin

Martin Luther stand in regem Briefwechsel mit Georg Spalatin. Spalatin, Hofkaplan und Geheimsekretär am kurfürstlichen Hof in Wittenberg, war sehr gebildet und ein enger Vertrauter von Kurfürst Friedrich dem Weisen. Als Freund Luthers förderte er die Reformation. Von Spalatin sind über 400 Briefe an Luther überliefert.

Wartburg 1521

Hochverehrter Freund!
Ihr habt angefragt, wie sich der kurfürstliche Hof gegenüber Nonnen und Mönchen verhalten soll, die mit Berufung auf meine Schriften ihre Gelübde brechen und ihr Kloster verlassen. Außerdem fragt ihr, wie der Hof sich gegenüber Priestern verhalten soll, die heiraten.
In meinen Schriften »Von der Freiheit eines Christenmenschen« und »An den christlichen Adel deutscher Nation« habe ich ausführlich dargelegt, wie es sich mit dem Stand der Priester und dem Gelübde der Ehelosigkeit verhält.
Daher will ich hier nur kurz auf das Wesentliche eingehen.
In der Frage der Priester ist es evangelische Wahrheit, dass es keinen geistlichen Stand gibt, der über den Laien steht.
Wenn ein Häuflein frommer, christlicher Laien würde gefangen und in eine Wüstenei gesetzt, die keinen von einem Bischof geweihten Priester bei sich hätten, und sie würden da über ihre Angelegenheiten eins, erwählten einen unter ihnen (er wäre verehelicht oder nicht) und vertrauten ihm das Amt zu taufen, Messe zu halten, zu absolvieren und zu predigen an, der wäre wahrhaftig ein Priester, als ob ihn alle Bischöfe und Päpste geweiht hätten.
Also lernen wir von dem Apostel klar, dass es in der Christenheit so zugehen sollte, dass jede Stadt aus der Gemeinde einen gelehrten, rechtschaffenen Bürger erwählte, diesem das Pfarramt anvertraute und ihn durch die Gemeinde ernährte, ihm freie Wahl ließe, sich zu verehelichen oder nicht. ...
Weiter rate ich dem, der sich künftig zum Pfarrer weihen lässt, dass er dem Bischof auf keine Weise gelobe, Keuschheit zu halten, und ihm entgegne, dass er gar keine Vollmacht hat, ein solches Gelübde zu fordern, und dass es eine teuflische Tyrannei ist, solches zu fordern.
Zu den Mönchsgelübden sage ich: Es widerspricht der christlichen Freiheit, wenn Nonnen und Mönche gegen ihren Willen im Kloster festgehalten werden.
Wer da gelobet, ein Klosterleben zu führen, und vermeinet ein besseres zu führen denn ein anderer Christenmensch und meint, er könne mit diesem seinem Leben nicht allein sich selbst, sondern auch anderen Leuten zur Seligkeit helfen, derselbige tut nichts anderes, denn dass er Christum verleugnet und tritt Christi Verdienst mit Füßen.
Ich selbst bin als junger Mensch Mönch geworden, weil ich meinte, mir dadurch die Seligkeit verdienen zu können. Bei St. Paulus habe ich aber gelernt, dass kein Christ die Seligkeit durch noch so fromme Werke verdienen kann, schon gar nicht dadurch, dass er als Mönch oder Nonne ein besonders frommes Leben führt. Allein die Liebe Gottes macht uns gerecht.
Das Gelübde eines Mönchs oder einer Nonne ist nichtig, wenn es unter der Voraussetzung abgelegt worden ist, dass man dadurch Gerechtigkeit und Heil erlangen kann.
Wer durch Möncherei das Heil erlangen will, steht unter falschem Zwang. Aber vor Gott und in Gottes Dienst soll und kann kein Werk noch Dienst erzwungen und ungern geschehen. Denn Gott gefallen nicht und er will auch nicht haben erzwungene, unwillige Dienste.
Weil denn Gott kein Dienst gefällt, es gehe denn willig von Herzen und mit Lust, so folgt, dass auch kein Gelübde weiter gelten oder abgelegt werden oder gehalten werden soll, als sofern die Liebe und Lust da ist, das ist, sofern der Heilige Geist da ist. Darum, wenn nun solch Gelübde ohne Lust und Geist geschieht, achtet's Gott nicht und nimmt's nicht an. So dass dies auch eine ausreichende Ursache ist, Gelübde und Kloster zu lassen und jedermann herauszuhelfen in einen anderen Stand.

M 12/4 Martin und Katharina: Briefe (2)

(2) Luther schreibt an Katharina von der Veste Coburg

Für das Jahr 1530 berief Kaiser Karl V. einen Reichstag nach Augsburg. Er wollte unbedingt die Einheit der Kirche wiederherstellen. Die Evangelischen legten in dem von Philipp Melanchthon verfassten »Augsburger Bekenntnis« dar, in welchen Punkten sie mit Rom übereinstimmten und wo sie sich von Rom unterschieden.
Luther selbst konnte am Reichstag nicht teilnehmen, weil für ihn nach wie vor die Reichsacht und der Bann des Papstes galten. Er beobachtete den Reichstag von der Veste Coburg aus und stand dabei in ständigem Briefwechsel mit Philipp Melanchthon, der ihn in Augsburg vertrat. Den folgenden Brief schrieb er von dort an seine Frau Katharina.

Veste Coburg, 5. Juni 1530

Meiner herzlieben Hausfrau Katherin Lutherin zu Wittenberg zu Händen.
Gnad und Friede in Christo! Liebe Käthe! Ich hab, glaub ich, Deine Briefe alle empfangen. So ist dies der vierte Brief, den ich Dir schreibe, seit Herr Johann von hier zu Dir gegangen ist. Lenchens Konterfei hab ich zusammen mit der Schachtel bekommen. Ich erkannte das Mädchen zuerst nicht, so schwarz dünkte mich's zu sein. Ich denke, wenn Du es willst entwöhnen, dass es gut sei, es allmählich zu tun, so dass Du ihr zuerst an einem Tag einmal abbrechest, danach des Tages zweimal, bis sie so allmählich ablässt. So hat mir Georg von Grumbachs Mutter, Frau Argula, geraten, die ist hier bei uns gewesen und hat mit mir gegessen; Hans Reinicke von Mansfeld war auch hier, ebenso Georg Römer, dass wir müssen an einen anderen Ort. Es will zu allgemeiner Wallfahrt hierher werden.
Sage Meister Christian, dass ich meine Lebtage eine schändlichere Brillen nicht gesehen habe als die mit seinem Brief gekommen. Ich konnte nicht einen Punkt dadurch sehen. ...
Grüße, küsse, herze und sei freundlich allen und jedem nach seinem Stande!
Jetzt kann ich nicht mehr schreiben, weil der Bote so wegfertig da sitzt und will nicht länger warten. Grüße Hansen Luthern und seinen Schulmeister, dem will ich bald auch schreiben. Grüße Muhme Lehne und allesamt! Wir essen hier reife Weintrauben, wiewohl es diesen Mond draußen sehr nass gewesen ist.
Gott sei mit Euch allen, Amen. Ex eremo, die assumptionis Mariae
[Aus der Einöde, am Tage Mariä Himmelfahrt] 1530. Martin Luther.

(3) Nach dem Tod Luthers am 18. Februar schreibt Katharina im März 1546 an ihre Schwägerin Christina von Bora

Freundliche liebe Schwester!
Dass Ihr ein herzlich Mitleiden mit mir und meinen armen Kindern tragt, gläub' ich leichtlich. Denn wer wollt' nicht billig betrübt und bekümmert sein um einen solchen teuern Mann, als mein lieber Herr gewesen ist, der nicht allein einer Stadt oder einem einigen Land, sondern der ganzen Welt viel gedienet hat.
Derhalben ich wahrlich so sehr betrübt bin, dass ich mein großes Herzeleid keinem Menschen sagen kann, und weiß nicht, wie mir zu Sinn und zu Mut ist. Ich kann weder essen noch trinken, auch dazu nicht schlafen. Und wenn ich hätt' ein Fürstentum und Kaisertum gehabt, sollt' mir so leid nimmer geschehen sein, so ich's verloren hätt', als nun unser lieber Herrgott mir, und nicht allein mir, sondern der ganzen Welt, diesen lieben und teuern Mann genommen hat. Wenn ich daran gedenk', so kann ich vor Leid und Weinen — das Gott wohl weiß — weder reden noch schreiben.

Katharina,
des Herrn Doctor Martinus Luther gelassene Witfrau.

Aufgaben:
• Lest die Briefe mit verteilten Rollen.
• Schreibe Katharinas Brief mit deinen Worten.
• Schreibt einen Brief Käthes an Martin Luther zur Zeit seines Aufenthalts auf der Veste Coburg im Jahr 1530.

13 Die Entwicklung bis zum Augsburger Religionsfrieden (1555)

Am Ende des Augsburger Reichstags von 1530 erneuerte die »altgläubige« Mehrheit das *Wormser Edikt*. Die evangelischen Fürsten und Räte der Reichsstädte sahen sich derart bedroht, dass sie 1531 ein politisches Bündnis schlossen, den Schmalkaldischen Bund. An der Spitze standen Luthers Landesherr, der Kurfürst von Sachsen, und der Landgraf von Hessen.

Dieser Bund, der darüber hinaus Kontakte zum französischen König pflegte, musste von Kaiser und Reich als Bedrohung angesehen werden. Gleichzeitig kam Kaiser Karl V. durch einen erneuten Türkeneinfall in Bedrängnis. So kam es zu Verhandlungen zwischen dem Kaiser und dem *Schmalkaldischen Bund*. Im sogenannten *Nürnberger Anstand* von 1532 einigte man sich auf einen Waffenstillstand bis zu einem vom Papst einzuberufenden Konzil. Bis dahin wurde der Religionsstand der Protestanten garantiert. Auch nach dem Augsburger Reichstag breitete sich die Reformation weiter aus. 1534 wurde sie z.B. im Herzogtum Württemberg durchgeführt. Für fast zehn Jahre verließ Karl V. nun wieder deutschen Boden. Erst Anfang der 40er Jahre konnte er sich wieder der Religionsfrage in Deutschland widmen. Erneut versuchte der Kaiser nun, zu einem Ausgleich mit den evangelischen Ständen zu kommen, deren Unterstützung er bei seinen Auseinandersetzungen mit den Türken dringend benötigte. 1540/1541 ließ er in Hagenau, Worms und Regensburg Religionsgespräche abhalten. In strittigen Punkten, wie etwa der Lehre von der Rechtfertigung, konnte man sich auf Kompromissformeln einigen, die dann doch von beiden Seiten wieder verworfen wurden.

Zwei Vorgänge stärkten die Position des Kaisers. Zum einen schloss Landgraf Philipp von Hessen im Geheimen eine Doppelehe, der Luther und Melanchthon in einem »Beichtrat« zustimmten. Diese verstieß gegen das geltende Reichsrecht. Philipp sah sich gezwungen, mit dem Kaiser einen Vertrag abzuschließen, um nicht als Landgraf abgesetzt zu werden. Er musste seine Opposition gegen den Kaiser aufgeben; damit war der Schmalkaldische Bund seines fähigsten politischen Kopfes beraubt. Zum anderen wechselte Herzog Moritz von Sachsen ins Lager des Kaisers über; der Herzog, ein außerordentlich fähiger Politiker, erhielt vom Kaiser Zusagen zur Erweiterung seines Besitzes. Der Papst berief 1545 das immer wieder geforderte Konzil ein, und zwar nach Trient im südlichsten Teil des Reiches. Das *Trienter Konzil* dauerte von 1545 bis 1563. Es war von vornherein antiprotestantisch orientiert, obwohl der Kaiser eigentlich einen echten Ausgleich zwischen den streitenden kirchlichen Parteien angestrebt hatte. Die Protestanten weigerten sich, am Konzil teilzunehmen; sie bezeichneten es als unfrei.

In dieser angespannten Lage starb Luther am 18. Februar 1546. Im Juli des gleichen Jahres brach der *Schmalkaldische Krieg* aus. Der Papst rief die katholischen Fürsten zum Glaubenskrieg auf. Er endete mit einer schweren Niederlage der Protestanten. In der Schlacht bei Mühlberg wurde am 24. April 1547 das Heer von Kurfürst Johann Friedrich von Sachsen geschlagen; der Kurfürst geriet in Gefangenschaft. Philipp von Hessen ergab sich im Juni auf Anraten seines Schwiegersohns Moritz von Sachsen in Halle dem Kaiser. Moritz von Sachsen erhielt die Kurwürde mit dem Kurkreis Wittenberg. Ihm, dem »Judas von Meißen«, gaben viele Protestanten die Schuld an ihrer Niederlage.

Jetzt ging der Kaiser daran, sein Ziel der Wiederherstellung der alten Kirche in die Tat umzusetzen. Auf dem Augsburger Reichstag von 1548 wurde das *Augsburger Interim* beschlossen. Alle »Neuerungen« sollten abgeschafft werden bis auf den Laienkelch und die Priesterehe für bereits verheiratete Pfarrer, und zwar bis zum endgültigen Beschluss des Konzils. Nur in Norddeutschland konnten sich einige Städte, z.B. Magdeburg, der Durchführung des Interims widersetzen. Vor allem in Württemberg und den süddeutschen Reichsstädten wurde die Annahme des Interims erzwungen. Zahlreiche Prediger mussten weichen. Sie flohen oder hielten sich versteckt. Überall regte sich passiver Widerstand gegen die verordnete Rückkehr zum Katholizismus. Als dann 1551 das Konzil erneut in Trient tagte, schickten drei evangelische Stände (Württemberg, Sachsen und die Reichsstadt Straßburg) Abgesandte mit eigens angefertigten Bekenntnissen. Sie wurden auf dem Konzil überhaupt nicht angehört. Immer deutlicher wurde, dass das Konzil vielleicht eine Konsolidierung der katholischen Position, keinesfalls aber eine Lösung der Religionsfrage bringen würde.

Moritz von Sachsen war in der Folgezeit über die Politik des Kaisers verärgert. Denn entgegen seiner Zusage hielt der Kaiser seinen Schwiegervater Philipp von Hessen und Johann Friedrich von Sachsen unter unwürdigen Verhältnissen in Haft. Außerdem versuchte der Kaiser ebenfalls entgegen seiner Zusage, das Augsburger Interim auch im Lande Moritz' von Sachsen durchzuführen.

1552 wechselte Kurfürst Moritz von Sachsen darum erneut die Fronten. Mit anderen Fürsten und unterstützt von Frankreich gelang es ihm beinahe, den völlig ungerüsteten Kaiser in Innsbruck zu verhaften. Der Kaiser floh und musste im *Passauer Vertrag* die Duldung der Protestanten bis zum nächsten Reichstag zugestehen. Dieser fand 1555 in Augsburg statt. Zuvor hatte der Kaiser seinem Bruder Ferdinand die Verhandlungen übertragen. Er wollte den Zusammenbruch seiner Politik nicht auch noch bestätigen. Diese Politik hatte darin bestanden, »als Vogt der Kirche die Christenheit vor inneren und äußeren Feinden zu schirmen«. Auch die Kurie war am Friedensschluss nicht beteiligt. Im *Augsburger Religionsfrieden* wurden die Lutheraner reichsrechtlich als gleichberechtigt neben den Katholiken anerkannt, nicht aber die Reformierten. Die Fürsten hatten das Recht, über die Konfession ihrer Untertanen zu bestimmen (lateinisch: cuius regio, eius religio). Die Andersgläubigen hatten die Möglichkeit auszuwandern, wollten sie ihren Glauben öffentlich bekennen. Für die geistlichen Gebiete wurde der Fortbestand des (katholischen) geistlichen Fürstentums (z.B. Mainz und Köln) festlegt. Damit war die konfessionelle Spaltung in Deutschland besiegelt.

Materialien zu diesem Kapitel

M 13/1 Vom Wormser Edikt zum Augsburger Religionsfrieden (1521–1555)
(zwei Blätter)

M 13/2 Vom Wormser Edikt zum Augsburger Religionsfrieden (1521–1555): Zeitstrahl
Die Religionsgruppe kann in arbeitsteiliger GA mit Hilfe der Kurztexte (**M 13/1**) und Bilder (**M 13/2**) eine kurze Geschichte der Reformation vom Reichstag zu Worms (1521) bis zum Augsburger Religionsfrieden (1555) gestalten. So kann ein Leporello entstehen, das im Klassenzimmer aufgehängt wird. Verkleinert kann es auch als Hefteintrag verwendet werden.

Die folgende Aufgabenstellung kann den S. in schriftlicher Form oder mündlich übermittelt werden:

• Ihr könnt euch einen Überblick über die Entwicklung der Reformation bis zum Augsburger Religionsfrieden 1555 verschaffen.
Mit Hilfe von **M 13/1** (Texte) und **M 13/2** (Bilder) könnt ihr eine kurzgefasste Reformationsgeschichte von 1521 bis 1555 gestalten.
Dazu müsst ihr die entsprechenden Texte durchlesen und auf einem Zeitstrahl jeweils selbst formulierte Kurztexte und die Bilder anordnen.

M 13/1 Vom Wormser Edikt zum Augsburger Religionsfrieden (1521–1555) (1)

1521

Nach der Abreise Luthers aus Worms wurde über ihn durch das Wormser Edikt die Reichsacht verhängt; im Wormser Edikt wurde bestimmt, dass er von jedermann gefangen zu nehmen und dem Kaiser auszuliefern sei. Niemand durfte ihn bei sich aufnehmen. Es war verboten, seine Bücher zu drucken, zu kaufen oder zu lesen. Ohne den Schutz seines Landesherrn Kurfürst Friedrich des Weisen wäre Luther verloren gewesen.

1526

Durch seine Kriege gegen Franz I. von Frankreich und die Türken wurde Karl V. daran gehindert, für die Durchführung des Wormser Edikts zu sorgen: Er war auf die Hilfe der evangelischen Fürsten angewiesen. So bestimmte der Reichstag zu Speyer (1526), dass das Wormser Edikt bis zu einem bald einzuberufenden Konzil nicht durchgeführt werden solle. Jeder Fürst sollte so verfahren, wie er es gegenüber Gott und dem Kaiser verantworten könne.

1529

Nach außenpolitischen Erfolgen des Kaisers beschloss die Mehrheit auf dem zweiten Reichstag zu Speyer (1529), dass — zum Schutz der Messe — weitere Neuerungen verboten sein sollten; der Reichstagsabschied von 1526 wurde aufgehoben, das Wormser Edikt sollte durchgeführt werden. Hiergegen protestierten fünf Fürsten und 14 oberdeutsche Städte: die Fürsten von Kursachsen, Hessen, Brandenburg-Ansbach, Lüneburg und Anhalt; die Städte Straßburg, Nürnberg, Ulm, Konstanz, Lindau, Memmingen, Kempten, Nördlingen, Heilbronn, Reutlingen, Isny, St. Gallen, Weißenburg und Windsheim. Von dieser »Protestation« leitet sich für die Evangelischen der Name »Protestanten« ab.

1530

1529 konnte Karl V. die Kämpfe mit Frankreich beenden und sich wieder den deutschen Verhältnissen zuwenden. Er berief für 1530 einen Reichstag nach Augsburg ein. Dort wollte er auf dem Verhandlungsweg die Religionsstreitigkeiten beenden. Auf dem Reichstag zu Augsburg legten die Evangelischen das von Melanchthon verfasste »Augsburger Bekenntnis« (Confessio Augustana) vor: Luther hält sich während dieser Zeit auf der Veste Coburg auf, dem südlichsten Punkt des Kurfürstentums Sachsen. Sein Kurfürst hatte dem nach wie vor Geächteten nicht erlaubt, nach Augsburg zu reisen. Auf der Coburg schreibt er u. a. die Schrift »Sendbrief vom Dolmetschen«.

Darin rechtfertigt er seine Bibelübersetzung gegen Angriffe seiner Gegner.

Der Kaiser ließ im Anschluss an das »Augsburger Bekenntnis« der Evangelischen eine »Widerlegung« ausarbeiten und verlesen. Damit war für den Kaiser die evangelische Lehre widerlegt.

Den Protestanten wurde eine Frist von einem halben Jahr gewährt, um zum alten Glauben zurückzukehren.

1531

Am Schluss des Augsburger Reichstags von 1530 erneuerte die »altgläubige« Mehrheit auf dem Reichstag das Wormser Edikt. Die evangelischen Fürsten und Räte der Reichsstädte sahen sich so sehr bedroht, dass sie 1531 ein politisches Bündnis schlossen, den Schmalkaldischen Bund. An der Spitze standen Luthers Landesherr, der Kurfürst von Sachsen, und der Landgraf von Hessen. Dieser Bund, der darüber hinaus Kontakte zum französischen König hatte, musste vom Kaiser als Bedrohung angesehen werden.

1532

Kaiser Karl V. kam durch einen erneuten Türkeneinfall in Bedrängnis. So kam es zu Verhandlungen zwischen dem Kaiser und dem Schmalkaldischen Bund. Im sogenannten Nürnberger Anstand von 1532 einigte man sich auf einen Waffenstillstand bis zu dem vom Papst einzuberufenden Konzil. Bis dahin wurde der Religionsstand der Protestanten garantiert.

Nach dem Nürnberger Anstand verließ Kaiser Karl V. für fast zehn Jahre wieder deutschen Boden.

1541

Erst Anfang der 40er Jahre konnte der Kaiser sich wieder der Religionsfrage in Deutschland widmen. Nun versuchte er erneut, zu einem Ausgleich mit den evangelischen Ständen zu kommen, deren Unterstützung er bei seinen Auseinandersetzungen mit den Türken dringend benötigte. 1540/41 ließ er in Hagenau, Worms und Regensburg Religionsgespräche abhalten. In strittigen Punkten, wie z.B. der Lehre von der Rechtfertigung, konnte man sich auf Kompromissformeln einigen, die dann jedoch von den beiden Seiten wieder verworfen wurden.

1541 schloss der Kaiser einen Vertrag mit dem evangelischen Fürsten Philipp von Hessen, der diesen dazu verpflichtete, nicht gegen den Kaiser zu kämpfen. Philipp von Hessen musste diesen Vertrag abschließen. Er hätte sonst wegen seiner heimlichen verbotenen Doppelehe sein Land verloren. Der evangelische Herzog Moritz von Sachsen verbündete sich ebenfalls mit dem Kaiser, weil der Kaiser ihm Versprechungen für die Erweiterung seines Gebietes machte. Dies bedeutete eine Stärkung der »Altgläubigen«.

1545–1547

1544/45 beendete Karl V. seine auswärtigen Kriege und verständigte sich mit dem Papst über die Durchführung eines Konzils.

Das Trienter Konzil (Tridentinum) dauerte von 1545 bis 1563; es war von vornherein antiprotestantisch orientiert, obwohl der Kaiser eigentlich einen echten Ausgleich zwischen den streitenden kirchlichen Parteien anstrebte. Daher weigerten sich die evangelischen Stände, das Konzil zu beschicken.

Am 18. Februar 1546 starb Luther.

Im Juli 1546 kam es zum Krieg zwischen den protestantischen Fürsten und dem Kaiser. Dieser »Schmalkaldische Krieg« (1546/47) endete mit dem Sieg des Kaisers in der Schlacht bei Mühlberg.

Kurfürst Johann Friedrich von Sachsen wurde gefangen genommen. Den nicht an der Schlacht beteiligten Philipp von Hessen ließ Karl V. verhaften.

Moritz von Sachsen erhielt die Kurwürde mit dem Kurkreis Wittenberg.

1548

Nach seinem Sieg über den Schmalkaldischen Bund ging der Kaiser daran, sein Ziel der Wiederherstellung der alten Kirche in die Tat umzusetzen. Auf dem Augsburger Reichstag von 1548 wurde das Augsburger Interim (= Zwischenlösung) beschlossen.

Danach war in den protestantischen Ländern die katholische Lehre wieder einzuführen. Bis zur Neuregelung durch ein allgemeines Konzil wurden den Protestanten lediglich der Laienkelch und die Priesterehe für bereits verheiratete Pfarrer zugestanden.

1551

Moritz von Sachsen war über die Politik des Kaisers verärgert. Denn entgegen der Zusage hielt der Kaiser seinen Schwiegervater Philipp von Hessen und Johann Friedrich von Sachsen unter unwürdigen Verhältnissen in Haft. Außerdem versuchte er, ebenfalls entgegen der Zusage, das Augsburger Interim auch im Lande von Moritz durchzuführen.

All dies führte schließlich dazu, dass Moritz von Sachsen erneut die Seiten wechselte. 1551 überrumpelte er mit seinem Heer Kaiser Karl V. in Innsbruck. Karl V. konnte mit knapper Not nach Villach in Kärnten fliehen; das Konzil von Trient löste sich (vorübergehend) auf.

1552

Nach den Ereignissen von 1551 wurde am 2. August 1552 der Passauer Vertrag geschlossen. Danach wurde Philipp von Hessen freigelassen, die evangelische Lehre wurde bis zur Regelung durch den nächsten Reichstag in den ursprünglichen evangelischen Ländern wieder erlaubt.

1555

1555 trat der Reichstag in Augsburg zusammen. Als wichtigste Bestimmungen wurden festgelegt:

1. Die lutherische Konfession wird im Deutschen Reich als gleichberechtigt anerkannt.
2. In Fragen des Glaubens hat sich die Bevölkerung eines Gebiets nach der »Obrigkeit« zu richten. Andersgläubige haben die Möglichkeit auszuwandern (cuius regio eius religio).
3. Für die geistlichen Gebiete wurde der Fortbestand des (katholischen) geistlichen Fürstentums festgelegt.

Diese Regelungen galten allerdings nicht für die Reformierten.

Es folgte eine längere Friedensperiode, die bis 1618 dauerte. In den habsburgischen Ländern kam es zu Gegenreformation und Rekatholisierung.

Wartburg

Franz I. von Frankreich

Stadtansicht von Speyer

Verlesung der Confessio Augustana (CA)

Johann Friedrich von Sachsen

Suleiman der Prächtige

Philipp von Hessen

Karl V.

Augsburger Interim

Moritz von Sachsen

Augsburger Religionsfrieden mit Siegel

14 Martin Luther und die Bibel

Zur Zeit Luthers wurde in der Kirche aus der lateinischen Bibel vorgelesen. Zwar gab es auch deutsche Bibeln; sie waren aber nicht besonders gut übersetzt und nicht weit verbreitet. Eine der wichtigsten und weitreichendsten Leistungen Martin Luthers war die Übersetzung der Bibel aus den Ursprachen in eine für alle verständliche deutsche Sprache.

Für Martin Luther hatte die Bibel zentrale Bedeutung. Als Professor der Theologie hatte er in Wittenberg ab dem Jahr 1511 seinen Studenten die Texte der Heiligen Schrift auszulegen. Dabei kämpfte er mit Feuereifer um das rechte Verstehen der biblischen Texte. An Römer 1,17 wäre er fast verzweifelt. Dort verstand er das Wort »Gottes Gerechtigkeit« zunächst im Sinne einer Gerechtigkeit, die vom Menschen ein vollkommenes Leben fordert und die den bestraft, der sich vergeht. Einen solchen fordernden und strafenden Gott konnte Luther nicht lieben. Schließlich erkannte er, dass dort etwas anderes gemeint war: Gott »fordert« vom Menschen nur Vertrauen in seine Liebe. Diese Liebe Gottes hatte in Jesus Christus Gestalt gewonnen. Für Luther war daher die Bibel von unschätzbarem Wert, und Christus war für ihn das Zentrum der Bibel. An ihm mussten sich alle Aussagen der Bibel messen lassen. Weil Luther in der Bibel den Sinn seines Lebens entdeckt hatte, wollte er, dass alle Christen die Bibel in ihrer Muttersprache lesen konnten. Die Übersetzung der Bibel ins Deutsche war für ihn daher eine lebenslange Aufgabe. Die erste Ausgabe der ganzen deutschen Luther-Bibel erschien im Jahr 1534.

Zu dem wichtigen Thema »Martin Luther und die Bibel« wird eine Fülle von Materialien angeboten, die nicht alle nacheinander im Unterricht oder im Seminar behandelt werden können. Die Materialien sind verschiedenen Bausteinen zugeordnet. Die Lehrperson wird je nach Situation der Lerngruppe aus den vorgelegten Materialien für den Unterricht bzw. das Seminar auswählen oder auch die S. auswählen lassen.

Baustein A

Die Luther-Bibel Das Basismaterial **M 14/1** bis **M 14/5** können die S. in GA erarbeiten:

Materialien zu Baustein A

M 14/1 **Martin Luther übersetzt die Bibel** (Textblatt mit Titelblatt des Septembertestaments). Hier erfahren die S., wie Luther dazu kam, das Neue Testament in verständliches Deutsch zu übersetzen.

M 14/2 **Jesus und die Kinder (Markus 10,13–16).** Hier können die S. die Übersetzung des Textes im Septembertestament mit der vorlutherischen Übersetzung (8. deutsche Bibel, 1480) vergleichen.

> **Info für L.: (Möglicher Hefteintrag)**
> Als Student war Luther der Bibel zum ersten Mal begegnet. Seither hatte sie ihn nicht mehr losgelassen. Ganz entscheidend war für ihn, dass er aus der Bibel die Erkenntnis gewonnen hatte: Gott nimmt den Menschen an, ohne dass dieser Vorleistungen erbringen muss, er liebt den Menschen bedingungslos. Weil Luther wollte, dass alle Menschen diese frohe Botschaft selbst aus der Bibel erfahren konnten, übersetzte er sie ins Deutsche. Jeder Mann und jede Frau sollte selbst in der Bibel lesen können.

 M 14/3 **Deutsche Bibeln:** Anhand des AB mit einführendem Text und auszuschneidenden Bildern haben die S. die Aufgabe, das Verhältnis zwischen Urtext, vorlutherischen deutschen Bibeln und Luthers Bibelübersetzung herauszuarbeiten und darzustellen.

M 14/4 Luthers Sprache und die Bibel: Hier werden **Sprichwörter** und

M 14/5 Redewendungen aufgeführt, die teilweise durch Luthers Bibelüber-
       setzung geprägt sind. Die S. haben die interessante Aufgabe, mit Hilfe
       der angegebenen Bibelstellen herauszufinden, welche Redensarten
       bzw. Sprichwörter auf Luthers Bibelübersetzung zurückgehen und
       welche nicht. In die Spalte »Von Luther?« ist überall dort, wo keine
       Bibelstelle zugrunde liegt, ein »Nein« einzutragen, anderenfalls ein
       »Ja«. Man kann mit diesem Material spielerisch etwa in Form eines
       Wettbewerbs umgehen.

Baustein B

Hier lernen die S. verschiedene Übersetzungen von Psalm 63, 4–9 ins
Deutsche kennen.

Materialien zu Baustein B

M 14/6 Psalm 63,4–9 in verschiedenen Übersetzungen: Textblatt
        Die Verse Psalm 63,4–9 werden in zufälliger Reihenfolge in drei
        verschiedenen Übersetzungen wiedergegeben:
        1. Die Übersetzung, wie sie vor Martin Luther üblich war
        2. Luthers erste Übersetzung des Psalms im Jahre 1524
        3. Luthers geänderte Übersetzung aus dem Jahr 1531

M 14/7 Psalm 63,4–9 in verschiedenen Übersetzungen: AB: Text von
        Psalm 63,4–9 mit der Übersetzung in der heutigen (revidierten =
        veränderten) Lutherbibel. In die Spalten kleben die S. die aus
        M 14/6 ausgeschnittenen Verse in der richtigen Zuordnung ein.

M 14/8 Vorwürfe gegen Luther. Dieses AB hilft den S., einige schwierige
        Begriffe aus der vorlutherischen Übersetzung zu klären und sich mit
        dem Vorwurf gegen Luther auseinanderzusetzen, er habe nicht
        genau übersetzt.

Baustein C

Material zu Baustein C

Als DZ finden sich Geschichten zum Thema Martin Luther und die Bibel als
Zusatzmaterial:

       Sie eignen sich insbesondere für die Jahrgangsstufen 5 und 6.
       Grundsätzlich gibt es drei Möglichkeiten, mit den Geschichten
       umzugehen:
       1. Die Geschichten werden von L. oder von S. (mit verteilten Rollen)
          vorgelesen.
       2. Die Geschichten sind so geschrieben, dass man sie einfach
          nacherzählen kann. Allerdings wird der/die Erzähler/in eigene
          Schwerpunkte bilden: hier und da etwas ausschmücken oder
          Informationen hinzufügen, an einer anderen Stelle auch einmal
          etwas kürzer erzählen.
       3. Die S. können einzelne Geschichten **spielen.**
       4. Man kann zum Gesamten oder zu einzelnen Szenen ein **Hörspiel**
          oder eine Hörszene gestalten.

Der folgende Vorschlag für Hörszenen hat sich im Unterricht bewährt:
(1) Ausgangspunkt ist die Szene »Marktplatz in Nürnberg, September 1522«.
Ein Rundfunkreporter berichtet aus der freien Reichsstadt Nürnberg (Zentrum
des Buchdrucks u.a.). Er erfährt von einem Buchhändler, dass Luther noch

lebt. Dies will er nun nachprüfen und macht sich deshalb nach Wittenberg auf, um weitere Einzelheiten in Erfahrung zu bringen.

(2) Der Reporter befragt Menschen auf dem Marktplatz in Wittenberg. Dabei erfährt er, dass sich Luther wieder in Wittenberg aufhält. Er begibt sich zu Luther, um ihn zu interviewen.

(3) Der Reporter befragt Luther zu den Ereignissen in Worms und auf der Wartburg (vgl. dazu die Szene »Luther auf der Wartburg, 1521«, und »Auf der Wartburg – einige Monate später«).

(4) Der Reporter befragt Martin Luther, warum er das Neue Testament übersetzt und welche Rolle die Bibel in seinem Leben gespielt hat.

Szene 3 und 4 gehen ineinander über bzw. überlappen sich. Hier können die Informationen aus den Szenen »Erfurt 1504«, »Wittenberg 1511« und »Wittenberg 1516« eingebracht werden.

Luther als Bibelübersetzer

Baustein D

Materialien zu Baustein D

Ganzer Text als DZ verfügbar

M 14/9 **Aus dem »Sendbrief vom Dolmetschen«:** Der kurze Textauszug erläutert den S. Luthers Übersetzungsgrundsätze.

M 14/10 **Luthers Übersetzungsarbeit: Zwei Beispiele** (zwei Blätter). Mt 12,33–37 und Jes 40, 1–2: Durch den Vergleich von Luthers Übersetzungen mit vorlutherischen Übersetzungen (8. deutsche Bibel) können die S. überprüfen, inwiefern Luther seine Grundsätze in die Praxis umgesetzt hat.

M 14/11 **Kritik an Luther** und dessen Auseinandersetzung damit im »Sendbrief vom Dolmetschen«. Es folgt die Übersetzung von Mt 12,33–37 in Emsers Übersetzung. Durch Vergleichen mit Luthers Fassung können die S. den Vorwurf Luthers überprüfen, Emser (den Luther nur »Sudler« nennt) habe von ihm abgeschrieben.

M 14/12 **Bibelpreise und Auflagen** der Bibeln zur Zeit Luthers: Anhand des Materials können die S. herausfinden, welchen Wert eine Bibel zur Zeit Luthers darstellte. Einerseits waren die Bibeln aufgrund des Fortschritts der Buchdruckerkunst weit verbreitet, andererseits waren sie wegen ihres Verkaufspreises nicht für jedermann erschwinglich. Die S. vergleichen die aufgelisteten damaligen Preise und Auflagen der Bibel mit heute. Um den damaligen Wert einschätzen zu können, errechnen sie, wie viel Prozent des Jahreslohnes man damals für eine Bibel ausgeben musste – und wie viel heute.

Leute von heute verstehen die Bibel

Baustein E

Das hier vorgestellte Material – die Idee stammt von einer Computeranimation im Lutherhaus in Eisenach – zeigt, dass Übersetzen mehr ist als einen Text Wort für Wort zu übertragen. Vorgestellt werden drei Personen, die einen Bibelvers je in ihre Situation »übersetzen«. Aufgabe der S. ist es, diese Übertragungen richtig zuzuordnen und eine eigene Übersetzung zu versuchen.

Material zu Baustein E

M 14/13 **Leute von heute verstehen die Bibel** (zwei Blätter)

(1) Das erste AB enthält die Bibeltexte und ein Raster für verschiedene Personen, die ihr Verständnis des entsprechenden Bibeltextes formulieren.

(2) Das zweite AB enthält Texte zu den einzelnen Bibelstellen, die die S. ausschneiden und in das **M 14/13 (1)** einkleben.

In der vierten Spalte des AB **M 14/13 (1)** können sie ihre eigene »Übersetzung« eintragen.

Baustein F

Viele – vor allem jüngere Menschen – sagen: »Die Luther-Übersetzung bietet ein altmodisches Deutsch, das wir heute nur schwer verstehen können. Deshalb brauchen wir neue Übersetzungen, die heutige Menschen ansprechen.« Andere – vor allem ältere Menschen – sagen: »An das Deutsch Luthers kommen die heutigen Übersetzungen nicht heran. Deshalb wollen wir bei der altvertrauten Sprache Luthers bleiben.«
In einem ersten Schritt der Beschäftigung mit heutigen Bibelübersetzungen können sich die S. mit diesen Meinungen auseinandersetzen und sich eine eigene Meinung bilden.
Sodann beschäftigen sie sich mit den vorgelegten Übersetzungen und bilden sich eine Meinung darüber, welche ihnen am meisten zusagt.
Schließlich überprüfen sie, ob bzw. inwieweit die Übersetzungen den Grundsätzen der jeweiligen Bibelübersetzung, wie sie in den Vorworten formuliert sind, entsprechen oder nicht.

Material zu Baustein F

M 14/14 Bibelübersetzungen heute (zwei Blätter): Mit Hilfe verschiedener Übersetzungen von Röm 3,21–28 können die S. nachvollziehen, welche Kriterien jeweils leitend sind. Röm 3,21–28 wurde gewählt, weil dieser Text für Luthers Erkenntnis der neuen Gerechtigkeit wichtig ist. Als Übersetzungen sind zunächst die beiden Bibeln gewählt, die sich explizit eine für Jugendliche heute verständliche Sprache auf die Fahne geschrieben haben: *Hoffnung für alle* und die *Volx-Bibel*. Dazu kommt noch die *Bibel in gerechter Sprache*. Vor allem diese letztere und die *Volx-Bibel* sind umstritten. Ihnen wird vorgeworfen, sie seien zu sehr dem Zeitgeist verhaftet.
Weitere Übersetzungen, z.B. die **Gute Nachricht** und vor allem die **BasisBibel** (www.basisbibel.de), können zusätzlich herangezogen werden.

Zur 2006 erschienenen *Bibel in gerechter Sprache* noch einige Erläuterungen aus dem Vorwort, die in den Unterricht einfließen können. Wenn in der Lerngruppe Interesse am Thema »Geschlechtergerechtigkeit« besteht, können die S. zusätzlich den Bibeltext 1. Mose 2,4–25 hinzunehmen und die Besonderheit der Übersetzung anhand der Schöpfungsgeschichte herausarbeiten.

Aus dem Vorwort der *Bibel in gerechter Sprache*:
Mit der Bibel in gerechter Sprache wird das Spektrum deutscher Übersetzungen der biblischen Bücher bereichert. Die vorliegende Übersetzung ist in mehrfacher Hinsicht der Gerechtigkeit verpflichtet. Neben dem Ziel jeder Übersetzung, dem Ursprungstext gerecht zu werden, ist Gerechtigkeit in drei Hinsichten besonders intendiert.
(1.) Einerseits sollen die Übersetzungen der Geschlechtergerechtigkeit entsprechen und deutlich machen, dass und wie Frauen an den Geschehnissen und Erfahrungen der biblischen Texte beteiligt und damals wie heute von ihnen angesprochen sind. (S. 5)
Für das Profil dieser Bibelübersetzung ist ferner zentral, dass durchgängig versucht wird, Gott nicht einseitig mit grammatisch männlichen Bezeichnungen zu benennen. Israels Glaube an die Einheit und Einzigkeit Gottes ... musste bedeuten, dass dieser Gott nicht männlich, diese Gottheit nicht weiblich war. Obwohl von Gott grammatisch überwiegend männlich geredet wird, gibt es eine Fülle von Signalen und eindeutigen Formulierungen,

Martin Luther und die Bibel

dass Gott jenseits der Geschlechterpolarität steht. Das beginnt in Gen 1,26–28 und hat Höhepunkte etwa in Dtn 4,16 und Hos 11,9. Die meisten Leserinnen und Leser der Bibel haben sich daran gewöhnt, zwar grundsätzlich und abstrakt zu wissen, dass Gott nicht männlich ist, sich Gott aber gleichzeitig in inneren und äußeren Bildern männlich vorzustellen. (S.10)

(2.) Gleichgewichtig geht es um Gerechtigkeit im Hinblick auf den christlich-jüdischen Dialog, d.h. um eine Übersetzung, die versucht, auf antijudaistische Interpretationen zu verzichten. (S. 5) Insbesondere für das Neue Testament ist in den letzten Jahrzehnten in großer Breite aufgedeckt worden, wie sehr dieses auf jüdischem Boden entstandene Buch antijüdisch und damit verzerrt gelesen und entsprechend übersetzt wurde. Ein Beispiel sind die sogenannten »Antithesen« der Bergpredigt, wo die Übersetzung »Ich aber sage euch« im Sinne einer Wendung Jesu gegen die jüdische Tradition verstanden werden muss. Es handelt sich jedoch um eine von den Rabbinen oft verwendete Formel, die sachgemäßer mit »Ich lege euch das heute so aus« wiedergegeben wird, womit es nicht mehr um Antithesen geht. Beide genannten Kriterien sind wichtige Gründe, mit der Tradition zu brechen, die den biblischen Namen Gottes mit »Herr« wiedergibt. (3.) Drittens geht es um soziale Gerechtigkeit. Vieles von den sozialen Auseinandersetzungen, aus denen die Bibel erwachsen ist, wird verstellt, wenn etwa das hebräische Wort *rascha*, das Menschen bezeichnet, die Unrechts- und Gewalttaten begehen und entsprechend zu verurteilen sind, mit dem Begriff »Gottlose« wiedergegeben wird, als ginge es um Atheismus oder um Unglauben. Oder wenn statt von Sklavinnen und Sklaven von Mägden und Knechten die Rede ist. So hat Luther sie in seine Welt eingezeichnet, doch die bäuerliche Welt Luthers ist uns sehr fern gerückt. Manches klingt heute wie eine Idylle, wo es doch um sehr harte soziale Realitäten ging und geht. (S. 10/11)

»Tora« – das Wort bezeichnet im jüdischen Sprachgebrauch den ersten Teil der jüdischen Bibel. ... Im Neuen Testament findet sich der jüdische Begriff in Übersetzung als »Nomos/Gesetz« wieder, etwa in dem Doppelausdruck »Gesetz/Tora und Propheten« (z. B. Mt 5,17; 7,12). Das Wort »Tora« bezeichnet in der Alltagssprache der biblischen Zeit die »Weisung« besonders der Mutter an ihre Kinder (Spr 6,20), die aus liebevoller Zuwendung erwächst und zur Vermeidung tödlicher Gefahren anleitet – wofür »Gesetz« eine problematische Wiedergabe wäre. (S. 29)

M 14/1 Martin Luther übersetzt die Bibel

111_Kap14

Auf dem Reichstag zu Worms wurde durch das »Wormser Edikt« über Luther die Reichsacht verhängt. Das bedeutete: Luther durfte nirgendwo beherbergt oder verköstigt werden. Man durfte ihm weder heimlich noch öffentlich helfen. Vielmehr sollte er gefangen genommen und dem Kaiser überstellt werden.

Der Kaiser hatte ihm jedoch freies Geleit zugesichert, und er hielt sich an diese Zusage. Noch an seinem Lebensende hielt Karl V. es für einen seiner großen Fehler, Luther nicht verhaftet zu haben.

Auf der Heimreise ließ der Landesherr Luthers, Kurfürst Friedrich der Weise, Luther zum Schein überfallen und auf die Wartburg bringen. Dort lebte er unerkannt als Junker (Ritter) Jörg.

Auf der Wartburg übersetzte Martin Luther in nur elf Wochen das Neue Testament aus dem griechischen Urtext ins Deutsche. Schon vorher hatte es Übersetzungen der Bibel in die deutsche Sprache gegeben. Doch da noch keine einheitliche deutsche Schriftsprache existierte, waren die Übersetzungen oft nur in dem Gebiet verständlich, in dem sie entstanden waren. Luther nun legte das Deutsch zugrunde, das in der Kanzlei seines Landesherrn geschrieben und gesprochen wurde. Seine Bibelübersetzung wurde zur Grundlage der neuhochdeutschen Sprache. Rat holte sich Luther auch bei den Leuten auf der Straße. Und während frühere deutsche Bibeltexte nur aus dem Lateinischen ins Deutsche übersetzt worden waren, zog Luther für seine Übersetzung auch den griechischen Urtext heran. Die Übersetzung des Neuen Testaments erschien im September 1522 in Wittenberg und wird deshalb Septembertestament genannt. Weil über Luther der Bann und die Reichsacht verhängt waren, wurden auf dem Titelblatt des »Neuen Testaments Deutsch« der Name des Druckers und des Übersetzers nicht genannt. Das Septembertestament fand reißenden Absatz und musste bald nachgedruckt werden.

Aufgaben:

• Welche Leistung Luther mit seiner Übersetzung des Neuen Testaments vollbracht hat, könnt ihr erkennen, wenn ihr **M 14/2** durcharbeitet.

• Formuliert, was Martin Luther dazu bewogen hat, das Neue Testament in verständliches Deutsch zu übersetzen.

M 14/2 Jesus und die Kinder (Markus 10,13–16)

Luther übersetzt im Septembertestament (1522)

Vnd sie brachtē kindlin zu yhm / das er sie anruret / die iunger aber furē die an / die sie trugē / da es aber Jhesus sahe / wart er vnwillig / vñ sprach zu yhnen / lasset die kindlin zu myr komen / vñ weret yhn nicht / deñ solcher ist das reych gotis / warlich ich sage euch / wer nicht emp fehet das reych gottis / als eyn kindlin / der wirtt nicht hyneyn komē / vnd er vmbfieng sie / vnd leget die hend auff sie / vnd segnet sie.

Und sie brachten kindlin zu yhm / das er sie anruret / die iunger aber
furen die an / die sie trugen / da es aber Jhesus sahe / wart er unwillig / und
sprach zu yhnen / lasset die kindlin zu myr komen / und weret yhn nicht /
denn solcher ist das reych gotis / warlich ich sage euch / wer nicht emp
fehet das reych gottis / als eyn kindlin / der wirtt nicht hyneyn komen /
und er umbfieng sie / und leget die hend auff sie / und segnet sie.

In der 8. deutschen Bibel (1480) ist diese Textstelle so wiedergegeben:

die brücht die ee. Vnd sy brachtent jm die kleinen das er sy rürt. vnd die iunger dröeten den bringenden. Do sy ihe sus het gesehen er erzürnet vnd sprach zü in. last die kleinen kommen zü mir vnnd nit wölt in es wören. wann der ist dz reych gots. Wärlich sag ich eüch wölcher nit empfacht das reych gots als der klein der wirdt nit darein geen Vnd er vmbfieng sy vñ legt dye hend auff sy vnd gesegnet sy.

... • Und sy brachtent jm
die kleinen das er sy rürt • und die junger
dröeten den bringenden • Do sy ihesus
het gesehen er erzürnet und sprach
zu in • last die kleinen kommen zu mir
unnd nit wölt in es wören • wann der
ist dz reych gots • wärlich sag ich euch
wölcher nit empfacht das reych gots
als der klein der wirdt nit darein geen
Und er umbfieng sy und legt dye hend
auff sy und gesegnet sy •

Aufgaben:

• Schreibe auf, was bei einem Vergleich der beiden Übersetzungen auffällt:

_____

_____

_____

_____

_____

• Scheibe die Verse aus einer heutigen Lutherbibel oder einer anderen modernen Übersetzung ab und vergleiche:

_____

_____

_____

_____

M 14/3 Deutsche Bibeln

- Lest den folgenden Text durch. Schneidet die Bilder aus und gestaltet eine Heftseite oder ein Plakat. Stellt dabei mit Hilfe von Pfeilen dar, wie die einzelnen Bibelübersetzungen zusammenhängen.

Schon vor Luther gab es Übersetzungen der Bibel in die deutsche Sprache. Es waren insgesamt 14 deutsche Bibelausgaben. Die vorlutherischen Bibelübersetzer übersetzten die Bibel nicht aus den Ursprachen Hebräisch (Altes Testament) und Griechisch (Neues Testament), sondern aus der lateinischen Bibel (Vulgata). Diese lateinische Bibel war schon im 4. Jahrhundert aus den Ursprachen ins Lateinische übersetzt worden, damit die Menschen, die damals Lateinisch sprachen, die Bibel verstehen konnten. Im Mittelalter wurde dann Latein die Sprache der Gelehrten und der Kirche. Während des ganzen Mittelalters war diese lateinische Bibel in Gebrauch. Die Übersetzungen vor Luther waren sehr holprig und wurden nicht in ganz Deutschland verstanden. Luther übersetzte die Bibel nun aus den Ursprachen Hebräisch und Griechisch ins Deutsche. Er fand eine Sprache, die man überall in Deutschland verstehen konnte.

Hebräisches Altes Testament

Griechisches Neues Testament

1522–1534 Luthers Übersetzungen des Alten Testaments

Luthers »Septembertestament« 1522

1534 Erste Vollbibel in Luthers Übersetzung

1466 bis 1518

14 vorlutherische deutsche Bibeln

Vulgata (lateinische Bibel) Hieronymus († 420

114_Kap14

M 14/4 Luthers Sprache und die Bibel: Sprichwörter

Martin Luther hat durch seine Übersetzung der Bibel die deutsche Schriftsprache stark geprägt.

- Welche der folgenden Sprichwörter gehen auf Luthers Bibelübersetzung zurück? Bei der Aufgabe können euch die folgenden Bibelstellen helfen:
1. Korinther 9,9; 2. Mose 21,24; Matthäus 5,38; Psalm 57,7; Sprüche 26,27; Lukas 10,7; 1. Timotheus 5,18; Matthäus 12,34; Psalm 94,15; Matthäus 26,41; Lukas 5,37; Tobias 4,16; Matthäus 7,12; Römer 13,7; 1. Korinther 13,9;
Psalm 127,2; Matthäus 4,4; Matthäus 13,57; Sprüche 15,18; Matthäus 7,16

Sprichwort	Von Luther? Ja / Nein	Bibelstelle
Du sollst dem Ochsen, der da drischt, das Maul nicht verbinden.		
Der Krug geht so lange zum Brunnen, bis er bricht.		
Wer andern eine Grube gräbt, fällt selbst hinein.		
Ein Arbeiter ist seines Lohnes wert.		
Tue recht und scheue niemand.		
Hunger ist der beste Koch.		
Not lehrt beten.		
Auge um Auge, Zahn um Zahn!		
Wes das Herz voll ist, des geht der Mund über.		
Alter schützt vor Torheit nicht.		
Recht muss Recht bleiben.		
Der Geist ist willig, aber das Fleisch ist schwach.		
Neuen Wein in alte Schläuche füllen.		
Viele Hunde sind des Hasen Tod.		
Wer zu spät kommt, den bestraft das Leben.		
Quäle nie ein Tier aus Scherz, denn es fühlt wie du den Schmerz.		
Was du nicht willst, das man dir tu, das füg auch keinem andern zu.		
Es ist noch kein Meister vom Himmel gefallen.		
Ehre, wem Ehre gebührt.		
Unser Wissen ist Stückwerk.		
Der Spatz in der Hand ist besser als die Taube auf dem Dach.		
Was Hänschen nicht lernt, lernt Hans nimmermehr.		
Früh krümmt sich, was ein Häkchen werden will.		
Morgenstund hat Gold im Mund.		
Den Seinen gibt's der Herr im Schlaf.		
Der Mensch lebt nicht vom Brot allein.		
Glück und Glas, wie leicht bricht das.		
Scherben bringen Glück.		
Einem geschenkten Gaul schaut man nicht ins Maul.		
Wo gehobelt wird, da fallen Späne.		
Wer einmal lügt, dem glaubt man nicht, und wenn er gleich die Wahrheit spricht.		
Der Prophet gilt nichts in seinem Vaterlande.		
Hochmut kommt vor dem Fall		
An ihren Früchten sollt ihr sie erkennen.		

M 14/5 Luthers Sprache und die Bibel: Redewendungen

• *Welche der folgenden Redewendungen gehen auf Luthers Bibelübersetzung zurück?*
Bei der Aufgabe können euch die folgenden Bibelstellen helfen:
1. Korinther 13,12; Richter 6,22; 3. Mose 16,6-22 ; 5. Mose 27,15-26 ; Judit 13,29 ; 3. Mose 16,6-22; 2.
Mose 33, 11; Offenbarung 5,1; Jakobus 1,26; 1. Timotheus 6,10: Matthäus 7,6; Jesaja 1,18; Jesaja 1,18;
Psalm 51,9; 5. Mose 32,10; Jesaja 8,14; 1. Petrus 2,8; Esther 4,1; Apostelgeschichte 4,32; Sirach 28,29;
Jeremia 32,44; Hiob 4,15; Psalm 26,6; Matthäus 27,24; Apostelgeschichte 9,18; Psalm 7,10; Matthäus 23,5

Redewendung	Von Luther? Ja / Nein	Bibelstelle
in die Wüste schicken		
seine Zunge im Zaum halten		
gelernt ist gelernt		
die Wurzel allen Übels		
etwas wie ein rohes Ei behandeln		
etwas wie seinen Augapfel hüten		
aalglatt		
Stein des Anstoßes		
ein Buch mit sieben Siegeln		
dumm wie Bohnenstroh		
Perlen vor die Säue werfen		
lupenrein		
schneeweiß		
blutrot		
schwarz wie die Nacht		
bleich vor Schrecken		
schwarz wie Ebenholz		
spiegelblank		
von Angesicht zu Angesicht		
Sündenbock		
pfeilschnell		
Ja und Amen sagen		
die Haare zu Berge stehen		
seine Hände in Unschuld waschen		
blutjung		
sonnenklar		
die Spreu vom Weizen trennen		
ein Herz und eine Seele		
Brief und Siegel geben		
giftgrün		
wie Schuppen von den Augen fallen		
auf Herz und Nieren prüfen		
kerzengerade		
in Sack und Asche gehen		
seine Worte auf der Goldwaage wiegen		

M 14/6 Psalm 63, 4–9 in verschiedenen Übersetzungen: Textblatt

Im Folgenden sind unterschiedliche Übersetzungsversionen der Verse aus Psalm 63 aufgeführt: in der Übersetzung, wie sie vor Martin Luther üblich war, in Luthers erster Übersetzung des Psalms von 1524 und in Luthers geänderter Übersetzung aus dem Jahr 1531. Schneidet die Textkärtchen aus und klebt sie in das Arbeitsblatt M 14/7 ein.

So will ich loben bey meynem leben, vnd meine hende ynn deynem namen auffheben.

Das were meines hertzen freude vnd wonne, Wenn ich dich mit frölichem munde loben solte.

das du wert mein helffer. Vnd ich erhöche mich mit dem decksal deiner vettich.

Meyne seele hanget dyr an, Deyne rechte hand enthellt mich.

Denn du bist mein Helffer, Vnd vnter dem schatten deiner Flügel rhüme ich.

Mein sele die zuhafft nach dir: dein zeswen die entphieng mich.

Meeine Seele hanget dir an, Deine rechte Hand erhelt mich.

Mein sel wirt erfult als mit veist vnd mit veistikeit: vnd mein mund der lobt mit den lespen der freuden.

Denn deine Güte ist besser denn Leben, Meine Lippen preisen dich.

Wann dein erbermbd ist besser vber das leben: mein lespen die lobent dich.

Alsust gesegen ich dich in meim leben: vnd ich heb auff mein hende in deim namen.

Denn deyne guete ist besser denn leben, meyne lippen sollen dich preysen.

Ob ich dein wird gedenckent frü aufmeim bette: ich betracht in dir:

Las meyne seele voll werden wie mit schmaltz vnd fettem, das meyn mund mit frölichen lippen rhume.

Wenn ich mich zu Bette lege, so dencke ich an dich, Wenn ich erwache, so rede ich von dir.

Da selbs wolt ich dich gerne loben mein leben lang, Und meine hende in deinem Namen auffheben.

Denn du bist meyn helffer, vnd vnter dem schatten deyner flugel will ich ruhmen.

Wenn ich deyn gedacht auff meym lager, So warn meyn gesprech von dyr, ynn der wache.

M 14/7 Psalm 63, 4–9 in verschiedenen Übersetzungen: Arbeitsblatt

vor Luther	Luther 1524	Luther 1531	heutige Lutherbibel
			4 Denn deine Güte ist besser als Leben; meine Lippen preisen dich.
			5 So will ich dich loben mein Leben lang und meine Hände in deinem Namen aufheben.
			6 Das ist meines Herzens Freude und Wonne, wenn ich dich mit fröhlichem Munde loben kann;
			7 wenn ich mich zu Bette lege, so denke ich an dich, wenn ich wach liege, sinne ich über dich nach.
			8 Denn du bist mein Helfer, und unter dem Schatten deiner Flügel frohlocke ich.
			9 Meine Seele hängt an dir; deine rechte Hand hält mich.

Weil die erste Fassung kein Deutscher versteht, haben wir die hebräischen Worte 'Schmalz' und 'Fett' weggelassen und haben klar deutsch geredet. Mit 'Schmalz' und 'Fett' wird Freude bezeichnet. Denn ein gesundes und fettes Tier ist fröhlich und ebenso wird ein fröhliches Tier aber nimmt ab und ein mageres Tier ist traurig. Deshalb haben wir übersetzt «meines Herzens Freude und Wonne».

Martin Luther 1531 über die Übersetzung der Psalmen

V ist manchmal als U, manchmal als F zu lesen.

M 14/8 Vorwürfe gegen Luther

Die vorlutherische Übersetzung ist für uns schwer verständlich. Was bedeuten folgende Worte der vorlutherischen Bibelübersetzung?

dein erbermd	mein lespen
veistigkeit	decksal
Vettich	zeswen
Zuhafft	entphieng

Seine Gegner haben Luther vorgeworfen, er habe nicht genau übersetzt und dadurch den Bibeltext verfälscht. Schau dir noch einmal Luthers Übersetzung des 63. Psalms an und nimm zu dem Vorwurf der Gegner Luthers Stellung.

Versucht eine Übersetzung von Vers 6 in unsere Sprache.
Die wörtliche Übersetzung lautet: »Wie von Schmalz und Fett wird meine Seele gesättigt werden und mit jubelnden Lippen wird mein Mund dich preisen«.
Die Übersetzung »Hoffnung für alle« übersetzt: »Ich juble dir zu und preise dich, ich bin glücklich und zufrieden wie bei einem Fest.«

M 14/9 Aus dem »Sendbrief vom Dolmetschen«

Im Jahr 1530 hat Luther seinen »Sendbrief vom Dolmetschen« verfasst. Er wehrt sich darin gegen seine Gegner, die ihm vorwerfen, er habe den Text der Bibel verfälscht. Er schreibt:

Ich habe mich beim Dolmetschen mit großem Eifer darum bemüht (beflissen), dass ich ein reines und klares Deutsch geben möchte. Es ist uns gar oft begegnet, dass wir vierzehn Tage, drei, ja vier Wochen lang ein einziges Wort gesucht und erfragt haben, und haben's doch bisweilen nicht gefunden. Im Buche Hiob arbeiteten wir, Magister Philippus (Melanchthon), Aurogallus und ich, so hart, dass wir in vier Tagen bisweilen kaum drei Zeilen fertigstellen konnten. Mein Lieber, nun, da es verdeutscht und fertig ist, kann's ein jeder lesen und kritisieren. Es läuft einer jetzt mit den Augen über drei, vier Blätter hin und stößt nicht ein einziges Mal an, wird aber nicht gewahr, welche Wacken und Klötze da gelegen sind, wo er jetzt drüber hingeht wie über ein gehobeltes Brett, wo wir haben schwitzen und uns ängstigen müssen, bevor wir solche Wacken und Klötze aus dem Wege räumten, damit man so fein dahergehen könnte.

...

Denn man darf nicht die Buchstaben in der lateinischen Sprache fragen, wie man Deutsch reden soll, wie diese Esel es tun, sondern man muss die Mutter im Hause, die Kinder auf der Gasse, den gemeinen Mann auf dem Markte darüber befragen und ihnen auf das Maul sehen, wie sie reden, und darnach dolmetschen. Dann verstehen sie es und merken, dass man Deutsch mit ihnen redet.

»Luther hat nicht genau übersetzt!« – Das werfen ihm einige Theologen vor. Luther äußert sich zu diesem Vorwurf, als Beispiel führt er Matthäus 12, 33–37 an:

So z. B. wenn Christus spricht (Matth 12,34): »Ex abundantia cordis os loquitur« – wenn ich da den Eseln folgen soll, werden die mir die Buchstaben vorlegen und so dolmetschen: »Aus dem Überfluss des Herzens redet der Mund.« Sage mir: ist das Deutsch geredet? Welcher Deutsche versteht das? Was ist denn das für eine Sache: ›Überfluss des Herzens‹? Das kann kein Deutscher sagen, außer er wollte sagen, das heiße, dass einer ein allzu großes Herz habe oder zu viel Herz habe, obwohl das auch noch nicht richtig ist. Denn ›Überfluss des Herzens‹ ist nicht deutsch, so wenig als das deutsch ist: ›Überfluss des Hauses‹, ›Überfluss des Kachelofens‹, ›Überfluss der Bank‹. Vielmehr so redet die Mutter im Haus und der gemeine Mann: »Wes das Herz voll ist, des geht der Mund über.« Das heißt gut deutsch reden; und darum habe ich mich bemüht, aber leider es nicht überall erreicht und getroffen....

Aufgabe:
- Erklärt, welche Grundsätze Luther für seine Übersetzungsarbeit aufstellt, und überprüft diese an den aufgeführten Beispielen. Ihr findet diese Beispiele auf dem Arbeitablatt **M 14/10**. Dort werden folgende Bibeltexte in vorlutherischen Übersetzungen und in Luthers Übersetzung wiedergegeben:

> Beispiel 1: Matthäus 12,33–37
> Beispiel 2: Jesaja 40,1–2

Beispiel 1: Matthäus 12, 33—37

im nicht vergeben • noch in diser welt
noch in d'künfftigen • Oder machet den
baum gütt unnd sein frucht gütt • Oder
macht den Baum bôs unnd sein frucht
bôs • Ernstlich d'bom wirt erkannt aus
der frucht • Geschlecht der vippernatern
in wellicher weys müget jr gereden das
gütt so jr seŷt bôs • wann aus überflüssig
keŷt des hertzen redet der mundt • Der
gütt mensch von dem gütten schatz für
pringt er das gütt / und der übel mensch
von dem übeln schatz fürpringet er das
übel • wann ich sag euch daz ein yegkli/
ches mûssige wort das die leut redendt
sŷ geben rechnung von jm an dem tage
des urteŷls • wann von deinen wortten
wirst du gerechthaftiget / und von deŷ
nen worten wirstu verdampt Do ant
wurten jm etlich von den schreibern un

8. deutsche Bibel, 1480

Setzt entwedder eynen gutten bawm/ßo wirtt die frucht gutt/odder setzt eyn fawlen
bawm/so wirt die frucht faul/denn an der frucht erkendt man den bawm. Ihr ottern
getzichte/wie kund yhr gutts reden/die weyll yhr bose seyt? Wes das hertz voll ist/des
geht der mund vbir. Eyn gut mensch bringt gutts erfur/aus seynem gutten schatz/vn
eyn boß mensch bringt boses erfur/aus seynem bosen schatz/Ich sage euch aber/das
die menschen mussen rechenschafft geben am iungsten gericht von eynem iglichen
vnnutzen wortt/das sie geredt haben. Aus deynen wortten wirstu gerechtfertiget werden vnnd aus deynen wortten wirstu verdampt werdenn.
Martin Luther, Septembertestament, 1522

Beispiel 2: Jesaja 40,1-2

117_Kap14

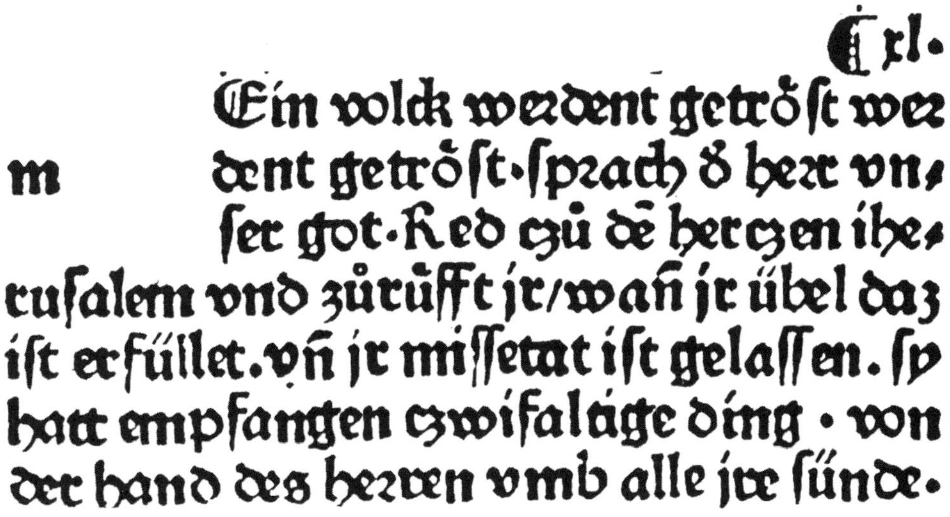

> **Cxl.**
>
> **Ein volck werdent getröst werdent getröst.spzach ð her vnser got.Red czú ðe hertzen iherusalem vnd zúrúfft jr/wan jr übel daz ist erfüllet.vn jr missetat ist gelassen. sp hatt empfangen czwifaltige ding · von der hand des herren vmb alle jre súnde.**

m

Ein volck werdent getröst werdent getröst, sprach d' herr vnser got. Red czu de herczen iherusalem vnd zurúfft jr / wan jr übel daz ist erfüllet. vnn jr missetat ist gelassen. sy hatt empfangen czwifaltige ding. von der hand des herren umb alle jre sünde.
8. deutsche Bibel, Nürnberg 1480

118_Kap14

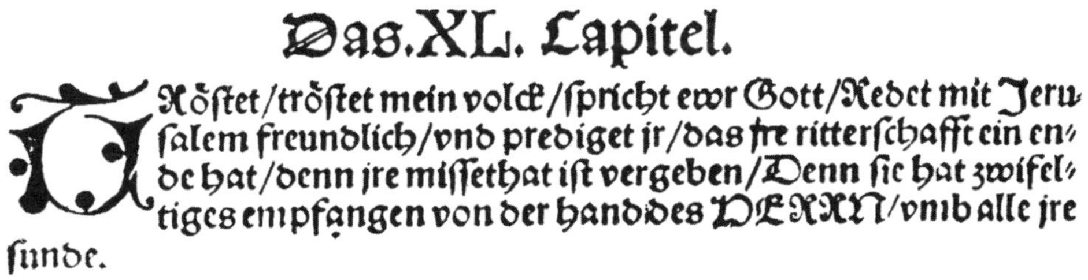

> ### Das.XL. Capitel.
>
> **Röstet/tröstet mein volck/spricht ewr Gott/Redet mit Jerusalem freundlich/vnd prediget jr/das jre ritterschafft ein ende hat/denn jre missethat ist vergeben/Denn sie hat zwifeltiges empfangen von der hand des DERRN/vmb alle jre sunde.**

Tröstet / tröstet mein volck / spricht ewr Gott / Redet mit jerusalem freundlich / vnd prediget jr / das jre ritterschafft ein ende hat / denn jre missethat ist vergeben / Denn sie hat zwifeltiges empfangen von der hand des HERRN / vmb alle jre sunde.
Martin Luther (1534)

Aufgabe:
- Vergleicht jeweils Luthers Übersetzungen mit der vorlutherischen Übersetzung. Überprüft dabei, inwiefern er seine Übersetzungsgrundsätze in die Praxis umgesetzt hat.

Luthers Septembertestament wurde in einer Auflage von 3000 Exemplaren gedruckt und war bald vergriffen, so dass es als »Dezembertestament« neu gedruckt werden musste. Obwohl auf der Titelseite Drucker und Übersetzer nicht genannt waren, war allgemein bekannt, dass es sich bei dieser Übersetzung um ein Werk Luthers handelte. Der katholische Herzog Georg von Sachsen verbot unter Berufung auf das Wormser Edikt den Verkauf. Vorhandene Exemplare sollten gegen Erstattung des Kaufpreises abgeliefert werden. Das Ablieferungsgebot wurde aber kaum beachtet.

Herzog Georg beauftragte seinen gelehrten Sekretär Hieronymus Emser (1478–1527), eine eigene »katholische« Übersetzung zu erstellen. Diese erschien im Jahr 1527 in Dresden. Emser lehnte sich in seiner »Übersetzung« eng an Luthers Text an, »korrigierte« ihn aber anhand der Vulgata und der mittelalterlichen Übersetzungen, zog aber auch den griechischen Urtext heran. Luther war über das Werk sehr verärgert und äußert sich in seinem Sendbrief vom Dolmetschen sehr abfällig über das Neue Testament Emsers, der inzwischen verstorben war.

Luther schreibt in seinem Sendbrief vom Dolmetschen:

Denn wir haben ja den Sudler [Schmierfink, Stümper, Pfuscher] zu Dresden gesehen, der mein Neues Testament geschulmeistert hat ... Der musste zugeben, dass mein Deutsch süß und gut sei, und sah wohl, dass er's nicht besser machen könnte, und wollte es doch zuschanden machen, fuhr drauf los und nahm mein Neues Testament vor; fast Wort für Wort wie ich's gemacht habe! Meine Vorrede und Erläuterung und meinen Namen ließ er weg, schrieb dafür seinen Namen, seine Vorrede und Erläuterung, und verkaufte so mein Neues Testament unter seinem Namen. Ei, liebe Kinder, wie tat mir das so wehe, als sein Landesfürst in einer greulichen Vorrede es verdammte und verbot, des Luthers Neues Testament zu lesen, zugleich jedoch gebot, des Sudlers Neues Testament zu lesen, das doch eben dasselbe ist, das der Luther gemacht hat!

Und dass nicht jemand hier denke, ich lüge: Nimm dir beide Testamente vor, das des Luthers und das des Sudlers, und halte sie gegeneinander, so wirst du sehen, wer in allen beiden der Dolmetscher ist. ...

Aufgabe:

Vergleicht die folgende Übersetzung Emsers mit der Übersetzung Luthers im Septembertestament (**M 14/10**) und überprüft Luthers Vorwürfe, Emser (den Luther nur den »Sudler« nennt) habe von ihm abgeschrieben:

Lasset entweder den baum gut seyn / so ist auch die frucht gut / ader setzt das der baum böß sey / so ist auch die frucht böß / denn an der frucht erkent man den bawm. Jr nattern getzüchte / wie kont ihr gutes reden / dieweil ihr böß seyt: den auß fölle des hertzen / redt der mund. Ein gut mensch bringt gutes herfür / auß seynem guten schatz / vnd ein böß mensch bringt böses herfür / auß seynem bösen schatz / ich sag euch aber das die menschē müssen recheschafft gebē am jungsten gericht von eynem jeglichen vnnutzen wort / das sie geredt haben / den auß deynen worten wirstu gerechtfertiget / vnnd auß deinen worten wirstu verdampt werden.

H. Emser, Das Neue Testament, 1527

Lasset entweder den bawm gut seyn / so ist auch die frucht gut /
oder setzt das der bawm böß sei / so ist auch die frucht böß / denn an/
der frucht erkent man den bawm. Jr natterngezüchte / wie kondt
yr gutes reden / diweil yr böß seyt? denn aus fölle des hertzen / redt
der mund. Eyn gut mensch bringt gutes herfur / aus sexnem gutten
schatz / und ein böß menschbringt böses herfür / aus seynem bößen
schatz. Ich sag euch aber / das die menschen müssen recheschafft ge
ben am Jüngsten gericht / von eynem yeglichen unnutzen wort / das
sie geredt haben / denn aus deinen worten wirstu gerechtfertiget / unv
aus deinenworten wirstu verdampt werden.

M 14/12 Bibelpreise und Auflagen

Bibelpreise (berechnet für das ungebundene Buch)

1450 Gutenberg-Bibel (Pergament-Exemplar): 100 Gulden

1466 (vorlutherische deutsche) Mentelin-Bibel: 12 Gulden

1522 Septembertestament Martin Luthers: ½ Gulden
nach anderer Überlieferung 1½ Gulden

1534 Vollbibel: 2 Gulden 8 Groschen

1541 Vollbibel: 3 Gulden

Anhaltspunkte für die Einschätzung des Kaufwertes:

1465 Jahreslohn eines Schreibers: 10 Gulden

1490 Jahresgehalt eines fürstlichen Leibarztes: 48 Gulden

1 Paar Ochsen kostet 7½ Gulden,

1 Pferd 20—25 Gulden

1522 Wochenlohn eines Zimmergesellen: 10 ½ Groschen (24 Groschen = 1 Gulden)

Jahreslohn eines Wundarztes im Spital: 16 Gulden

Auflagen und Verbreitung

Septembertestament **1522**: 3000 Exemplare

Vollbibel (Lufft) **1541**: 1500 Exemplare

1534—1626 erscheinen in Wittenberg rund 100 Bibelausgaben
(ohne Teildrucke) mit rund 200 000 Exemplaren

1534—1584 druckt Hans Lufft rund 88 000 Folio-Bibeln

1534—1584 druckt Lufft rund 100 000 hoch- und niederdeutsche Vollbibeln

Aufgaben:
- Vergleicht die aufgelisteten damaligen Preise und Auflagen der Bibel mit heute. Ihr könnt die Preise heutiger Bibelausgaben nachschauen auf der Webseite der deutschen Bibelgesellschaft: www.dbg.de. Dort könnt ihr euch auch nach den heutigen Auflagen erkundigen.
- Überlegt: Wie viel Prozent des Jahreslohnes musste man damals für eine Bibel ausgeben und wie viel heute?

	Meine Eltern nennen mich Kristina, in meiner Klasse heiße ich Kris.	Ich bin John und arbeite in einer Agentur für Unternehmensberatung.	Ich bin Susanne und bin Verkäuferin in einem Supermarkt.	Meine eigene »Übersetzung«:
Der Mensch lebt nicht vom Brot allein. Matthäus 4,4				
Sorget nicht! ... seht die Vögel unter dem Himmel: Sie säen nicht, sie ernten nicht... und euer himmlischer Vater ernährt sie doch. Matthäus 6,25				
Was siehst du aber den Splitter in deines Bruders Auge und wirst nicht gewahr des Balkens in deinem Auge? Matthäus 7,3				
Liebe deinen Nächsten wie dich selbst. Galater 5,14				
Einer trage des andern Last. Galater 6,2				

Manchmal habe ich Angst, dass ich meinen Arbeitsplatz verlieren könnte. Dieser Bibelvers hilft mir, dass ich mir nicht unnötig Sorgen mache und mich am Heute freue.

Probleme lassen sich am besten im Team lösen. Kann ein Kollege durch Krankheit oder andere Gründe einen Termin nicht einhalten, müssen die anderen mit ran – das ist selbstverständlich.

Mein Grundsatz ist: Ich behandle die andern so, wie ich auch behandelt werden möchte. In unserer Clique funktioniert das Gott sei Dank ganz gut!

Ich finde es wichtig, wenn man sich gegenseitig unterstützt, vor allem, wenn im Laden Hochbetrieb herrscht.

Bei uns kaufen Deutsche und Ausländer ein. Ich finde es wichtig, zu allen gleich freundlich zu sein; wäre ich im Ausland, wäre ich auch froh, wenn ich nicht anders behandelt werden würde als die anderen.

Mit mehr Taschengeld könnte ich mir so manchen Wunsch erfüllen. Aber wichtiger ist, dass mein Freund Peter zu mir hält.

In meiner Gruppe fühle ich mich wohl. Ich kann über alles reden, und die anderen hören mir zu. Jeder und jede steht für den anderen ein.

Ich wundere mich häufig über mich und meine Kollegen: Warum erkennen wir Schwächen nur bei den anderen? Für unsere eigenen Fehler finden wir immer eine gute Ausrede.

Im Berufsalltag herrscht Konkurrenz: Jeder muss sich selbst der Nächste sein, wenn er Erfolg haben will. Dennoch habe ich es mir zum Grundsatz gemacht, meinen Geschäftspartnern immer mit dem Maß an Achtung zu begegnen, das ich für mich auch wünsche.

Ich bin froh, dass ich einen Arbeitsplatz habe; das gibt mir Sicherheit. Aber noch wichtiger ist mir, dass ich mich mit meinem Mann und meiner Tochter gut verstehe.

Immer wieder ertappe ich mich dabei, dass ich mich freue, wenn andere bei der Abrechnung einen Fehler machen. Ich vergesse dann, dass ich auch selber Fehler machen kann..

Oft nervt mich mein voll gestopfter Terminkalender so, dass ich die Spatzen im Park um ihre Freiheit beneide.

Viele sehen nur den Mist, den andere bauen, die eigenen Fehler sehen sie nicht.

Durch meine Karriere verdiene ich viel Geld. Aber noch wichtiger ist es, dass meine Arbeit sinnvoll ist.

Manchmal wäre ich gern ein Vogel Da wäre ich frei und könnte fliegen. Ich müsste mich um nichts kümmern, nicht um die Noten, nicht um meine Zukunft.

Aufgaben:
- Schneide die Texte aus und klebe sie auf das Arbeitsblatt.
- Formuliere den jeweiligen Bibelvers mit eigenen Worten und trage deine eigene »Übersetzung« in die vierte Spalte ein.

M 14/14 Bibelübersetzungen heute (1)

Allein durch Glauben

Viele – vor allem Jugendliche – sagen: Die Lutherübersetzung bietet ein altmodisches Deutsch, das wir heute nur schwer verstehen können. Deshalb brauchen wir neue Übersetzungen, die heutige Menschen ansprechen.

Andere sagen: An das Deutsch Luthers kommen die heutigen Übersetzungen nicht heran. Deshalb wollen wir bei der altvertrauten Sprache Luthers bleiben.

- Setzt euch mit diesen Meinungen auseinander und bildet euch eine eigene Meinung. Zieht dazu die folgenden heutigen Übersetzungen aus der Volx Bibel (1) und der Bibel Hoffnung für alle (2) und der Bibel in gerechter Sprache (3) heran. Alle drei Texte sind Übersetzungen der gleichen Bibelverse: Römer 3,21-28. Diese Verse waren für Martin Luther besonders wichtig. Erinnert euch, warum. Welche Übersetzung überzeugt euch am meisten?

- Überprüft die abgedruckten Übersetzungen: Entsprechen sie den Übersetzungsgrundsätzen, wie sie jeweils im Vorwort formuliert sind? Sucht Beispiele im Text, um eure Antwort zu begründen.

- Ihr könnt andere moderne Bibelübersetzungen zum Vergleich heranziehen, zum Beispiel die BasisBibel (www.basisbibel.de).

(1)

Wer wird von Gott für seinen Mist freigesprochen?
21 Gott hat jetzt aber eine neue Möglichkeit geschaffen, einen Weg, wie wir – unabhängig von den Regeln – für Gott okay werden können. Dieser Weg ist durch das alte Buch, durch die Sachen, die die Propheten gesagt haben und die in den Gesetzen von Mose stehen, klar beschrieben worden. 22 Gott löscht nämlich alle Schulden, er vergibt den Mist, den man verbockt hat, wenn wir unser Vertrauen auf Jesus Christus setzen. So kann ausnahmslos jeder überleben. 23 Alle Menschen haben irgendwie Mist gebaut, und alle haben dadurch das Recht verloren, mit Gott zusammen zu sein. 24 Was keiner verdient hätte, das tut Gott einfach so, umsonst. Er akzeptiert uns, weil wir durch Jesus wieder okay für ihn sind. 25 Gott hat Jesus zu uns geschickt, damit er für unsere Schulden die Rechnung bezahlt. Wir werden von Gott angenommen, wenn wir daran glauben, dass Jesus für uns am Kreuz verblutet ist. Weil Gott Geduld mit den Menschen hatte, hat er sie bis zu diesem Zeitpunkt noch nicht bestraft. 26 Das gilt auch für die, die schon vorher Mist gebaut haben. Er ist auch heute gut zu uns, er reißt für jeden, der an Jesus glaubt, den Schuldschein in lauter kleine Schnipsel.
27 »Also, können wir jetzt den Dicken raushängen lassen und uns ganz toll fühlen?«, kommt jetzt bestimmt... Nein, Leute, auf keinen Fall! Das hat ja alles nichts damit zu tun, was wir für tolle Sachen getan haben, damit Gott uns auch akzeptiert. Wie geht das denn nun? Vielleicht durch Gottes Regeln, durch seine Gesetze? Dass wir von ihm akzeptiert werden, weil wir die geforderte Leistung bringen? Nein! Nur durch ein Geschenk, nämlich dadurch, dass wir Gott vertrauen können. 28 Ich fass noch mal zusammen: Nicht weil ich so toll gelebt habe, werden meine Schulden bezahlt, die ich bei Gott hatte, sondern nur weil ich mein Vertrauen auf Jesus Christus setze.
Die Volx Bibel

(2)

Wen spricht Gott von seiner Schuld frei?
21 Jetzt aber hat Gott uns gezeigt, wie wir vor ihm bestehen können, nämlich unabhängig vom Gesetz. Dies ist sogar schon im Gesetz und bei den Propheten bezeugt. 22 Gott spricht jeden von seiner Schuld frei und nimmt jeden an, der an Jesus Christus glaubt. Nur diese Gerechtigkeit lässt Gott gelten.
Denn darin sind die Menschen gleich: 23 Alle sind Sünder und haben nichts aufzuweisen, was Gott gefallen könnte. 24 Aber was sich keiner verdienen kann, schenkt Gott in seiner Güte: Er nimmt uns an, weil Jesus Christus uns erlöst hat. 25 Um unsere Schuld zu sühnen, hat Gott seinen Sohn am Kreuz für uns verbluten lassen. Das erkennen wir im Glauben, und darin zeigt sich, wie Gottes Gerechtigkeit aussieht.
Bisher hat Gott die Sünden der Menschen ertragen; 26 er hatte Geduld mit ihnen. Jetzt aber vergibt er ihnen ihre Schuld und erweist damit seine Gerechtigkeit. Gott allein ist gerecht und spricht den von seiner Schuld frei, der an Jesus Christus glaubt.
27 »Bleibt uns denn nichts, womit wir uns vor Gott rühmen können?« - Nein, gar nichts! Woher wissen wir das? Etwa durch das Gesetz, das unsere eigene Leistung verlangt? Nein! Nur durch den Glauben, der uns geschenkt ist.
28 Also steht fest: Nicht wegen meiner guten Taten werde ich von meiner Schuld freigesprochen, sondern erst, wenn ich mein Vertrauen allein auf Jesus Christus setze.
Hoffnung für alle

(3)

21 Jetzt! unabhängig von der Tora ist Gottes Gerechtigkeit sichtbar geworden, bezeugt von der Tora, den Prophetinnen und Propheten: 22 Gottes Gerechtigkeit durch Vertrauen auf Jesus, den Messias, für alle, die vertrauen. Denn es besteht kein Unterschied. Alle haben ja Unrecht begangen, allen fehlt die Klarheit Gottes. 24 Gerechtigkeit wird ihnen als Geschenk zugesprochen kraft der Zuwendung Gottes als Freikauf, der im Messias Jesus vollzogen wird. 25 Ihn hat Gott als ein durch Vertrauen wirksam und wirklich werdendes Mittel der Gegenwart Gottes, als Ort, an dem Unrecht gesühnt wird, in seinem Blut öffentlich hingestellt. Dies war der Erweis göttlicher Gerechtigkeit, die zuvor begangenen Verfehlungen einen Aufschub gewährt hat. 26 Damit sich göttliche Gerechtigkeit jetzt! zum gegenwärtigen Zeitpunkt erweisen kann, hat Gott das Gericht bisher zurückgehalten. So ist Gott selbst gerecht und macht die gerecht, die durch Vertrauen auf Jesus leben.

27 Können wir dann noch auf etwas stolz sein? Das ist ausgeschlossen. Welches Verständnis der Tora ist gemeint? – eines, das allein auf Anstrengungen basiert? Nein, das ist es nicht, sondern eines, das auf Vertrauen gründet. 28 Nach reiflicher Überlegung kommen wir zu dem Schluss, dass Menschen auf Grund von Vertrauen gerecht gesprochen werden – ohne dass schon alles geschafft wurde, was die Tora fordert.

Bibel in gerechter Sprache

(1)

Aus dem Vorwort der Volxbibel 2005

Luther hatte bei seiner ersten Bibelübersetzung ein bestimmtes Motto. Es war nicht seine Absicht, besonders alt, schwierig oder religiös zu schreiben. Im Gegenteil! Er wollte »dem Volk aufs Maul schauen«, und mit dem »Volk« meinte er die Leute vom Markt, den Normalen von der Straße, den Freak von gegenüber. Genauso ist es das Ziel der Volxbibel, eine möglichst normale Sprache zu sprechen, mit Ausdrücken, wie man sie im Jugendzentrum oder auf dem Schulhof hört. Begriffe, die erst mal nur jemand versteht, der christlich aufgewachsen ist, sollten, so weit es ging, vermieden werden.

(2)

Aus dem Vorwort der Bibelübersetzung
»Hoffnung für alle« (2002)
Eins will ich zum Schluss unbedingt noch loswerden: So wichtig die Bibel auch ist – es geht nicht um einen Glauben an die Bibel. Sondern um eine Beziehung zu Gott. In der Bibel kannst du eine Menge über ihn erfahren. Aber mit ihm zu leben, ist noch mal was ganz anderes. Wie in einer Beziehung zwischen Freunden geht es auch in dieser Beziehung zu Gott darum, zusammen Zeit zu verbringen, einander seine Wertschätzung auszudrücken und seine Pläne mitzuteilen.
Es geht nicht in erster Linie um Bibelwissen, sondern darum, das in der Bibel Erkannte auch umzusetzen und einen neuen Lebensstil im Sinne von Jesus einzuüben.
Wie dieser Jesus-Stil konkret aussieht? Das kannst du selbst nachlesen. Klar, in der Bibel – wo sonst? Vielleicht auch in guten Büchern und Zeitschriften, die sich mit der Bibel befassen. Oder in Bibelleseplänen. Vor allem aber in der Bibel selbst. Ich wünsche dir dabei viel Freude und Durchhaltevermögen, aber auch die Erfahrung, dass der Gott der Bibel bei dir ist und sich um dich sorgt und kümmert, wie nur ein guter Vater es kann.

(3)

Aus dem Vorwort der Bibel in gerechter Sprache (2006)

Der Name Bibel in gerechter Sprache erhebt nicht den Anspruch, dass diese Übersetzung »gerecht« ist, andere aber ungerecht sind. Sie stellt sich der Herausforderung, dem biblischen Grundthema Gerechtigkeit in besonderer Weise zu entsprechen.

Diese Übersetzung verdankt sich Veränderungen des theologischen Denkens, die sich im Zusammenhang von bestimmten Bewegungen der vergangenen Jahrzehnte vollzogen haben. Sie hat ihre Wurzeln in der Befreiungstheologie, der feministischen Theologie und dem christlich-jüdischen Dialog, deren Impulse in diesem Übersetzungsprojekt zusammenkommen. In jeder dieser Bewegungen wurde die Bibel neu entdeckt und gewann neuen Glanz und neues Gewicht für die Gegenwart. Denn in ihnen wurden Facetten eines, vielleicht des Grundthemas der Bibel wieder gewonnen: Bei Gott geht es immer um Freiheit und Befreiung.

Nun frewt euch lieben christen gmeyn.

15 Lieder

In diesem Kapitel lernen die S. Martin Luther als Schöpfer deutscher Kirchenlieder kennen.

Der Hauptgottesdienst im Mittelalter war der Messgottesdienst. Bis in die Neuzeit hinein wurde er in der katholischen Kirche auf Lateinisch gehalten. Es gab aber auch in dieser Zeit schon deutsche Kirchenlieder, z.B. solche, die zu bestimmten Festen gesungen wurden. Das bekannte Osterlied »Christ ist erstanden« (EG 99) entstand im Mittelalter.

Erst in der Reformationszeit wurde das Kirchenlied zu einem zentralen Medium kirchlichen Handelns, vor allem im Gottesdienst, aber auch in der religiösen Unterweisung. Für Luther war der Gesang ein besonderes gut geeignetes Ausdrucksmittel, das Evangelium als frohe Botschaft weiterzugeben. »Evangelium heißt auf Deutsch gute Botschaft, davon man singet, saget und fröhlich ist.« (Vorrede zum Septembertestament von 1522) Im Kirchenlied wirkt die Gemeinde in besonderer Weise im Gottesdienst mit.

Sein erstes Lied (»Ein neues Lied wir heben an«) verfasste Luther, als 1523 zwei Augustinermönche in Brüssel den Märtyrertod erleiden mussten. Wegen seines speziell auf dieses Ereignis zugeschnittenen Charakters findet es sich nicht in unseren Gesangbüchern (vgl. den Text als **M 15/5**).

Luther hat für die Gemeinde schwer zu verstehende mittelalterliche Kirchengesänge in verständliches Deutsch übertragen. Er war allerdings nicht der Erste, der dies tat: Das mittelalterliche Antiphon »Media vita in morte sumus« wurde bereits 1456 in Salzburg ins Deutsche übertragen: »Mitten wir im Leben sind von dem Tod umfangen«. Luther hat hierzu 1524 noch zwei weitere Strophen gedichtet (vgl. EG 518). Ein weiteres Beispiel für ein mittelalterliches Lied, das Luther ins Deutsche übertrug, ist das »Te Deum Laudamus ...« — »Herr Gott, dich loben wir« (EG 191).

Das Lied » Nun freut euch, liebe Christen gmein« bietet gleichsam eine Ballade, eine dramatische Erzählung zur Darstellung des Rechtfertigungsglaubens (EG 341). Luther hatte außerdem die geniale Idee, Psalmen frei nachzudichten. Aus Psalm 130 entstand das Lied »Aus tiefer Not schrei ich zu dir« (EG 299). Aus Psalm 46 wurde »Ein feste Burg ist unser Gott« (EG 362). Manche Lieder dienten direkt der religiösen Unterweisung, z.B. »Vater unser im Himmelreich« (EG 344), das gleichzeitig eine Auslegung des Vaterunsers bietet, ebenso das Lied zu den Zehn Geboten (EG 231). Anfang 1524 erschien das sogenannte »Achtliederbuch« in Wittenberg u. a. mit vier Liedern von Luther, kurze Zeit später das erste evangelische Chorgesangbuch mit 32 deutschen und fünf lateinischen Liedsätzen. 24 Lieder stammten von Luther. Dieser hatte bei seinem Liedschaffen bedeutende musikalische Mitarbeiter, z.B. den Torgauer Kantor Johann Walter. Oft wurden für die Choräle »weltliche« Melodien verwendet.

Die verschiedenen Lutherlieder bieten eine Fülle von Möglichkeiten zur Erschließung im Unterricht und in Gemeindeseminaren.

Materialien zu diesem Kapitel

M 15/1 Martin Luther als Liederdichter: Das Textblatt mit einem Originaltext Luthers zur Bedeutung des Gesangs für den Glauben aus dem Jahr 1545 dient zur Einführung in die Thematik. Die S. lesen den Text und suchen im Gesangbuch (EG) Lieder von Luther. Im Anschluss können sie eine Hitliste mit Lutherliedern erstellen.

M 15/2 Die Wirkung eines Lutherliedes: Die geschilderte Szene aus der Zeit Luthers eignet sich als Vorlage für einen Comic.

M 15/3 Das Vaterunserlied: Die S. haben die Aufgabe, zu jeder Vaterunserbitte bzw. zur Strophe des Liedes eine entsprechende eigene Erklärung zu schreiben und/oder eine Geschichte aus dem Neuen Testament zu finden.

Hier kann zusätzlich Luthers Erklärung im Kleinen Katechismus zum Vaterunser herangezogen werden.

M 15/4 Liedinterpretation: Ein feste Burg...: Material zur Entstehung des bekannten Lutherliedes »Ein feste Burg ist unser Gott«, das in GA und Klassengespräch bearbeitet werden kann.

Hinweise zu Psalm 46

Der Psalm wird durch den Refrain (V. 8 und V. 22) gegliedert. Dieser Refrain stand ursprünglich wohl auch zwischen den Versen 4 und 5, ist dort aber aus nicht geklärten Gründen weggefallen. So wurde der Psalm ursprünglich in drei Teile gegliedert. Jeweils nach dem Refrain erscheint »SELA«, von dem man nicht genau weiß, was es bedeutet. Wahrscheinlich ist es ein Hinweis auf die Melodie.

In drei Strophen bekennt die Gemeinde angesichts von Bedrohungen ihr Vertrauen auf Gott.

In Strophe 1 (V. 2-4) bildet eine Naturkatastrophe den Hintergrund der Bedrohungen: Berge versinken im Meer, das mit gewaltigem Wüten anstürmt. Angesichts dieser Katastrophe kosmischen Ausmaßes vertraut die Gemeinde auf Gottes Schutz.

In Strophe 2 (V. 5-8) wird der Ansturm feindlicher Völker gegen Jerusalem, die Stadt Gottes, angedeutet. Die Stadt kann aber auf die Hilfe Gottes vertrauen.

In Strophe 3 (V. 9-12) kommt das Vertrauen auf den friedenschaffenden Gott angesichts der Kriege auf der Welt zum Ausdruck. In Vers 11 ergreift Gott selbst das Wort und fordert die Feinde auf, ihn als den Höchsten anzuerkennen.

Das Lutherlied »Ein feste Burg ist unser Gott« wurde ab dem Beginn des 19. Jahrhunderts und dann vor allem im I. Weltkrieg und im Dritten Reich immer wieder zu nationalen und nationalistischen Propagandazwecken missbraucht (vgl. dazu auch Bild Z7_Kap21 und Fischer 2014).

M 15/5 Ein neues Lied wir heben an: Text des ersten Lutherliedes. Dieses Lied dichtete Luther, als er davon hörte, dass zwei seiner Anhänger in Brüssel als Ketzer verbrannt worden waren:
Hendrik Vos, auch Hinrich Voes, war gemeinsam mit Johann van Esschen der erste Märtyrer der Reformation. Vos gehörte in Antwerpen dem Augustiner-Orden an. Der dortige Propst, Heinrich von Zütphen, war am 29. September 1522 wegen reformatorischer Predigt verhaftet, das Kloster danach niedergerissen worden. Mehrere Ordensbrüder wurden ebenfalls inhaftiert. Vos und van Esschen blieben bei ihrer Überzeugung und wurden daraufhin zum Tod auf dem Scheiterhaufen verurteilt. Am 1. Juli 1523 wurde das Urteil in Brüssel vollstreckt.

M15/5 nur als DZ

M 15/1 Martin Luther als Liederdichter

Nach Luthers Ansicht ist der Gottesdienst ein Gespräch zwischen Gott und der Gemeinde: Gott spricht, und die Gemeinde antwortet. Das Zentrum des evangelischen Gottesdienstes ist die Predigt, in der Gott zur Gemeinde spricht.

Die Gemeinde wendet sich in Gebet und Lied lobend, dankend und bittend an Gott.

Damals fehlte es jedoch an geeigneten deutschen Kirchenliedern, mit denen die Gemeinde Gott loben konnte. Die mittelalterlichen lateinischen Kirchenlieder wurden von der Gemeinde nicht verstanden; ihre Melodien waren oft so schwer, dass diese Lieder für den Gemeindegesang nicht geeignet waren.

Deshalb schrieb Luther eigene Kirchenlieder für den Gemeindegesang.

Dafür hat er zum Beispiel für die Gemeinde schwer zu verstehende mittelalterliche Kirchengesänge in verständliches Deutsch übertragen und mit einer leichter zu singenden Melodie versehen. So übertrug er beispielsweise das »Te Deum Laudamus ...« – Herr Gott, dich loben wir... « ins Deutsche (EG 191).

Dann hatte Luther die geniale Idee, Psalmen frei nachzudichten. So entstand z.B. auf der Grundlage von Ps 46 das Lied »Ein feste Burg ist unser Gott« (EG 362). Manche Lieder dienen direkt der religiösen Unterweisung, z.B. das Lied »Vater unser im Himmelreich« (EG 344), das gleichzeitig eine Auslegung des Vaterunser bietet, ebenso »Dies sind die heilgen zehn Gebot...« (EG 231), das die Zehn Gebote in Liedform auslegt.

So dichtete Luther im Laufe seines Lebens über 40 Lieder. Auch andere Christen regte er dazu an, Kirchenlieder zu dichten und zu komponieren.

1524 gab Johann Walter das erste evangelische Chorgesangbuch heraus. Es enthielt 32 Lieder, 24 davon stammten von Luther selbst.

1545, ein Jahr vor seinem Tod, schreibt Luther über die Bedeutung des Gesangs für den Glauben:

Gott hat unser Herz und Mut fröhlich gemacht durch seinen lieben Sohn, welchen er für uns gegeben hat zur Erlösung von Sünden, Tod und Teufel. Wer solches mit Ernst gläubet, der kanns nicht lassen, er muß fröhlich und mit Lust davon singen und sagen, daß es andere auch hören und herzu kommen. Wer aber nicht davon singen und sagen will, das ist ein Zeichen, daß er's nicht gläubet. Darum tun die Drucker sehr wohl dran, daß sie gute Lieder fleißig drucken und mit allerlei Zierde den Leuten angenehme machen, damit sie zu solcher Freude des Glaubens gereizt werden und gerne singen.

Luther 1545

Aufgaben:
• Sucht Lieder Luthers im Gesangbuch und wählt dasjenige aus, das euch am besten gefällt. Gemeinsam könnt ihr dann eine Hitliste erstellen.

M 15/2 Die Wirkung eines Lutherliedes

Wie die Lieder Luthers wirkten, zeigt ein Bericht aus Lübeck:

Da war ein armer, blinder Mann, der sang Psalmen vor den Türen. Diesen ließ ein Ehrbarer Rat [die derzeitige Ratsversammlung] am Samstag vor Nikolaus anno 29 aus der Stadt verweisen. Am nächsten Tag, der ein Sonntag war [2. Advent oder den 5. Dezember 1529] und Vorabend von St. Nikolaus, predigte des Morgens zu Sankt Jacob Herr Hildebrandt, Kaplan daselbst. Als die Predigt zu Ende war, ehe der Prediger daselbst etwas davon wusste, stimmten zwei kleine Jungen den Psalm an ‚Ach Gott vom Himmel sieh darein etc.‘, und das Volk sang einträchtig weiter, als wenn sie darauf zur Schule gegangen wären. Das Singen löste ein großes Erschrecken in der ganzen Stadt aus. Aber Gott war Meister darüber [blieb Herr der Lage]; denn was große Kraft und Stärke nicht hätten zuwege bringen können, das tat dieser Psalm: ‚Ach Gott vom Himmel...‘. Denn von dieser Zeit an, wenn ein Heuchler den Predigtstuhl [Kanzel] bestieg, hörten sie ihm wohl so lange zu, bis er begann Menschentand hervorzubringen, dann hoben sie an zu singen: ‚Ach Gott vom Himmel etc.‘, so dass auch die Papisten so scheu [eingeschüchtert] wurden, dass von ihnen nicht einer auf den Predigtstuhl kommen durfte, gleichgültig ob er ein hoher oder niedriger Pfaffe war oder ein Mönch.

(Aus: Ausführliche Geschichte der Lübeckischen Kirchenreformation)

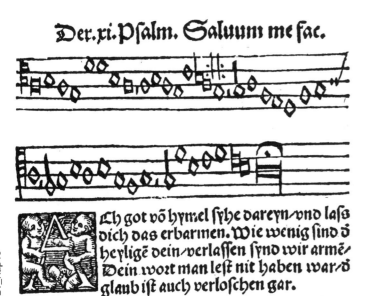

Ach Gott, vom Himmel sieh darein
und lass dich des erbarmen,
wie wenig sind der Heilgen dein,
verlassen sind wir Armen.
Dein Wort man lässt nicht haben wahr,
der Glaub ist auch verloschen gar
bei allen Menschenkindern.

Sie lehren eitel falsche List,
was eigen Witz erfindet,
ihr Herz nicht eines Sinnes ist
in Gottes Wort gegründet;
der wählet dies, der andre das,
sie trennen uns ohn alles Maß
und gleißen* schön von außen.

*glänzen

Aufgabe:
- Zeichnet zu dieser Szene eine Karikatur oder einen Comic. Ihr könnt die Szene auch spielen.

M 15/3 Das Vaterunserlied

Das Vaterunser	Das Lutherlied	Biblische Geschichte	Eigene Erklärung
Vater unser im Himmel.	Vater unser im Himmelreich, / der du uns alle heißest gleich / Brüder sein und dich rufen an / und willst das Beten von uns han: / gib, dass nicht bet allein der Mund, / hilf, dass es geh von Herzensgrund.		
Geheiligt werde dein Name.	Geheiligt werd der Name dein, / dein Wort bei uns hilf halten rein, / dass auch wir leben heiliglich, / nach deinem Namen würdiglich. / Behüt uns, Herr, vor falscher Lehr, / das arm verführet Volk bekehr.		
Dein Reich komme.	Es komm dein Reich zu dieser Zeit / und dort hernach in Ewigkeit. / Der Heilig Geist uns wohne bei / mit seinen Gaben mancherlei; / des Satans Zorn und groß Gewalt / zerbrich, vor ihm dein Kirch erhalt.		
Dein Wille geschehe, wie im Himmel, so auf Erden.	Dein Will gescheh, Herr Gott, zugleich / auf Erden wie im Himmelreich. / Gib uns Geduld in Leidenszeit, / gehorsam sein in Lieb und Leid; / wehr und steu'r allem Fleisch und Blut, / das wider deinen Willen tut.		
Unser tägliches Brot gib uns heute.	Gib uns heut unser täglich Brot / und was man b'darf zur Leibesnot; / behüt uns, Herr, vor Unfried, Streit, / vor Seuchen und vor teurer Zeit, / dass wir in gutem Frieden stehn, / der Sorg und Geizens müßig gehn.		
Und vergib uns unsere Schuld, wie auch wir vergeben unsern Schuldigern.	All unsre Schuld vergib uns, Herr, / dass sie uns nicht betrübe mehr, / wie wir auch unsern Schuldigern / ihr Schuld und Fehl vergeben gern. / Zu dienen mach uns all bereit / in rechter Lieb und Einigkeit.		
Und führe uns nicht in Versuchung,	Führ uns, Herr, in Versuchung nicht, / wenn uns der böse Geist anficht; / zur linken und zur rechten Hand / hilf uns tun starken Widerstand / im Glauben fest und wohlgerüst' / und durch des Heiligen Geistes Trost.		
sondern erlöse uns von dem Bösen.	Von allem Übel uns erlös; / es sind die Zeit und Tage bös. / Erlös uns vom ewigen Tod / und tröst uns in der letzten Not. / Bescher uns auch ein seligs End, / nimm unsre Seel in deine Händ.		
Denn dein ist das Reich und die Kraft und die Herrlichkeit in Ewigkeit. Amen.	Amen, das ist: es werde wahr. / Stärk unsern Glauben immerdar, / auf dass wir ja nicht zweifeln dran, / was wir hiermit gebeten han / auf dein Wort, in dem Namen dein. / So sprechen wir das Amen fein.		

Aufgabe:
- Wählt eine Vaterunserbitte aus und schreibt aufgrund von Luthers Lied eine eigene zeitgemäße Erklärung und findet dazu eine Geschichte aus dem Neuen Testament. Erstellt einen »Klassenkatechismus« zum Vaterunser.

Aus folgenden Bibelstellen könnt ihr auswählen: Markus 2,1–12; Matthäus 18,1–5; Lukas 15,11–32; Lukas 22,39–46; Matthäus 22,34–40; Matthäus 18,21–35; Matthäus 15, 32–39; Matthäus 4, 1–11. Ihr könnt auch Luthers Erklärung im Kleinen Katechismus zum Vaterunser heranziehen.

M 15/4 Liedinterpretation: Ein feste Burg...

Ein feste Burg ist unser Gott
nach Psalm 46

Ein fe - ste Burg ist un - ser Gott, ein
Er hilft uns frei aus al - ler Not, die

gu - te Wehr und Waf - fen.
uns jetzt hat be - trof - fen. Der alt

bö - se Feind mit Ernst er's jetzt meint;

groß Macht und viel List sein grau - sam Rü - stung

ist, auf Erd ist nicht seins - glei - chen.

2. Mit unsrer Macht ist nichts getan, / wir sind gar bald verloren; / es streit' für uns der rechte Mann, / den Gott hat selbst erkoren. / Fragst du, wer der ist? / Er heißt Jesus Christ, / der Herr Zebaoth, / und ist kein andrer Gott, / das Feld muss er behalten.

3. Und wenn die Welt voll Teufel wär / und wollt uns gar verschlingen, / so fürchten wir uns nicht so sehr, / es soll uns doch gelingen. / Der Fürst dieser Welt, / wie sau'r er sich stellt, / tut er uns doch nicht; / das macht, er ist gericht': / ein Wörtlein kann ihn fällen.

4. Das Wort sie sollen lassen stahn / und kein' Dank dazu haben; / er ist bei uns wohl auf dem Plan / mit seinem Geist und Gaben. / Nehmen sie den Leib, / Gut, Ehr, Kind und Weib: / lass fahren dahin, / sie haben's kein' Gewinn, / das Reich muss uns doch bleiben.

EG 362 Text und Melodie: Martin Luther 1529

Ein feste Burg ist unser Gott / Psalm 46

1 EIN LIED DER SÖHNE KORACH, VORZUSINGEN, NACH DER WEISE »JUNGFRAUEN«.
2 Gott ist unsre Zuversicht und Stärke, eine Hilfe in den großen Nöten, die uns getroffen haben.
3 Darum fürchten wir uns nicht, wenngleich die Welt unterginge und die Berge mitten ins Meer sänken,
4 wenngleich das Meer wütete und wallte und von seinem Ungestüm die Berge einfielen.
   (12 DER HERR ZEBAOTH IST MIT UNS, DER GOTT JAKOBS IST UNSER SCHUTZ.) SELA
5 Dennoch soll die Stadt Gottes fein lustig bleiben mit ihren Brünnlein, da die heiligen Wohnungen des Höchsten sind.
6 Gott ist bei ihr drinnen, darum wird sie fest bleiben; Gott hilft ihr früh am Morgen.
7 Die Heiden müssen verzagen und die Königreiche fallen, das Erdreich muss vergehen, wenn er sich hören lässt.
8 DER HERR ZEBAOTH IST MIT UNS, DER GOTT JAKOBS IST UNSER SCHUTZ. SELA
9 Kommt her und schauet die Werke des HERRN, der auf Erden solch ein Zerstören anrichtet,
10 Der den Kriegen steuert in aller Welt, der Bogen zerbricht, Spieße zerschlägt und Wagen mit Feuer verbrennt.
11 Seid stille und erkennet, dass ich Gott bin! Ich will der Höchste sein unter den Heiden, der Höchste auf Erden.
12 DER HERR ZEBAOTH IST MIT UNS, DER GOTT JAKOBS IST UNSER SCHUTZ. SELA.

Psalm 46 bildet die Vorlage für Luthers Lied »Ein feste Burg ist unser Gott«. Auch die Melodie zu diesem Lied stammt von Luther.

Aufgaben:

- Der Psalm wird durch den Refrain (V. 4, 8 und 12) in drei Teile gegliedert, die jeweils von einer Bedrohung sprechen. Formuliert diese drei Bedrohungen. Was setzt der Psalm dagegen?
- Wie übersetzt Luther Psalm 46 in sein Lied? Er nimmt teilweise den Psalm auf, teilweise geht er über ihn hinaus.
- In Luthers Lied heißt es »Und wenn die Welt voll Teufel wär...«. Von Teufeln ist im Psalm nicht die Rede. Worauf spielt Luther damit an?
- Das Lied wurde in der Vergangenheit immer wieder nationalistisch missbraucht. Ihr könnt dazu im Internet recherchieren.

16 Der Katechismus

In diesem Kapitel lernen die S. zum einen, wie es zur Abfassung der beiden Katechismen Luthers kam. Zum anderen können sie Luthers Arbeit am Beispiel der Zehn Gebote nachvollziehen.

Sie sollen auch darüber nachdenken, wie ein Katechismus zu den Zehn Geboten heute aussehen könnte.

Katechismus bedeutet ursprünglich »Kinderlehre« und meint eine kurz gefasste verständliche Zusammenfassung des Glaubens für Kinder und Jugendliche, aber auch für Erwachsene.

Luthers Kleiner Katechismus ist bis heute weit verbreitet. Allerdings muss man bedenken, dass er etwa 480 Jahre alt ist. Wenn man heute den Glauben verständlich weitersagen will, muss man neue Formulierungen finden.

Anlass für die Veröffentlichung des Großen und Kleinen Katechismus im Jahr 1529 war die teilweise unhaltbare theologische Unwissenheit bei Laien und Pfarrern, die bei der Visitation in den Kirchengemeinden des Kurfürstentums Sachsen festgestellt wurde.

Materialien zu diesem Kapitel

M 16/1   Wissen was man glaubt (Einführungstext)
Hinweise zu den Visitationsberichten:
Ab 1526 wurden in der Kirchenkreisen von Kursachsen auf Initiative Luthers und Anordnung des Kurfürsten Johann des Beständigen Visitationen durchgeführt. Die abgedruckten Visitationsberichte stammen von Friedrich Myconius aus Jena, der zusammen mit Johann Draconites, Pfarrer in Walterhausen, 1526 die Gemeinden des Amtes Tenneberg visitierte. Sie befragten jeweils zwei Männer aus einer Gemeinde über ihre Pfarrer. Die Ergebnisse hat Myconius in einem Bericht zusammengefasst. Die vier Texte stammen aus diesem Bericht.

M 16/2   Die Zehn Gebote: AB

M 16/3   Aus Luthers Kleinem Katechismus: Die Zehn Gebote
Luthers Erklärungen zu den Zehn Geboten in seinem Kleinen Katechismus (Text zum Ausschneiden und Einkleben in **M 16/2**)

Eine interessante Aufgabe insbesondere für Sek I besteht darin, mit Hilfe von Zeitungsausschnitten eine Collage oder eine Plakatserie zur Bedeutung der Zehn Gebote heute zu gestalten. Wo die Klassensituation dies ergibt, kann zusätzlich noch am Beispiel des Gebotes »Du sollst Vater und Mutter ehren« über die ursprüngliche Bedeutung der Gebote nachgedacht werden:

Das vierte Gebot ist in eine Situation hineingesagt, in der die Lage alter Menschen ganz anders war als heute. Die Großfamilie, in der mehrere Generationen zusammenlebten, hatte die Aufgabe der sozialen Absicherung auch der alten Menschen. Im vierten Gebot geht es daher nicht in erster Linie darum, dass Kinder die Autorität ihrer Eltern achten. Vielmehr zielt das Gebot vor allem auf Erwachsene, die für den Schutz und die Versorgung ihrer alten, gebrechlich gewordenen Eltern zuständig waren. Für die Bedeutung des Gebotes heute muss man die veränderte soziale Situation mitbedenken.

Weiter können S. an Luthers Erklärung zum vierten Gebot auch Probleme entdecken und zu der These Stellung nehmen: Hier wird der Untertanengehorsam propagiert.

M 16/1 Wissen was man glaubt

Luther hatte entdeckt: Der Mensch erlangt das Heil dadurch, dass Gott ihn annimmt so wie ein Vater seine Kinder. Der Glaubende ist nicht mehr auf Priester als Mittler zwischen Gott und Mensch angewiesen. Deshalb muss der einzelne Christ, die einzelne Christin über den Glauben und seine Auswirkungen Bescheid wissen.

Zwar finden Christen alles, was sie zum Glauben wissen müssen, in der Bibel. Aber Luther erkannte: Man muss den Leuten eine kurze Zusammenfassung in die Hand geben, in der sie die wichtigsten Wahrheiten des christlichen Glaubens finden. Man nennt diese Zusammenfassung »Katechismus«. Das bedeutet wörtlich »Kinderlehre«: Ein Katechismus enthält eine Zusammenfassung des christlichen Glaubens für Kinder (und Erwachsene).

Der Anlass, seine beiden Katechismen herauszugeben, waren die Ergebnisse von Visitationsreisen durch die Gemeinden in Kursachsen ab dem Jahr 1526. Diese hatten gezeigt, dass in den Gemeinden vieles nicht in Ordnung war. Nur wenige Pfarrer wussten über den christlichen Glauben Bescheid.

Aus einem Visitationsbericht

Leina, Herr Sebastian:
Ist nicht gelehrt, geht lieber mit Vögeln und Weidwerk um denn mit Studieren. Der Lebenswandel geht so hin. Gibt vor, seine Köchin sei sein Weib, wir wissen's aber nicht. Er ist nicht allzu tüchtig zu solchem Amt. Ist dazu ein Mietling, die Pfarrei gehört aber einem Papisten zu Erfurt, Herrn Johan Rudolf, dem muss er Pension geben [eine Abgabe bezahlen].

Joan Renner, Sunthausen:
Ist bisher der heftigste Feind und Lästerer der Lehre des Evangeliums gewesen, allein aus Zwang muss er das Lästern jetzt öffentlich lassen. Weiß weder von Sünde, noch Gesetz, weder von Verheißung, noch Evangelium, bekennt selbst, könnte sich in die neue Sache nicht einrichten, sie gefalle ihm nicht. Wenn er schon etwas redet oder tut, geschieht's gegen sein Gewissen. Er hat eine Dirne. Er hofft mit den Juden auf das Kommen des Messias.

Pfarrer zu Laucha
Hat ein wenig verstanden vom Evangelium. Aber sein Junker Endres v. Deitleben will das Evangelium nicht haben. So machts der arme Pfaffe, wie sein Junker und des Junkers Sohn es wollen, welche Domherren sind zu Hildesheim. Hat noch seine Köchin, mit der sitzt er in der Unehe; er hält es noch nach der alten Weise. Summa, es gibt derzeit noch keinen Grund, dass er andere lehren sollte, dass der Grund der Seligkeit in Christus und seinem Vater liegt.

Horselgau, Herr Ciliax Zan
Ist gelehrt, widmet sich fleißig dem Evangelium, hat viele der neuen Bücher und hält alle Dinge nach dem Evangelium. Hat keine Köchin, auch kein ehelich Weib. Haben gar kein Gebrechen [vorgebracht], allein er trinkt zuzeiten zu sehr.

Um der Unwissenheit im christlichen Glauben abzuhelfen, gab Luther 1529 zwei Katechismen heraus:
Der Große Katechismus war für die Pfarrer bestimmt; sie sollten ausführlicher und besser über den christlichen Glauben Bescheid wissen.
Der Kleine Katechismus war für die Familien gedacht. Die Väter sollten daraus die Kinder und die Hausangestellten unterrichten. Die Kinder sollten den ganzen Katechismus auswendig lernen. Dazu aber mussten sie lesen können, und dazu wiederum mussten sie eine Schule besuchen. Luther hat so – zusammen mit seiner Bibelübersetzung – einen kräftigen Anstoß für den Schulbesuch gegeben.

Aufgaben:
- Lest euch den Text durch und bearbeitet dann das Arbeitsblatt **M 16/2**.
- Ihr könnt Zeitungsausschnitte sammeln und daraus eine Collage oder eine Plakatserie zum Thema »Die Zehn Gebote heute« gestalten.
- Ihr könnt mit Hilfe der Texte auf dieser Seite eine Visitationsszene spielen oder ein Drehbuch schreiben.

M 16/2 Die Zehn Gebote

	Was ist das?	Meine Erklärung
Das erste Gebot Ich bin der Herr, dein Gott. Du sollst nicht andere Götter haben neben mir.		
Das zweite Gebot Du sollst den Namen des Herrn, deines Gottes, nicht unnütz gebrauchen.		
Das dritte Gebot Du sollst den Feiertag heiligen.		
Das vierte Gebot Du sollst deinen Vater und deine Mutter ehren, auf dass dir's wohlgehe und du lange lebest auf Erden.		
Das fünfte Gebot Du sollst nicht töten.		
Das sechste Gebot Du sollst nicht ehebrechen.		
Das siebente Gebot Du sollst nicht stehlen.		
Das achte Gebot Du sollst nicht falsch Zeugnis reden wider deinen Nächsten.		
Das neunte Gebot Du sollst nicht begehren deines Nächsten Haus.		
Das zehnte Gebot Du sollst nicht begehren deines Nächsten Weib, Knecht, Magd, Vieh noch alles, was sein ist.		

Aufgaben:
- Klebe die Texte aus **M 16/3** in dieses Arbeitsblatt ein und formuliere zu einem oder mehreren Geboten deine eigene Erklärung.
- Ordne die Gebote nach ihrer Wichtigkeit heute.
- Ihr könnt mit Hilfe von Zeitungsausschnitten eine Collage zu den Zehn Geboten anfertigen.

M 16/3 Aus Luthers Kleinem Katechismus: Die Zehn Gebote

Luthers Erklärungen zu den Zehn Geboten in seinem Kleinen Katechismus:

Wir sollen Gott fürchten und lieben, dass wir unserm Nächsten nicht mit List nach seinem Erbe oder Hause trachten und mit einem Schein des Rechts an uns bringen, sondern ihm dasselbe zu behalten förderlich und dienlich sein.

Wir sollen Gott fürchten und lieben, dass wir unsers Nächsten Geld oder Gut nicht nehmen noch mit falscher Ware oder Handel an uns bringen, sondern ihm sein Gut und Nahrung helfen bessern und behüten.

Wir sollen Gott fürchten und lieben, dass wir die Predigt und sein Wort nicht verachten, sondern es heilig halten, gerne hören und lernen.

Wir sollen Gott fürchten und lieben, dass wir unsern Nächsten nicht belügen, verraten, verleumden oder seinen Ruf verderben, sondern sollen ihn entschuldigen, Gutes von ihm reden und alles zum Besten kehren.

Wir sollen Gott über alle Dinge fürchten, lieben und vertrauen.

Wir sollen Gott fürchten und lieben, dass wir unserm Nächsten an seinem Leibe keinen Schaden noch Leid tun, sondern ihm helfen und beistehen in allen Nöten.

Wir sollen Gott fürchten und lieben, dass wir keusch und zuchtvoll leben in Worten und Werken und in der Ehe einander lieben und ehren.

Wir sollen Gott fürchten und lieben, dass wir unserm Nächsten nicht seine Frau, Gehilfen oder Vieh ausspannen, abwerben oder abspenstig machen, sondern dieselben anhalten, dass sie bleiben und tun, was sie schuldig sind.

Wir sollen Gott fürchten und lieben, dass wir unsere Eltern und Herren nicht verachten noch erzürnen, sondern sie in Ehren halten, ihnen dienen, gehorchen, sie lieb und wert haben.

Wir sollen Gott fürchten und lieben, dass wir bei seinem Namen nicht fluchen, schwören, zaubern, lügen oder trügen, sondern ihn in allen Nöten anrufen, beten, loben und danken.

Aufgabe:
• Schneidet die Texte aus und klebt sie in der richtigen Reihenfolge in die entsprechende Spalte des Arbeitsblatts **M 16/2** ein.

17 Der Gottesdienst

Nach seiner Rückkehr von der Wartburg 1522 begann Luther den Gottesdienst in den evangelisch gewordenen Gebieten neu zu ordnen. Er ging dabei recht vorsichtig vor, weil er keinen Zwang ausüben und an die Einsicht der Gläubigen appellieren wollte. Er legte dabei den mittelalterlichen Messgottesdienst zugrunde.

Gottesdienst ist nach Luther ein Gespräch zwischen Gott und der Gemeinde, in dem Gott spricht und die Gemeinde antwortet. Kernstück des evangelischen Gottesdienstes ist die Predigt, in der Gott zur Gemeinde spricht. In der Predigt legt der Prediger oder die Predigerin einen biblischen Text im Blick auf die Gegenwart aus.

Zur Verkündigung des Wortes Gottes gehört auch die Schriftlesung, bei der biblische Texte vom Altar oder von einem Lesepult aus vorgelesen werden. Die Gemeinde antwortet, indem sie sich in Gebet und Lied lobend, dankend, bittend und fürbittend an Gott wendet.

Zur Verkündigung in der Predigt, in der dem Glaubenden die frohe Botschaft zugesprochen wird, gehört die Austeilung des Abendmahls, in dem der/die Glaubende Gottes Liebe geradezu »schmecken« kann.

Im Vergleich zum mittelalterlichen Gottesdienst gewinnt die Predigt gegenüber dem Abendmahl stark an Bedeutung.

Eine wichtige Rolle spielt sowohl im katholischen als auch im evangelischen Gottesdienst die Taufe auf den dreieinigen Gott. Deshalb gibt es in der Kirche immer einen Taufstein.

Dieser Text kann den S. in Kopie als Einführungsmaterial in die Hand gegeben werden.

Material zu diesem Kapitel

 M 17   **Eine lutherische Kirche:** Dieses AB zeigt, dass alle Aktivitäten im evangelischen Gottesdienst biblisch begründet sind.

Die S. gehen folgendermaßen vor:
Sie lesen den Einführungstext (s.o.), den sie als Kopie erhalten haben, und füllen anschließend das AB **M 17** aus, indem sie die angegebenen Bibelstellen lesen und den einzelnen gottesdienstlichen Aktivitäten zuordnen (in die Sprechblasen schreiben) und zum Schluss die Sprechblasen stichwortartig beschriften:

Matthäus 28, 18–20, Taufe

Kolosser 3,16, Singen mit dankbarem Herzen

Apostelgeschichte 2,14–36, Predigt

1. Timotheus 2, 1–3, Beten (Gebet)

1. Korinther 11, 23–26, Abendmahl

2. Timotheus 3, 14–17, Bibel, Schriftlesung

1. Korinther 15, 1–4, Jesus, am Kreuz gestorben

M 17 Eine lutherische Kirche

Aufgaben:

Alle Aktivitäten im Gottesdienst sind biblisch begründet. Ordnet die folgenden Bibelstellen den einzelnen Aktivitäten zu: Tragt in die Sprechblasen die Bibelstelle ein und schreibt in Kurzform dazu, um was es sich handelt.

Apostelgeschichte 2,14—36
1. Korinther 11,23—26
1. Korinther 15,1—4
Matthäus 28,18—20

Kolosser 3,16
1. Timotheus 2,1—3
2. Timotheus 3,14—17

18 Das Augsburger Bekenntnis

In diesem Kapitel geht es um den Augsburger Reichstag von 1530 und das dort vorgelegte Augsburger Bekenntnis (Confessio Augustana = CA).

Material zu diesem Kapitel

zur CA vgl. S. 17ff

M 18   **Das Augsburger Bekenntnis (Confessio Augustana):** Neben einem Einführungstext sind hier Auszüge zu CA 4 (Rechtfertigung) und CA 7 (Kirche) wiedergegeben. Die S. können das Material mit Hilfe der beigefügten Impulse bearbeiten.

Verlesung der Augsburger Konfession. Kupferstich aus dem 17. Jh.

106_Kap13

M 18 Das Augsburger Bekenntnis (Confessio Augustana)

1529 berief Kaiser Karl V. einen Reichstag nach Augsburg ein. Auf dem Weg der Verhandlungen wollte er die konfessionellen Streitigkeiten beenden. Darum schrieb er, dass »eines jeglichen Gutdünken, Opinion* und Meinung« gehört werden sollte.

Von Wittenberg aus machte sich der sächsische Kurfürst Johann der Beständige, der Bruder des 1525 verstorbenen Friedrich des Weisen, in Richtung Augsburg auf den Weg. Begleitet wurde er u.a. von den Theologen Justus Jonas, Philipp Melanchthon und Luther. Luther musste auf der sächsischen Veste Coburg zurückbleiben, weil er immer noch unter der Reichsacht stand.

Auf der Coburg erfuhr die sächsische Gesandtschaft, dass Johann Eck, Luthers Gegner bei der Leipziger Disputation von 1519, 404 Sätze gegen die Evangelischen veröffentlicht hatte, die nachweisen sollten, dass diese vom christlichen Glauben abgefallen seien. Philipp Melanchthon erhielt den Auftrag, einen Text auszuarbeiten, der belegte, dass die Evangelischen rechtgläubig seien. Luther, mit dem Melanchthon von Augsburg aus in brieflichem Kontakt stand, war mit dem Text Melanchthons einverstanden. Das so entstandene »Augsburger Bekenntnis« hob hervor, dass die »neue Lehre« nichts enthalte, was von der katholischen Kirche abwich. Deutlich wurde die Heilige Schrift als gemeinsame Grundlage der Kirche hervorgehoben. Nach Melanchthon machten sich die Meinungsverschiedenheiten nur an einigen wenigen

* Opinion: Ansicht

Missbräuchen fest. Das war sicher etwas untertrieben. Wesentliche Streitpunkte wie das Papsttum ließ Melanchthon unerwähnt.

Das Augsburger Bekenntnis wurde vom sächsischen Kurfürsten Johann dem Beständigen, dem Landgrafen Philipp von Hessen, dem Markgrafen Georg von Brandenburg-Ansbach, den Herzögen Ernst und Franz von Lüneburg und Fürst Wolfgang von Anhalt sowie den Reichsstädten Nürnberg und Reutlingen unterschrieben. Noch während des Reichstags unterschrieben nachträglich die Reichsstädte Weißenburg in Franken, Heilbronn, Kempten und Windsheim.

Die Evangelischen konnten durchsetzen, dass das Augsburger Bekenntnis auf dem Reichstag vorgelesen wurde. Bei drückend heißem Wetter verlas der sächsische Vizekanzler Baier das Augsburger Bekenntnis mit so lauter Stimme, dass man auch im Hof noch der zweistündigen Verlesung folgen konnte.

Der Kaiser hielt das Augsburger Bekenntnis aufgrund einer Gegenschrift, die er ausarbeiten ließ, für widerlegt. Der Reichstag beschloss dann, dass die Evangelischen innerhalb eines halben Jahres zum alten Glauben zurückkehren sollten. Der Kaiser konnte aber diesen Beschluss nicht in die Tat umsetzen.

Im Augsburger Bekenntnis fand die Lehre der Reformation einen klassischen Ausdruck. Gerühmt wird heute seine ökumenische Ausrichtung. Das Augsburger Bekenntnis wurde zur ersten und wichtigsten Bekenntnisschrift der lutherischen Kirchen.

In Artikel 4 heißt es zur Rechtfertigung:
Weiter wird gelehrt, dass wir Vergebung der Sünde und Gerechtigkeit vor Gott nicht erlangen können durch unsere Verdienste, Werke oder Genugtuung, sondern dass wir Vergebung der Sünde bekommen und vor Gott gerecht werden aus Gnade um Christi willen durch den Glauben, nämlich wenn wir glauben, dass Christus für uns gelitten hat und dass uns um seinetwillen die Sünde vergeben, Gerechtigkeit und ewiges Leben geschenkt wird. Denn diesen Glauben will Gott als Gerechtigkeit, die vor ihm gilt, ansehen und zurechnen, wie Paulus sagt zu den Römern im 3. und 4. Kapitel. Röm 3,21–28;4,5.

In Artikel 7 wird zur Kirche gesagt:
Es wird auch gelehrt, dass allezeit eine heilige, christliche Kirche sein und bleiben muss, die die Versammlung aller Gläubigen ist, bei denen das Evangelium rein gepredigt und die heiligen Sakramente laut dem Evangelium gereicht werden. Denn das genügt zur wahren Einheit der christlichen Kirche, dass das Evangelium einträchtig im reinen Verständnis gepredigt und die Sakramente dem göttlichen Wort gemäß gereicht werden. Und es ist nicht zur wahren Einheit der christlichen Kirche nötig, dass überall die gleichen, von den Menschen eingesetzten Zeremonien eingehalten werden, wie Paulus sagt: »Ein Leib und ein Geist, wie ihr berufen seid zu einer Hoffnung eurer Berufung; ein Herr, ein Glaube, eine Taufe.« Eph 4,4.5.

Hinweis: Die Artikel der Augsburger Konfession (lat. Confessio Augustana) werden üblicherweise mit der Abkürzung CA und der entsprechenden Ziffer benannt.

Aufgaben:
- Gebt Artikel 4 des Augsburger Bekenntnisses mit eigenen Worten wieder.
- Welche Erkenntnis Luthers wird hier zum Ausdruck gebracht?
- Schreibt die Merkmale der Kirche nach Artikel 7 auf und diskutiert, warum es bis heute noch nicht zur »wahren Einheit der Kirche« gekommen ist.
- Was müsste sich auf evangelischer Seite, was auf katholischer Seite ändern, damit es zu dieser Einheit kommt?

19 Die reformierte Tradition: Zwingli und Calvin

In diesem Kapitel befassen sich die S. mit den Ausprägungen der Reformation neben Luther. Dazu zunächst einige grundlegende Informationen für die Lehrkraft:

Huldrych Zwingli (1484–1531)

Die von Luther ausgehende Reformation blieb nicht die einzige. In der Schweiz, zunächst in Zürich, dann in Genf, entwickelte sich ein zweiter eigenständiger Typus der evangelischen Christenheit, die reformierte Kirche. Gemeinsam ist beiden Typen evangelischen Kirchentums das vierfache Allein: allein die Schrift (sola scriptura), allein Christus (solus Christus), allein durch die Gnade (sola gratia) und allein durch den Glauben (sola fide).

Der Theologe Huldrych Zwingli amtierte seit Anfang 1519 am Zürcher Großmünster als Leutpriester (Prediger und Seelsorger). Der selbstständige Denker erhielt entscheidende Anstöße vom Humanisten Erasmus von Rotterdam. Nach der Leipziger Disputation 1519 wurde er auf Luther und seine Schriften aufmerksam. Ab 1522 trat er offen gegen bestimmte kirchliche Zustände, wie etwa die Fastengebote, auf. Nach der ersten Zürcher Disputation von 1523 ordnete der Rat von Zürich an, dass von jetzt ab alle Prediger das Evangelium zu predigen hätten. Nach der zweiten Disputation von 1523 wurden die Heiligenbilder beseitigt, allerdings auf geordnetem Weg, unter der Aufsicht der Obrigkeit.

Zwingli bemühte sich vor allem um eine grundlegende Neugestaltung des kirchlichen Lebens. Dabei ging er viel weiter als Luther. Bei Luther blieb der — allerdings »gereinigte« — Messgottesdienst der Hauptgottesdienst; Zwingli hingegen knüpfte bei seinen Gottesdienstordnungen an den mittelalterlichen Predigtgottesdienst an. Reformierte Kirchen sind im Vergleich zu lutherischen viel karger. Sie enthalten keine Bilder. Statt eines Altars steht dort nur ein Abendmahlstisch, um den sich die Abendmahlsgemeinde versammelt.

In Zürich kam es, sehr viel stärker als in Wittenberg, zu einem radikalen Bruch mit der katholischen Kirchenordnung. Nichts sollte beibehalten werden, was nicht aus der Heiligen Schrift begründet werden konnte. Das Kirchenregiment lag auch in Zürich in der Hand der Obrigkeit.

Zu einem verhängnisvollen Streit kam es zwischen den Lutheranern und den Schweizern in Bezug auf das Abendmahlsverständnis. Luther hielt an der wirklichen Gegenwart (»Realpräsenz«) Christi im Abendmahl fest. Im Abendmahl ereignet sich Vergebung der Sünden für den Glaubenden. Zwingli übersetzte das Abendmahlswort: »Dies ist mein Leib« (Mk 14,22) mit »Das bedeutet meinen Leib«. Im Abendmahl gedenkt die Gemeinde des Todes Christi. Wer am Abendmahl teilnimmt, bekennt sich zur Gemeinde, verpflichtet sich zu christlichem Lebenswandel und wird im Glauben gestärkt.

1529 lud Landgraf Philipp von Hessen die streitenden Parteien zu einem Religionsgespräch nach Marburg ein. Die dogmatischen Gegensätze und damit die Hindernisse für ein Bündnis der evangelischen Reichsstände sollten beseitigt werden. Die theologischen Differenzen in der Abendmahlsfrage ließen sich jedoch nicht überbrücken.

> Heinz Zahrnt beschreibt die Gegensätze zwischen Luther und Zwingli in der Abendmahlslehre so:
>
> Zwingli, der vom Humanismus, besonders durch Erasmus geprägt war, daher Zeit seines Lebens die Helle des Verstandes liebte und deshalb auch stets auf theologische Verständigkeit und politische Verständigung drang, hatte das Wunder der Wandlung und damit die Realpräsenz Christi in den Abendmahlselementen schon immer Schwierigkeiten bereitet.

Die Lösung seiner Probleme fand er in einer Schrift des niederländischen Humanisten Honius. Nach ihm heißt »Das ist (est) mein Leib« so viel wie »Das bedeutet (significat) meinen Leib« – und so gelangt Zwingli zu seiner symbolischen Deutung des Abendmahls: Die Elemente Brot und Wein sind nur »Zeichen«, und auch das »Essen des Fleisches« ist nur bildhaft zu verstehen; damit wird das Abendmahl insgesamt zu einer Feier des gemeinsamen Gedächtnisses und Bekenntnisses, ein »Fahneneid«, wobei Christus freilich im Geist der Feiernden gegenwärtig ist. Den oberdeutschen Theologen Ökolampad, Butzer und Capito gefiel Zwinglis Abendmahlslehre, und so schlossen sie sich ihr an.

Die Gegenposition zu Zwingli vertrat am schroffsten Luther selbst. Er hatte zu keinem Zeitpunkt seines Lebens an die Realpräsenz Christi im Altarsakrament gerührt.

Jetzt aber, als Zwingli sie bestreitet, versteift er sich geradezu auf sie und erscheint fast Arm in Arm mit den Papisten gegen die Zwinglianer. Es kommt in den Jahren 1527/28 zu einer scharfen literarischen Auseinandersetzung zwischen den beiden Reformatoren, wobei keiner dem anderen etwas nachgibt. Darin ging es nicht nur um das Einzelproblem der Realpräsenz Christi im Abendmahl; vielmehr wurde eine ganze Reihe theologischer Probleme aufgerührt und auf dieses eine konzentriert – ähnlich wie heute bei der Auseinandersetzung um die Interkommunion zwischen Katholiken und Protestanten.

Kaum jemals hat Luther seine Gegner ärger beschimpft und zugleich Tieferes über Gott gedacht und ausgesagt als in seinen Abendmahlsschriften. Schier Unerträgliches steht hier unmittelbar neben tief Ergreifendem und höchst Bedenkenswertem. Will man Luthers Verhalten verstehen und ihm gerecht zu werden suchen, so muss man nach den Motiven fragen, die ihn zu seiner unnachgiebigen Haltung gegen Zwingli bewogen haben. Es sind vor allem drei, wobei sich jeweils Theologisches mit Persönlichem mischt:

1. Das entscheidende Motiv bildet, wie stets bei Luther, die Frage der Heilsgewissheit, sein Verlangen nach Vergewisserung der Vergebung und nach Trost für sein Gewissen. Nur ein »Gedächtnismahl« reicht ihm dafür nicht; aus; es muss eine Gabe Gottes sein, unabhängig von jeder menschlichen Handlung und Stimmung – das von Christus selbst seinem Testament angehängte Siegel, »sein eigen, wahrhaftig Fleisch und Blut in Brot und Wein«.

2. Luther kommt am Wortlaut des Bibeltextes nicht vorbei – »der Text ist zu gewaltig«. Es steht geschrieben: »Das ist mein Leib« – das muss man hinnehmen. Daran hat auch die Vernunft nichts zu deuten. ...

3. Dem Argument Zwinglis, dass Christus nicht »zur Rechten Gottes« sitzen und gleichzeitig sich in den Elementen auf dem Altar befinden könne, hält Luther entgegen: »Nein, Geselle, wo du mir Gott hinsetzest, da musst du mir die Menschheit mit hinsetzen; sie lassen sich nicht sondern und voneinander trennen. Es ist eine Person worden und scheidet die Menschheit nicht von sich, ...«

Die Auseinandersetzung mit Zwinglis scheinbar räumlicher Gottesvorstellung treibt Luther zu Aussagen über Gottes Sein, die so großartig sind, dass sie einen die Enge des Abendmahlstreits vergessen lassen und an Nikolaus von Kues' theologische Weiträumigkeit erinnern. »Die göttliche Gewalt mag und kann nicht also beschlossen und abgemessen sein, denn sie ist unbegreiflich und unermesslich, außer und über alles, das da ist und sein kann. Wiederum muss sie an allen Orten wesentlich und gegenwärtig sein, auch in dem geringsten Baumblatt.« Gott ist »ein übernatürlich, unerforschlich Wesen, das zugleich in einem jeglichen Körnlein ganz und gar und dennoch in allen und über allen und außer allen Kreaturen ist. ... Nichts ist so klein, Gott ist noch kleiner. Nichts ist so groß, Gott ist noch größer. Nichts ist so kurz, Gott ist noch kürzer. Nichts ist so lang, Gott ist noch länger. Nichts ist so schmal, Gott ist noch schmaler und so fort an. Es ist ein unaussprechlich Wesen über und außer allem, was man nennen und denken mag.« (Zahrnt 1983, 166ff)

Einig war (und ist) man sich in folgenden Punkten:
• Beim Abendmahl werden entgegen dem damaligen kirchlichen Brauch Brot und Wein an die Gläubigen ausgeteilt.
• Man lehnt die »Transsubstantiationslehre« ab, nach der bei den Einsetzungsworten Brot und Wein sich »real« in Fleisch und Blut Christi »wandeln«.
• Abgelehnt wird außerdem die Vorstellung, dass der Priester beim Abendmahl das Opfer Christi wiederholt. Das Konzil von Trient (1545–1563) hielt demgegenüber am Opfergedanken insofern fest, als es das Opfer im Abendmahl (Messopfer) als eine Vergegenwärtigung des Kreuzestodes Jesu bezeichnet.

Die Frage der leiblichen Gegenwart Christi im Abendmahl blieb zwischen Luther und Zwingli strittig und ist dies bis heute.
So formuliert das Augsburger Bekenntnis (CA) in Artikel X:
»Vom Abendmahl des Herrn wird also gelehrt, dass wahrer Leib und Blut Christi wahrhaftig unter der Gestalt des Brots und des Weins im Abendmahl gegenwärtig sei und da ausgeteilt und genommen wird. Deshalb wird auch die Gegenlehre verworfen.«

Nach den Schweizer Reformatoren Zwingli und Calvin »widerspricht es der Ehre und der Freiheit Gottes, sich an so irdische Dinge wie Brot und Wein zu binden«. Deshalb ist für Zwingli das Abendmahl ein Gemeinschafts- und Erinnerungsmahl: Brot und Wein »sind Zeichen, die dem Christen helfen, sich an Christus zu erinnern und darin mit den anderen Glaubenden eins zu sein«. Entsprechend deutet er die Einsetzungsworte »das ist mein Leib« und »das ist mein Blut« als »das bedeutet meinen Leib und mein Blut«.
Calvin stimmt insofern mit Zwingli überein, dass er eine Bindung Christi an die irdischen Elemente Brot und Wein ablehnt. Für ihn ist jedoch »Christus im Abendmahl wirklich gegenwärtig« und schenkt den Gläubigen seine Gemeinschaft.
»Zeichen (Brot und Wein) und Sache (Leib und Blut Christi) sind getrennt, aber es besteht zwischen ihnen ein zeitlicher Parallelismus. Während die Gläubigen Brot und Wein empfangen, werden sie zugleich durch den Heiligen Geist mit Leib und Blut Christi, der im Himmel ist, vereinigt.«
Allerdings unterscheidet Calvin zwischen denen, die Brot und Wein im Glauben empfangen, und denen, die Brot und Wein empfangen, aber nicht glauben: »Wer nicht glaubt, empfängt nur die äußeren Zeichen.«
Die reformierte Abendmahlsauffassung stützt sich mehr auf Calvin als auf Zwingli. Sie »betont, dass Brot und Wein Zeichen sind, die auf eine andere Wirklichkeit hinweisen.« (Alle Zitate in diesem Abschnitt aus Jentsch u.a. 1975, 1108f)

In Zürich entstand eine eigene Bibelübersetzung. Noch heute gib es die Zürcher Bibel, die seit der Reformation immer wieder sprachlich überarbeitet wurde.
Von Zürich aus konnten einige Schweizer Orte für die Reformation gewonnen werden. Zeitweise war Zwinglis Einfluss auch in Oberdeutschland (entspricht etwa dem heutigen Bundesland Baden-Württemberg und dem Elsass) ziemlich groß. Der Mitreformator Württembergs und Reformator der Reichsstadt Esslingen, Ambrosius Blarer, zum Beispiel war von Zwingli beeinflusst. Zwinglis Wirkung blieb aufs Ganzen gesehen begrenzt, weil er schon früh ums Leben kam. 1531 fiel er als Feldprediger bei Kappel; dort war es zum Krieg zwischen Zürich und fünf katholischen Orten der Schweiz gekommen. Zwinglis Leichnam wurde vom Henker geviertelt und verbrannt.

Jean Calvin (1509–1564)

1536, fünf Jahre nach Zwinglis Tod, erschien in Basel die »Unterweisung in der christlichen Religion« (lat. Institutio religionis christianae). Ihr Verfasser war der damals noch weitgehend unbekannte Franzose Jean Calvin. Nach seinem Jurastudium hatte sich Calvin der evangelischen Sache zugewandt, musste 1534 aus Frankreich fliehen und wurde schließlich zum Reformator Genfs. Er hat neben Luther die protestantische Christenheit am stärksten geprägt. Viel stärker als Luther beschäftigte Calvin als Reformator der zweiten Generation die Frage, welche praktischen Folgerungen aus der reformatorischen Entdeckung für die Gestaltung von Kirche und Gesellschaft zu ziehen sind.

Christliche Existenz verstand Calvin als Leben zur Ehre Gottes. Zur Sicherung von Gottes Ehre und Freiheit dient bei Calvin die Lehre von der doppelten Prädestination, wonach das ewige Los jedes einzelnen Menschen von Gott vorherbestimmt ist. Man wird Calvins Prädestinationslehre einerseits kritisch betrachten müssen. Sie ist eben doch ein bedenklicher, letztlich nicht befriedigender Versuch, das Geheimnis von Gottes Ratschluss logisch aufzulösen. Andererseits wollte Calvin mit dieser Lehre gerade den Geschenkcharakter des Glaubens und den Grund für die Heilsgewissheit herausstellen: »Wenn unser Glaube also nicht in der ewigen Erwählung Gottes gegründet wäre, so könnte er uns sicher in jeder Minute durch den Satan entrissen werden. Auch wenn wir die standhaftesten Leute von der Welt wären, so könnten wir doch unterliegen.« (Dankbaar 1976, 184)

In der Genfer Kirchenordnung entwickelte Calvin die Lehre von den vier leitenden Ämtern der Kirche. Vgl. dazu **M 19/3**.

Mit der Mitverantwortung der Laien, der kollegialen Leitung der Gemeinden und der freien Wahl der leitenden Personen trägt die Genfer Kirchenordnung demokratische Züge. In Genf wurde weiter eine strenge Kirchenzucht geübt. Auch das Leben der Christen sollte ganz im Zeichen der Ehre Gottes geführt werden. Bemerkenswert an dieser Kirchenzucht war es, dass sie ohne Ansehen der Person durchgeführt wurde. Man muss freilich die Gefahren einer jeden strengen Kirchenzucht sehen, dass sie nämlich zu Heuchelei und Gewissenszwang verführt. In der Zeit von Calvins Tätigkeit in Genf wurde dort der Spanier Michael Servet als Ketzer auf dem Scheiterhaufen verbrannt. Der gelehrte Arzt, damals Leibarzt beim Bischof von Vienne, hatte in einem anonym erschienenen Buch die überlieferte Dogmatik, insbesondere die Trinitätslehre, scharf kritisiert. Calvin hielt es für die Pflicht einer christlichen Obrigkeit, die Ketzer mit dem Tod zu bestrafen. In dieser Frage stand Calvin noch ganz im Schatten des Mittelalters. Es ist dabei zu bedenken, dass sich die Idee der Gewissensfreiheit, wie sie heute in vielen Verfassungen verankert ist, erst seit der Aufklärung allmählich durchsetzen konnte. Calvin erhielt nachhaltige Unterstützung für seine Position; andererseits wurde er überall in Europa auch angegriffen, obwohl zur gleichen Zeit in katholischen Gebieten Hunderte von Menschen Opfer der Inquisition wurden. Die Genfer Gottesdienstordnung von 1542 kennt außer der Predigt nur Gebet und Gesang von vertonten alttestamentlichen Psalmen. Während Luther in den »gereinigten« Messgottesdienst die Predigt einfügt und jeder Gottesdienst im Abendmahl endete, trennte Calvin Predigtgottesdienst und Abendmahlsgottesdienst. Das Abendmahl wurde vier Mal im Jahr von der ganzen Gemeinde gefeiert.

Die reformierte Tradition hat sich auch auf die Gestaltung des Kirchenraums ausgewirkt. Grundsätzlich gibt es in einer reformierten Kirche keine Bilder, weil man das Bilderverbot aus 2. Mose 20 auf die Ausgestaltung des Kirchenraums anwendet. Der Altar ist aufgrund der reformierten Abendmahlslehre ein einfacher Tisch, der Pfarrer/die Pfarrerin gestaltet den größten Teil des Gottesdienstes von der Kanzel aus. Vgl. dazu **M 19/4**.

Von Genf aus verbreitete sich das reformierte Bekenntnis in ganz Europa. Noch heute ist der Protestantismus in Frankreich, Schottland und den Niederlanden reformiert, also von dem auf Calvin zurückgehenden Kirchentum geprägt. In der Evangelischen Kirche in Deutschland gibt es zwei reformierte Kirchen, die Lippische Landeskirche und die Evangelisch-reformierte Kirche in Nordwestdeutschland. »Ohne die deutsche Reformation Martin Luthers ist Calvin nicht denkbar, wie umgekehrt gilt, dass Luthers Reformation ohne Calvin eine historische Episode geblieben wäre. Denn am westeuropäischen Calvinismus ist der Ansturm der Gegenreformation zerbrochen, und ohne diese Rückversicherung im Westen hätte der deutsche Protestantismus den Dreißigjährigen Krieg schwerlich in dieser Weise überstanden.« (Staedtke 1969, 9)
Bis ins letzte Jahrhundert hinein empfanden Lutheraner und Reformierte ihre gegenseitigen Differenzen als so groß, dass in mancher lutherischen Landeskirche keine reformierten Pfarrer predigen durften. 1974 verabschiedeten lutherische und reformierte Kirchen eine Vereinbarung. Die sogenannte Leuenberger Konkor-

die stellt fest, dass die bestehenden Differenzen, z. B. in der Abendmahlslehre, nicht mehr kirchentrennend sind.

Beim Augsburger Religionsfrieden von 1555 wurden nur die Lutheraner reichsrechtlich anerkannt, die Reformierten erst nach dem Dreißigjährigen Krieg im Westfälischen Frieden von 1648.

Der große reformierte Theologe Karl Barth zum Verhältnis von Luther und Calvin: »Die Reformation begann mit der Botschaft von der Sündenvergebung und sie wurde fortgesetzt mit der Frage nach der Heiligung. Wir können auch sagen: Luther fragt nach dem, was Gott *für uns* getan hat, Calvin nach dem, was Gott *an uns* getan hat. Oder in den Worten von Röm 1,17: Der Gerechte wird *seines Glaubens* leben (Luther), der Gerechte wird seines Glaubens *leben* (Calvin). Jede Abstraktion, jedes Auseinanderreißen dieser beiden Worte würde ein Missverständnis der ganzen Reformation bedeuten. Luther kann nicht ohne Calvin, Calvin kann nur von Luther her verstanden werden.« (Barth 1935, 27f)

Materialien zu diesem Kapitel

Für den Unterricht in Sek I und II ist es sinnvoll, dass die Lehrkraft je nach Situation der Lerngruppe auf dem Hintergrund der hier gemachten Ausführungen über die Entwicklung in Zürich und Genf referiert. Mit Hilfe der Impulse bei den einzelnen Materialien können sich die S. grundlegende Themen der Schweizer Reformation erarbeiten.

Folgende Materialien stehen zur Verfügung:

M 19/1   **Die Reformation in Zürich: Eine folgenschwere Disputation**
M 19/2   **Das Marburger Religionsgespräch** (zwei Blätter)
M 19/3   **Aus der Genfer Kirchenordnung**
M 19/4   **Reformierte Kirchenräume**
M 19/5   **Reformierte und lutherische Kirchen weltweit**
Die beiden Karten zeigen sehr vereinfacht die Verbreitung der reformierten und lutherischen Kirchen weltweit. Der Arbeitsimpuls auf dem AB fordert dazu, auf im Internet nach Details zu recherchieren.

Hierbei können folgende Adressen weiterhelfen:

Reformierte Kirchen
Sehr informativ:
http://de.wikipedia.org/wiki/Weltgemeinschaft_Reformierter_Kirchen

Über die reformierten Synodalverbände und Gemeinden in Deutschland:
http://reformiert.de/gemeinden.html

Lutherische Kirchen
Als Ergänzung zu der abgebildeten Karte eignet sich sehr gut die interaktive Karte über die Mitgliedskirchen des Lutherischen Weltbundes und ihren Mitgliederzahlen:
http://www.lutheranworld.org/content/member-churches

Statistische Angaben über Mitgliederzahlen aufgeschlüsselt nach Kontinenten:
http://www.lutheranworld.org/sites/default/files/LWI-Statistics-2013-summary-EN.pdf

Auflistung der lutherischen Kirchen und ihrer Mitgliederzahlen weltweit:
http://de.wikipedia.org/wiki/Liste_der_Mitgliedskirchen_des_Lutherischen_Weltbundes

M 19/1 Die Reformation in Zürich: Eine folgenschwere Disputation

Am 29. Januar 1523 hat der Große Rat der Stadt Zürich ins Rathaus zur Disputation über religiöse Streitfragen eingeladen. Die geistige Elite der Region ist gekommen: Über 200 Ratsherren sitzen auf der einen Seite des Saals, auf der anderen sind etwa 400 Priester zusammengedrängt und lauschen dem Disput zweier Männer. Da steht mit grimmigem Gesicht Johannes Faber, sittenstreng, Kenner der Kirchendogmatik und Generalvikar des Bischofs von Konstanz. Aber nicht ihm hören die Anwesenden so gebannt zu, sondern seinem Gegenspieler Huldrych Zwingli, ebenfalls sittenstreng, ebenfalls Kenner der Kirchendogmatik. Aber der »Leutpriester« vom Großmünster hat die Bibel in lateinischer, hebräischer und griechischer Schrift studiert und somit, neben seiner Wortgewalt, einen weiteren Vorteil: Der Rat verlangt, dass der Verteidiger der Amtskirche die Lehren Zwinglis ausschließlich durch die Bibel widerlegen soll.

So saß denn bald nicht der Reformator, sondern die katholische Kirche auf der Anklagebank. Wo in der Bibel denn ein Hinweis auf die Institution der Kirche zu finden sei? »Die wahre Kirche ist doch die Gemeinschaft der Gläubigen. Die Kirche der wahren Christen ist aber für den Menschen unsichtbar, denn in die Herzen vermag nur Gott zu sehen!«

Es war ein gewaltiger Disput, in dem der Sieger aber bald feststand. Und so verkündete der Rat von Zürich:

»Dieweil aber Meister Huldrych Zwingli viel beschuldigt worden ist, so hat niemand mit der göttlichen Schrift es unternommen, ihn zu überwinden. Und da ihn niemand irgendwelcher Ketzerei überwiesen hat, haben Bürgermeister und Rat, um große Unruhe abzustellen, erkannt, dass Meister Huldrych Zwingli fortfahre und das heilige Evangelium und die rechte göttliche Schrift verkünde, so lang und so viel, bis er eines Besseren belehrt werde.«

Das war ein für das frühe 16. Jahrhundert geradezu unglaublicher Vorgang. Nicht die Kirche, nicht ein mächtiger Fürst, sondern ein Stadtrat hatte die Unverfrorenheit, darüber entscheiden zu wollen, wer recht hatte, der Generalvikar oder der Ketzer!

Vermutlich gab es damals nur einen Landstrich, wo Derartiges passieren konnte: die Eidgenossenschaft. Denn seit dem Rütlischwur der Bürger von Uri, Schwyz und Unterwalden war in den Alpen ein Staatengebilde entstanden, das sich mit Geschick und militärischer Tatkraft gegen alle Angriffe durchgesetzt hatte.

Aufgaben:
- Arbeitet heraus, was das Besondere an der geschilderten Szene war.
- Informiert euch im Internet über das Leben Zwinglis und erstellt einen tabellarischen Lebenslauf. Ihr könnt dazu Bilder im Internet oder in Büchern suchen.

Durch die geöffneten Schlossfenster fielen die milden Strahlen der Herbstsonne. Wenn man nach draußen sah, konnte man auf die Dächer der Stadt Marburg und in das Lahntal blicken. Aber die Männer, die in einem Privatgemach des Landgrafen Philipp von Hessen versammelt waren, hatten Wichtigeres zu tun als die Aussicht zu genießen. Sie wussten, dass von dem, was jetzt geschah, das Schicksal aller Evangelischen abhängen würde.

In dem einen Teil des Raumes saß der Landgraf mit seinen Räten. Hinter ihnen hatten etwa 30 andere Vornehme und Gelehrte Platz gefunden. Alle schauten gespannt auf einen Tisch im anderen Teil, an dem vier Männer saßen: Zwingli und Luther und ihre Freunde

Ökolampad und Melanchthon. Man merkte sofort, dass es ganz verschiedene Menschen waren. Melanchthon sprach kaum; Ökolampad versuchte jede Unfreundlichkeit zu vermeiden. Im Augenblick hatte sich gerade eine Debatte zwischen Zwingli und Luther entwickelt. Beide bemühten sich freundlich zu bleiben; aber ihre Erregung ließ sich immer weniger verheimlichen.

»Habt Ihr nicht gelesen, dass Christus selbst zum Brot des Abendmahls sagt: ›Das ist mein Leib‹?« Luther deutete auf den Tisch, wo er schon vorher diese Worte mit Kreide niedergeschrieben hatte. »Ihr müsst beweisen, dass wir den Leib Christi nicht essen, wenn wir das Abendmahl nehmen!«

Während des Religionsgesprächs schrieb Luther jene Worte der Heiligen Schrift, um die der Abendmahlsstreit entbrannt war, auf einen Tisch: hoc est corpus meum (Das ist mein Leib). Er beharrte auf einer buchstabengetreuen Auslegung im Sinne von »Das ist mein Leib«, während Zwingli sie als »Das bedeutet meinen Leib« verstanden wissen wollte.

Diese Szene ist auf dem großen Historienbild dargestellt, das 1867 von dem Darmstädter Hofkünstler August Noack gemalt wurde. Es hängt heute im Marburger Schloss.

127_Kap19

Zwingli wurde rot. Sein harter Schweizer Dialekt gab seinen Worten einen drohenden Klang: »Ich kann es beweisen; denn derselbe Christus sagt: ›Das Fleisch ist nichts nütze.‹ Also kann der Leib Christi nicht im Brot sein!« Luther machte eine Bewegung, als wollte er Zwinglis Worte vom Tisch wischen. Aber bevor er etwas sagen konnte, war dieser aufgesprungen. »Da habe ich Euch, Herr Doktor! Diese Stelle bricht Euch den Hals!«

Im Raum wurde es auf einmal totenstill. Auch Luther stockte einen Augenblick, fand aber bald seine Sprache wieder. Sein breites Sächsisch, das sonst so gemütlich klang, hatte jetzt etwas Überlegen-Lauerndes. »Ich glaube, Ihr irrt Euch, wenn Ihr meint, Ihr könntet anderen die Hälse brechen. Ihr seid hier in Hessen, nicht in der Schweiz!«

Erst jetzt merkte Zwingli, was zwischen ihm und Luther geschehen war. Verzweifelt sah er den Landgrafen an. »Bitte verzeiht; so war es nicht gemeint. ›Das bricht dir den Hals‹: so sagen wir in der Schweiz. Wir sind auch keine Mörder!«

Der Landgraf nickte. »Lasst es gut sein, Herr Doktor, ich bitte Euch! Und macht jetzt eine Pause; ich lade Euch zum Essen.«

Während die Diener noch die dampfenden Schüsseln auf den Tisch stellten, hatte sich schon ein lebhaftes Gespräch entwickelt. Wortführer war jetzt der Landgraf. »Ich habe auf dem letzten Reichstag gesehen, wie mächtig die Papisten sind. Wenn wir Evangelische nicht einig sind, dann werden sie uns vernichten!«

Zwingli nickte heftig. »Das ist es, was uns in Zürich bewegt. Wir haben schon angefangen zu rüsten, damit wir uns verteidigen können.« Zwinglis Augen blitzten. »Auch ich werde für Gott kämpfen!«

»Seht Ihr, Herr Doktor« – der Landgraf wandte sich jetzt an Luther – »es ist wie in der Zeit des Alten Testaments: Gottes Volk muss kämpfen, und dafür muss es allen eigenen Streit vergessen.«

Luther schüttelte den Kopf. »Nein. Es geht nicht darum, wie wir uns verteidigen können; dafür wird Gott sorgen. Es geht um die Wahrheit; und wir in Wittenberg haben die Wahrheit erkannt. »Aber« – Luther sah auf einmal, wie sich die Stirn des Landgrafen runzelte — »ich will ja auch, dass wir einig werden. Lasst uns nach dem Essen weiterreden.«

Es war am Abend des folgenden Tages. Alle waren erschöpft; aber einer Einigung war man kaum näher gekommen. Noch einmal ergriff der Landgraf das Wort: »Herr Doktor Luther, Magister Zwingli! Ihr habt den beschwerlichen Weg von Zürich und Wittenberg auf Euch genommen. Ihr solltet jetzt Mittel und Wege finden. Euch zu einigen.«

»Ja!« Zwingli schrie fast; seine Augen waren voller Tränen. »Es gibt doch keinen Menschen, den ich lieber sehe als Euch, Herr Doktor! Und denkt doch an die arme Kirche.«

Luther zuckte hilflos mit den Schultern. »Ich weiß kein anderes Mittel, als dass Ihr Gottes Wort die Ehre gebt und glaubt wie wir. Ich möchte Euch ja auch zum Freunde haben. – Bittet doch Gott, dass Ihr zur Einsicht kommt.«

Heiko Jürgens

Aufgaben:
- Ihr könnt diese Szene spielen.
- Bei der Austeilung des Abendmahls sagt der Pfarrer oder die Pfarrerin: »Christi Leib, für dich gegeben... Christi Blut, für dich vergossen«. Fragt Gottesdienstbesucher, was diese Worte für sie bedeuten. Stellt euch gegenseitig die Antworten vor, die ihr bekommen habt, und diskutiert darüber.

M 19/3 Aus der Genfer Kirchenordnung

Das Amt des Pastoren ist es, das Wort Gottes zu verkündigen, um zu lehren, zu ermahnen und zu tadeln, öffentlich und von Mensch zu Mensch, die Sakramente zu verwalten und zusammen mit den Ältesten die brüderliche Zucht zu handhaben ... Das eigentliche Amt der Lehrer ist es, die Gläubigen in der reinen Lehre zu unterrichten, damit die Reinheit des Evangeliums nicht durch Unwissenheit oder falsche Meinungen verdorben werde ...

Das Amt der Ältesten ist es, Obacht zu geben auf den Lebenswandel eines jeden. Wen sie straucheln oder einen unordentlichen Wandel führen sehen, den sollen sie in Liebe mahnen. Wo es nötig ist, sollen sie Bericht erstatten an das Pfarrerkollegium, das die brüderliche Zucht zu handhaben hat, und sie mit ihm zusammen ausüben.

Der städtischen Verfassung entsprechend wird es sich empfehlen, zu diesem Amt der Ältesten auszuwählen zwei aus dem engeren Rat, vier aus dem Rat der Sechzig und sechs aus dem Rat der Zweihundert, Männer von gutem, anständigem Lebenswandel, untadeligem Ruf und erhaben über jeden Verdacht, vor allem gottesfürchtig und klug. Und man wird sie so auswählen müssen, dass in jedem Stadtviertel welche wohnen, damit sie überall ihr Auge haben ...

Diakone hat es in der alten Kirche immer zwei Arten gegeben: Die einen waren beauftragt, die Güter für die Armen ... in Empfang zu nehmen, zu verteilen und zu verwalten. Die anderen waren eingesetzt unmittelbar zur Kranken- und Armenpflege. Die Zweiteilung halten wir auch für die Gegenwart bei; denn wir haben Verwalter und Pfleger ...

Aufgabe:
- In der Frage der Ämter unterscheiden sich die lutherischen von den reformierten Kirchen. Die lutherischen Kirchen kennen das eine Amt, den von Gott eingesetzten Dienst am Wort und Sakrament sowie zur geistlichen Gemeindeleitung. Dieses Amt übt der Pfarrer oder die Pfarrerin aus.
  Vergleicht dazu, was Calvin in der Genfer Kirchenordnung sagt.

M 19/4 Reformierte Kirchenräume

Wer eine reformierte Kirche betritt, bemerkt schnell: Reformierte Kirchräume sind Versammlungs- und Gemeinschaftsräume. »Versammlung« ist für die Reformierten ein wichtiges, ein theologisches Stichwort. In einem ihrer Bekenntnistexte, im Heidelberger Katechismus, heißt es, dass Jesus Christus seine weltweite Gemeinde von Anbeginn der Welt bis heute »versammelt, schützt und erhält«.

Reformierte Kirchräume müssen also immer auch Räume sein, die diesen Gemeinschaftsaspekt ausdrücken, die ihn lebbar, erlebbar machen. Sie sind so gestaltet, dass sie Menschen Raum bieten, um zusammenzukommen. Hier feiern sie Gottesdienst. Hier treffen sie sich zu Gemeindeversammlungen. Aber hier finden auch andere Veranstaltungen statt: Gemeindegruppen, Konzerte, Lesungen.

Die »versammelte Gemeinde« kommt in reformierten Kirchräumen zusammen, um im Gottesdienst die Predigt zu hören und miteinander das Abendmahl zu feiern. Die Stühle sind deshalb in der Regel um Kanzel und Abendmahlstisch herumgestellt und auf sie ausgerichtet. Gemeinschaft, Versammlung wird dadurch erlebbar, dass sich die Gemeinde wahrnimmt und — zentriert um Kanzel und Tisch — wiederfindet. Die Gemeinde macht sich so geradezu räumlich bewusst: Sie lebt vom Hören auf das in der Predigt verkündigte Wort Gottes und von der erinnerten und spirituell erlebten Gemeinschaft mit Jesus Christus in der Feier des Abendmahls. Weil die Gemeinde im Abendmahl kein Opfer vollzieht, ist der Abendmahlstisch kein Altar, sondern ein Tisch für das Brot und den Wein.

In vielen reformierten Gemeinden versammelt sich die Gemeinde zum Abendmahl in einem Kreis um Brot und Wein und steht um den Tisch. In anderen feiert sie es nach dem Brauch des Reformators Johannes a Lasco. Der hatte in Emden das Tischabendmahl eingeführt: In der Mitte des Kirchraums wird ein Tisch aufgestellt, an den sich die setzen, die das Abendmahl halten.

Im Kircheninneren finden sich oft Texte an den Wänden oder auf Tafeln. In der Herforder Kirche ist es ein Wort aus dem Hebräerbrief 13,8: »Jesus Christus gestern und heute ...« Bei den ersten reformierten Kirchbauten waren das in der Regel zwei Tafeln mit den Zehn Geboten in biblischer Zählung. In einigen von Hugenotten-Flüchtlingen gegründeten Gemeinden finden sich diese Tafeln bis heute mit den Geboten in französischer Sprache.

Der Dekalog und andere biblische Texte benennen die Gemeinschaftsordnung, die für die versammelte Gemeinde gilt. Die Texte zeigen augenfällig: Wovon lebt die Gemeinde? Was gilt hier? Worum geht es bei den Grundrechten und -pflichten der Gemeinde? So wurde in vielen reformierten Gemeinden zu Beginn des Gottesdienstes der Dekalog auch verlesen.

Die versammelte Gemeinde hört die Auslegung biblischer Texte. Sie antwortet in Gebet und Gesang, wesentlich im Psalmengesang. Das biblische Wort soll im Gottesdienst dominieren. Diese Bestimmung findet ebenso ihren Ausdruck in der Wertschätzung des Alten Testaments. Nicht zufällig unterschied Calvin in Genf die eine weltweite Kirche, die »Église«, vom Kirchbau, den er in Anspielung an das alttestamentliche Jerusalemer Heiligtum »Temple« nannte. Die Bezeichnung hat sich in manchen Hugenottengemeinden bis heute gehalten.

In der reformierten Tradition schaffte man den liturgischen Wechselgesang ab. Die Orgel verlor ihre Funktion. Psalmen sang man choraliter, ohne Begleitung. Vielerorts verschwand die Orgel ganz. Später wurde sie zur Begleitung der Psalmen sowie für Vor- und Nachspiel im Gottesdienst wieder genutzt. Mit der versammelten Gemeinde kommen die Ebenbilder Gottes zusammen. Anderer gemalter Bilder oder gestalteter Skulpturen bedarf es nicht. In der Regel fehlt auch ein Kreuz.

Dieser Ausschluss der gemalten, festliegenden Bilder entspricht der Vielfalt der biblischen Sprachbilder. Und er ermöglicht eine mindestens ebenso große Vielfalt der Bilder in Auslegung und Hören der biblischen Texte. Ein besonderer Akzent reformierter Theologie wird so deutlich: In der Vielfalt der versammelten Gemeinde, der Ebenbilder Gottes, spiegelt sich die Vielfalt Gottes. Der Ausschluss aller festliegenden und festlegenden Bilder gibt der Lebendigkeit und Vielfalt sowohl der Menschen als auch Gottes Raum. *Jörg Schmidt*

Innenraum einer lutherischen Kirche

Innenraum einer reformierten Kirche

Aufgabe:
• Vergleicht die beiden Kirchenräume miteinander. Zieht dazu den Text oben heran.
• Sucht im Internet nach weiteren Bildern von reformierten Kirchen, auf denen die Besonderheit von reformierten Kirchenräumen deutlich wird.

M 19/5 Reformierte und lutherische Kirchen weltweit

Reformierte Kirchen weltweit

In den (schwarz) markierten Ländern befinden sich ein oder mehrere Mitglieder der Weltgemeinschaft Reformierter Kirchen.

Die Weltgemeinschaft Reformierter Kirchen (WRK) mit Hauptsitz in Hannover ist ein internationaler Zusammenschluss von zurzeit 230 evangelisch-reformierten Kirchen mit zusammen mehr als 80 Millionen Mitgliedern.

Zur Evangelisch-reformierten Kirche gehören in Deutschland 146 Gemeinden in 9 Synodalverbänden mit insgesamt etwa 190 000 Mitgliedern.

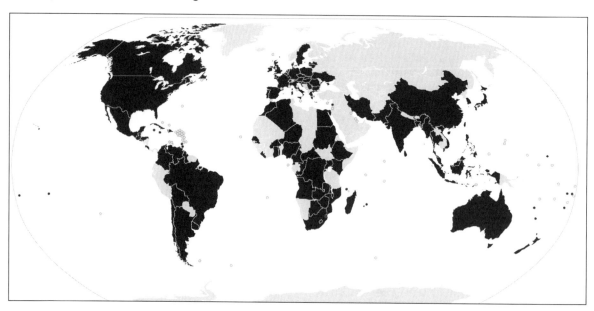

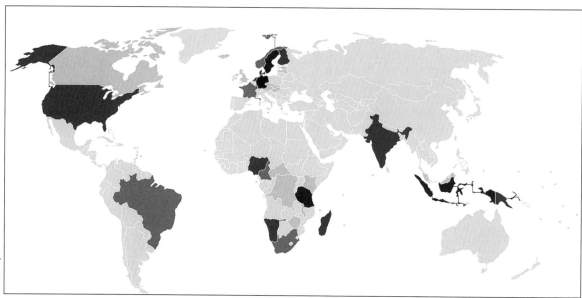

130_Kap19

Lutherische Kirchen weltweit

Der Lutherische Weltbund (LWB) ist eine Gemeinschaft lutherischer Kirchen weltweit. Der LWB wurde 1947 gegründet und zählt inzwischen 143 Mitgliedskirchen, denen 72 Millionen lutherische Christen in 79 Ländern angehören (Stand: 2013).

Die Weltkarte zeigt dunkel markiert die Länder, in denen die meisten Lutheraner leben.

Aufgabe:

Die beiden Karten geben einen groben Überblick darüber, wo es weltweit lutherische und reformierte Kirchen gibt. Genauere Angaben lassen sich aus dem Internet erheben.

20 Landeskirchen entstehen

EKD

Evangelische Kirche
in Deutschland

Als Ergebnis der Reformation gibt es in Deutschland neben der katholischen Kirche verschiedene evangelische Landeskirchen, die sich weitgehend innerhalb der früheren Fürstentümer und späten Länder gebildet haben. Die Evangelische Kirche in Deutschland (EKD) wurde nach dem Zweiten Weltkrieg (1948) als »ein Bund lutherischer, reformierter und unierter Kirchen« gegründet und ist im strengen Sinne keine Kirche, sondern ein Zusammenschluss von (heute) 20 lutherischen, unierten und reformierten (Landes-)Kirchen. Bis zur deutschen Wiedervereinigung waren die (damals) acht östlichen Landeskirchen auf dem Gebiet der DDR im »Bund der Evangelischen Kirchen in der DDR« (BEK) organisiert.

Die Gliedkirchen der EKD sind selbstständige Kirchen, die untereinander uneingeschränkte Kanzel- und Abendmahlsgemeinschaft praktizieren, auch wenn sie im Blick auf ihren Bekenntnisstand unterschiedliche Traditionen haben. Dass die EKD einen föderalen Aufbau hat, geht letztlich auf die Reformation in Deutschland, vor allem auf die Regelungen des Augsburger Religionsfriedens (1555) und des Westfälischen Friedens (1648), zurück. Bereits Luther hatte im Rahmen der Visitation dem landesherrlichen Kirchenregiment (der Landesherr ist zugleich Leiter der »Landes«kirche) Vorschub geleistet, indem er die Fürsten zu »Not«-Bischöfen erklärte. Eine der Bestimmungen des Augsburger Religionsfriedens lautete, dass sich die Bevölkerung eines Gebiets in Fragen des Glaubens nach der jeweiligen »Obrigkeit« zu richten habe. Die Regelungen, die im Augsburger Religionsfrieden nur für die lutherischen Kirchen galten, wurden im Westfälischen Frieden auch auf die reformierten Kirchen ausgedehnt. Die Organe der EKD sind die EKD-Synode, in die die Synoden der Landeskirchen ihre Vertreter entsenden, sowie der Rat der EKD und die Kirchenkonferenz. Die Kirchenkonferenz besteht aus Vertretern der Gliedkirchen der EKD. Der Vorsitzende der Kirchenkonferenz ist der Ratsvorsitzende, der vom Rat der Kirche und der Kirchenkonferenz gemeinsam gewählt wird. Der Rat der EKD besteht aus 14 Mitgliedern (Laien und Theologen), die von der Synode und Kirchenkonferenz gemeinsam gewählt werden; das 15. Mitglied ist der/die Präses (Vorsitzende) der Synode kraft Amtes. Der/die Ratsvorsitzende sowie seine/ihre Stellvertreter werden aus der Mitte des Rates durch Synode und Kirchenkonferenz gewählt. Die Verwaltung der EKD (das Kirchenamt der EKD) befindet sich in Hannover.

Dieses Kapitel eignet sich schwerpunktmäßig für den Einsatz in der Sek II und in der Erwachsenenbildung.

Materialien zu diesem Kapitel

M 20/1 **Landeskirchen entstehen:** Mit Hilfe dieses Textes und der Impulse dazu können die S. sich in groben Zügen darüber informieren, wie es zur Ausbildung von evangelischen Landeskirchen in Deutschland kam. Es ist sinnvoll, diesen Text zunächst in GA bearbeiten zu lassen und anschließend die Ergebnisse im Plenum zu diskutieren.

M 20/2 **Karte: Die evangelischen Landeskirchen in Deutschland**

M 20/1 Landeskirchen entstehen

An der Spitze der mittelalterlichen Kirche standen der Papst, die Bischöfe und die Priester; kraft ihres Amtes sagten sie, was die Christen glauben und tun sollten.

Luther sagte dagegen: Der Glaubende, der Gott als Vater erkannt hat, darf in Glaubensdingen nicht von andern Menschen regiert werden. Die Glaubenden schließen sich zur Gemeinde, zur Kirche zusammen. Aber jede Gemeinschaft braucht eine Leitung, wenn sie nicht auseinanderfallen soll.

1523 schrieb Luther, »dass eine christliche Versammlung oder Gemeinde Recht und Macht hat, über die Lehre zu urteilen und Lehrer zu berufen, sie ein- und abzusetzen«. Luther kam jedoch zu dem Urteil: Die Zeit ist noch nicht reif dafür, dass die Kirche sich aus ihrer Mitte selbst leitet, da jahrhundertelang die Gemeinden in Unmündigkeit gehalten worden waren.

Wer sollte jetzt die Kirche in den evangelisch gewordenen Gebieten leiten? Die katholischen Bischöfe lehnten die Reformation in ihrer großen Mehrheit ab. Luther wandte sich deshalb an seinen Kurfürsten und die anderen evangelischen Fürsten um Hilfe. Sie sollten als Notbischöfe die Kirche in ihren Gebieten leiten und eine einheitliche Ordnung für alle Gemeinden einführen. Aus dem Kirchengut mussten die Pfarrer bezahlt werden. Ohne den Landesherrn konnten aber die Probleme des Kirchengutes nicht geregelt werden. Nun hatten viele Adlige die Besitzungen der Kirchen und Klöster an sich gebracht. Viele kleine Gemeinden hatten evangelische Prediger berufen, konnten sie aber nicht bezahlen. Eine Kirche braucht auch eine Ordnung, die den Aufbau des Gottesdienstes, der religiösen Unterweisung und die Ausbildung der Pfarrer regelt. Als Vorbereitung zur Neuregelung der evangelischen Kirchen bat Luther die Landesherren, Visitatoren zu bestellen, die die Gemeinden besuchen sollten, um nach dem Rechten zu sehen.

Der sächsische Kurfürst kam der Bitte Luthers nach. Die Visitatoren waren Beamte des Kurfürsten. In seinem Namen wurde angeordnet, welche Pflichten die Gemeinden in der äußeren Ordnung und in Fragen des Glaubens haben.

Das war der erste Schritt zum sogenannten Landesherrlichen Kirchenregiment: Der Landesherr ist zugleich Leiter der Kirche in allen äußeren Dingen. Jeder evangelisch gewordene Fürst und jede evangelisch gewordene Reichsstadt führte ihr Kirchenregiment ein. So entstanden die Landeskirchen.

Im Augsburger Religionsfrieden von 1555 wurde festgelegt, dass neben der katholischen auch die evangelische Konfession, genauer die Lutheraner, gleichberechtigt bestehen durfte. Allerdings wurde bestimmt, dass die Bevölkerung eines Gebietes sich in Fragen des Glaubens nach der »Obrigkeit« richten musste. Andersgläubige hatten die Möglichkeit auszuwandern. Das führte dazu, dass über einige Jahrhunderte viele Gebiete entweder rein evangelisch oder rein katholisch waren.

Luther hatte die Hilfe der Fürsten als Notlösung angesehen, die möglichst bald wieder beseitigt werden sollte. Doch aus der Notlösung wurde eine Dauereinrichtung. Die Folge war, dass auch die evangelische Kirche von oben nach unten statt von unten nach oben aufgebaut war. Die Regelung, dass die Fürsten zugleich Leiter der Kirchen waren, bestand bis ins Jahr 1918. Bis 1918 war z.B. der König von Württemberg zugleich Landesbischof von Württemberg. 1918 wurde mit der Abschaffung der Monarchie in Deutschland auch das landesherrliche Kirchenregiment abgeschafft.

Noch heute ist die evangelische Kirche in der Bundesrepublik (EKD) in Landeskirchen gegliedert. Erst im 20. Jahrhundert begannen Landeskirchen sich zu vereinigen. So schlossen sich 1977 die Landeskirchen von Schleswig-Holstein, Lübeck und Hamburg zur Nordelbischen Kirche zusammen, 2004 die Landeskirche von Berlin-Brandenburg mit der der schlesischen Oberlausitz. 2009 schlossen sich die thüringische Landeskirche und die Evangelische Kirche der Kirchenprovinz Sachsen zur Evangelischen Kirche in Mitteldeutschland zusammen. 2012 vereinigten sich die Landeskirchen von Pommern, Mecklenburg und die Nordelbische Kirche und bilden seither die Evangelisch-Lutherische Kirche in Norddeutschland (Nordkirche).

Aufgaben:
- Überlegen Sie, welche Vor- und Nachteile das landesherrliche Kirchenregiment für die Kirche brachte.
- Auf der Karte mit den Landeskirchen (**M 20/2**) können Sie überprüfen, welches Ihre Landeskirche ist.
- Im Internet erfahren Sie mehr über die Geschichte dieser Landeskirche seit der Reformation.
- In manchem Bundesland gibt es nur eine Landeskirche, in anderen mehrere. Überprüfen Sie dies an der Karte und überlegen Sie Gründe dafür.
- Für einige Jahrhunderte gab es in Deutschland rein evangelische oder rein katholische Gebiete. Woran lag das? Warum hat es sich verändert? Wichtige Daten hierfür sind das Jahr 1803 und das Jahr 1945.
- Eine evangelische Landeskirche ist anders aufgebaut als eine katholische Diözese. Klären Sie, worin die Unterschiede bestehen und woher sie kommen.
- Noch heute werden in den evangelischen Landeskirchen »Visitationen« durchgeführt. Erkundigen Sie sich bei Ihrem Pfarrer / Ihrer Pfarrerin danach, ob bzw. wann eine solche Visitation in Ihrer Kirchengemeinde zuletzt stattfand und worum es dabei ging.

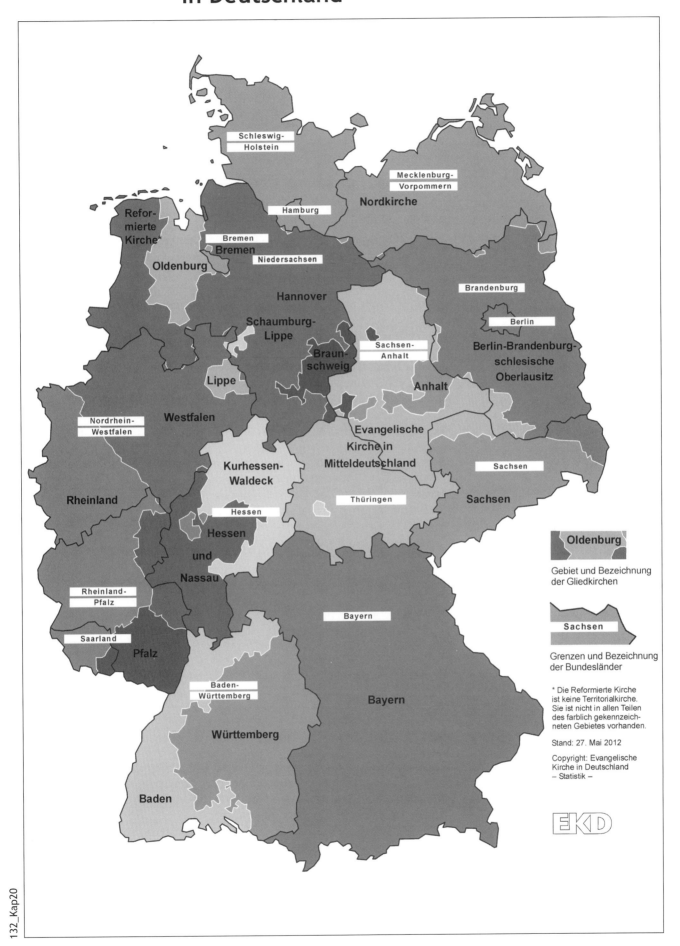

Karte: Die evangelischen Landeskirchen in Deutschland

Schleswig-Holstein

Mecklenburg-Vorpommern

Nordkirche

Hamburg

Refor-mierte Kirche*

Bremen
Bremen
Niedersachsen

Oldenburg

Brandenburg

Hannover

Berlin

Schaumburg-Lippe

Sachsen-Anhalt

Berlin-Brandenburg-schlesische Oberlausitz

Braun-schweig

Anhalt

Lippe

Nordrhein-Westfalen

Westfalen

Evangelische Kirche in Mitteldeutschland

Kurhessen-Waldeck

Sachsen

Rheinland

Hessen

Thüringen

Sachsen

Hessen und Nassau

Rheinland-Pfalz

Saarland

Bayern

Pfalz

Baden-Württemberg

Bayern

Württemberg

Baden

Oldenburg

Gebiet und Bezeichnung der Gliedkirchen

Sachsen

Grenzen und Bezeichnung der Bundesländer

* Die Reformierte Kirche ist keine Territorialkirche. Sie ist nicht in allen Teilen des farblich gekennzeich-neten Gebietes vorhanden.

Stand: 27. Mai 2012

Copyright: Evangelische Kirche in Deutschland – Statistik –

EKD

132_Kap20

21 Das Lutherbild im Wandel der Zeiten

In diesem Kapitel wird dargestellt, wie sich das Lutherbild seit der Reformationszeit immer wieder gewandelt hat.

Martin Luther ist eine der meistdargestellten deutschen Persönlichkeiten. So finden sich beispielsweise in der Lutherhalle Wittenberg etwa 2400 verschiedene Lutherbilder.

Zu Lebzeiten des Reformators entstanden etwa 500 Bilder. Hier ist vor allem die Werkstatt des älteren und jüngeren Lucas Cranach nennen. Da Lucas Cranach d.Ä (1472–1553) Luther persönlich gut gekannt hat, ist davon auszugehen, dass die Porträts dieses Künstlers dem Aussehen Luthers in seinen verschiedenen Lebensaltern sehr nahe kommen. Ähnliches gilt auch für Lucas Cranach d.J. (1515–1586).

Viele spätere Lutherporträts gehen auf diese »ursprünglichen« Bildnisse zurück. Allerdings schafft sich jede Zeit ihr eigenes Lutherbild entsprechend den gerade vorherrschenden Denk- und Glaubensrichtungen. Insofern sind die Lutherbilder auch ein Spiegel des jeweiligen Zeitgeistes.

Baustein A

Materialien zu Baustein A

Lutherbilder im Wandel der Zeiten

M 21/1 **Das Lutherbild im Wandel der Zeit.** Auf den Bildblättern (**M 21/1**,
M 21/2 3 Blätter) finden sich 27 Lutherbilder. Die Blätter werden an die S. ausgeteilt.

Auf den dazugehörigen Textblättern (**M 21/2**, fünf Blätter) findet die Lehrkraft Erläuterungen zu den einzelnen Bildern, die ins Klassengespräch einfließen.

M 21/1 und **M 21/2** zeigen, wie sich die bildliche Darstellung Luthers im Laufe der Zeit gewandelt hat und damit auch ein Ausdruck des jeweiligen Zeitgeistes ist. Zeitgenössische Zusatztexte zu einzelnen Bildinformationen finden sich als DZ.

Empfohlenes Vorgehen:

Die S. geben in eigenen Worten den Eindruck wieder, den die einzelnen Bilder auf sie machen, und geben jedem Bild einen Titel.

L. notiert an der Tafel die Titel der Bilder aus **M 21/2**.

Die S. ordnen die Bilder den »offiziellen« Bildtiteln zu.

Baustein B

Materialien zu Baustein B

Martin Luther im 19. Jahrhundert

M 21/3 **Martin Luther heute.** Anhand des AB ordnen die S. die sechs genannten Punkte der Wichtigkeit nach und erstellen eine »Hitliste«.

M 21/4 **Gedenkblatt zum Lutherjubiläum 1883:** Das Plakat (**M 21/4**) eignet sich zur Erschließung von Luthers Leben und Wirken. Es kann die S. anregen, darüber nachzudenken, welche Aspekte von Luthers Wirken für die Gegenwart wichtig sein könnten.

M 21/5 Zur besseren Orientierung bietet **M 21/5** eine Übersicht über die Bilder und Texte von **M 21/4**.

Die Evangelischen in den 80er Jahren des 19. Jahrhunderts

Die evangelischen Christen in Deutschland, in viele Landeskirchen aufgeteilt, fühlten sich in der Kaiserzeit teilweise gegenüber den Katholiken ins Hintertreffen gedrängt. Diese besaßen in der Fuldaer Bischofskonferenz eine gemeinsame Vertretung. Im Kulturkampf hatten sie sich nicht ohne Erfolg gegen staatliche Übergriffe gewehrt. Mit dem Zentrum hatten sie eine lebendige Partei, die auch katholische Interessen vertrat. Außerdem gab es ein breites konfessionelles Verbandswesen für alle Teile der katholischen Bevölkerung. Das Lutherjubiläum 1883 wurde deshalb in evangelischen Kreisen breit begangen. Dabei wurde ein richtiggehender Lutherkult betrieben, den es allerdings in Ansätzen auch schon vorher gegeben hatte (insbesondere das Jubiläumsjahr 1817 war »kultträchtig« gewesen). Im Jubiläumsjahr 1883 wurden unzählige Erinnerungsstücke produziert und populäre Schriften über Luther und die Reformation publiziert. Dabei wurde Luther — wie schon beim Reformationsjubiläum 1817 — politisch instrumentalisiert, allerdings mit unterschiedlicher Zielrichtung: »1817 begeht man das Reformationsjubiläum mit nationalen Tönen, bei dem die Parallelen gezogen werden: die Erhebung Luthers gegen Rom — die Erhebung Deutschlands gegen den Franzosenkaiser. 1883 wird Luther als nationaler Held (›Heros‹) gefeiert, wobei eine Überlagerung von kirchlich-religiösen und nationalen Elementen festzumachen ist.« (Eidam/Seib 1996, 8). In der Besinnung auf Luther wollte man wieder Mut und Kraft finden, auch gegenüber der anderen Großkirche. Das zeigt auch das Plakat, das zu diesem Jubiläum entstand. In dieser Zeit konstituierte sich der Evangelische Bund »zur Wahrung deutsch-protestantischer Interessen« (1886). Das Plakat zeigt vor allem den heldischen Luther, der sich jeder Situation gewachsen weiß. Nicht gezeigt wird der zweifelnde Luther, wie er durchaus in dem Luther-Film (»Er veränderte die Welt für immer«) wiederholt dargestellt wird. Nicht gezeigt wird eine Szene des Verhörs vor Cajetan, dafür aber die Disputation mit Eck in Leipzig, die der Film wiederum ausspart. Auf dem Plakat gibt es keinen Hinweis auf Luthers Haltung im Bauernkrieg, keinen Hinweis auf Luther als Prediger und Seelsorger. Die Ereignisse nach Luthers Heirat 1525 sind bis auf die Szene von Luthers Familienleben ausgespart. Nicht gezeigt wird die Reise nach Rom.

Mit Hilfe des Plakats können sich die S. zum einen klarmachen, welche Bedeutung Luther am Ende des 19. Jahrhunderts hatte. Zum andern können sie sich über ihre eigene Stellung zu Luther klar werden.

Technischer Hinweis: Das Plakat kann im Format DIN A 4 (farbig) als DZ abgerufen und den S. zur Verfügung gestellt werden. Als DZ findet sich das Plakat auch in 4 Teilen, die je in DIN A 4 ausgedruckt und zu einem großen Plakat zusammengefügt werden können, das in die Mitte der Gruppe auf den Boden gelegt oder an der Pinnwand oder Tafel aufgehängt werden kann.

Empfohlenes Vorgehen:

1. Schritt: Die S. überlegen, was sie heute an Luther beeindruckt. Sie können dazu das Arbeitsblatt **M 21/3** »Martin Luther heute« heranziehen. Sie ordnen die sechs genannten Punkte der Wichtigkeit nach.

2. Schritt: Aus allen Einzelergebnissen wird eine »Hitliste der Klasse« gebildet: Nr. 1 bekommt fünf Punkte, Nr. 2 vier Punkte usw. L. hält das Ergebnis an der Tafel fest, das Ergebnis wird im UG erörtert.

3. Schritt: Die S. betrachten nun das Plakat unter der Fragestellung: Welches Lutherbild wird hier vermittelt? — Antwort: Sein Mut, der ihn jeder Situation gewachsen sein lässt. Hier kann L. den Blick auf den Luther in der Mitte des Plakats lenken (Luther aus dem Lutherdenkmal von Worms). Aufrecht und mutig steht Luther da; die rechte Hand hält die Bibel, die rechte Faust fest auf der Bibel: »Er fühlt der Zeiten ungeheuren Bruch und fest umklammert er sein Bibelbuch...« (C.F. Meyer).

Die Frage kann erweitert werden: Welche Seiten Luthers waren für die Protestanten im Jahr 1883 wichtig? – Antwort: Sein Gottvertrauen, seine Frömmigkeit, sein Heldenmut. Dies können die S. aus den dargestellten Szenen und den zitierten Worten auf dem Plakat erheben. Falls der Lutherfilm von 2004 vorher angeschaut wurde, können die S. im Vergleich zum Film feststellen, welche Seiten Luthers auf dem Plakat nicht gezeigt werden.

4. Schritt: Die S. vergleichen ihre Ergebnisse mit dem Lutherplakat und stellen Übereinstimmungen und Unterschiede fest.

5. Schritt: Sie machen sich Gedanken für ein Luthergedenkblatt 2017 (500 Jahre Thesenanschlag). Sie wählen in GA Szenen, die sie auf ein heutiges Gedenkblatt bringen wollen, und erarbeiten dazu entsprechende Zeichnungen oder Comics. Sie können auch im Internet nach Lutherbildern suchen. Die Gedenkblätter werden im Klassenzimmer oder in der Schule ausgestellt.

Alternativer Einsatz des Plakats:

Das Plakat kann auch zur Erschließung des Films »Luther. Er veränderte die Welt für immer« eingesetzt werden und dann dazu beitragen, dass die S. den Film aufmerksamer anschauen.

Die S. analysieren die Bilder und Texte des Plakats, wählen eine Szene / einen Text aus und informieren sich über das dargestellte Geschehen genauer.

Die S. erhalten die Aufgabe, beim Betrachten des Films genau darauf zu achten, wo bzw. wie »ihre« Szene im Film dargestellt wird.

Im Anschluss an den Film berichten sie darüber im Plenum.

Baustein C

Martin Luther in ökumenischer Sicht

Materialien zu Baustein C

Dieser Baustein eignet sich besonders für die Sekundarstufe II bzw. die Erwachsenenbildung.

M 21/6 Martin Luther in ökumenischer Sicht (zwei Blätter): Hier geht es um die Übereinstimmungen und Unterschiede zwischen Katholiken und Protestanten heute. Es wird aufgezeigt, wie sich die Haltung der katholischen Kirche gegenüber Martin Luther im Lauf der Zeit verändert hat. Dazu finden sich auf dem AB **M 21/6** zwei Bilder und erläuternde Texte:

Bild 1: Luther mit dem Teufel im Bund
Der Holzschnitt ist das Titelblatt einer antilutherischen Schrift von Peter Sylvius aus dem Jahr 1535. Über dem Bild, das Luther und den Teufel im Bunde zeigt, steht: Luthers und Lutzbers eintrechtige Vereinigung ...
Und dem Bild findet sich der Reim: Hie ist kein spot noch leichtfertigkeit/sondern die ernste warheyt/Die allhie ist gnugsam erklert/Und mit der Götlichen schrifft bewert.

Bild 2: Die **Collage** von 1983 zeigt Papst Papst Johannes Paul II. und Luther, die sich vor einem gespaltenen Kreuz die Hand reichen.

Die Texte »Eine neue Sicht« und »Bleibende Unterschiede« beschreiben zunächst die Entwicklung von einer eindeutigen Gegnerschaft zwischen Katholiken und Protestanten zu gegenseitigem Verstehen in der Neuzeit. Sie benennen dann die nach wie vor bestehenden Unterschiede.

Empfohlenes Vorgehen:

1. Schritt: Die S. betrachten die zwei Bilder und tauschen sich über deren Aussagen aus.

2. Schritt: Sie lesen den Text zu den Bildern und »Bleibende Unterschiede«.

3. Schritt: Die S. befragen evangelische und katholische Christen zu ihrer Haltung zu Luther und den Hindernissen für eine engere Zusammenarbeit zwischen den Konfessionen. Wie können diese überwunden werden?

1. Luther als Mönch

2. Luthers Teufelsküche

3. Luther mit »Heiligenschein«

4. Die Wittenbergisch Nachtigall

5. Der siebenköpfige Luther

6. Luther 1533

7. Luther als Evangelist Matthäus

8. Luther, des Teufels Dudelsack

9. Luther am Ende seines Lebens

10. Luther als Prediger der reinen Lehre

11. Luther als religiöser Befreier

12. Luther in der Orthodoxie

13. Luther im Pietismus

14. Luther als Aufklärer

15. Luther als »teutscher Mann«

17. Luther als Familienvater (Weihnachten)

16. Luther in der Romantik

18. Luther als Persönlichkeit

19. Lutherdenkmal

20. Gedenkmedaille 1917

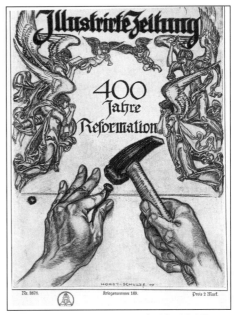

21. Luther-Zeitschrift 1917

22. Ernst Barlach, Luther

24. Luther in der DDR

25. »Martin Luther inwendig voller Figur«

23. Luther im Dritten Reich

26. Martin Luther 1983

27. 800 Mal Luther: »Hier stehe ich!«

M 21/2 Das Lutherbild im Wandel der Zeit: Texte (1)

Lutherdarstellungen im 16. Jahrhundert

1. Luther als Mönch

1520 stellt der Wittenberger Maler Lucas Cranach d. Ä. in seinem Kupferstich Luther als Mönch dar, äußerlich erkennbar an Kutte und Tonsur. Cranach hat Luther mehrfach porträtiert, so dass wir uns ein einigermaßen authentisches Bild von Luthers Aussehen in seinen verschiedenen Lebensphasen machen können. In diesem frühen Kupferstich wird vor allem das »Asketisch-Harte« des Mönchs Martin Luther herausgestellt.

2. Luthers Teufelsküche

Das Flugblatt (um 1520) hat den Titel »Luthers Ketzerspiel«. Von einem »altgläubigen« unbekannten Holzschneider und Textverfasser wird gezeigt, wie Luther im Pakt mit dem Teufel in der Giftküche der Hölle ein dampfendes Mahl zubereitet. Die giftigen Düfte, die aus dem Topf emporsteigen, zeigen, was Luther anrichtet:
Falschheit, Unglaube, Neid, Hoffart, Ärgernis, Aufruhr, Verachtung, Hochmut, Lügen, Ungehorsam, Verirrung, Ketzerei.
Auf Luthers Schulter sitzt ein schwarzer Rabe als Unglücksbote, ein Gegenbild zur Wittenbergischen Nachtigall.
Die Texte auf den Dämpfen, die aus dem Kessel aufsteigen lauten (von links nach rechts):
Falsch(heit) — Unglaub(e) — Neyd Hoffart — Ergernuß Auffrur — ? ? — Lügen Ungehorsam — Verwirrung Ketzerey — Gotzlästerung Unkeusch(heit) — Lügen Ungehorsam — Verwirrung Ketzerey — Gotzlästrung Unkeusch(heit) — Fleichlich(e) freiheit — Zerrüttung — Untreu(e).

3. Luther mit »Heiligenschein«

Der Holzschnitt stammt von dem bekannten Künstler Hans Baldung Grien, der sich in Straßburg früh der evangelischen Bewegung anschloss. Grien gestaltete einen Holzschnitt von Lukas Cranach um. Die Inschrift oben lautet: »Martin Luther, ein Diener Jesu Christi und ein Wiederaufrichter christlicher Lehre«. Grien veränderte das Cranachporträt durch den betonten Himmelsblick des Reformators und durch das bewusste Hindeuten Luthers auf die Bibel in seiner Linken, auf die er mit seiner rechten Hand argumentierend hindeutet. Vor allem aber versah er den Reformator mit einer Lichtglorie und der Taube des Heiligen Geistes. Damit zeichnet Hans Baldung Grien Luther als einen von Gott auserwählten und mit dem Geist begabten Ausleger der Heiligen Schrift. Das Bild spielte eine große Rolle im publizistischen Kampf der Reformationszeit.

4. Die Wittenbergisch Nachtigall

Während Luther in der Bannandrohungsbulle vom Papst mit einem wilden Eber verglichen wird, der den Weinberg des Herrn verwüstet, preist ihn der Nürnberger Meistersänger Hans Sachs 1523 als »Wittenbergische Nachtigall, die man jetzt höret überall« (zu sehen ist hier die Titelillustration des Erstdrucks von 1523). Die Nachtigall erhebt ihre Stimme für das reine Evangelium. Auf dem Holzschnitt erkennt man links die in die Irre geführten Schafe. Die übrigen Tiere wie Löwe, Waldesel und Schlangen stellen die Drohungen der Menschen dar, die sich gegen Luther und seine Lehre wenden.
Auszug aus dem Text von Hans Sachs, aus dem die Bedeutung der verschiedenen Tiere deutlich wird:

Wacht auff es nahet gen dem tag
Jch hör singen im grünen hag
Ein wunnigkliche Nachtigall
Jr stymm durchklinget berg vnd tall

Ein längerer Textausschnitt findet sich als DZ.

5. Der siebenköpfige Luther

Der Verklärung Luthers als evangelischer »Heiliger« stehen auf katholischer Seite Darstellungen Luthers gegenüber, die ihn verteufeln. Auf diesem Holzschnitt von 1529 wird der Reformator in Anlehnung an das antigöttliche siebenköpfige Tier in der Apokalypse (Offb 13,2) dargestellt. Luther erscheint als Inbegriff des Bösen.
Der Holzschnitt des Nürnberger Künstlers Hans Brosamer bildet den Titel der Schrift »Martin Luther Siebenkopf« (Leipzig 1529), in der Luther als Irrlehrer in zahlreichen Rollen mit zahlreichen Widersprüchen dargestellt wird. Die Überschrift lautet: »Sieben Köpfe Martin Luthers. Vom hochheiligen Altarsakrament durch Doktor Johannes Cochläus.« Cochläus war einer der Wortführer der altkirchlichen Opposition gegen Luther. Der Körper Luthers ist der eines Mönchs. Luther ist (von links): der **Doktor** mit Hut, der Mönch

Martin, der ungläubige **Luther** (dargestellt als Türkenkopf), der **Ecclesiast** (= Prediger) mit Priesterbarett. Der **Schwirmer** (= Schwärmer), ein von Hornissen und Wespen umschwärmter Kopf, der (tollpatschige) **Visitierer** (Visitation ist Aufgabe des Bischofs) als Hohn auf den antipäpstlichen Kirchenführer, als **Barrabas**, der anstelle Jesu freigelassene Räuber (womit auf den Anstifter der Bauernerhebungen abgehoben wird). Mit diesem letzten »Kopf« wird Luther als Krimineller und Anführer der aufrührerischen Bauern diffamiert.

6. Luther 1533

Cranachs (d.Ä.) Bild von 1533 zeigt den 50-jährigen Luther als gereifte Persönlichkeit, deren Urteil überall gefragt ist.

7. Luther als Evangelist Matthäus

Der Holzschnitt von Lucas Cranach d.Ä. in einer Ausgabe des Neuen Testaments 1530, gedruckt bei Hans Lufft, zeigt Luther als göttlich inspirierten Evangelisten Matthäus. Ähnlich wie bei Hans Baldung Grien weist die Taube des Heiligen Geistes auf die Geistbegabung des Reformators. Dieser wird nun aber nicht mehr als Mönch und Lehrer gezeigt, sondern als gelehrter Bibelübersetzer.

8. Luther, des Teufels Dudelsack

Dargestellt ist auf dem Holzschnitt von Erhard Schön um 1530 ein als Mönchskopf ausgestalteter Dudelsack, der über der zähnefletschenden Maske des Teufelsbauchs aufliegt. Beabsichtigt ist die Verbindung von Mönch und Teufel zu einem einzigen zweiköpfigen Monstrum. Interessanterweise wurde die Satire als Verspottung des Mönchswesens und als bösartige Lutherkarikatur verstanden. Ursprünglich hatte sie wohl einen antirömischen Akzent.

Der Text rechts unten lautet:
Vor zeytten pfiff ich hin und her
Aus solchen Pfeiffen dicht und mer
Vil Fabel Trewm und Fanthasey
Ist yetzundt auß und gar entzwey
Das ist mir leyd auch schwer und bang
Dochh hoff ich es wer auch nit lang
Die weyl die welt so fürwitz ist
Sündtlich dückisch vol arger list.

9. Luther am Ende seines Lebens

Die Zeichnung eines Lutherschülers (Famulus) mit Namen Reifenstein von 1545 zeigt einen ernsten aber entschlossenen Luther in seinen letzten Lebensjahren. Der von Philipp Melanchthon hinzugefügte lateinische Text lautet übersetzt: »Lebend war deine Pest ich, o Papst, und sterbend werde dein Tod ich sein. — Im Jahre 1546 im Alter von 63 Jahren, am Beginn seines 64. Lebensjahres, starb er am 18. Februar nachts zwischen 2 und 3 Uhr. Am 22. desselben Monats wurde er in Wittenberg in der Schlosskirche begraben. Er ist tot — dennoch lebt er!«

10. Luther als Prediger der reinen Lehre

Auf diesem Holzschnitt von Lucas Cranach d.J. (1546) wird Luther als Verkünder der reinen Lehre dargestellt. In der Bildmitte steht der aufrechte Luther auf der mit den Evangelistensymbolen geschmückten Kanzel, vor ihm die aufgeschlagene Bibel. Mit der erhobenen rechten Hand weist er auf den gekreuzigten Christus (»solus Christus«). Unter dem Kreuz und unter der Kanzel empfangen die Evangelischen das Abendmahl in beiderlei Gestalt.
Mit seiner gesenkten Linken weist Luther auf den Untergang der katholischen Hierarchie, die vom Höllenrachen verschlungen wird.
Das Bild weist auf wesentliche Unterschiede zwischen der »altgläubigen« und der lutherischen Lehre hin:
• statt der Vermittlerrolle der Kirche die aufgeschlagene Bibel als Wort Gottes;
• der Hinweis auf Christi Heilstat als alleiniger Grund des Heils;
• die Austeilung des Abendmahls in beiderlei Gestalt.

11. Luther als religiöser Befreier

Für viele Künstler bereits des 16. Jahrhunderts ist das Äußere von Martin Luther nicht entscheidend. Ihnen kommt es auf seine Bedeutung an. Der Holzschnitt auf einem Flugblatt von 1524 trägt die Überschrift: »Herausführung der Christgläubigen aus der ägyptischen Finsternis menschlicher Lehre in das gnadenreiche Licht des heiligen Evangeliums göttlicher Lehre und Wahrheit«.

Dargestellt ist, wie Luther das Volk aus der Finsternis der alten Kirche herausführt zur wahren Gottesverehrung am Kreuz. Drei Herrschergestalten wenden sich weg von Luther, ins Dunkel. Dafür wird im Text der Papst mit Tiara verantwortlich gemacht. Er ist umgeben von den Luthergegnern wie Eck u.a., die mit Tiermasken dargestellt werden.

Spätere Lutherdarstellungen

12. Luther in der Orthodoxie

Das Bild zeigt Martin Luther als orthodoxen Kirchenvater, nach einem Stich von J.M. Berningeroth (1747). Für spätere Generationen lutherischer Theologen war Luther der Maßstab der rechten evangelischen Lehre. Die Unterschrift unter diesem Kupferstich lautet: »D. Martin Luther, der vortreffliche Schöpfer der völlig gereinigten Religion«.

Für die altprotestantische Orthodoxie war Luther vor allem der einzigartige Lehrer der Kirche, ihm kam beinahe die Autorität des unfehlbaren Lehramts zu, die man doch dem Papst bestritt. »Für die Lutheraner stand es unumstößlich fest, dass Luther von Gott zur Reformation der Kirche berufen worden sei.« (Lohse 1982, 213). Luther wurde zur einsamen geistlichen Größe, sein Bild erstarrte zum steinernen Denkmal. Der Stich von Bernigeroth hält sich an eine Vorlage von Lucas Cranach (vgl. die Jahreszahl 1523). Die Theologen der Orthodoxie glaubten, in ihrem eigenen Lutherbild den authentischen Luther des 16. Jahrhunderts vor sich zu haben.

13. Luther als Pietist

Der Pietismus war an der persönlichen Frömmigkeit Luthers interessiert. So tritt er uns in diesem Kupferstich von G.A.Gründler (1742) als geistlicher Hausvater entgegen. Darauf weisen der milde Gesichtsausdruck und die aufgeschlagene Bibel hin.

14. Luther als Aufklärer

Die Aufklärung betonte vor allem Luthers geistigen Freiheitskampf gegen die mittelalterliche Kirche. Luther ist hier der Anwalt von gesundem Menschenverstand und Gewissensfreiheit gegen Autoritätszwang und Aberglauben. Auf dem Kupferstich des 18. Jahrhunderts von J.M. Preißler ist er als klarer Denker und Weltmann dargestellt

15. Luther als »teutscher Mann«

Das Bild ist ein Stich von 1817 von L. E. Grimm. Hans Preuß (Lutherbildnisse, Leipzig um 1920, S. 18) beschreibt dieses Bild so: »Hier haben wir den teutschen Mann, dem der Sturm der Befreiungskriege in den Haaren wühlt. Die fehlende Rasur von Kinn und Wange zeigt den freien, urwüchsigen Naturmenschen im Sinne Jahns. Der Zeichner, L. E. Grimm, ein Bruder der beiden Germanisten, hat sich an den Freiheitskämpfen beteiligt.«

Im 19. Jahrhundert wird vor allem die nationale Seite Luthers herausgestellt. Das beginnt mit dem nationalen Aufbruch der Befreiungskriege gegen Napoleon 1813-1815. Luther wurde als nationaler Freiheitsheld in seiner Auflehnung gegen die »römische« Fremdherrschaft, seinem Bemühen um die deutsche Sprache, seiner Liebe zur Nation verstanden, die Reformation als Vorstufe zu den Befreiungskriegen.

Später haben Nationalsozialisten und Deutsche Christen in der Zeit des Dritten Reiches Luther vor ihren chauvinistischen Karren gespannt. Das wurde besonders deutlich beim Lutherjubiläum 1933.

16. Luther in der Romantik

Der Holzschnitt (1840) von Ludwig Richter, dem bekannten volkstümlichen Zeichner und Maler der Zeit der Romantik, hebt vor allem Luthers fromme Innerlichkeit hervor. Die Darstellung diente zu Beginn des 20. Jahrhunderts häufig als Motiv auf Konfirmandenschmuckblättern.

17. Luther als Familienvater

Das 19. Jahrhundert stellte Luther gerne als gemütvollen Vater im Kreise seiner Familie dar.

Dieser Stahlstich von C.A. Schwerdgeburth aus dem Jahr 1843 zeigt Luthers Familie unterm Weihnachtsbaum. Der mit Kerzen und anderem Christbaumschmuck geschmückte Christbaum steht auf einem Tisch, auf dem sich Geschenke befinden.Vor dem Tisch sitzt der Familienvater Luther mit einer sogenannten

Knickhalslaute in der Hand; hinter ihm seine Ehefrau Käthe mit einem Kind auf dem Schoß und einem weiteren Kind zu ihren Füßen. Hinter ihr steht Philipp Melanchthon. Auf der anderen Seite des Tisches zwei etwas größere Kinder und ein weiterer Freund des Hauses (?). Links im Bild vor dem Kachelofen sitzt Muhme Lene (Tante Katharinas), zu ihren Füßen eine Katze. An diesem Stahlstich sieht man sehr deutlich, wie man Luther ins 19. Jahrhundert versetzt hat: Der Reformator hat mit Sicherheit mit seiner Familie nicht Weihnachten unter dem geschmückten Christbaum gefeiert.
»Seit etwa 1800 war der geschmückte Weihnachtsbaum in den gehobenen Bürgerhäusern von Zürich, München, Wien und Siebenbürgen zu finden. Er galt zunächst als protestantisch, bis er auch von den Katholiken allmählich übernommen wurde.« (Wikipedia)
Im 19. Jahrhundert dann verbreitete sich der Christbaum von Deutschland aus über die ganze Welt.

18. Luther als Persönlichkeit
Karl Bauer stellt in diesem Farbendruck von 1903 Luther vor allem als Persönlichkeit dar, als Mensch, der in Auseinandersetzung mit Umwelt und Schicksal seine Anlagen ausbildet und dadurch eine besondere Eigenart und Selbständigkeit erlangt.

19. Lutherdenkmal
Im 19. Jahrhundert wurden viele Luther-Denkmäler errichtet. Das älteste wurde 1821 nach dem Entwurf von Johann Gottfried Schadow auf dem Marktplatz von Wittenberg aufgestellt. Am bekanntesten ist wohl das Wormser Reformationsdenkmal von 1860. In der »Festnummer der Illustrierten Zeitung« zum 400. Geburtstag Luthers 1883 ist der Luther des Wormser Denkmals abgebildet. Er wird hier als kämpferischer Gottesmann gezeigt, der die Bibel gleichsam als Waffe fest umklammert.

20. Gedenkmedaille 1917
Die Sicht Luthers als deutscher Held gewann erneut während des Ersten Weltkriegs an Bedeutung. In Reden und Predigten wurde Luther als nationaler Held und und Kämpfer gegen Tod und Teufel beschworen, so auch auf dieser Gedenkmedaille aus dem Kriegsjahr 1917, die zum »Durchhalten« ermutigen will. Sie erinnert auf der Vorderseite an den kämpferischen, furchtlosen »Dr. MARTIN LUTHER«. Unter dem Bild Luthers steht: »GEPRÄGT IM KRIEGSJAHR 1917«. Der umlaufende Text lautet: »EIN FESTE BURG IST UNSER GOTT, EIN GUTE WEHR UND WAFFEN.« Auf der Rückseite ist der Erzengel Michael als gepanzerter Kämpfer mit erhobenem Schwert und Schild, auf dem sich ein Kreuz befindet, abgebildet. Er tritt den Teufel unter seine Füße. Neben Michael findet sich die Jahreszahl 1517 als Erinnerung an den Thesenanschlag. Der umlaufende Text lautet: »UND WENN DIE WELT VOLL TEUFEL WÄR«.

21. Luther-Zeitschrift 1917
Ebenfalls zum Jubiläumsjahr 1917 erschien eine Sondernummer der »Illustrierten Zeitung«, die mit dem Titelbild an die große »Freiheitstat« Luthers, den Thesenanschlag, erinnert.

22. Ernst Barlach, Luther
Die Lithografie von Barlach aus dem Kriegsjahr 1915 zeigt die hässliche Seite des Krieges. Der Teufel weist Luther grinsend auf eine Vergewaltigungsszene hin. Möglicherweise protestiert Barlach damit gegen die Vereinnahmung Luthers für den Krieg.
Eine andere Deutung: »Barlachs Luther beachtet den Teufel nicht, er widersteht dem Versucher, der ihn in die weltlichen Händel verstricken möchte. Stimmt dieser Deutungsvorschlag, dann bezöge sich das Luther-Wort des Titels (Und wenn die Welt voll Teufel wär) auf die Abschirmung des Glaubens von der Welt, dann wäre Gott eine ›feste Burg‹ außerhalb der weltlichen Anfechtungen. Und dann entspräche Barlachs Aussage dem Rat, den Luther in seiner Predigt über die Versuchungen Christi gibt: der Christ ›bleibe einfältig bei dem Wort im rechten Vertrauen und Glauben‹« (Luther und die Folgen für die Kunst, S. 587)
Die Lutherlithographie von Ernst Barlach findet sich in der »Kriegszeit«, einer Zeitschrift mit Orignallithographien. Sie erschien mit Kriegsbeginn 1914 jeweils 14-tägig und vereinte in ihren Heften fast alle bedeutenden Künstler der Zeit. Die letzte Ausgabe erschien im März 1916, angesichts der grausamen Materialschlachten und der hohen Verluste an Menschenleben verstummten die Künstler.
Insgesamt erschienen in der »Kriegszeit« sieben Lithographien von Barlach, von denen eine heute sehr kritisch gesehen wird; sie trägt den Titel »erst Sieg, denn Frieden« und erschien in der Ausgabe Nr. 20 vom 30. Dez 1914. Die übrigen Blätter Barlachs spiegeln den Zwiespalt des Humanisten und Patrioten Barlach wider. Das Lutherblatt erschien am 1. Juli 1915 (Nr. 46).

23. Luther im Dritten Reich

Im Gefolge der Feiern zum 450. Geburtstag Luthers 1933 wurde der Reformator von den Nazis in ihrem Sinne instrumentalisiert. Gerne wurde Hitler als der größte Deutsche bezeichnet, der mit Luther auf eine Stufe gestellt werden könne. Das Bild zeigt die zum 450. Geburtstag Luthers geprägte Fünf-Mark-Münze. Ganz im Sinne der Nazis stellte der Erlanger Lutherforscher Hans Preuß in der Evangelisch-Lutherischen Kirchenzeitung von 1933 fest: »Dass die deutschen Führer Luther und Hitler zusammengehören, ist schon des öfteren gesagt worden. So hat z. B. General Litzmann in einer nationalsozialistischen Volksversammlung in Wolfenbüttel kurz vor dem Siege der Bewegung im Januar 1933 Hitler den größten Deutschen der Gegenwart genannt, der nur noch mit Luther verglichen werden könnte, und im Rahmen der Eislebener Lutherwoche im August dieses Jahres erklärte der preußische Kultusminister Rust: ›Ich denke, die Stunde ist vorüber, wo man Luther und Hitler nicht in einem Atem nennen durfte. Sie gehören zusammen; sie sind vom selben deutschen echten Schrot und Korn!‹ ... darin sind doch Luther und Hitler eins, dass sie deutsche Führer sind, dass sich beide zur Errettung ihres Volkes berufen wissen.«

24. Luther in der DDR

In der DDR wurde Luther im Gegensatz zu Müntzer anfangs recht negativ beurteilt. Er galt vor allem wegen seiner Haltung im Bauernkrieg als Fürstenknecht und Feind der Freiheit.

Im Zusammenhang mit dem Lutherjubiläum 1983 änderte sich die Sicht: Martin Luthers Reformation wurde als Teil der deutschen frühbürgerlichen Revolution gewürdigt. Das Bild zeigt einen Ausschnitt aus Werner Tübkes riesigem Panoramabild von 1986 zum Bauernkrieg. Luther wird im Kreis wichtiger Persönlichkeiten des 16. Jahrhunderts dargestellt, die den grundlegenden Umbruch der damaligen Zeit verkörpern. Flankiert wird er von Albrecht Dürer und Lucas Cranach d.Ä. (vgl. Tübke 1989).

25. »Martin Luther inwendig voller Figur«

In der Bundesrepublik entstand zu Luthers 500. Geburtstag 1983 eine Fülle von Bildern, die geprägt sind von der individuellen Sicht des einzelnen Künstlers. Das vorliegende Bild von Michael Mathis Prechtl trägt den Titel »Martin Luther inwendig voller Figur«. Das vertraut wirkende Lutherbild zeigt in der Kleidung Luthers das Kreuz. In Luther wird der Widerstreit der damaligen Mächte sichtbar: links die aufständischen Bauern, rechts die Fürstenheere.

26. Martin Luther 1983

Diese Farbradierung stammt von dem Stuttgarter Künstler Simon Dittrich. Die Figur Martin Luthers dominiert das Bild. In seiner linken Hand hält er die Bibel, sie weist auf das »sola scriptura«(allein die Schrift). In seiner Rechten hält er den Abendmahlskelch, was darauf hinweist, dass Luther Wert darauf legte, dass das Abendmahl den Gläubigen in »beiderlei Gestalt« (Brot und Wein) gereicht wird.

Unter dem Abendmahlskelch sieht man ein Haus, das sich augenscheinlich im Aufbau befindet. Wort und Sakrament sind die Wesensmerkmale der sich im Aufbau befindenden Evangelischen Kirche. Am rechten unteren Bildrand steht der Papst, erkennbar an der Tiara, der Papstkrone, hinter ihm das »brennende Haus« der (römischen) Kirche. Der Papst hält einen Packen ungeordneter Zettel in der Hand, die ihm der Tod (links unten) aus der Hand zu reißen sucht: ein Hinweis auf die Ablassbriefe, deren Sinn durch Luther erschüttert wurde.

27. 800 Mal Luther: »Hier stehe ich!«

Das Bild zeigt den Marktplatz von Wittenberg mit der Stadtkirche im Hintergrund. Davor eine große Zahl von farbigen Mini-Lutherstatuen. Normalerweise stehen auf dem Marktplatz von Wittenberg die Standbilder von Melanchthon (1865) und Luther (1821). Beide Statuen waren 2010 zur Restaurierung nch Berlin verbracht worden. Der Nürnberger Aktionskünstler Otmar Hörl startete daraufhin in Absprache mit mit der Stadt Wittenberg und dem Beauftragten des Rates der EKD Stephan Dogerloh sein Kunstprojekt »Hier stehe ich«.

800 Mini-Lutherstatuen, exakte Nachbildungen des Wittenberger Lutherstandbilds, bevölkerten von Mitte August bis Mitte September 2010 den Marktplatz von Wittenberg. Hörl hat damit Luther sozusagen vom Podest heruntergeholt und ihn unters Volk gebracht. Nach dem Abbau der Installation konnten die Mini-Luther käuflich erworben werden. Auf diese Weise bringen sie auch weiterhin in Gärten und Häusern, in Kirchen und Schulen und Museen Luthers Botschaft unters Volk.

M 21/3 Martin Luther heute

	Was hältst du an Martin Luther für besonders wichtig?	Meine Reihenfolge	Meine Punktzahl
1.	Mit seiner genialen Bibelübersetzung hat Luther den entscheidenden Anstoß zur Entstehung der heutigen deutschen Sprache gegeben.		
2.	Luther macht deutlich: Gegen sein Gewissen darf kein Mensch zu etwas gezwungen werden.		
3.	Für Luther ist ein Christ frei und gebunden zugleich: In Glaubensfragen ist er frei und nur seinem Gewissen verantwortlich. Im Handeln gegenüber seinen Mitmenschen ist er an den Maßstab der Liebe gebunden.		
4.	Martin Luther war mutig und blieb auch standhaft, wenn es gefährlich für ihn wurde.		
5.	Luther predigte die Rechtfertigung durch Gott: Nicht wer »gute Werke« tut, lebt so wie Gott es will, sondern wer Gott vertraut.		
6.	Martin Luther hat durch seine Heirat mit Katharina von Bora das evangelische Pfarrhaus begründet.		

Aufbau des Plakats

Text: Luther schlägt die 95 Thesen an die Schlosskirche zu Witteberg den 31. Okt. 1517 Bild: Der Thesenanschlag	Ein feste Burg ist unser Gott! Des Gerechten wird nimmer vergessen, Psalm 112,6. Darunter Bild: Lutherporträt	Text: Luthers Disputation zu Leipzig mit Dr. Eck im Jahr 1519 Bild: Die Leipziger Disputation
Text unter dem Bild: Es wäre besser armen Leuten Almosen geben, denn solche ungewisse Gnade um Geld kaufen So halten wir es nun, dass der Mensch gerecht werde ohne des Gesetzes Werke allein durch den Glauben. Röm 3,28 Das Wort sie sollen lassen stahn.	Lutherbild des Wormser Denkmals 1483 1883 LUTHERDENKMAL Bild Lutherrose	Texte unter dem Bild: Ich glaube weder dem Papst noch den Concilien allein, weil es am Tage ist, dass sie oft geirrt haben. Wer recht handelt und lehrt, fleucht und scheut's Licht nicht und gibt gern Rechenschaft seines Glaubens. Ich glaube, darum rede ich, werde aber sehr geplaget. Ps. 116,10
Eisleben Bild Eisleben Bild Verbrennung der Bulle Weil du den Heiligen des Herrn betrübet hast, betrübe und verzehre dich das ewige Feuer Text rechts neben dem Bild: Luther verbrennt die päpstliche Bulle 10. Dez. 1520	IN WORMS Bild Savanarola Bild Hus Abendmahlskelch	Wartburg Bild Wartburg Bild: Luther als Bibelübersetzer Luther übersetzt die heilige Schrift Text links neben dem Bild: Dieses Buch muss aller Menschen Zungen, Augen, Ohren und Herzen erfüllen
Luthers Heirat Bild: Trauung Luthers Text: Es ist mir gottlob wohlgerathen, denn ich habe ein fromm, getreu Weib.	Hier stehe ich, ich kann nicht anders. Gott helfe mir, Amen! Bild: Luther vor dem Reichstag in Worms Luther auf dem Reichstag zu Worms 17. – 18. April 1521 Darunter: Wer mich bekennet vor den Menschen, den will Ich bekennen vor meinem himmlischen Vater. Matth. 10,12	Luthers Familienleben Bild: Luther im Kreis seiner Familie musizierend Ich wollte mich meiner geringen Musika nicht um ein Großes begeben. Die Jugend soll man stets zu dieser Kunst gewöhnen.
Lith von Ernst Kaufmann, Lahr(Baden) Zur Erinnerung an die 400 jährige Jubelfeier der Geburt Dr. Martin Luthers 1483 – 10. November – 1883		

M 21/6 Martin Luther in ökumenischer Sicht (1)

Die Haltung der katholischen Kirche gegenüber Martin Luther hat sich im Lauf der Zeit verändert. Vergleichen Sie dazu Bild 1 und 2.

Bild 1: Luther mit dem Teufel im Bund, 1535

Bild 2: Papst Johannes Paul II. und Luther, 1983 (Collage)

Das katholische Bild von Martin Luther war lange Zeit außerordentlich negativ. Das Bild von 1535 zeigt ihn im Bund mit dem Teufel.

Eine neue Sicht Martin Luthers wurde mit dem katholischen Lutherforscher Joseph Lortz (1887–1975) eingeleitet. Er beschrieb Luther so: »Das Wichtigste ist hier: er war wesentlich ein ›homo religiosus‹. Er gehörte zu den großen Betern. Er steht in der Reihe der machtvollen prophetischen christlichen Verkündiger. – Und: er wollte keineswegs eine neue Kirche gründen. Sein Anliegen war, ein gereinigtes Christentum in der einen alten katholischen Kirche zu verwirklichen. Dies ist der Auftrag, der uns von ihm überkommen ist « (nach Gutschera/Thierfelder 1976, 154). Die Thesen von Lortz stießen auf Widerstand in der katholischen Kirche, wirkten aber weiter in Richtung auf eine Revision des katholischen Lutherbildes. So konnte zum Lutherjubiläum 1983 die abgebildete Collage entstehen.
Repräsentativ für das heutige katholische Lutherbild ist wohl eine Äußerung des ehemaligen Vorsitzenden der Deutschen Bischofskonferenz, Kardinal Lehmann:
»Martin Luther war zweifellos wie manche andere ein prophetischer Reformer in der Kirche. Er hatte eine große Leidenschaft für die Reinerhaltung der Botschaft Gottes an die Menschen und protestierte heftig gegen Missbräuche und Entstellungen in der Kirche seiner Zeit. Seine Bibelübersetzung ist die große Leistung, die er für immer für uns hinterlassen hat. Der katholische Christ kann jedoch nicht daran vorbeigehen, dass Martin Luther entgegen seiner ursprünglichen Absicht die große Kirchenspaltung nicht vermeiden konnte. Insofern ist er, auch durch die von ihm ausgesprochenen Verurteilungen (z.B. der Papst als Antichrist), zum Stein des Anstoßes geworden. Es gibt in der intensiven ökumenischen Arbeit besonders der letzten Jahrzehnte jedoch ernsthafte Bemühungen, bisherige Hindernisse nach Möglichkeit zu überwinden. Dies ist z.B. in der zentralen Rechtfertigungsbotschaft gelungen (vgl. Vereinbarung vom 31. Oktober 1999 in Augsburg).
Daran müssen wir intensiv weiterarbeiten. Dann könnte Martin Luther für alle Kirchen, gewiss nicht in allen Fragen zwischen den Kirchen, aber für das Verständnis der grundlegenden Botschaft Jesu Christi, ›unser gemeinsamer Lehrer‹ (Kardinal Jan Willebrands) werden.« (Zitat nach DVD educativ: Luther. Er veränderte die Welt für immer, 2004, Infoblatt zu Extra 14,2)

M 21/6 Martin Luther in ökumenischer Sicht (2)

Bleibende Unterschiede

Vor allem das 2. Vatikanische Konzil (1962-1965) bedeutete eine ökumenische Öffnung. Seit einigen Jahrzehnten führen Lutheraner und Katholiken intensive Lehrgespräche über die Gegensätze in der Lehre. In vielen Dingen ist man sich näher gekommen. Unterschiedliche Positionen werden vor allem an drei Punkten vertreten.

1. Wort und Sakrament

In der katholischen Kirche gibt es sieben Sakramente (Taufe, Eucharistie, Firmung, Buße, Krankensalbung, Priesterweihe und die Ehe). Sakramente sind wirksame Gnadenmittel, die dem Gläubigen kraft des Ritus die Gnade Gottes vermitteln. Die Sakramentenspendung wird vielfach höher eingeschätzt als die Wortverkündigung.
In der evangelischen Kirche sind Wort und Sakrament Formen der Verkündigung, in denen Gottes Gnade zugesprochen und im Glauben angenommen wird. Ein Sakrament ist für lutherische Christen ein Zeichen, das Christus selbst eingesetzt hat und das mit der Zusage der Sündenvergebung verbunden ist. Die evangelische Kirche erkennt als Sakramente nur Taufe und Abendmahl (Eucharistie) an.

2. Abendmahlsgemeinschaft und Amt

Die katholische Kirche besteht darauf, dass die Eucharistie / das Abendmahl nicht mit den Protestanten zusammen gefeiert werden kann. Als Grund wird einmal das unterschiedliche Abendmahlsverständnis genannt. In der Eucharistie z. B. werden nach katholischer Auffassung Brot und Wein wesensmäßig in Leib und Blut Christi verwandelt. Für lutherische Christen gilt die Realpräsenz, d.h. »in, mit und unter Brot und Wein« ist Christi Leib und Blut zu finden. Es findet keine Wandlung statt, die über den Abendmahlsgottesdienst hinaus Bestand hat. Ein weiterer Grund ist, dass die katholische Kirche evangelische Pfarrer nicht als vollgültige Amtsträger ansieht. Evangelische Pfarrer stehen nicht in der durch die katholischen Bischöfe vermittelten Nachfolge der Apostel und sind darum nicht richtig geweiht. Der geweihte Priester ist zum Zölibat verpflichtet. Nur Männer können Priester werden. Nur der Priester repräsentiert bei der Eucharistie Jesus Christus.
Unterschiede gibt es auch im Verständnis des Papstamtes. Dass die Worte, die Christus dem Petrus sagte (Mt 16,18f), auch dem Papst als Nachfolger des Petrus gelten sollen, können Protestanten nicht anerkennen. Dass der Papst unfehlbar ist, wenn er ex cathedra spricht, d.h. wenn er als oberster Hirt und Lehrer aller katholischen Christen einen bestimmten Satz aus dem Bereich der Glaubens- oder Sittenlehre der ganzen Kirche anzuerkennen vorschreibt, können sie ebenfalls nicht akzeptieren. Keiner irdischen Instanz kann Unfehlbarkeit zuerkannt werden. Wohl aber gibt es Protestanten, die sich vorstellen können, dass der Papst einmal die Einheit der Kirche repräsentiere.

3. Marien- und Heiligenverehrung

In der katholischen Kirche werden Maria und die anderen Heiligen besonders verehrt. Das sind Menschen, die ein besonders vorbildliches Leben geführt haben und bei denen nachgewiesen werden kann, dass Gott durch sie Wunder gewirkt hat. Heilige können angerufen werden, um bei Christus fürbittend für die Gläubigen einzutreten. Auch Protestanten kennen Menschen, die Vorbilder für den Glauben sind. Im Augsburgischen Bekenntnis heißt es: »Vom Heiligendienst lehren wir, dass man der Heiligen gedenken soll, auf dass wir unseren Glauben stärken, wenn wir sehen, wie ihnen Gnade widerfahren und wie ihnen durch den Glauben geholfen ist; auch soll man an ihren guten Werken sich ein Beispiel nehmen, ein jeder nach seinem Beruf ... . Durch die Schrift aber kann man nicht beweisen, dass man die Heiligen anrufen oder Hilfe bei ihnen suchen soll. ›Denn es gibt nur einen einzigen Versöhner und Mittler zwischen Gott und den Menschen, Jesus Christus‹ (1. Tim2).«
Auch Maria können evangelische Christen als Vorbild für den Glauben ansehen. Nicht akzeptieren können sie hingegen die katholischen Mariendogmen, nach denen Maria von der Erbsünde ausgenommen war (Dogma von der Unbefleckten Empfängnis, 1854) und nach ihrem Tod leibhaftig in den Himmel aufgenommen wurde (Dogma von 1950). Diese Dogmen haben nach evangelischer Auffassung keinen Anhaltspunkt in der Heiligen Schrift, ja sie widersprechen ihr, weil nach der Heiligen Schrift alle Menschen Sünder sind.

Es bleiben also Unterschiede zwischen Evangelischen und Katholiken. Sicher aber hat der katholische Theologe Hans Küng recht, wenn er schreibt, dass das, »was Katholiken und Evangelische als Christen eint, ... unendlich viel größer (ist) als das was sie — leider auch sehr fühlbar – trennt.«

Aufgaben:

- Befragen Sie katholische und evangelische Christen:
  — Was halten Sie von Martin Luther?
  — Gibt es Hindernisse für eine engere Zusammenarbeit zwischen evangelischen und katholischen Christen?
- Wenn ja, welche und (wie) können sie überwunden werden?

22 Das Papsttum aus evangelischer Sicht

Im Jahr 2012 sagte Kardinal Koch, der Präsident des Päpstlichen Rates zur Förderung der Einheit der Christen, in einem Interview über Luther:
»Er hatte eine geniale Seite und war ein leidenschaftlicher Gottsucher: Er wollte keine neue Kirche, sondern eine Erneuerung der Kirche. Freilich sind Luthers negative Seiten auch nicht zu übersehen. Sie waren nicht hilfreich, die Spaltung zu verhindern. Aber wir sollten die Schuld an der Spaltung nicht nur auf einer Seite suchen.«
Auf die Frage, auf welcher Seite er Anfang des 16. Jahrhunderts gestanden hätte, antwortete er:
»Ich hätte auch auf der Seite der Kirchenreformer gestanden. Aber es gibt einen grundlegenden Unterschied zwischen einem Martin Luther und einem Heiligen Franz von Assisi. Beide waren heftige Kritiker der damaligen Missstände in der Kirche. Aber für Franz von Assisi war stets klar, dass eine Erneuerung der Kirche nur in Einheit mit der Kirche und dem Papst möglich ist. So verstehe auch ich Kirchenreform.«
(http://nachrichten.rp-online.de/wissen/luther-war-genial-mit-negativen-seiten -1.3069220 zuletzt aktualisiert: 15.11.2012)

Zu Anfang des 16. Jahrhunderts riefen viele nach Reformen in der Kirche. Damals hatte die Macht des römischen Papstes in der abendländischen Kirche ihren Höhepunkt erreicht. Der Papst war als höchste Autorität in Fragen der Leitung, des Rechts und der Lehre der Kirche anerkannt. Allerdings gab es vielfach Kritik an den Missständen der Kirche, nicht zuletzt an den Päpsten, die sich vielfach wie Renaissancefürsten aufführten.

Die religiöse Lage, S. 10f

Luthers Ausgangspunkt war nicht die Kritik an den Päpsten und den Missständen in der Kirche. Vielmehr war sein Ausgangspunkt die Hoffnung, die er mit vielen seiner Zeitgenossen teilte, durch Vermittlung der Kirche das Heil zu erlangen; diese Hoffnung führte ihn schließlich ins Kloster. Zur Reformation kam es dann dadurch, dass Luther am Heilsangebot der Kirche, das man sich durch »Werke« verdienen musste, scheiterte. Dabei konnte es nicht ausbleiben, dass seine bahnbrechende Erkenntnis, die sich in dem dreifachen »Allein« ausdrückt — sola fide, sola gratia, sola scriptura (Glaube, Gnade Schrift) —, mit dem Anspruch des Papstes, letzte Autorität in der Kirche zu sein, in Konflikt geriet.
Dies führte schließlich dazu, dass der Papst für Luther bis zu seinem Lebensende der große Gegner des Evangeliums war. Das zeigt sich u.a. in dem Lutherlied »Erhalt uns, Herr, bei deinem Wort...« (EG 193), dessen erste Strophe ursprünglich lautete: »Erhalt uns, Herr, bei deinem Wort und steure Papst und Türken Mord, die Jesum Christum deinen Sohn wollen stürzen von deinem Thron.«
Die Dogmatisierung von päpstlichem Primat und Unfehlbarkeit des Papstes durch das I. Vaticanum 1870 stärkte einerseits die Stellung des Papstes in der katholischen Kirche und vertiefte andererseits die Kluft zwischen den protestantischen Kirchen und der römisch-katholischen Kirche. Bis heute bleibt das Papstamt ein Hindernis für die Ökumene zwischen den Kirchen.
Strittig ist dabei die Auslegung von Mt 16,18f. »Der Streit zwischen evangelischen und katholischen Auslegern geht darum, ob die Stellung des Petrus einmalig (so die evangelischen Theologen) oder wiederholbar (so die katholischen Theologen) sei. Für die Einmaligkeit der Petrusrolle spricht, dass das Fundament eines Baues nur einmal gelegt wird. Dieses Fundament ist Petrus, weil er der erste Zeuge der Auferstehung war« (EEK 1975, 916).

Im diesem Kapitel, das sich vorrangig für den Einsatz in der Sekundarstufe II bzw. Erwachsenenbildung eignet, geht es insbesondere um zwei Fragen: Wie sieht die evangelische Kirche das Papsttum (**M 22/1**)? Und: Kann es so etwas einen »Ehrenprimat« des Papstes im Blick auf die gesamte Christenheit geben (**M 22/3**)?

Materialien zu diesem Kapitel:

M 22/1 **Der Apostel Petrus und der Papst. Warum Protestanten die Vorrang-
stellung des Papstes ablehnen** (zwei Blätter). Die Kirchenhistorikerin
Dorothea Wendebourg erläutert die heutige evangelische Sicht des
Papsttums.

M 22/2 **Der Apostel Petrus und der Papst. Warum Protestanten die Vorrangstellung des Papstes ablehnen:** Dieses AB dient der Erschließung des
Textes **M 22/1**.

M 22/3 **Der Papst und die Einheit der Kirche.** Das AB befasst sich mit der Frage
eines eventuellen »Ehrenprimats« des Papstes in der Gesamtkirche.

M 22/1 Der Apostel Petrus und der Papst (1)

Warum Protestanten die Vorrangstellung des Papstes ablehnen

Papst Benedikt XVI. hat bei seiner wöchentlichen Generalaudienz in Rom am 7. Juni 2006 die nichtkatholischen Christen zur Anerkennung des Papstprimats aufgerufen. Der Appell ist nicht neu.

Wir Evangelischen werden dem Appell auch jetzt nicht folgen können. Und das nicht aus antiökumenischem Ressentiment oder Desinteresse an der Einheit der Kirche. Wenn wir den Primat des Papstes weiterhin nicht anerkennen, dann vielmehr aus der Überzeugung heraus, dass dies Amt nicht die Instanz ist, an der sich die Einheit der Kirche entscheidet, ja, dass der mit ihm verbundene Anspruch einem Wesenszug der Kirche Jesu Christi gerade zuwiderläuft. Diese Überzeugung gehörte zu den Grundeinsichten der Reformation. Sie hat heute sogar noch stärkere Geltung als damals.

Benedikt begründet sein Anliegen mit dem Hinweis auf den Herrn der Kirche selbst: Jesus Christus habe den päpstlichen Primat in der hervorgehobenen Stellung des Apostels Petrus persönlich gestiftet. Dies Argument kann die evangelische Kirche, für die die Heilige Schrift die Norm ihrer Lehre und Praxis bildet, nicht auf die leichte Schulter nehmen. Aber ist es stichhaltig? Offensichtlich sind in ihm mehrere Voraussetzungen eingewickelt: Zum einen, dass Petrus eine besondere, von Christus begründete Stellung unter den Jüngern gehabt habe. Sodann, dass diese Stellung sich in einer dauerhaften Institution in der Kirche fortsetze. Und schließlich, dass diese Institution der römische Bischofsstuhl sei. Näher bestimmt wird diese besondere in Petrus begründete Stellung des Papstes als umfassende Regierungsgewalt über die Kirche, die mit der Unfehlbarkeit verbunden sei. Dass Petrus unter den Jüngern Jesu eine hervorgehobene Rolle spielte, ist kaum zu bezweifeln. Gewiss sind die Erzählungen der Evangelien keine historischen Protokolle, sondern aus der Perspektive späterer Deutung gestaltet. Doch zum einen haben die Hinweise auf die besondere Beziehung des

Petrus zu Jesus einen geschichtlichen Kern, zum anderen ist die Perspektive, in der das Neue Testament die Geschichte Jesu erzählt, für uns nicht bedeutungslos. In allen Jüngerlisten wird Petrus als Erster genannt (Markus 3,16–19; Matthäus 10,24; Lukas 6,14–16). Er gehörte mit seinem Bruder Andreas und den Zebedäus-Söhnen zu Jesu engstem Kreis (Markus 3, 16–20) und empfing von ihm seinen neuen Namen (Markus 3,16; Johannes 1,42). Als Erster bekannte er Jesus als den Christus (Markus 8,29; vergleiche Johannes 6,68f). Indem Jesus ihn den Felsen nannte, auf dem er seine Gemeinde bauen werde, sprach er diesem Urbekenner eine besondere Rolle für die Gründung der Kirche zu (Matthäus 16,18). Petrus erhielt die Schlüsselgewalt vor den anderen Jüngern (Matthäus 16,19; 18,18), er wurde beauftragt, die Brüder zu stärken (Lukas 22,32). Am Wendepunkt von Ostern war er der erste der Zwölf, dem der Herr erschien (1. Korinther 15,5; Lukas 24,34), mit seinem Zeugnis begann die öffentliche Verkündigung der Auferstehung und die Sammlung der Kirche (Apostelgeschichte 2,14–36). In den ersten Jahren der Urgemeinde spielte er immer wieder eine hervorgehobene Rolle.

Sowenig sich nun aber die besondere Stellung des Petrus unter den Jüngern Jesu und den Zeugen seiner Auferstehung übersehen lässt, das Neue Testament benennt auch die Grenzen seiner Person und seiner Rolle: Neben dem Bekenntnis zu Jesus als dem Christus, für das Petrus selig gepriesen wird (Matthäus 16,16f), steht die falsche Einschätzung seines Herrn (Johannes 13,8). In der Karfreitagsnacht verleugnet er ihn mehrfach. In der nachösterlichen Missionsarbeit wird Petrus durch Zurechtweisung seines Mitjüngers Jakobus dazu gebracht, in der zentralen Frage der Geltung des Gesetzes seinen Kurs zu ändern (Galater 2,12). Daraufhin wird er von Paulus mit dem unüberbietbaren Vorwurf kritisiert, von der Wahrheit des Evangelium abzuweichen (Galater 2,11–14). Von einer Unfehlbarkeit dieses Jüngers und von einer Befehlsgewalt gegenüber den anderen kann nach dem Neuen Testament keine Rede sein.

M 22/1 Der Apostel Petrus und der Papst (2)

Bald nach den Anfängen der Kirche verließ Petrus Jerusalem, um außerhalb dieses Zentrums missionarisch tätig zu sein (1. Korinther 9,5). Die Nachrichten über ihn werden nun sehr spärlich. So spricht die Apostelgeschichte nach dem sogenannten Apostelkonzil von ihm nicht mehr. Offensichtlich besteht am weiteren Weg des Petrus kein Interesse. Das ist kein Zufall. Denn seine Bedeutung liegt, wie die der übrigen Apostel, in seiner Rolle für die Gründung der Kirche. Wie die Apostel allesamt als die grundlegenden Zeugen Jesu Christi, die am Anfang der Kirche stehen, eine einmalige Rolle spielen, die sich weder wiederholen noch fortsetzen lässt, so ist auch seine Bedeutung als hervorgehobenes Glied dieses apostolischen Zeugenkreises einmalig. Ein petrinisches Amt, ein Primat, in dem seine Sonderstellung durch die Zeiten hindurch fortdauern würde, lässt sich aus den neutestamentlichen Aussagen über den Apostel Petrus nicht ableiten.

Dass Petrus in Rom war, schreibt das Neue Testament nicht, spätere Zeugnisse machen es wahrscheinlich, auch seinen Märtyrertod dort. Gegründet hat er die römische Gemeinde allerdings nicht, sie bestand bereits, als er kam. Ihr Bischof ist er kaum gewesen, denn die römische Gemeinde war bis weit ins zweite Jahrhundert nicht bischöflich organisiert. Dass Petrus von Rom aus die sich ausbreitende Gesamtkirche geleitet hätte, dafür gibt es keinen Anhaltspunkt. Wenn irgendwo solch ein Anspruch erhoben wurde, dann am ehesten vom damaligen Leiter der Gemeinde zu Jerusalem, Jakobus. Erst im Laufe der Jahrhunderte bildete sich der Gedanke heraus, dass die Gemeinde von Rom und ihr Bischof dazu bestimmt seien, die Kirche zu regieren, ein Gedanke, in dem sich die Berufung auf die hervorgehobene Stellung des Apostels Petrus mit dem Herrschaftsanspruch der Welthauptstadt Rom verband.

Martin Luther kam vor 500 Jahren zu dem Schluss, der Papst sei der im Neuen Testament vorausgesagte Antichrist. Dieses Urteil wiederholt heute niemand mehr. Zumal die Erfahrung mit den eindrücklichen Päpsten unserer Zeit solche Rede ausschließt. Von einem Urteil freilich können wir auch heute nicht Abstand nehmen, und es hat sich seit dem Ersten Vatikanischen Konzil von 1870, als Unfehlbarkeit und absoluter Primat des Papstes mit dogmatischer Verbindlichkeit gelehrt wurden, sogar noch verschärft: dem Urteil, dass dem Papst in der römisch-katholischen Kirche eine Vollmacht zugeschrieben wird, die nur Jesus Christus selbst gehört. Die Vollmacht, die Wahrheit unfehlbar zur Geltung zu bringen und die Kirche mit unbeschränkter Befehlsgewalt zu regieren, kommt keiner Instanz auf Erden und keiner kirchlichen Institution, sondern allein dem Herrn der Kirche zu. Und dieser Herr übt seine Herrschaft in der Kirche aus, indem er Menschen das Evangelium einleuchten lässt und sie zu einem Leben im Glauben bringt, nicht durch Unterwerfung unter einen Amtsträger, und sei er noch so imposant. So wird es dabei bleiben, dass wir den Papst als Oberhaupt der römisch-katholischen Kirche respektieren, aber als unser Oberhaupt nicht anerkennen können.

Dorothea Wendebourg

M 22/2 Der Apostel Petrus und der Papst

Warum Protestanten die Vorrangstellung des Papstes ablehnen

Zur Erschließung des Textes

- Der Text von Dorothea Wendebourg nimmt den Appell von Papst Benedikt XVI. (2005– 2013 im Amt) aus dem Jahr 2006 auf:

  _____

  _____

- Dorothea Wendebourg formuliert als Grundeinsicht der Reformation im Blick auf das Papstamt:

  _____

  _____

- Papst Benedikt begründete sein Anliegen mit dem Hinweis auf den Herrn der Kirche:

  _____

  _____

- Dieses Argument enthält drei Voraussetzungen:
  1. _____
  2. _____
  3. _____

- Der Text nimmt zu diesen drei Voraussetzungen aus evangelischer Sicht Stellung:

  Ad 1.: _____

  _____

  _____

  _____

  Ad 2.: _____

  _____

  _____

  Ad 3.: _____

  _____

  _____

  _____

  _____

  _____

- In dem Aufsatz wird Luthers Stellung zum Papsttum beschrieben. Welche Aussage Luthers zum Papsttum können evangelische Christen heute nachvollziehen, welche nicht?

  _____

  _____

  _____

  Fazit: _____

  _____

  _____

M 22/3 Der Papst und die Einheit der Kirche

miserando atque eligendo

Wappen von Papst Franziskus

In der evangelischen Kirche wird heute der Papst in seiner Leitungsfunktion für die katholische Kirche und als ökumenischer Gesprächspartner akzeptiert. Die grundsätzliche theologische Kritik am Papsttum bleibt allerdings bestehen:

- Dass die Worte, die Christus dem Petrus sagte (Mt 16,18f), auch dem Papst als »Nachfolger des Petrus« gelten sollen, können evangelische Christen nicht anerkennen. Nach evangelischer Auffassung sind die Worte Jesu an Petrus vom Fundament der Kirche nicht auf die Päpste übertragbar, sondern gelten nur für den Apostel Petrus.

- Dass der Papst unfehlbar ist, wenn er ex cathedra spricht, d.h. wenn er als oberster Hirt und Lehrer aller katholischen Christen einen bestimmten Satz aus dem Bereich der Glaubens- oder Sittenlehre der ganzen Kirche anzuerkennen vorschreibt, können sie ebenfalls nicht akzeptieren. Keiner irdischen Instanz kann Unfehlbarkeit zuerkannt werden.

162_Kap22

Wohl aber gibt es Protestanten, die sich vorstellen können, dass der Papst einmal die Einheit der Kirche repräsentiere:

Der Widerspruch zum römisch-katholischen Papstamt schließt nicht aus, dass auch die nichtkatholischen Kirchen ein universales Amt der Einheit in der Kirche für möglich und nötig halten. In der Kirchengeschichte der ersten Jahrhunderte haben Ökumenische Konzile das Einheitsamt wahrgenommen. Heute strebt der Ökumenische Rat der Kirchen eine »konziliare Gemeinschaft« mit dem Ziel an, dass eines Tages wieder ein universales Konzil für alle Christen verbindlich sprechen kann. Das Amt der Einheit könnte aber auch von einem Kollegium oder von auf Zeit gewählten Einzelpersonen als Sprechern der Christenheit wahrgenommen werden. Einige nichtkatholische Kirchen sind bereit, dem römischen Papst einen »Ehrenprimat« einzuräumen, vorausgesetzt dass die Dogmen des Ersten Vatikanischen Konzils [z.B. zum Jurisdiktionsprimat und zur Unfehlbarkeit des Papstes] für sie nicht verbindlich sind. »Gemeinschaft mit, aber nicht unter dem Papst« wäre in diesem Sinne ein evangelisch-ökumenisches Angebot.

Reinhard Frieling

Aufgabe:
- Nehmen Sie Stellung zu diesem Text und vergleichen Sie dessen Aussagen mit denen von **M 22/1**.
- Im Internet finden sich interessante Diskussionsbeiträge zum »Ehrenprimat«.

23 Luther und die Juden

In seinen Predigten und Schriften machte Luther ganz unterschiedliche Äußerungen über die Juden – sehr freundliche, aber auch sehr aggressive. Wie kann man das verstehen? Die freundlichen Aussagen stammen vor allem aus den frühen 1520er Jahren. In »Dass Jesus Christus ein geborener Jude sei« (1523) empörte Luther sich über die schlechte Behandlung der Juden durch die Christen. Die Schrift ist von der Hoffnung getragen, dass die Juden angesichts Luthers reformatorischer Entdeckung sich zu Christus bekehren würden. Luthers selbstverständliche Voraussetzung war dabei, dass die Juden nur dann die ewige Seligkeit erreichen könnten, wenn sie Christen würden. Juden haben nach Luther nicht die richtige Gotteserkenntnis, weil sie Jesus nicht als Gottessohn und Messias akzeptieren. Auf ihnen liegt die Schuld, dass sie den Gottessohn Jesus gekreuzigt haben.

Am Ende seines Lebens schrieb Luther einige sehr judenfeindliche Schriften. Was war geschehen? Entgegen seinen Hoffnungen waren faktisch keine Juden Christen geworden; ja, er hatte sogar gehört, dass Christen zum Judentum übergetreten seien. Nun hatte Luther die große Sorge, dass angesichts des drohenden Weltendes Juden sich mit den »Papisten« und den Türken verbünden könnten, um das Offenbarwerden der Wahrheit des Evangeliums durch die Reformation zu verhindern. Dagegen musste etwas getan werden. Er rief die christlichen Obrigkeiten auf, Maßnahmen gegen die Juden zu ergreifen. Sie hätten die Aufgabe, die Kirche zu schützen. So kam es zu jenen schrecklichen Forderungen, da, wo es nötig ist, die Synagogen der Juden anzuzünden, den Zins (»Wucher«), von dem die Juden angeblich lebten, zu verbieten und sie außer Landes zu jagen.

In seinem Zorn auf die Juden scheut sich Luther nicht, auf das Arsenal der mittelalterlichen Judenpolemik zurückzugreifen. Er nimmt z.B. das Motiv der »Judensau« auf. Noch heute kann man in Wittenberg und 24 weiteren Kirchen Deutschlands Plastiken mit der »Judensau« sehen. Dabei werden Juden in verletzender Weise zusammen mit einem Schwein abgebildet, das für sie als ein unreines Tier möglichst zu meiden ist. Man kann Luther aber nicht vorwerfen, er habe – ähnlich wie die Nationalsozialisten – die Juden als minderwertige Rasse und gefährliches Volk gehasst.

Für seine Vorwürfe gegen die Juden kann Luther kaum auf persönliche Erfahrungen mit Juden seiner Zeit zurückgreifen (vgl. Schilling 2013, 554 ff). Immerhin hatte er Kontakt zu dem getauften Juden Bernhardus Hebraeus, der zuvor als Rabbiner Jacob Gipher in Göppingen gewirkt hatte. Ihm widmet er die lateinische Ausgabe seiner Schrift »Dass Jesus Christus ein geborener Jude sei« (1523). Für die 1530er Jahre ist durch Luther selbst der Besuch von drei jüdischen Gelehrten in Wittenberg belegt, die mit ihm ein jüdisch-christliches Religionsgespräch führen wollten, das Luther aber verweigerte. Später äußert er darüber, die Juden seien »in der Absicht gekommen, ihn zu einem neuen Juden zu machen« (Schilling 2013, 557).

Luther nimmt in seinen antijüdischen Vorwürfen weit verbreitete Vorurteile auf und beruft sich dabei u.a. auf antijüdische Schriften des Mittelalters: Zum einen auf den Traktat »Victoria adversus impios Hebreos« (Sieg gegen die unfrommen Hebräer) von Salvatus Porchetus (14. Jh.), zum anderen vor allem auf die zeitgenössische Schrift des Konvertiten Antonius Margaritha »Der gantz Jüdisch glaub« (1530).

Der Sohn eines jüdischen Rabbiners (um 1490–1537) war 1522 zum katholischen, später zum evangelischen Glauben konvertiert und schrieb in seinem Buch »besonders abfällig über seine ehemaligen Glaubensgenossen und deren Kult und Gebräuche.« (Schilling 2013, 565) Interessant ist in diesem Zusammenhang, dass der jüdische Gelehrte Josel von Rosheim, dem Luther den Dialog verweigerte, 1530 auf dem Augsburger Reichstag in öffentlicher Disputation Margaritha als Verleumder entlarvte, worauf dieser »gefangen gesetzt und aus Augsburg ausgewiesen wurde.« (Schilling 2013, 565) Trotzdem fand das Buch

Margarithas starke Verbreitung und tat seine verheerende Wirkung, indem es u. a. Luthers Judenfeindschaft stark beeinflusste.

Luthers antijüdische Vorwürfe haben hauptsächlich einen theologischen Hintergrund. Zeitlebens hat Martin Luther daran festgehalten, dass ein Jude, der sich zum Christentum bekehrt, ein vollgültiges Glied der christlichen Gemeinde sei. Interessant ist, dass er am Ende seines Lebens den Liedvers aus dem Wittenberger Gesangbuch von 1544 zitiert hat:

»Unsere große Sünd und Missetat
Jesum den wahren Gottessohn an's Kreutz geschlagen hat.
Drum wir dich, armen Judas, dazu der Juden Schar,
Nicht feindlich dürfen schelten, die Schuld ist unser zwar [nämlich]« (Oberman 1981, 164).

Freilich hat er diese Erkenntnis nicht breit ausgeführt. Einer der engsten Mitarbeiter Luthers, Justus Jonas, ist im Blick auf das Verhältnis zu den Juden einen anderen Weg gegangen. In Auslegung von Röm 11,25–32 gab er Luther zu bedenken, dass Juden und Christen eine gemeinsame Geschichte und eine gemeinsame Zukunft haben.

Das Thema »Martin Luther und die Juden« darf bei der Behandlung Luthers in Schule und Gemeinde nicht ausgespart werden, erst recht nicht nach der Schoah. Eine Thematisierung der Luther-»Rezeption« im Nationalsozialismus ist deshalb wichtig, weil in den Medien beim Thema Antisemitismus immer wieder undifferenziert auf Martin Luther als angeblichen Kronzeugen verwiesen wird. Demgegenüber ist darauf hinzuweisen, dass Luthers Haltung in ihrem historischen Kontext zu sehen ist. Irreführend ist es, Luther persönlich in einem historischen Kausalzusammenhang Entscheidungen zuzurechnen, »die erst spätere Generationen trafen. ... Wer Luther zum Vorfahren Hitlers erklärt, lenkt von entscheidenden kulturellen, politischen und gesellschaftlichen Entwicklungen ab, die zwischen Reformation und Nationalsozialismus liegen und für die andere als der Reformator die Verantwortung tragen.« (Schilling 2013, 550 f).

Neueren Forschungen gilt als eine Ursache für Luthers Antijudaismus seine Zugehörigkeit zum Bettelorden der Augustiner-Eremiten. Im späten Mittelalter waren die Bettelorden »die Speerspitze des Antijudaismus« (Jung 2013, 30ff). Das vorliegende Kapitel will in diesem Zusammenhang einen Beitrag zur differenzierteren Betrachtung von Luthers Haltung leisten, was keinesfalls heißt, Luthers Haltung zu rechtfertigen.

Der Nationalsozialismus bediente sich der judenfeindlichen Argumentation Luthers. Im Unterschied zu Luther vertrat er freilich einen rassischen Antisemitismus. Danach gehörten die Juden zu einer minderwertigen Rasse, die alles daransetzt, der hochwertigen Rasse, den Ariern, Schaden zuzufügen. Der Nationalsozialismus sah sich berufen, in diesem weltweiten Rassenkampf zwischen Ariern und Juden für die Sache der Arier einzutreten. Das Judesein war an die Rasse gebunden. Auch eine Taufe änderte nichts am Judesein: »Jud' bleibt Jud'« hieß das Credo.

Eine besonders infame Vorgehensweise der Nationalsozialisten bestand darin, schon kleine Kinder mit dem Antisemitismus zu indoktrinieren und zum Judenhass zu erziehen. In diesem Zusammenhang erschienen in dem antisemitischen Hetzverlag »Der Stürmer« in Nürnberg, dessen Eigentümer und Herausgeber der glühende Judenhasser Julius Streicher war, mehrere Kinderbücher. Zu nennen sind hier: »Trau keinem Fuchs auf grüner Heid' / und keinem Jud' bei seinem Eid« (1936), »Der Giftpilz« (1938) und »Der Pudelmopsdackelpinscher« (1940). Durch bunte Bilder, Geschichten und Reime sollten bei den Kindern antijüdische Vorurteile verstärkt und Judenhass erzeugt werden.

Der Text des Kinderbuches »Der Giftpilz« (vgl. **M 23/2** Warum sich Juden taufen lassen?) stammt von Ernst Hiemer, die Bilder vom Zeichner des »Stürmer«, »Fips«. Jeder Geschichte ist ein farbiges Bild zugeordnet. Als Bildunterschrift wird jeweils ein markanter Satz aus der Geschichte gewählt.

In den 17 Geschichten des Buches werden so ziemlich alle gängigen Vorurteile über die Juden abgehandelt.

Die Auftaktgeschichte »Der Giftpilz« gab dem Buch seinen Namen. In dieser Geschichte ist Franz mit seiner Mutter auf Pilzsuche im Wald. Als Franz mit seinem vollen Korb zu seiner Mutter kommt, sortiert diese die giftigen Pilze aus.

Sie erklärt Franz, dass man nicht allen Pilzen ihre Giftigkeit sofort ansieht. Dann belehrt sie ihn: »Wie es gute und schlechte Pilze gibt, so gibt es auch gute und böse Menschen. Die bösen Menschen sind die Juden. Einen Giftpilz kann man oft nicht von guten, essbaren Pilzen unterscheiden. Und doch vergiftet er ein ganzes Pilzgericht. So vergiften die Juden die Völker, unter denen sie leben.«

Jede Geschichte endet mit einem »Gedicht«, in dem die jeweilige »Moral« in eingängige Reime gebracht wird. Dabei wird – wie auch in der hier abgedruckten Geschichte – immer wieder versucht, Motive eines christlichen Antijudaismus für den nationalsozialistischen Antisemitismus zu instrumentalisieren, wobei man vor plumpen Fälschungen nicht zurückschreckt. So sagt z.B. Grete in der vorliegenden Geschichte: »Die Juden bleiben trotz der Taufe die gleichen Gauner, die sie früher gewesen waren. Das hat schon Martinus Luther gesagt. Auch Päpste haben das gesagt. Und Julius Streicher auch!«

Folgende Ziele können bei dieser Unterrichtssequenz verfolgt werden:
• Kennenlernen von Luthers Stellung zu den Juden im Kontext seiner Zeit.
• Die Rezeption von Luthers Haltung gegenüber den Juden im Dritten Reich durchschauen.
• Verstehen, warum Luthers Stellung zu den Juden nach der Schoah von evangelischer Seite noch einmal neu bewertet wird.

Folgende Bausteine können bei der Behandlung des Themas verwendet werden:

Baustein A

Der Missbrauch von Luthers Antijudaismus im Dritten Reich

Zum Einstieg in die Thematik erfahren die S., dass die Nationalsozialisten (zu Unrecht) Luther als Kronzeugen für ihren Antisemitismus beanspruchten. Der Baustein soll die S. in die Lage versetzen zu beurteilen, ob und gegebenenfalls in welcher Hinsicht diese Aussagen des »Stürmer« und von Streicher über Luthers »Antisemitismus« berechtigt sind oder nicht.

Materialien zu Baustein A

M 23/1 Luther im Nationalsozialismus: Das Bild Luthers im »Stürmer« 1937. Luther als »einer der größten Antisemiten der deutschen Geschichte« und die Aussage Streichers vor dem Nürnberger Militärgerichtshof, vor dem er wegen Verbrechen gegen die Menschlichkeit angeklagt und zum Tode verurteilt wurde: »Eigentlich müsste Martin Luther hier auf der Anklagebank sitzen.«

M 23/2 Warum sich Juden taufen lassen: In diesem Auszug aus dem Kinderbuch »Der Giftpilz« (1938) wird fälschlicherweise auf Luther Bezug genommen, indem die Frage, ob aus einem Juden ein besserer Mensch werden kann, mit einem klaren Nein beantwortet wird.

Mit Hilfe dieser Materialien können die S. herausarbeiten, dass die Nationalsozialisten sich auf Luther beriefen, um bestimmte antijüdische Tendenzen in den Kirchen für sich zu nutzen. Dabei wurde bewusst überspielt, dass Luther kein Antisemit im Sinne der Nationalsozialisten war. Dies wird insbesondere bei dem Text aus dem Kinderbuch deutlich.

Baustein B

Die mittelalterliche Judenfeindschaft: Ecclesia und Synagoge

Luther war in seiner feindlichen Einstellung gegenüber den Juden ein Kind seiner Zeit. Dies wird an dem mittelalterlichen Motiv der Gegenüberstellung von Ecclesia und Synagoge an vielen Kirchen deutlich. Kirche und Synagoge sind dabei jeweils als Frau dargestellt. Die Ecclesia vom Südquerhaus des Straßburger Münsters (1220–1230) ist in ein königliches Gewand gekleidet und mit Krone und Kreuz (Zepter) ausgestattet.

Sie verkörpert die ecclesia triumphans (triumphierende Kirche). In der Hand hält sie einen Abendmahlskelch als Zeichen dafür, dass sie das Heil besitzt und verwaltet. Die Synagoge ist in ein einfaches Gewand gekleidet. Ihre Augen sind mit einer Binde bedeckt: Sie ist mit Blindheit geschlagen, erkennt die in Christus erschienene Wahrheit nicht (vgl. 2. Kor 3,12–18). Die zerbrochene Lanze zeigt an, dass ihre Herrschaft gebrochen ist. Die aus ihren Händen gleitende Schriftrolle soll zeigen, dass die Zeit der Tora zu Ende ist. Jetzt ist die Kirche das wahre Israel. Während die Figur der Kirche stolz aufgerichtet da steht, macht die Synagoge einen gedemütigten Eindruck.

Die beiden Figuren schauen sich nicht an. Doch sind ihre Körper einander zugewandt. Irgendwie scheinen sie nicht voneinander loszukommen, obwohl sie nicht miteinander sprechen.

Man hat immer wieder festgestellt, dass von der Gestalt der Synagoge am Straßburger Münster ein geheimer Zauber ausgeht. Sie strahlt Anmut aus, während der Gesichtsausdruck der Kirche eher herb ist. Möglicherweise galt die geheime Sympathie des Künstlers der Synagoge.

Dies ändert jedoch nichts an der Tatsache, dass die Synagoge eindeutig als die Unterlegene dargestellt wird, deren Zeit abgelaufen ist. Zumindest gilt dies für die Zeit dieser Welt (s. u.).

Zwischen den beiden Figuren thront Salomo, das Gerichtsschwert auf dem Schoß, bereit, es zum Urteilsspruch zu ziehen. Auf dem Sockel, auf dem er steht, ist Salomos Urteil über die beiden Mütter abgebildet (1. Kön 3,16ff). Über Salomo erscheint die Büste des segnenden Weltenrichters Christus. Damit bekommt die Darstellung des Figurenpaares am Straßburger Münster noch eine andere Bedeutung. Die Aussage geht über das vordergründige, feindliche Verhältnis zwischen Kirche und Synagoge hinaus. Im Weltgericht wird sich auch die Synagoge dem Weltenrichter Christus zuwenden, Kirche und Synagoge werden versöhnt. Die Figur des alttestamentlichen Friedensrichters Salomo weist in diese Richtung. Er, der als Dichter des Hoheliedes gilt, steht hier für die endzeitliche Versöhnung zwischen Ecclesia und Synagoge. Es gibt »eine allegorische Entsprechung vom Friedensrichter Salomo und dem Weltenrichter Christus. Und: wie Salomo im Hohenlied den beiden Bräuten zugewandt ist, so sind auch in den beiden Figuren Ecclesia und Synagoge die beiden Bräute Christi zu sehen. Beispiele für diese Deutung findet man mehrfach in der mittelalterlichen Hoheliedauslegung. So sagt Honorius Augustodunensis (ca. 1080–1156) in seinem Kommentar zu Hhld 6,11: Wie am Weltende sich alle Völker zu Christus bekehren werden, so wird auch die Synagoge sich zu dem wahren Glauben bekehren. Und der Herr wird sich ihr nähern und sprechen: Du tust recht, zu mir zu kommen, denn du bist es, zu der ich zuerst kam. Und die Synagoge wird antworten: Als ich dich unter den Menschen sah, wusste ich nicht, dass du Gott bist. Du aber hast mich mit Blindheit geschlagen, um die Menschheit zu erlösen, und ich wusste nicht, was ich tat.« (Spur 1989, 40) Hier ist Versöhnung zwischen Kirche und Synagoge am Ende der Zeiten angedeutet – Versöhnung allerdings so, dass sich die Juden zu Christus bekehren. In dieser Weltzeit jedoch, solange die Juden sich nicht zu Christus bekennen, gilt die im Mittelalter gängige Feindschaft zwischen Ecclesia und Synagoge.

Material zu Baustein B

M 23/3 Ecclesia und Synagoge im Mittelalter:
Bei der Erschließung der beiden Figuren vom Südportal des Straßburger Münsters sollte nur bei sehr interessierten Gruppen auf die oben beschriebenen Differenzierungen eingegangen werden. Normalerweise wird es genügen, die Gegenüberstellung der beiden Figuren mit Hilfe der Impulse auf dem AB zu erschließen.
Hinweise zur ersten Aufgabe:
Kleidung (königliches Gewand, einfaches Gewand)
Kopf (Krone, herber Geschtsausdruck, blickt offen auf den Betrachter/

anmutiger Gesichtsausdruck, Augenbinde, wendet ihr Gesicht von der Kirche ab)
Rechte Hand (Kreuzstab / geknickte Lanze)
Linke Hand (Abendmahlskelch / Gesetzestafeln fallen zu Boden)
Haltung des Körpers (herrisch / gedemütigt)
Stellung der beiden Gestalten zueinander (Die beiden Figuren schauen sich nicht an. Doch sind ihre Körper einander zugewandt, sie scheinen nicht voneinander loszukommen, obwohl kein Dialog stattfindet. Das wirft die Frage auf, ob und in welcher Weise Juden und Christen zusammengehören.)

Baustein C

Luthers Haltung gegenüber den Juden

Nun lernen die S. Luthers Haltung gegenüber den Juden differenziert kennen. Sie lernen zwischen seiner ursprünglich freundlichen Haltung und dem Hass am Ende seines Lebens zu unterscheiden. Sie begründen den Wandel und benennen, was in seiner Stellung gegenüber den Juden gleichgeblieben ist. Bei Luther setzt sich vor allem in seinen letzten Lebensjahren immer mehr die Überzeugung durch, dass die Welt sich ihrem Ende zuneigt und der Endkampf zwischen Satan und Christus begonnen hat. Er sieht die Gefahr, dass sich nun der Teufel mit dem Papst, den Türken, den Juden und allen Ungläubigen und Heuchlern zusammentun würde, um die Wahrheit des Evangeliums zu vernichten. Er befürchtet das Schlimmste für diese Welt und sehnt den »lieben Jüngsten Tag« herbei. Dennoch fordert er die Obrigkeit auf, gegen die Juden vorzugehen.

Anfang und Schluss der Schrift sind als DZ verfügbar

Materialien zu Baustein C

M 23/4 Aus Luthers frühen Judenschriften
Text (1) ist ein Auszug aus dem Beginn der Schrift »Dass Jesus Christus...«.
Text (2) gibt den Schluss dieser Schrift wieder.
Text (3) bringt einen Auszug aus einem Brief Luthers und zeigt am deutlichsten, warum Luther den Juden freundlich begegnet: Er hofft auf ihre Bekehrung zum christlichen Glauben.
Text (4) – Sätze aus dem Großen Katechismus von 1529 – verstärkt das in Text (3) Gesagte und betont, dass die Juden, wenn sie sich nicht bekehren, der ewigen Verdammnis anheimfallen werden.

M 23/5 Aus Luthers späten Judenschriften (drei Blätter)
Als Belege von Luthers Judenhass in seinen späten Jahren werden folgende Textauszüge zur Bearbeitung angeboten:
Text (1) stammt aus den Tischreden Luthers und zeigt, dass seine Judenfeindschaft im Zusammenhang mit dem nach seiner Meinung unmittelbar bevorstehenden Jüngsten Gericht zu sehen ist.
Text (2) bringt u.a. Luthers viel zitierte »Ratschläge« aus dem Buch »Von den Juden und ihren Lügen« (1543).
Text (3) bringt Sätze gegen die Juden aus dem letzten Gottesdienst, den Luther am 15. Februar 1546 in der Andreaskirche in Eisleben gehalten hat.

> **Erläuterung zu Luthers Polemik**
> Für uns heute ist Luthers scharfe Polemik gegen die Juden nicht nachvollziehbar, ebenso wenig seine Forderung, die Juden, wenn sie sich nicht bekehren, aus dem Land zu weisen. Man muss diese Forderung allerdings im zeitgeschichtlichen Rahmen sehen. Aus der Reformation war ein »neues Kirchenwesen geworden. Dabei übernahmen die Landeskirchen mutatis mutandis ein verhängnisvolles mittelalterliches Erbe: den Staatsschutz für den kirchlichen Alleinvertretungsanspruch bzw. Absolutheitsanspruch.

Konsequent weitergedacht musste dies zu neuer Unduldsamkeit und Feind-schaft führen. Was wir heute als Intoleranz dieser Zeit mit Trauer und Kritik beobachten, hat seinen wahren historischen Grund in der Überzeugung, eine Institution (etwa eine Amtskirche bzw. eine Landeskirche) könne im Allein-besitz der Wahrheit sein oder diese mit politischen Mitteln garantieren.« (Bienert 1982, 146)

Es ist darauf hinzuweisen, dass für Luther, der »weitab von den jüdischen Zentren seiner Zeit lebte«, der Kontakt zu Juden eher selten war: »Die aus-schließliche christliche Gesellschaft in Stadt und Land war für Luther die all-täglich erfahrene Norm. Daher war er sogleich alarmiert, wenn er außerhalb Sachsens unerwartet auf eine Judensiedlung traf, und setzte dann ... alles daran, die Obrigkeit zu ihrer Vertreibung und zur Wiederherstellung dessen zu bewegen, was für ihn der ›Normalzustand‹ war.« (Schilling 2013, 551f)
Wichtig aber ist anzumerken, dass Luther, bei aller scharfen Polemik gegen die Juden und bei allen für uns unverständlichen Forderungen, niemals das Töten oder Foltern von Juden gefordert oder gutgeheißen hat. Im Gegenteil, er sagt ausdrücklich, dass man ihnen nicht »persönlich Leid antun« solle. Dies muss deshalb hervorgehoben werden, weil in Luthers Umwelt das Ver-brennen von Gotteslästerern und Ketzern nicht unüblich war und weil in vie-len europäischen Ländern Juden von der aufgehetzten Bevölkerung und von staatlichen Behörden getötet und teilweise gruppenweise verbrannt wurden.

Text (4) ist eine fiktive Erzählung »Es war im Jahr 1543«, die etwas von dem Schrecken vermitteln will, den Luthers späte Schriften bei den Juden hervorgerufen haben.

Bei der Bearbeitung der Aufgaben zu diesem AB stellen die S. heraus:
1. Luther hat in Bezug auf die Bekehrung der Juden resigniert.
2. Er fürchtet angesichts des nahenden Weltendes um das Evangelium.
3. Er legt Ratschläge für die christliche Obrigkeit vor. Sie hat den Auf-trag, für die Erhaltung von Recht und Ordnung zu sorgen.
4. Anfangs hatten die Juden wohl von Luther erhofft, endlich einmal mit Christen friedlich zusammenleben zu können. Jetzt müssen sie feststellen: Wir müssen auch Martin Luther und die Evangelischen fürchten.
5. Trotzdem hält Luther fest: Der Jude, der sich zu Christus bekehrt, ist ein Bruder im Glauben.

Baustein D

Materialien zu Baustein D

Drei Formen des Judenhasses

M 23/6 **Drei Formen des Judenhasses.** Hierzu schreiben Eberhard Röhm und Jörg Thierfelder in Band I ihres Werkes »Juden – Christen – Deutsche« (S. 406, Anm. 1):

»Zur deutlicheren Abgrenzung unterscheiden wir mit Marikje Smid (1988) zwischen allgemeiner Judenfeindschaft, religiös-christlichem Antijudaismus und rassistischem Antisemitismus.
Die allgemeine Judenfeindschaft, d.h. die antijüdische Xenophobie aufgrund ethnischer, sozialer, politischer oder kultureller Distanz, gibt es seit der Antike.
Mit Antijudaismus bezeichnen wir die pseudobiblisch-theologisch begründete Ablehnung des Judentums, die sich seit der Zeit des Urchristentums bis in die Gegenwart verfolgen lässt.

Der Begriff Antisemitismus ist erst seit der 2. Hälfte des 19. Jh. bekannt. Im strengen Sinn ist damit die rassisch-biologistische Weltanschauung gemeint, die vom unüberbrückbaren Gegensatz zwischen der ›semitischen‹ Rasse und der indogermanischen, ›arischen‹ Herren-Rasse ausgeht, eine Unterscheidung, wie sie zuerst der französische Graf Joseph Arthur Gobineau vertreten hat. Der moderne Rassenantisemitismus muss zutiefst verstanden werden als Teil der Gegenwehr gegen die von der Aufklärung allgemein eingeleiteten Emanzipationsbewegungen. Soweit protestantische Theologen in den letzten hundert Jahren den Begriff ‚Antisemitismus' verwendet haben, gehen sie mehr von einem geistigen bzw. sittlichen ‚Rassebegriff' aus. Volk und Volkstum sind für sie eher geschichtliche als biologistische Begriffe, wenngleich eine eindeutige Klärung im Einzelfall nicht immer leichtfällt. Im Judenhass der Weimarer Zeit und der NS-Zeit waren alle drei aus der Geschichte bekannten Formen der Judenfeindschaft virulent.«

Der nationalsozialistische rassische Antisemitismus machte sich die beiden anderen Formen der Judenfeindschaft für seine Propaganda zunutze. Dies wird an den in **M 23/6** vorgestellten Bildern deutlich. Sie und die dazugehörenden Texte (in besonderer Schrift wiedergegeben) stammen aus dem antisemitischen Kinderbuch »Der Giftpilz«, das 1938 im Stürmer-Verlag, Nürnberg erschienen ist. Die Geschichten, zu denen diese Bilder gehören, tragen die Überschriften:

— Was Christus von den Juden sagte — hier wird der christliche Antijudaismus angesprochen.
— Der Gott der Juden ist das Geld — hier wird die allgemeine Judenfeindschaft angesprochen.
— Woran man die Juden erkennt — hier kommt der rassische Antisemitismus zur Sprache.

Mit Hilfe des AB **M 23/6** können die S. zwischen den Formen des Judenhasses unterscheiden, indem sie daraus eine Heftseite oder ein Plakat gestalten. Durch die Zuordnungsaufgabe müssen sich die S. mit den Texten und Bildern intensiv auseinandersetzen.

Baustein E

Lutherische Kirchen heute zu Luthers Judenfeindschaft

In dieser Sequenz erfahren die S., wie Kirchen, die sich auf Luther berufen, heute mit seinem Antijudaismus umgehen. Das kann ihnen dabei helfen, Luthers Äußerungen gegenüber den Juden in den Kontext seines Lebenswerkes einzuordnen.

Material zu Baustein E

M 23/7 Aus einer Erklärung des Lutherischen Weltbundes vom 1. August 1984. Anhand dieses Textes überlegen die S., an welcher Stelle der Lutherische Weltbund Martin Luther kritisiert, und welche Konsequenzen sich daraus ergeben könnten.

Baustein F

Die »Wittenberger Judensau«

Die »Judensau« — ein beliebtes mittelalterliches antijüdisches Motiv — beleidigt Juden auf mehrfache Weise.
Nach 3. Mose 11,7 ist das Schwein ein unreines (nicht koscheres) Tier. Der Genuss von Schweinefleisch ist für Juden ein Gräuel.
Dadurch, dass man mit der Darstellung der »Judensau« Juden in eine enge Verbindung mit diesem für sie unreinen Tier bringt, will man bewusst ihre religiösen Gefühle verletzen. Schon in der Antike hat man sich das Schwein zunutze gemacht, um damit Juden in besonders schlimmer Weise zu erniedrigen. In 2. Makkabäer 6, 18 und 7,1 wird z.B. berichtet, dass Ptolemäus gefangene Juden zwang, Schweinefleisch zu essen; diese nahmen aber lieber den Märtyrertod auf sich als sich gegen die Tora zu versündigen.
Mit der Darstellung von Juden, die sich in unsittlicher Weise an einem Schwein

zu schaffen machen, soll auch suggeriert werden, Juden seien abartig veranlagt; ihre Religion sei eine »Schweinerei«.

Mit solchen Darstellungen sollte auch vermittelt werden, dass eine Begegnung mit Juden und ein echtes Interesse für deren Glauben und Leben für Christen nicht in Frage kamen.

Die Wittenberger Judensau wurde im Zusammenhang mit der Vertreibung der Juden aus Wittenberg im Jahr 1304 angebracht.

Auf dem Bild **M 23/8** ist die Wittenberger Judensau abgebildet, die Luther so beschreibt:

»Es ist hier zu Wittenberg an unserer Pfarrkirche eine Sau in Stein gehauen. Da liegen junge Ferkel und Juden darunter, die saugen. Hinter der Sau steht ein Rabbiner, der hebt der Sau das rechte Bein empor und mit seiner linken Hand zieht er den Bürzel über sich, bückt [sich] und guckt mit großem Fleiß der Sau unter den Bürzel in den Talmud hinein, als wolle er etwas Scharfes und Sonderliches lesen und ersehen. Daselbst haben sie gewisslich ihr Schem Hamphoras ...«

(mit »Scharfes« ist gemeint: mühsam zu lesen, vgl. Brecht 1987 III, 341)

Die Überschrift zu der »Judensau« Rabini SchemHaMphoras war zur Zeit Luthers noch nicht vorhanden, sie wurde erst im Jahr 1570 hinzugefügt und nahm den Titel einer antijüdischen Schrift Luthers auf, die er kurz nach seiner Schrift »Von den Juden und ihren Lügen« veröffentlichte: »Vom Schem Hamphoras und vom Geschlecht Christi«. In dieser Schmähschrift setzt sich Luther mit der rabbinischen Exegese auseinander, insbesondere der »Leugnung« der Messianität Jesu.

»Schem HaMphoras« bedeutet: »Der unverstellte Name« (Gottes), womit der für Juden unaussprechliche Name Gottes JHWH gemeint ist. Mit der Überschrift über der Judensau wird ausgesagt: Seht her, so sieht der unaussprechliche heilige Name Gottes des Rabbiners aus.

Der Spott zielt auf die Auslegung von 2. Mose 14,19—21 durch die jüdische Kabbala. »Da jeder dieser drei Verse 72 Buchstaben hat, schreiben sie diese in drei Zeilen untereinander und bilden aus den untereinander stehenden Buchstaben 72 Engelnamen und 72 Aussagen über Gott, denen sie 72 Psalmenverse zuordnen. Das Ergebnis gilt bei den kabbalistischen Rabbinern als ausgelegter Name Gottes, d.h. Schem HaMphoras, und dient als Zauberformel« (Junghans 1982, 29).

Die S. lernen am Beispiel der sogenannten Wittenberger Judensau die mittelalterliche Ablehnung der Juden und ihrer Lebensweise kennen und setzen sich mit dem Umgang mit dieser Plastik nach 1945 auseinander. Dabei wird L. auf die spätere Überschrift zur Judensau nur auf Nachfrage eingehen.

Material zu Baustein F

M 23/8   **Die »Wittenberger Judensau«** mit einem Kommentar Luthers und der Abbildung der Wittenberger Gedenktafel.
Die S. betrachten zunächst die Abbildung der »Wittenberger Judensau« und lesen dazu Luthers Kommentar; sie äußern sich dazu spontan.
Im Klassenverband oder in GA erörtern sie die beiden Fragen.
Nach dem Betrachten der Gedenktafel können sich die S. mit den dazugehörigen Aufgaben befassen.

Zum Umgang mit der »Wittenberger Judensau« nach 1945
Ob solche Darstellungen heute entfernt werden oder als Zeitzeugnisse an ihrem Ort bleiben sollten, ist umstritten. In einigen Städten wurde das Judensau-Motiv entfernt, so z. B. 1945 von der Stadtapotheke in Kelheim (Bayern), wahrscheinlich auf Weisung eines Offiziers der US-Armee. Während Denkmalpfleger und Historiker argumentieren, auch heute außerordentlich anstößige Motive müssten in ihrem damaligen architektonischen Kontext dokumentiert bleiben, sehen Kritiker in ihrer Beibehaltung eine mangelnde Sensibilität gegenüber dem Antisemitismus.

In Wittenberg wurde nach dem Zweiten Weltkrieg diskutiert, wie man mit der »Wittenberger Judensau« umgehen solle. Zur Diskussion standen zwei Möglichkeiten:
Entweder: Wir entfernen dieses schändliche antijüdische Denkmal aus dem Mittelalter.
Oder: Wir belassen es und bringen eine Gedenktafel an.
Man entschied sich für die zweite Option. Die Gedenktafel wurde 1988 unterhalb der Skulptur der Judensau in den Boden eingelassen, um auf die Folgen des Judenhasses im 20. Jh. hinzuweisen und der Opfer des Holocaust zu gedenken. Die Tafel wurde von dem dem Bildhauer Wieland Schmiedel zum 50. Jahrestag der Reichspogromnacht und zum Gedenken an die Opfer des Holocaust geschaffen. Dargestellt ist eine mit Stacheldraht in Kreuzesform versiegelte Bibel. Die in hebräischer Sprache verfasste Texteinfassung zitiert Ps 130,1: »Aus der Tiefe rufe ich, Herr, zu dir.« Dieser Psalmvers wurde vom Künstler mit Bedacht gewählt. Um das Jahr 1519 hatten sich die Juden von Regensburg (damals eine der größten jüdischen Gemeinden in Deutschland) in arger Bedrängnis in einem Brief an Luther gewandt und ihn um Hilfe gebeten. Als Überschrift für diesen Hilferuf wählten sie Ps 130,1. Luther hat ihn nie beantwortet. Auf Beschluss des Rates der Stadt Regensburg vom 21. Februar 1519 wurden die Juden aus der Stadt vertrieben, das jüdische Viertel einschließlich der Synagoge zerstört. Der deutsche Text des Berliner Schriftstellers Jürgen Rennert lautet: »Gottes eigentlicher Name, der geschmähte Schem HaMphoras, den die Juden vor den Christen fast unsagbar heilig hielten, starb in sechs Millionen Juden unter einem Kreuzeszeichen.« (Vgl. dazu: http://www.zwst4you.de/geschichte_der_juden_in_deutschland/kapitel21.html)

Zum Abschluss kann die Frage diskutiert werden, ob die S. mit der Wittenberger Lösung zufrieden sind.
Diese Abschlussdiskussion kann auch als Rollenspiel gestaltet werden (vgl. letzte Aufgabe).

M 23/1 Luther im Nationalsozialismus

164_Kap23

165_Kap23

In der antisemitischen Hetzzeitschrift »Der Stürmer« erschien in der Ausgabe N. 6 / 1937 ein Artikel »Dr. Martin Luther und die Juden«.
Im Rahmen dieses Artikels wurde das nebenstehende Bild mit der dazugehörigen Bildunterschrift abgedruckt.

Das Bild unten stammt aus dem antisemitischen Kinderbuch »Der Giftpilz« aus dem Jahr 1938. Unter dem Bild steht: »Wer gegen die Juden kämpft, ringt mit dem Teufel.« Julius Streicher

166_Kap23

Dr. Martin Luther
Der Reformator und Kämpfer gegen den Judengeist in der christlichen Kirche. Dr. Luther ist einer der größten Antisemiten der deutschen Geschichte

»Wer gegen den Juden kämpft, ringt mit dem Teufel.« Julius Streicher

167_Kap23

Der Herausgeber des »Stürmer« sagte vor dem internationalen Militärgerichtshof in Nürnberg:
»Wenn das Gericht Martin Luthers Buch Von den Juden und ihren Lügen in Betracht ziehen würde, dann säße heute sicher Martin Luther auf der Anklagebank.«

Aufgabe:
• Diskutiert in Gruppen: Warum berufen sich die Nationalsozialisten auf Martin Luther? Tun sie dies zu Recht? Ihr könnt dazu auch **M 23/2** heranziehen.

M 23/2 Warum sich Juden taufen lassen

Anni und Grete sind zwei begeisterte BDM-Mädels. Jeden Mittwoch und Freitag haben sie »Dienst«. Das sind für sie die schönsten Tage der ganzen Woche. Aber heute ist ihr Dienst ausgefallen. Die Führerin ist nämlich krank. Anni ärgert sich.

»Was wollen wir heute Nachmittag tun?«, fragt sie die Grete.

»Ich weiß auch nicht!«, sagt die andere.

Und dann gehen die beiden, ohne mehr ein Wort zu sprechen, langsam in die Stadt hinein. Der ganze Tag ist ihnen verdorben.

Als sie an der Erlöserkirche vorbeikommen, bleibt Grete plötzlich stehen.

»Du, Anni, schau mal da hinüber! Da läuft doch der Kaufhausjude Veilchenblau mit seiner Rebekka. Was wollen denn die hier?«

Anni lächelt. »Das weiß ich, Grete! Die sollen heute getauft werden.«

»Ach du lieber Gott!«, ruft Grete, »das sind schon sonderbare Täuflinge! Schau nur mal den Juden an! Krumme Beine, Plattfüße! Diese Nase, diesen Mund, diese Ohren, diese Haare! Und der will sich taufen lassen?«

»Die Jüdin sieht auch nicht besser aus«, ergänzt Anni, »sie watschelt daher wie eine Ente! Und ihr Gesicht, ich glaube, das hat sie dem Teufel gestohlen!«

Während sich die beiden Mädchen unterhalten, sind die Juden durch die hohe Türe in die Kirche eingetreten.

»Du, jetzt weiß ich, was wir tun!«, ruft Anni, »wir warten hier! Wir wollen sehen, ob durch die Taufe aus dem Veilchenblau ein Nichtjude und aus seiner Rebekka eine Nichtjüdin wird!«

»Fein!«, ruft Grete, »wir werden also warten!«

Und die beiden stellen sich vor die Kirchentüre.

Die Uhr kündet die dritte Nachmittagsstunde an. In diesem Augenblick geht die Kirchentüre auf. Veilchenblau und seine Gattin kommen heraus. Sie verabschieden sich von dem Pfarrer. Dann steigen sie langsam die Treppe hinunter.

»Merkst du was, dass aus den Juden Nichtjuden geworden sind?«, fragt Anni.

»Nicht das Geringste«, flüstert Grete, »sie haben noch die gleichen Nasen und Ohren, die gleichen Beine, die gleichen Lippen, die gleichen Negerhaare! Und sie watscheln noch genau so daher wie früher!«

Veilchenblau scheint von dem Gespräch der Mädchen etwas gehört zu haben. Er bleibt plötzlich stehen, grinst die Kinder unverschämt an und — spuckt vor ihnen aus. Dann geht er mit seiner Rebekka langsam weiter.

Die Kinder blicken sich betroffen an. »So eine Gemeinheit! Und der will nun kein Jude mehr sein!«, sagt Anni.

Und Grete ruft: »Die Taufe hat aus ihm keinen Nichtjuden gemacht. Und auch die Rebekka ist eine Jüdin geblieben.«

Dann begeben sich die beiden Mädchen auf den Heimweg. Aber ihre Gedanken sind immer noch bei der Judentaufe.

»Weißt du noch«, sagt Anni, »dass unsere Mädchenschaftsführerin einmal gesagt hat: ,Genauso wenig wie man durch die Taufe einen Neger zu einem Deutschen machen kann, kann man aus einem Juden einen Nichtjuden machen!'«

Grete stampft zornig mit dem Fuß auf den Boden. »Ich verstehe die Geistlichen nicht, die heute noch Juden taufen. Sie nehmen ja lauter Verbrechergesindel in die Kirchen auf!«

»Da hast du recht!«, sagt Grete, »die Juden bleiben trotz der Taufe die gleichen Gauner, die sie früher gewesen waren. Das hat schon Martinus Luther gesagt. Auch Päpste haben das gesagt. Und Julius Streicher auch!«

Anni ist stehen geblieben. Und dann spricht sie ernst und bedeutungsvoll:

»Ich glaube, es wird einmal eine Zeit kommen, da werden die Christen jenen Pfarrern fluchen, die einst Juden in die christlichen Kirchen aufgenommen haben. Denn die Juden wollen ja nur die christlichen Kirchen vernichten. Und sie werden sie vernichten, wenn unsere Geistlichen auch weiterhin Juden in die Kirchen aufnehmen. Sagt doch ein Spruch:

Kommt mal ein Jude hergelaufen
Und will, dass ihn die Pfarrer taufen,
Dann trau ihm nicht und halte ein,
Ein Jud wird immer Jude sein!

Da hilft auch nicht das Taufgewässer,
Auch dadurch wird der Jud nicht besser!
Er ist ein Teufel in der Zeit
Und bleibt's bis in die Ewigkeit!«

Aufgaben:
- Ihr könnt diesen Text mit verteilten Rollen lesen. Erzählt euch gegenseitig, was ihr beim Vorlesen bzw. beim Zuhören empfunden habt.
- In dem Text berufen sie sich die beiden Mädchen auf Martin Luther. Tun sie das zu Recht? Begründet euer Urteil.

M 23/3 Ecclesia und Synagoge im Mittelalter

169_Kap23

170_Kap23

Aufgaben:

- Schreibt auf, welche Unterschiede ihr an den beiden weiblichen Figuren entdeckt.
  - Achtet dabei auf Folgendes:
  - **Kleidung — Kopf — rechte Hand — linke Hand — Haltung des Körpers — Stellung der beiden Gestalten zueinander**

- Was wird mit den Unterschieden über Juden und Christen ausgesagt?

- Diskutiert in Gruppen die folgenden Fragen:
  - Was sollten solche Abbildungen beim Betrachter auslösen?
  - Was empfanden Juden und Christen damals beim Anblick der beiden Figuren?

- Findet weitere mittelalterliche Darstellungen von Ecclesia und Synagoge im Internet und vergleicht sie mit der Darstellung am Straßburger Münster.

171_Kap23

Das Jhesus Chri=
stus eyn gebor=
ner Jude sey

Doctor Martinus
Luther.

Wittemberg.
M.D.xxiij.

M 23/4 Aus Luthers frühen Judenschriften

Die folgenden Texte aus Luthers Frühzeit helfen herauszufinden, warum Luther anfangs freundlich über die Juden schrieb.

(1) »... zum Christenglauben reizen«

Darum will ich aus der Schrift erzählen die Ursachen, die mich bewegen zu glauben, dass Jesus ein Jude sei von einer Jungfrau geboren, ob ich vielleicht auch der Juden etliche möchte zum Christenglauben reizen. Denn unsere Narren, die Päpste, Bischöfe, Sophisten und Mönche, die groben Eselsköpfe, haben bisher also mit den Juden verfahren, dass wer ein guter Christ gewesen wäre, hätte wohl mögen ein Jude werden. Und wenn ich ein Jude gewesen wäre und hätte solche Tölpel und Knebel [Grobiane] gesehen den Christenglauben regieren und lehren, so wäre ich eher eine Sau geworden, denn ein Christ.

Auszug aus der Einleitung zu Luthers Schrift »Dass Jesus Christus ein geborener Jude sei« (1523)

(2) »... sie freundlich annehmen«

Darum wäre meine Bitte und Rat, dass man säuberlich (= freundlich) mit ihnen umginge und sie aus der Schrift unterrichte, so möchten ihrer etliche herbeikommen. Aber nun wir sie nur mit Gewalt treiben und gehen mit Lügendingen um, geben ihnen die Schuld, sie müssten Christenblut haben, damit sie nicht stinken, und weiß nicht, was des Narrenwerks mehr ist, dass man sie gleich für Hunde hält. Was sollen wir (damit) Gutes an ihnen schaffen? Item, dass man ihnen verbietet, unter uns zu arbeiten, hantieren und andere menschliche Gemeinschaft zu haben, womit man sie zum Wuchern treibt, wie sollte das sie bessern?
Will man ihnen helfen, so muss man nicht des Papstes sondern christlicher Liebe Gesetz an ihnen üben, und sie freundlich annehmen, werben und arbeiten, damit sie Ursache und Raum gewinnen, bei und um uns zu sein, unsere christliche Lehre und Leben zu hören und zu sehen. Obgleich etliche halsstarrig sind, was liegt daran? Sind wir doch auch nicht alle gute Christen. Hiermit will ich's diesmal bewenden lassen, bis ich sehe, was ich gewirkt habe. Gott gebe uns allen seine Gnade. Amen

Auszug aus den Schlusssätzen von Luthers Schrift »Dass Jesus Christus ein geborener Jude sei«

(3) Die Hoffnung

Wahrlich, da jetzt das güldene Licht des Evangeliums aufgeht und leuchtet, so ist Hoffnung vorhanden, dass viele unter den Juden sich ernstlich und treulich bekehren und von Herzen zu Christus hingezogen werden. ...

Aus dem Widmungsbrief anlässlich der lateinischen Übersetzung der Schrift »Dass Jesus Christus ein geborener Jude sei« an den getauften Juden Bernhard (1523)

(4) »Sie beten zu Gott«

Das Glaubensbekenntnis trennt uns von allen andern Leuten auf Erden, es seien Heiden, Türken, Juden oder falsche Christen. Sie beten zu Gott. Weil sie aber Christus nicht kennen, kennen sie nur den zornigen Gott und bleiben auf ewig in der Verdammnis.

Aus Luthers Großem Katechismus von 1529

Aufgabe:
• Besprecht in Gruppen folgende Fragen:
— Warum zeigt sich Luther in seinen frühen Schriften freundlich gegenüber den Juden?
— Was wirft er der mittelalterlichen Kirche in ihrem Verhältnis zu den Juden vor?
— Welche theologischen Gründe führt Luther gegen die Juden ins Feld?

M 23/5 Aus Luthers späten Judenschriften (1)

Aus den folgenden Texten aus Luthers letzten Lebensjahren könnt ihr erheben, wie sich Luthers Haltung gegenüber den Juden im Vergleich zu seinen frühen Schriften verändert hat. Außerdem erfahrt ihr Gründe für diesen Wandel. Ihr könnt herausarbeiten, welche Meinung sich durchgehalten hat.

(1) »Es ist ganz hoffnungslos«

Ich weiß keinen Rat mehr als dass es so geht, wie mir's davon träumte: dass der Jüngste Tag kam. Denn dass des Papstes Kirche oder der römische Hof reformiert würde, das ist ein unmöglich Ding; ebenso wenig lässt sich der Türke und die Juden strafen und reformieren, ebenso gibt es auch keine Besserung im Römischen Reich, man kann ihm nicht helfen. Sie sind nun wohl dreißig Jahre auf vielen Reichstagen zusammengekommen und haben doch nie etwas ausgerichtet; es wird je länger je ärger...

Darum weiß ich keinen anderen Rat und Hilfe als dass der Jüngste Tag komme; man kann nimmer helfen, es ist ganz hoffnungslos.

In einer Tischrede am Ende seines Lebens

(2) »Das verworfene, verdammte Volk der Juden«

Was wollen wir Christen nun mit diesem verworfenen, verdammten Volk der Juden tun? Dulden können wir es nicht, nachdem sie bei uns sind und wir solches Lügen, Lästern und Fluchen von ihnen wissen; sonst machen wir uns aller ihrer Lügen, Flüche und Lästerungen teilhaftig. Ebensowenig können wir das unauslöschliche Feuer des göttlichen Zorns – wie die Propheten sagen – löschen noch die Juden bekehren. Wir müssen mit Gebet und Gottesfurcht eine scharfe Barmherzigkeit üben, ob wir doch etliche aus der Flamme und Glut erretten könnten. Rächen dürfen wir uns nicht, sie haben die Rache auf dem Halse, tausendmal ärger als wir es ihnen wünschen können. Ich will meinen treuen Rat geben.

Erstens soll man ihre Synagogen oder Schulen mit Feuer anstecken und, was nicht verbrennen will, mit Erde überhäufen und zuschütten, dass kein Mensch einen Stein oder eine Schlacke davon sehe ewiglich. Und das soll man unsrem Herrn und der Christenheit zu Ehren tun, damit Gott sehe, dass wir Christen seien und solch öffentliches Fluchen und Lästern seines Sohnes und seiner Christen nicht mit Wissen geduldet noch [darin] eingewilligt haben...

Zum andern soll man auch ihre Häuser desgleichen zerbrechen und zerstören. Denn sie treiben ebendasselbe drin, was sie in ihren Schulen treiben. Dafür mag man sie etwa unter ein Dach oder in einen Stall tun, wie die Zigeuner, damit sie wissen, sie seien nicht Herren in unsrem Lande wie sie rühmen, sondern im Elend und gefangen, wie sie ohne Unterlass vor Gott über uns Zeter schreien und klagen.

Zum dritten soll man ihnen alle ihre Betbüchlein und Talmudisten nehmen, in denen solche Abgötterei, Lügen, Fluch und Lästerung gelehrt wird.

Zum vierten soll man ihren Rabbinern bei Leib und Leben verbieten, hinfort zu lehren; denn dieses Amt haben sie mit allem Recht verloren...

Fünftens soll man den Juden das Geleit und die [freie] Straße ganz aufheben. Denn sie haben nichts auf dem Lande zu schaffen, weil sie weder Herren noch Amtleute noch Händler oder desgleichen sind. Sie sollen daheim bleiben ...

Sechstens soll man ihnen den Wucher verbieten und ihnen alle Barschaft und Kleinodien an Silber und Gold nehmen und es zur Verwahrung beiseitelegen. Und dies ist der Grund [dafür]: Alles, was sie haben, haben sie (wie oben gesagt) uns gestohlen und geraubt durch ihren Wucher, weil sie sonst keinen andern Nahrungserwerb haben. Solches Geld sollte man dazu benützen – und nicht anders! –, dass man, wenn ein Jude sich ernstlich bekehrte, ihm davon hundert, zwei, dreihundert Gulden auf die Hand gäbe nach Maßgabe der Personen, damit er einen Beruf für sein armes Weib und seine Kindlein anfangen könne, und dass man die Alten und Gebrechlichen damit unterhalte ...

Siebentens soll man den jungen, starken Juden und Jüdinnen Flegel, Axt, Karst, Spaten, Rocken, Spindel in die Hand geben und sie ihr Brot verdienen lassen im Schweiß der Nase, wie es Adams Kindern aufgelegt ist (1.Mose 3,19). ... Befürchten wir aber, dass sie uns an Leib, Weib, Kind, Gesinde, Vieh usw. Schaden tun könnten, wenn sie uns dienen oder arbeiten sollen – weil die Vermutung naheliegt, dass solche edlen Herren der Welt und giftigen, bitteren Würmer, keiner Arbeit gewohnt, nur ungern sich so sehr unter die verfluchten Gojim* demütigen werden –, so lasst uns bei der natürlichen Klugheit der andern Nationen wie Frankreich, Spanien, Böhmen usw. bleiben und mit ihnen abrechnen, was sie uns abgewuchert haben; und darnach gütlich geteilt, sie aber auf jeden Fall zum Land hinausgetrieben! Denn, wie gehört, Gottes Zorn ist so groß über sie, dass sie durch sanfte Barmherzigkeit nur ärger und ärger, durch Schärfe aber [nur] wenig besser werden. Darum nur fort mit ihnen!

Aus »Von den Juden und ihren Lügen«

*Gojim: jüdische Bezeichnung für die nichtjüdischen Völker

(3) Luthers letzte Predigt

Darum sollt ihr Herren sie nicht leiden, sondern wegtreiben. Wo sie sich aber bekehren, ihren Wucher lassen und Christus annehmen, so wollen wir sie gerne als unsere Brüder halten.

Anders wird nichts daraus, denn sie machen's zu groß. Sie sind unsere öffentlichen Feinde hören nicht auf, unsern Herrn Jesus Christus zu lästern, heißen die Jungfrau Maria eine Hure, Christum ein Hurenkind. Uns heißen sie Wechselbälge und Mahlkälber [= Missgeburten], und wenn sie uns alle töten könnten, so täten sie es gerne und tun's auch oft, sonderlich die sich für Ärzte ausgeben, ob sie gleich je zuzeiten helfen. ...

Darum seid unverworren mit ihnen als mit denen, die da nichts anders bei euch tun, denn dass sie unsern lieben Herrn Jesus Christus gräulich lästern, stehen uns nach Leib, Leben, Ehre und Gut. Noch wollen wir die christliche Liebe an ihnen üben und für sie bitten, dass sie sich bekehren, den Herrn annehmen, den sie vor uns billigerweise ehren sollten. Welcher solches nicht tun will, da setze es in keinen Zweifel, dass der ein verböster Jude ist, der nicht ablassen wird, Christum zu lästern, dich auszusaugen und [wo er kann] zu töten.

Letzte Kanzelabkündigung Luthers in Eisleben am 15. Februar 1546 nach der Predigt, die er wegen eines Schwächeanfalls abkürzen musste

(4) Es war im Jahr 1543 - Eine Erzählung

Ascher Ben Jehuda eilte gesenkten Hauptes durch die Stadt. An seiner Kleidung konnte man schon von Weitem erkennen, dass er Jude war. Vor allem am Hut, den die Juden seit dem Laterankonzil von 1215 zu tragen hatten. Ascher Ben Jehuda war der Rabbiner der kleinen Judengemeinde in E. Heute morgen war er bei dem Buchhändler der Stadt gewesen und hatte bei ihm ein kleines Büchlein gefunden, das er sofort gekauft hatte. Es hieß »Von den Juden und ihren Lügen« und hatte den Wittenberger Professor Martin Luther zum Autor. Der Buchhändler hatte es ihm mit teilnehmender Miene verkauft und gesagt: »Jetzt müsst ihr wieder mal daran glauben, ihr Juden.« Doch ein anderer Kunde hatte vor sich hingemurmelt: »Das schadet den Juden gar nichts. Denen ist es in den letzten Jahren doch viel zu gut gegangen.« Der Rabbiner hatte geschluckt, aber nichts gesagt.

Jetzt bog er in die Judengasse ein und verschwand in einem kleinen Haus. Alle Juden seiner Gemeinde wohnten in seiner Straße. So sah es die städtische Ordnung vor. Daheim traf er seinen Freund Benjamin. »Ascher, was schaust du denn so verzweifelt drein?«, fragte Benjamin. Ascher hielt das Büchlein in die Höhe und sagte: »Deswegen. Das habe ich heute gekauft. Weh uns, wenn das in Erfüllung geht, was Martin Luther hier vorschlägt.« – »Martin Luther, vor dem habe ich keine Angst«, sagte Benjamin. »Vor etwa 20 Jahren habe ich eine kleine Schrift von ihm gelesen »Dass Jesus ein geborener Jude sei« und war begeistert. Da warf er den Altgläubigen vor, dass sie die Juden bisher viel zu schlecht behandelt haben.« – »Ja«, sagte Ascher, »mir hat das Büchlein damals auch gut gefallen, jedenfalls zum Teil. Aber ich habe damals schon meine Fragen gehabt. Luther sagte nämlich: Kein Wunder, wenn die Juden nicht Christen werden wollen, wenn sie so behandelt werden. Wenn man ihnen anders begegnet, sie freundlich behandelt, dann würden sie alle Christen.« Benjamin erwiderte: »Du meinst also, er habe gar nichts von den Juden als Juden wissen wollen, sondern nur vor den Juden als zukünftigen Christen?« – »Genau so«, unterstrich Ascher, »die Juden lehnte Luther schon damals ab wie heute, z.B. weil sie Jesus von Nazareth nicht als Messias anerkannten und weil sie sich noch heute auf die Einhaltung der Tora verlassen und nicht auf die Gnade Gottes.« Benjamin blickte traurig drein: »Ja, das ist immer das Gleiche gewesen. Wir Juden sollten Jesus anerkennen, wo doch jeder sehen kann, dass er gar nicht der Messias gewesen sein kann. Nichts von dem, was unsere Propheten vom Messias und seiner Zeit vorhersagten, ist doch eingetreten. Wo ist denn Friede auf Erden, wo ist Gerechtigkeit unter den Völkern? Wir müssen immer noch auf ihn warten bis Er – geheiligt sei sein Name – uns den Messias schicken wird« – »Ja«, sagte Ascher, »sie wollen eben immer nur das Eine, dass wir uns taufen lassen, dass wir Christen werden. Aber das können wir doch nicht. Gott hat uns, die Juden, zu seinem Volk erwählt. Mit uns hat er einen Bund geschlossen. Uns hat er die Tora gegeben. Wie könnten wir von Ihm – geheiligt sei sein Name – abfallen?!«

Benjamin fragte: »Und was schreibt denn nun Luther in diesem Büchlein mit dem schrecklichen Titel?« Ascher sagte: »Mich hat vor allem der Ton erschreckt, wie er über uns Juden schreibt. Luther wiederholt die uralten Vorwürfe gegen uns, wir hätten ihren Christus gekreuzigt und würden den christlichen Glauben verachten.« Außerdem wirft er uns vor, wir würden uns durch Zins und Wucher unrechtmäßig an den Christen bereichern.

Und ganz besonders schlimm finde ich, was er uns androht, wenn wir nicht Christen werden, zum Beispiel: ›..dass man ihre Synagogen oder Schulen mit Feuer anstecke und was nicht brenne, mit Erde überhäufe und beschütte.‹«

»Genug! Genug«!, warf Benjamin ein. »Bleibt nur zu hoffen, dass das nicht kommen wird, was er fordert.«

Aufgaben:
Diskutiert die folgenden Fragen:
— Woher kommt der scharfe Ton gegenüber den Juden in seinen späten Schriften?
— Welche Maßnahmen empfiehlt er der Obrigkeit?
— Warum soll die christliche Obrigkeit aktiv werden?
— Was lösen Luthers judenfeindliche Schriften bei den Juden aus?
— Woran wird deutlich, dass Luther kein Rassist war?

Christlicher Antijudaismus	Allgemeine Judenfeindschaft	Rassischer Antisemitismus
Ablehnung der Juden aus religiösen Gründen. Die Juden als »Christusmörder«. Ein getaufter Jude ist kein Jude mehr.	Vorurteile gegenüber der jüdischen Minderheit aufgrund der ethischen, sozialen, politischen oder kulturellen Unterschiede, z.B. das Vorurteil: Die Juden sind »geldgierig«.	Hass gegen die Juden als angeblich »minderwertige Schmarotzerrasse«. Der Hass gilt allen Menschen jüdischer Abstammung, ganz gleich, ob sie getauft sind oder nicht.

173_Kap23

»Der erste Schritt zur Anbahnung des sozialen Friedens in unserem Vaterlande, ja in der gesamten zivilisierten Welt, wird deshalb der sein, dieser überhandnehmenden Herrschaft des Judentums einen Damm entgegenzusetzen.«
Rudolf Todt, 1877

»Der getaufte Jude bleibt Mitglied des großen Blutsbundes der Hebräer und hat die Pflicht, die jüdischen Sonderinteressen wahrzunehmen. Die Juden verbindet der gemeinsame Hass auf alles Nichtjüdische.«
Theodor Fritsch, 1893

»Sehet wir ziehen dahin, das heilige Grab aufzusuchen. So lasst uns an den Juden Rache nehmen, die Jesus umgebracht haben.«
Parole der Kreuzfahrer

»Die Judennase ist an ihrer Spitze gebogen. Sie sieht aus wie ein Sechser...«

174_Kap23

»Wenn ihr ein Kreuz seht, dann denkt an den grauenhaften Mord der Juden auf Golgatha...«

»Der Gott des Juden ist das Geld. Und um Geld zu verdienen, begeht er die größten Verbrechen. Er ruht nicht eher, bis er auf einem großen Geldsack sitzen kann, bis er zum König des Geldes geworden ist.«

175_Kap23

Aufgabe:
- Der Nationalsozialismus stellte den rassischen Antisemitismus in den Vordergrund; er machte sich aber auch die beiden anderen Formen des Judenhasses zunutze. Dies zeigen die drei Bilder auf dieser Seite; sie stammen zusammen mit den dazugehörenden Texten aus einem 1938 erschienenen antisemitischen Kinderbuch »Der Giftpilz. Ein Märchenbuch für Jung und Alt«.
  Ordnet Texte und Bilder den drei Formen des Judenhasses zu und charakterisiert sie mit eigenen Worten, Ihr könnt dazu auch ein Plakat gestalten.

M 23/7 Aus einer Erklärung des Lutherischen Weltbundes

»Wir Lutheraner leiten unseren Namen von Martin Luther ab, dessen Verständnis von Christentum auch weitgehend unsere Lehrgrundlage bildet. Die wüsten antijüdischen Schriften des Reformators können wir jedoch weder billigen noch entschuldigen. ...

Wir glauben, dass eine ehrliche und die historischen Gegebenheiten berücksichtigende Auseinandersetzung mit Luthers Angriffen auf die Juden den Antisemiten unserer Zeit den Vorwand entzieht, sie könnten sich mit ihrem Antisemitismus auf die Autorität von Luthers Namen berufen. ...

Wir stellen jedoch mit tiefem Bedauern fest, dass Luthers Name zur Zeit des Nationalsozialismus zur Rechtfertigung des Antisemitismus herhalten musste und dass seine Schriften sich für einen solchen Missbrauch eignen. ...

Die Sünden von Luthers antijüdischen Äußerungen und die Heftigkeit seiner Angriffe auf die Juden müssen mit großem Bedauern zugegeben werden. Wir müssen dafür sorgen, dass eine solche Sünde heute und in Zukunft in unseren Kirchen nicht mehr begangen werden kann.«

Erklärung des Lutherischen Weltbundes vom 1. August 1984

Aufgaben:
- Ihr findet den gesamten Text der Erklärung im Internet, wenn ihr die Stichworte »Lutherischer Weltbund Luther und die Juden« eingebt.
- Überlegt Konsequenzen für die Kirchen, die aus dieser Erklärung gezogen werden müssen.

M 23/8 Die »Wittenberger Judensau«

176_Kap23

177_Kap23

Luthers Kommentar:

»Es ist hier zu Wittenberg an unserer Pfarrkirche eine Sau in Stein gehauen. Da liegen junge Ferkel und Juden darunter, die saugen. Hinter der Sau steht ein Rabbiner, der hebt der Sau das rechte Bein empor und mit seiner linken Hand zieht er den Bürzel [d.i. Schwanz] über sich, bückt [sich] und guckt mit großem Fleiß der Sau unter den Bürzel in den Talmud hinein, als wolle er etwas Scharfes (Schwieriges) und Sonderliches lesen und ersehen.

Aufgaben:

Betrachtet die Abbildung der »Wittenberger Judensau« und lest dazu Luthers Text.
Im Klassenverband oder in Kleingruppen könnt ihr die folgenden Fragen erörtern:
— Welche Hintergründe könnte es geben für eine solche grauenhafte Plastik?
— Welcher Form des Judenhasses ist sie in besonderer Weise zuzuordnen?

Betrachtet nun die Gedenktafel, die 1988 unterhalb der »Judensau« an der Wittenberger Stadtkirche in den Boden eingelassen wurde. Darauf ist Folgendes zu erkennen:
— In der Mitte vier Platten, die das Böse zu bedecken und zurückzuhalten versuchen, das jedoch immer wieder aus allen Fugen hervorquillt.
— Ps 130,1 in hebräischer Sprache: »Aus der Tiefe rufe ich Herr zu dir.«
Der deutsche Text lautet: »Gottes eigentlicher Name, der geschmähte Schem HaMphoras, den die Juden vor den Christen fast unsagbar heilig hielten, starb in sechs Millionen Juden unter einem Kreuzeszeichen.«

Diskutiert in Gruppen, was mit dieser Gedenktafel ausgesagt werden soll, und tragt die Ergebnisse zusammen

Spielt eine Sitzung des Kirchengemeinderats der Stadtkirche von Wittenberg und diskutiert die Frage: Was soll mit der »Judensau« geschehen? Soll man die Plastik entfernen oder soll man sie stehen lassen und eine Gedenktafel dazu anbringen?
Wenn ihr zur Entscheidung kommt, eine Gedenktafel anzubringen: Entwerft einen Text, evtl. auch ein Symbol für eine solche Gedenktafel.

Ihr könnt auch ein Rollenspiel gestalten:
Eine Besuchergruppe aus den USA, darunter Lutheraner und einige Juden, besucht Wittenberg. Vor der Stadtkirche entsteht angesichts der Judensau und der Gedenktafel eine heftige Diskussion.

Die Bilder zum »Grundkurs Martin Luther und die Reformation«

Dieser Band und das Digitale Zusatzmaterial bieten eine Fülle verschiedenartiger Bilder, u.a. Ölbilder, Fresken, Kupferstiche, Holzschnitte, Fotos und Zeichnungen. Diese Bilder wollen nicht nur die Texte illustrieren – das tun sie teilweise natürlich auch – , sondern vor allem als eigenständige Quellen interpretiert werden. Die als DZ verfügbaren Erklärungen zu diesem Bildmaterial geben Hilfen zur Interpretation und zur Verwendung in Unterricht und Erwachsenenbildung.

Die Bilder auf den Flugschriften zeigen u.a. den »Propagandakrieg« zwischen »Altgläubigen« und Protestanten, so etwa wenn Luther mit sieben Köpfen oder als mit dem Teufel verbündet abgebildet wird, wenn der Papst als Antichrist erscheint oder die »Altgäubigen« als Tiere dargestellt werden. Die Lutherbilder im Zeitalter der Reformation, aber auch in den Jahrhunderten danach und letztlich bis heute zeigen, wie unterschiedlich der Reformator in den knapp 500 Jahren seit dem Beginn der Reformation gesehen wurde. Gleichzeitig geben sie einen Einblick in die verschiedenen kirchengeschichtlichen Epochen und können damit auch aufzeigen, wie der Reformator immer wieder instrumentalisiert wurde, z.B. als nationaler Kämpfer im 19. und 20. Jahrhundert. Das jeweils zeitbedingte Lutherbild, wie es sich in den unterschiedlichen Lutherdarstellungen zeigt, herauszu-arbeiten ist eine reizvolle Aufgabe in Schule und Gemeinde. Ein Ergebnis kann sein, dass sich die Schüler/innen bzw. Seminarteilnehmer/innen ihr eigenes Lutherbild »schaffen«.

Die Abfolge der Bilder zu den einzelnen Kapiteln (aufgeführt sind im Folgenden jeweils Bildnummer, Bildtitel und Entstehungszeit). Die nur online verfügbaren Abbildungen tragen den Zusatz »Z«:

1_Bilder Septembertestament, Bild 11
          Das Tier aus dem Abgrund (1522)
2_Bilder Septembertestament, Bild 17
          Die Hure Babylon (1522)
3_Bilder Septembertestament, Bild 18
          Der Untergang Babels (1522)

Z1_Bilder Emser-Testament:
          Das Tier aus dem Abgrund (1527)
Z2_Bilder Emser-Testament:
          Die Hure Babylon (1527)

Kapitel 1 – Luthers Leben

4_Kap1   Lutherstatue in Wittenberg
         (Zeichnung, 1825)
5_Kap1   (nur als DZ:) Das Lutherdenkmal in
         Wittenberg (Foto)
6_Kap1   Luther verweist auf die Bibel (1883)
7_Kap1   Bildcollage: Luthers Leben
8_Kap1   »Von den Juden und ihren Lügen«
         (Titelblatt 1543)
9_Kap1   Die Leipziger Disputation (19. Jh.)
10_Kap1 Luther auf dem Reichstag zu Worms
         (19. Jh.)
11_Kap1 Luthers Vater (1527)
12_Kap1 Luthers Mutter (1527)
13_Kap1 Luther als Kurrendesänger (19. Jh.)
14_Kap1 Der Petersdom in Rom
         (2. Hälfte 16. Jh.)
15_Kap1 Luthers Hochzeit (19. Jh.)
16_Kap1 Der Thesenanschlag (Ausschnitt, 19. Jh.)
17_Kap1 Luther als Mönch (1520)
18_Kap1 Philipp Melanchthon (1526)

19_Kap1 Luther auf dem Sterbebett (19. Jh.)
20_Kap1 Die Wartburg (19. Jh.)

Z1_Kap1 Das Stammhaus der Familie Luder
         in Möhra (19. Jh.)
Z2_Kap1 »Dr. Martin Luther predigt im Dorfe
         Möhra« (19. Jh.)
Z3_Kap1 Philipp Melanchthon (1540)
Z4_Kap1 Luthers Grab in Wittenberg (Foto)
Z5_Kap1 Das Grabmal Luthers in Wittenberg
         (Foto)
Z6_Kap1 Die Wartburg heute (Foto)
Z7_Kap1 Die Wartburg: Innenhof (Foto)
Z8_Kap1 Die Lutherstube auf der Wartburg (Foto)
Z9_Kap1 Der Altar der Heiligen Veronika in Rom
         (1491)
Z10_Kap1 Luthers Totenbildnis (1546)
Z11_Kap1 »Luthers Abschied aus dieser Welt«
         (nach 1546)

Kapitel 2 – Kindheit - Schule - Jugend

11_Kap1 Luthers Vater (1527)
12_Kap1 Luthers Mutter (1527)
21_Kap2 Mittelalterliche Schulstube (1479)
22_Kap2 Puzzle aus 21_Kap2

Z1_Kap2 Schulhaus in Mansfeld (Foto 1933)
Z2_Kap2 Luthers Geburtshaus in Eisleben
         (Foto 1933)
Z3_Kap2 Luthers Sterbehaus in Eisleben (Foto 1933)
Z4_Kap2 Das Lutherhaus in Eisenach (Foto)
Z5_Kap2 Lehrer und Schüler (1516)
Z6_Kap2 Schule im 16. Jahrhundert (1524)

Kapitel 3 — Um 1500: Eine neue Zeit

23_Kap3   Das neue Weltbild (19. Jh.)
24_Kap3   Der älteste erhaltene Globus der Welt (1491/92)
25_Kap3   Ein Seefahrer mit Kompass (15. Jh.)
26_Kap3   Die Werkstatt Gutenbergs (1619)
27_Kap3   Nikolaus Kopernikus (16. Jh.)
28_Kap3   Christoph Kolumbus und Schiff (um 1500)
29_Kap3   Geschütze (16. Jh.)
30_Kap3   Jakob Fugger (1520)
31_Kap3   Bergbau (16. Jh.)
32_Kap3   Der Mensch und das neue Weltbild (Comic)
23_Kap3   Das neue Weltbild (19. Jh.)
33_Kap3   Matthias Grünewald, Der Isenheimer Altar — Kreuzigung (1512-1516) (nur als DZ)
34_Kap3   Hieronymus Bosch, Die Hölle (1485-1490) (nur als DZ)
35_Kap3   Leonardo da Vinci, Mona Lisa (1503-1506) (nur als DZ)
36_Kap3   Lucas Cranach d.Ä., Katharina von Bora (1526) (nur als DZ)
37_Kap3   Albrecht Dürer, Selbstbildnis (1498) (nur als DZ)
38_Kap3   Michelangelo Buonarroti, Die Erschaffung Adams (1508-1512) (nur als DZ)
39_Kap3   Gotisches Kruzifix (15. Jh.) (nur als DZ)

Z1_Kap3   Albrecht Dürer, Selbstbildnis (1500)
Z2_Kap3   Bergbau im 15. Jahrhundert (um 1495)

Kapitel 4 — Das Mittelalter

40_Kap4   Albrecht Dürer, Die apokalyptischen Reiter (1498)
41_Kap4   Dämonen aus dem Isenheimer Altar (1512-1516)
33_Kap3   Der Isenheimer Altar — Kreuzigung (1512-1516) (nur als DZ)
42_Kap4   Der Isenheimer Altar — Der Auferstandene (1512-1516) (nur als DZ)
43_Kap4   Albrecht Dürer, Hieronymus im Gehäuse (1514)
40_Kap4   Albrecht Dürer, Die apokalyptischen Reiter (1498)
44_Kap4   Puzzle aus 40_Kap4
45_Kap4   Das Lutherdenkmal in Worms (19. Jh.)
46_Kap4   Johannes Hus (19. Jh.)
47_Kap4   John Wyclif (19. Jh.)
48_Kap4   Petrus Waldus (19. Jh.)
49_Kap4   Girolamo Savonarola (19. Jh.)
50_Kap4   Luther und der Schwan (um 1650)

Z1_Kap4   Hus auf dem Scheiterhaufen (1484)
Z2_Kap4   Kurfürst Friedrich der Weise verehrt die Gottesmutter (um 1514)
Z3_Kap4   Alabasterstatue: Friedrich der Weise (1520)
Z4_Kap4   Friedrich der Weise (Zeichnung, 1825)
Z5_Kap4   Holzschwan in Luthers Sterbehaus in Eisleben (Foto)

Kapitel 5 — Luthers Entdeckung: Die neue Gerechtigkeit

51_Kap5   Die Lutherrose
52_Kap5   Gesetz und Evangelium (nach 1529)
53_Kap5   Christus als Weltenrichter (1493)
54_Kap5   Rembrandt, Die Rückkehr des verlorenen Sohnes (1636)
55_Kap5   Hände (1) (Foto)
56_Kap5   Hände (2) (Foto)
57_Kap5   Hände (3) (Foto)
58_Kap5   Hände (4) (Foto)
59_Kap5   Hände (5) (Foto)
60_Kap5   Hände (6) (Foto)
61_Kap5   Hände (7) (Foto)
62_Kap5   Hände (8) (Foto)
63_Kap5   Hände (9) (Foto)
64_Kap5   Hände (10) (Foto)
65_Kap5   Hände (11) (Foto)
51_Kap5   Die Lutherrose mit Initialen (ab 1524)
66_Kap5   Lutherrose zum Ausmalen
52_Kap5   Gesetz und Evangelium (nach 1529)

Z1_Kap5   Christus als Weltenrichter (Sandsteinrelief, um 1400)
Z2_Kap5   Gesetz und Evangelium (ca. 1535 in Farbe)
Z3_Kap5   Gesetz und Evangelium (Holzschnitt mit Ziffern)

Kapitel 6 — Der Ablassstreit

67_Kap6   Thesenanschlag (Ausschnitt 1917)
68_Kap6   Tetzel in Aktion (aus dem Film »Luther — er veränderte die Welt für immer«)
69_Kap6   Luther und Hanna (aus dem Film »Luther — er veränderte die Welt für immer«)
70_Kap6   Thesenanschlag (Zeichnung, 1825)
67_Kap6   Thesenanschlag (1917)
16_Kap1   Thesenanschlag (19. Jh.)

Z1_Kap6   Der Ablasskrämer Johann Tetzel (Anfang 16. Jh.)
Z2_Kap6   Flugschrift zum Ablasshandel (1521)
Z3_Kap6   Albrecht von Mainz (1523)
Z4_Kap6   Ablasshandel (1. Hälfte des 16. Jh.)
Z5_Kap6   Spottbild auf den Ablasskrämer Tetzel (17. Jh.)
Z6_Kap6   Der Traum Friedrichs des Weisen (1617)
Z7_Kap6   Die Schlosskirche zu Wittenberg (1508)
Z8_Kap6   Die Wittenberger Thesentür (Foto)
Z9_Kap6   Luther vor Cajetan (1557)
Z10_Kap6 Georg Spalatin (1517)

Kapitel 7 — Reformatorische Hauptschriften

71_Kap7 Titelblatt »Von der Freiheit eines Christenmenschen« (1520)

Z1_Kap7 Titelblatt »An den christlichen Adel deutscher Nation« (1520)

Z2_Kap7 Titelblatt »Von der babylonischen Gefangenschaft der Kirche« (1520)

Z3_Kap7 Bannandrohungsbulle von 1520

Z4_Kap7 Verbrennung der Bannandrohungsbulle 1 (1556)

Z5_Kap7 Verbrennung der Bannandrohungsbulle 2 (1811)

Kapitel 8 — Die Kulisse: Europa im 16. Jahrhundert

72_Kap8 Karl V. (1520)

73_Kap8 Karte: Die politischen Verhältnisse in Europa zur Zeit der Reformation

74_Kap8 Umrisskarte

75_Kap8 Puzzleteile aus 73_Kap8 (M 8/5b)

Z1_Kap8 Papst Leo X. (1518/1519)

Z2_Kap8 Deutschland um 1500

Z3_Kap8 73_Kap8 in Farbe

Kapitel 9 Der Reichstag zu Worms

76_Kap9 Luther auf dem Reichstag zu Worms (1521)

77_Kap9 Luthers Einzug in Worms (19. Jh.)

78_Kap9 Luther erscheint vor dem Reichstag (19. Jh.)

10_Kap1 Luther auf dem Reichstag zu Worms (19. Jh.)

76_Kap9 Luther auf dem Reichstag zu Worms (plus Sprechblasen)

Z1_Kap9 Luther auf dem Reichstag zu Worms (1557)

Kapitel 10 — Die Reformation als Volksbewegung

79_Kap10 Friedrich der Weise (1524)

16_Kap1 Thesenanschlag (19.Jh.)

80_Kap10 Desiderius Erasmus von Rotterdam (1526)

81_Kap10 Bewaffneter Bauer (1524)

82_Kap10 Philipp von Hessen (um 1546)

83_Kap10 Franz von Sickingen (1525)

84_Kap10 Das sinkende Schiff der Kirche (1508)

85_Kap10 Jakob Fugger (um 1511)

86_Kap10 Goldschmied (1520)

87_Kap10 Tagelöhner (16. Jh.)

16_Kap1 Thesenanschlag (19. Jh.)

88_Kap10 Button mit »Ampel« (Collage/Sinkendes Schiff der Kirche)

89_Kap10 Button mit »Ampel« (Collage Augsburg/Jakob Fugger)

90_Kap10 Button mit »Ampel« (Collage Friedrich der Weise)

91_Kap10 Button mit »Ampel« (Collage Bewaffneter Bauer)

92_Kap10 Button mit »Ampel« (Collage Augsburg/Tagelöhner)

93_Kap10 Button mit »Ampel« (Collage Augsburg/Goldschmied)

94_Kap10 Button mit »Ampel« (Collage Franz von Sickingen)

95_Kap10 Button mit »Ampel« (Collage Erasmus von Rotterdam)

Z1_Kap10 Friedrich der Weise im Alter von 36 Jahren (um 1500)

Z2_Kap10 Erasmus von Rotterdam (1522)

Kapitel 11 — Der Bauernkrieg

81_Kap10 Bewaffneter Bauer (1524)

Z1_Kap11 Bauern besetzen ein Kloster (1525)

Z2_Kap11 Thomas Müntzer (1608)

Z3_Kap11 Titelblatt »Wider die räuberischen und mörderischen Rotten der Bauern« (1525)

Kapitel 12 Katharina von Bora

96_Kap12 Martin Luther (1526)

36_Kap3 Katharina von Bora (1526)

97_Kap12 Janus-Kopf der Katharina von Bora (20. Jh.)

15_Kap1 Luthers Hochzeit (19. Jh.)

98_Kap12 Luthers Familie (19. Jh.)

99_Kap12 Die Flucht der Nonnen aus dem Kloster (19. Jh.)

100_Kap12 Das Katharinenportal (Foto)

101_Kap12 Grabstein der Katharina von Bora (Foto)

102_Kap12 Nonnen beim Essen (1341)

103_Kap12 Klosterruine Marienthron, Nimbschen (19. Jh.)

Z1_Kap12 Titelblatt einer Schmähschrift gegen Katharina von Bora (1749)

Z2_Kap12 Titelholzschnitt aus einer Schmähschrift gegen Katharina von Bora (1749)

Z3_Kap12 Katharina von Bora nach Lucas Cranach (1883)

Z4_Kap12 Spottbild auf Martin Luther und seine Frau (Anfang 17. Jh.)

Z5_Kap12 Die Trauung Luthers mit Katharina von Bora (1871)

Z6_Kap12 Luther am Sarg seiner Tochter Magdalene (19. Jh.)

Kapitel 13 — Die Entwicklung bis zum Augsburger Religionsfrieden (1555)

104_Kap13   Der Augsburger Religionsfrieden (1555)
20_Kap1   Die Wartburg (19. Jh.)
73_Kap8   Franz I. (um 1530)
105_Kap13   Stadtansicht von Speyer (1637)
106_Kap13   Verlesung der Confessio Augustana (1655)
107_Kap13   Johann Friedrich der Großmütige (1546)
73_Kap8   Suleiman der Prächtige (1519)
82_Kap10   Philipp von Hessen (um 1546)
108_Kap13   Karl V. nach der Schlacht bei Mühlberg (1548)
109_Kap13   Das Augsburger Interim (1548)
110_Kap13   Moritz von Sachsen (um 1550)
104_Kap13   Der Augsburger Religionsfrieden (1555)

Z1_Kap13   Die drei Kurfürsten von Sachsen (1817)
Z2_Kap13   Johann Friedrich von Sachsen zu Pferd (um 1550)
Z3_Kap13   Johann Friedrich von Sachsen (Farbbild um 1550)
Z4_Kap13   Gefangennahme Johann Friedrich (1561)
Z5_Kap13   Kurfürst Moritz von Sachsen (um 1550)
Z6_Kap13   Johann der Beständige (nach Cranach)
Z7_Kap13   Luther am Krankenbett Melanchthons (19. Jh.)
Z8_Kap13   Kurfürst Johann Friedrich der Großmütige (Neues Testament 1546)

Kapitel 14 — Martin Luther und die Bibel

6_Kap1   Luther verweist auf die Bibel (1883)
111_Kap14   Das Septembertestament (1522)
112_Kap14   Mk 10,13-16 aus dem Septembertestament (1522)
113_Kap14   Mk 10,13-16 aus der 8. deutschen Bibel (1480)
114_Kap14   Collage zu den Bibelübersetzungen im Mittelalter
115_Kap14   Mt 12, 33-37 aus der 8. deutschen Bibel (1480)
116_Kap14   Mt 12, 33-37 aus dem Septembertestament (1522)
117_Kap14   Jes 40, 1-2 aus der 8. deutschen Bibel (1480)
118_Kap14   Jes 40, 1-2 aus der Lutherbibel 1534
119_Kap14   Aus dem Emser-Testament (1529)

Z1_Kap14   Luther als Junker Jörg (1522)
Z2_Kap14   Titelblatt der Lutherbibel von 1534

Kapitel 15 — Lieder

120_Kap15   Notenblatt (1523)
121_Kap15   Lied: Ach Gott vom Himmel sieh darein (1524)
122_Kap15   Liedblatt: 1. Strophe EG 362

Z1_Kap15   Das Achtliederbuch (1523/24)
Z2_Kap15   Lied: Ein feste Burg ist unser Gott (1529)

Kapitel 16 — Der Katechismus

123_Kap16   Titelblatt »Der Kleine Katechismus« (1529)

Kapitel 17 — Der Gottesdienst

124_Kap17   Luther predigt (1539-1547)

Z1_Kap17   Predella des Wittenberger Refomatorenaltars (1539-1547)

Kapitel 18 — Das Augsburger Bekenntnis

18_Kap1   Philipp Melanchthon (1526)
106_Kap13   Verlesung der Confessio Augustana (1655)

Z1_Kap18   Titelblatt der Augsburger Konfession (1530)
Z2_Kap18   Melanchthon tauft (1539-1547)
Z3_Kap18   Melanchthon tauft (Zeichnung 1825)
Z4_Kap18   Die Veste Coburg (vor 1838)

Kapitel 19 — Die reformierte Tradition: Zwingli und Calvin

125_Kap19   Zwingli (1549)
126_Kap19   Calvin (1550)
127_Kap19   Das Marburger Religionsgespräch 1529 (19. Jh.)
128_Kap19   Innenraum einer lutherischen Kirche (Foto)
129_Kap19   Innenraum einer reformierten Kirche (Foto)
130_Kap19   Karte: lutherische und reformierte Kirchen weltweit

Z1_Kap19   Unterschriften unter die Marburger Artikel (1529)
Z2_Kap19   Das Abendmahl in beiderlei Gestalt (1. Hälfte 16. Jh.)
Z3_Kap19   Das Marburger Religionsgespräch 1529 (19. Jh.)
Z4_Kap19   Das Genfer Reformationsdenkmal (Foto)

Kapitel 20 — Landeskirchen entstehen

131_Kap20   EKD-Logo
132_Kap20   Karte: Die deutschen Landeskirchen

Kapitel 21 – Das Lutherbild im Wandel der Zeiten

133_Kap21 Frühestes Lutherbild (1519)
17_Kap1 Luther als Mönch (1520)
134_Kap21 Luthers Teufelsküche (um 1520)
135_Kap21 Luther mit »Heiligenschein« (1521)
136_Kap21 Die Wittenbergisch Nachtigall (1523)
137_Kap21 Der siebenköpfige Luther (1529)
138_Kap21 Luther im Alter von 50 Jahren (1533)
139_Kap21 Luther als Evangelist Matthäus (1530)
140_Kap21 Luther, des Teufels Dudelsack (um 1530)
141_Kap21 Letztes Bildnis Martin Luthers (1545)
142_Kap21 Luther als Prediger der reinen Lehre (1546)
143_Kap21 Luther als religiöser Befreier (1524)
144_Kap21 Luther in der Orthodoxie (18. Jh.)
145_Kap21 Luther im Pietismus (18. Jh.)
146_Kap21 Luther als Aufklärer (18. Jh.)
147_Kap21 Luther als »teutscher Mann« (1817)
148_Kap21 Luther in der Romantik (1840)
149_Kap21 Luther als Familienvater (19. Jh.)
150_Kap21 Luther als Persönlichkeit (1903)
151_Kap21 Lutherbildnis nach dem Wormser Lutherdenkmal (1883)
152_Kap21 Gedenkmedaille 1917
67_Kap6 Thesenanschlag 1917
153_Kap21 Barlach, Luther (1915)
154_Kap21 Luthermünze 1933
155_Kap21 Luther in der DDR (Tübke, Panorama) (1976-1987)
156_Kap21 Prechtl, »M.L. inwendig voller Figur« (1983)
157_Kap21 Martin Luther 1983
158_Kap21 Hörl, »Hier stehe ich« (Installation) (2010)
159_Kap21 Luther-Gedenkblatt 1883
160_Kap21 Luther mit dem Teufel im Bund (1535)
161_Kap21 Collage: Papst Johannes Paul II. und Luther (1983)

Z1_Kap21 Luther mit Doktorhut (1521)
Z2_Kap21 Luther mit Doktorhut und Lichtglorie (1523)
Z3_Kap21 Luther und sein Kurfürst unter dem Kreuz (1546)
Z4_Kap21 Luther und Lucas Cranach zusammen mit Johannes dem Täufer unter dem Kreuz (1553)
Z5_Kap21 Großenhainer Unterhaltungs- und Anzeigenblatt 1883
Z6_Kap21 Martin Luther in der Sicht der Deutschen Christen (1933)
Z7_Kap21 Lutherdenkmal in Berlin beim 450. Geburtstag des Reformators 1933
Z8_Kap21 159_Kap21 als Poster (4 Teile)

Kapitel 22 – Das Papsttum aus evangelischer Sicht

161_Kap21 Collage: Papst Johannes Paul II. und Luther (1983)
162_Kap22 Das Papstwappen von Franziskus (2013)

Kapitel 23 – Luther und die Juden

163_Kap23 Juden schlagen Jesus ans Kreuz (Mitte 14. Jh.)
164_Kap23 Der Stürmer (1937)
165_Kap23 Headline: Dr. Martin Luther und die Juden (1937)
166_Kap23 Lutherporträt im »Stürmer« (1937)
167_Kap23 Julius Streicher (1938)
168_Kap23 »Judentaufe« (1938)
169_Kap23 Das Südportal des Straßburger Münsters (Foto)
170_Kap23 Die Figur der Ecclesia am Straßburger Münster (Foto)
171_Kap23 Die Figur der Synagoge am Straßburger Münster (Foto)
172_Kap23 Titelblatt »Dass Jesus Christus ein geborener Jude sey« (1523)
8_Kap1 Titelblatt »Von den Juden und ihren Lügen« (1543)
173_Kap23 Schulszene im Dritten Reich (1938)
174_Kap23 Die Juden und das Geld (1938)
175_Kap23 Die Juden als Christusmörder (1938)
176_Kap23 Die »Wittenberger Judensau« (Foto)
177_Kap23 Gedenktafel in Wittenberg (Foto)

Z1_Kap23 Die »Judensau« im Mittelalter (um 1479)

Ausgewählte Literatur

Empfohlene Lutherausgaben

Bornkamm, Karin/Ebeling, Gerhard (Hgg.): Martin Luther. Ausgewählte Schriften, 6 Bde. Frankfurt a.M. 1995

Metzger, Wolfgang (Hg.): Calwer Luther-Ausgabe, 12 Bde. Gütersloh 1993 und Neuhausen/Stuttgart 1996

Aland, Kurt: Martin Luther. Gesammelte Werke, Bde. 1—11, Digitale Bibliothek, Göttingen.
   Die DZ basieren auf der 10-bändigen Ausgabe »Luther Deutsch« von Kurt Aland

Fachliteratur

Bott, Gerhard (Hg.): Martin Luther und die Reformation in Deutschland. Katalog zur Ausstellung in Nürnberg zum 500. Geburtstag von Martin Luthers. Frankfurt a.M. 1983

Brecht, Martin: Martin Luther. Stuttgart 1981ff (Bd I 1981, Bd. II 1986, Bd. III 1987)

Fausel, Heinrich: D. Martin Luther. Sein Leben und Werk, 2 Bde. Neuhausen-Stuttgart [2]1996

Lilje, Hanns: Martin Luther in Selbstzeugnissen und Bilddokumenten. Rororo-Monographien 98. Reinbek 1982 (2003)

Moeller, Bernd: Deutschland im Zeitalter der Reformation. 1965. Neuauflage: Kl. Vandenhoeck-Reihe 1432. Göttingen [4]1999

Oberman, Heiko A.: Wurzeln des Antisemitismus. Christenangst und Judenplage im Zeitalter von Humanismus und Reformation. Berlin 1981

Osten-Sacken, Peter v. d.: Martin Luther und die Juden – neu untersucht anhand von Anton Margarithas »Der gantz Jüdische glaub« (1530). Stuttgart 2002

Reinitzer, Heimo: Gesetz und Evangelium. Über ein reformatorisches Bildthema, seine Tradition, Funktion und Wirkungsgeschichte. Bd. I: Text, Bd. II: Abbildungen. Hamburg 2006

Rogge, Joachim: Martin Luther. Sein Leben, seine Zeit, seine Wirkungen. Eine Bildbiographie. Berlin (Ost) 1982

Schilling, Heinz: Martin Luther. Rebell in einer Zeit des Umbruchs. Eine Biographie. München [2]2013

Stupperich, Robert: Die Reformation in Deutschland. dtv-Monographien zur Weltgeschichte. TB 3202. München 1972

Unser Glaube – Die Bekenntnisschriften der evangelisch-lutherischen Kirche, hg. von der Vereinigten Evangelisch-Lutherischen Kirche. Gütersloh [6]2013

Zahrnt, Heinz: Martin Luther in seiner Zeit – für unsere Zeit. München 1983

Didaktisch-methodische Literatur/Unterrichtsmaterialien

Bejick, Urte: Eine Geißel im Mittelalter – das Antoniusfeuer, in: dies./Thierfelder, Jörg/Zeilfelder-Löffler, Monika: Vom Armenspital zur Selbsthilfegruppe. Diakonie in der Vergangenheit und Gegenwart am Beispiel Badens. Materialien für Unterricht und Erwachsenenbildung. Karlsruhe 1998, 30—39

Feil-Götz, Elvira/Petri, Dieter/Thierfelder, Jörg: Martin Luther und seine Zeit. Materialien für die Grundschule. Stuttgart [2]2003

Gutschera, Herbert/Thierfelder, Jörg: Brennpunkte der Kirchengeschichte. Paderborn 1976

Diess.: Brennpunkte der Kirchengeschichte. Lehrerkommentar. Paderborn 1978
Gutschera, Herbert/Maier, Joachim/Thierfelder, Jörg: Geschichte der Kirchen. Ein ökumenisches Sachbuch mit Bildern. Freiburg i.Br. ²2006

Lachmann, Rainer/Gutschera, Herbert/Thierfelder, Jörg: Kirchengeschichtliche Grundthemen. Historisch-systematisch-didaktisch. Göttingen ³2010

Petri, Dieter/Thierfelder, Jörg: Martin Luther und die Reformation, in: Marggraf, Eckhart/Polster, Martin (Hgg.): Unterrichtsideen Religion, 8. Schuljahr, 2. Halbband. Stuttgart 2000, 125-192

Ringshausen, Gerhard: Vom »herrlichen unterscheid des gesetzes und der gnade«. Lukas Cranachs Lehrbild zur reformatorischen Theologie 1529, in: Praxis Geschichte 3/1990, 13—17

Weitere zitierte Literatur

Aland, Kurt: Die Briefe. Luther Deutsch, Bd. 10. Berlin 1983

Barth, Karl: Die Kirche und die Kirchen. Theologische Existenz heute, Heft 27. München 1935

Bauer, Elvira: Trau keinem Fuchs auf grüner Heid und keinem Jud bei seinem Eid. Nürnberg 1936

Besier, Gerhard: Die innere Krise der Reformation. Der Streit zwischen Luther und Erasmus um den freien Willen. Ein Unterrichtsvorschlag für die Sekundarstufe II, in: ders. u.a. : Martin Luther. Theologisch-Päda-gogische Entwürfe. Göttingen 1984, 232—283

Bienert,Walther: Martin Luther und die Juden. Ein Quellenbuch mit zeitgenössischen Illustrationen, mit Einführungen und Erläuterungen. Frankfurt a.M. 1982

Boehmer, Heinrich: Der junge Luther. Stuttgart ⁴1951

Bubenheimer, Ulrich: Medien und Verfahren im kirchengeschichtlichen Unterricht. Interpretation und Konfron-tation, in: Enwurf. Religionspädagogische Mitteilungen 4/1976, 49—60

Dankbaar, Willem F.: Calvin. Sein Leben und Werk. Hamburg 1976

Drews, P.: Der Bericht des Mykonius über die Visitation des Amts Tenneberg im März 1526, in: Friedensburg, Walter (Hg.): Archiv für Reformationsgeschichte. Texte und Untersuchungen. III. Jg. 1905/06. Leipzig 1906, 1—17

Eidam, Hardy/ Seib, Gerhard (Hgg.): »Er fühlt der Zeiten ungeheuren Bruch und fest umklammert er sein Bibelbuch...« Zum Lutherkult im 19. Jahrhundert. Berlin 1996

Erikson, Erik H.: Der junge Mann Luther. Reinbek 1970

Fischer, Michael: Religion, Nation, Krieg. Der Lutherchoral Ein feste Burg ist unser Gott zwischen Befreiungs-kriegen und Erstem Weltkrieg. Freiburg i. Br. 2014

Frieling, Reinhard: Katholisch und Evangelisch. Informationen über den Glauben. Göttingen ⁸1999 (⁹2007)

Fuchs, Walther Peter: Art. Karl V, In: RGG, Bd.3. Tübingen ³1959, 1152—1154

Gemeinsame Erklärung zur Rechtfertigungslehre. Abgedr. in: epd-Dokumentation, Nr. 36/ 99, 312ff

Heinemann, Gustav: Zum Gedenken an den Wormser Reichstag. In: epd-Dokumentation 22/71, 1971, 2ff

Hiemer, Ernst: Der Giftpilz. Nürnberg 1938

Jentsch, Werner u.a. (Hgg.): Evangelischer Erwachsenenkatechismus (abgk. EEK). Kursbuch des Glaubens. Gütersloh ²1975

Jung, Martin H.: Reformation und Toleranz – und die Juden. Anmerkungen eines Reformationshistorikers zum Israelsonntag 2013. Erschienen in: Israelsonntag 2013, Hg. Aktion Sühnezeichen Friedensdienste. Berlin 2013

Junghans, Helmar (Hg.): Die Reformation in Augenzeugenberichten. München ²1980

Ders.: Martin Luther und Wittenberg. München/Berlin 1996

Ders.: Wittenberg als Lutherstadt. Berlin ²1982

Kaufmann, Thomas: Reformatoren. Kl. Vandenhoeck-Reihe 4004. Göttingen 1998

Kottje, Raymund/Moeller, Bernd (Hgg.): Ökumenische Kirchengeschichte. Bd. 2: Mittelalter und Reformation. Mainz/München ³1983

Lohse, Bernhard: Martin Luther. Eine Einführung in sein Werk. München ²1982

Loewenich, Walther v.: Martin Luther. Der Mann und das Werk. München 1983

Marquard, Reiner: Mathias Grünewald und der Isenheimer Altar. Erläuterungen, Erwägungen, Deutungen. Stuttgart 1996

Peterson, F. (Hg.): Ausführliche Geschichte der Lübeckischen Kirchenreformation in den Jahren 1529 bis 1531 aus dem Tagebuch eines Augenzeugen und Beförderers der Reformation. Lübeck 1830

Petri, Dieter/Thierfelder, Jörg (Hgg.): Grundkurs Judentum. Materialien und Kopiervorlagen für Schule und Gemeinde, 2 Teile. Stuttgart ²2002

Plöse, Detlev/Vogler, Günther (Hgg.): Buch der Reformation. Eine Auswahl zeitgenössischer Zeugnisse (1476–1555). Berlin (Ost) 1989

Preuß, Hans: Luther und Hitler. In: Allgemeine Evangelisch-Lutherische Kirchenzeitung 66 (1933), 970–973; 994–999

Röhm, Eberhard/Thierfelder, Jörg: Das Lutherbild im Wandel der Zeiten, in: Entwurf. Religionspädagogische Mitteilungen 2/82, 38–53

Röhm, Eberhard/Thierfelder, Jörg: Kirche-Staat-Politik. Zum Öffentlichkeitsauftrag der Kirche. Oberstufe Religion Heft 3. Stuttgart 1979

Rückert, Hanns (Hg.): Luthers Werke in Auswahl, Bd. 6: Luthers Briefe. Berlin ²1955

Ruppert, Godehard/Thierfelder, Jörg: Umgang mit der Kirchengeschichte – Zur Fachdidaktik kirchengeschichtlicher Fundamentalinhalte, in: Adam, Gottfried/ Lachmann, Rainer (Hgg.): Religionspädagogisches Kompendium. Göttingen ⁵1997, 295-326

Smid, Marikje, Protestantismus und Antisemitismus 1930–1933, in: Kaiser, Jochen-Christoph/Greschat, Martin (Hgg.), Der Holocaust und die Protestanten, Frankfurt a.M. 1988, 38–72.

Spur, Roland: Ecclesia und Synagoge, in: Entwurf. Religionspädagogische Mitteilungen 1/1989, 37–48

Staedtke, Joachim: Johannes Calvin. Erkenntnis und Gestaltung. Göttingen 1969

Stellungnahme theologischer Hochschullehrer zur Gemeinsamen Offiziellen Feststellung (GOF) zur GER, in: epd-Dokumentation Nr. 43/99, 67

Stupperich, Martin u.a.: Zweitausend Jahre Christentum. Bd. I: Von der verfolgten Kirche bis zur Reformation. Göttingen 1984

Tübke, Werner: Monumentalbild Frankenhausen. Text: Karl Max Kober. Dresden 1989

Wort der Evangelischen Michaelsbruderschaft zur »Gemeinsamen Erklärung zur Rechtfertigungslehre«, verabschiedet zu Exaudi 1998, abgedr. in: Quatember 1998, 175

Bibelausgaben

BasisBibel. Das Neue Testament, Deutsche Bibelgesellschaft. Stuttgart 2010

Bibel in gerechter Sprache. Ulrike Bail u.a. (Hgg.). Gütersloh 2006

Die Volx Bibel, Neues Testament, übersetzt von Martin Dreyer. Holzgerlingen 2005

Hoffnung für alle, Die Bibel. 6. Auflage der revidierten Fassung. Basel 2005

AV-Medien

Feil-Götz, Elvira: Wer schlug die Thesen an die Tür? – Martin Luther und die Reformation – DVD complett: Kommentierte Medientipps und Internetlinks Von Elvira Feil-Götz und Ina Hochreuther zu dem Film aus der Reihe »Willis VIPs« von Christiane Streckfuß. 2006

Jürgens, Heiko/Schuchardt, Friedemann/Thierfelder, Jörg: »Wir sind Bettler« – Martin Luther. Eine Tonbildserie. 40 Dias. Stuttgart 1982

Karsunke, Yaak: Die Bauernoper 1979. Musik von Peter Janssens. Telgte 1979

Petri, Dieter/Thierfelder, Jörg: dvd educativ zum Film: Luther. Er veränderte die Welt für immer. Stuttgart 2004

Im entwurf 1/2 2005 haben Dieter Petri und Jörg Thierfelder eine ausführliche Handreichung zum Umgang mit der »Luther – DVD educativ« veröffentlicht. Sie ist im Internet abrufbar unter: »Luther – DVD educativ Dieter Petri und Jörg Thierfelder« (Suchmaschine)

Internet

Im Internet finden sich zahlreiche Hinweise und Bilder zu Luther. Wir empfehlen zwei Links:

www.luther de. Hier finden sich gute Texte zu Luthers Leben und Lehre sowie weitere hilfreiche Links.

Auf den Seiten der EKD finden sich zahlreiche Hinweise zu Luther und zur Lutherdekade.

Bild- und Textnachweis